JN170778

在日朝鮮人資料叢書11

外村大・韓載香・羅京洙 編

資料
メディアの中の在日朝鮮人

緑陰書房

凡　例

一、原文が朝鮮語（『東亜日報』『朝鮮日報』『三千里』『四海公論』『朝光』）のものは広く利用できるように配慮し、日本語に翻訳した。翻訳にあたっては、旧漢字は新漢字に改めた。ただし、人名・地名については原則として旧字のままとした。適宜句読点を挿入した。不明箇所は□で表記した。訳者の補記は〔　〕で示した。

一、原文が日本語（『京城日報』）のものでも活字が不鮮明のものは、新たに組み直した。新組にあたっては、旧漢字はすべて新漢字に改めたが、仮名遣いは原則として原文通りとした。句読点は適宜挿入した。不明箇所は□で表記した。

一、原紙・誌をそのまま収録した記事は、本復刻版の判型（A５判）にあわせて適宜、縮小・拡大した。

一、原本中、今日不適切と思われる表現があるが、歴史的文献であることを考慮し原文のまま掲載した。

一、掲載記事の出典は各末尾に付した。

一、解説は本巻の巻頭に収録した。

解説　資料　メディアの中の在日朝鮮人

外村　大

「メディアの中の在日朝鮮人」というタイトルを付した本資料集では、朝鮮が日本の植民地であった時期に日本内地（現在の四七都道府県の領域）で就労していた、あるいは勉学のために居住していた朝鮮人及びそうした人びとの家族である朝鮮人（以下の論文での「在日朝鮮人」の語はこの定義による。つまり、留学生や戦時動員で日本に配置されていた人びとも含む）にかかわる、日本語・朝鮮語の雑誌・新聞掲載の文章を収録した。朝鮮語原文の記事については日本語への翻訳を行っている。

その際、新聞については、各種事件や行事などを報じた単発的な記事は除き、連載された記事や現地報告、ルポルタージュ、座談会、エッセイ等、ある程度分量があり、重要性の高いものを選んだ。といってももちろん、一九一〇～一九四五年の日本、朝鮮で刊行されていたすべての雑誌・新聞を網羅的に調査して選定したわけではない。主に調査したのは、朝鮮半島で発行されていた朝鮮語の主要な雑誌および二つの民族紙（『朝鮮日報』と『東亜日報』、『時代日報』等は除いた）、朝鮮半島で発行されていた主要な日本語紙、日本内地で発行されていた主要な総合雑誌である。したがって、日本内地で刊行されていた地方紙を含む商業新聞や、朝鮮半島で刊行されていた朝鮮総督府系の朝鮮語新聞、各種雑誌などにも、まだ広く知られていないが重要な記事があると推測される。また、この時期にはすでに在日朝鮮人自身が刊行していた新聞もいくつかあり、それらのなかにも興味深い史料が含まれるが、本資料集では採録しなかった。

それぞれの史料は、書かれた時期のみならず、書き手の属性も、対象として想定していた読者も、執筆の意図や目的も異なる。時期については、在日朝鮮人の増加が目立ち始めたいわば在日朝鮮人社会の形成期から、二世が生まれ育ち人口規模も大きくなった時期にまたがる。同時にそれは、まだしも日本帝国に批判的な社会運動や言論がある程度は可能であった戦間期から、国策協力以外の活動は許されず朝鮮民族の独自の文化が否定される戦時体制確立後までにわたっていることを意味する。

書き手は朝鮮半島在住の日本人、朝鮮人と在日朝鮮人である。この時代の在日朝鮮人はほとんどが一世であり、朝鮮半島在住の朝鮮人と大きな意識の断絶があったとは思えないが、それでも若干の差異があることが史料からうかがえる。対象読者や執筆の意図は発表媒体、時期によって様々である。日本に渡った朝鮮人に対する差別や虐待の状況、生活上で直面する諸問題を広く朝鮮人や日本人に知らしめようとした記事、日本内地を訪問した朝鮮半島在住朝鮮人が行き先で接した在日朝鮮人について持った感想を述べた現地報告、朝鮮半島から日本に職を求めて移動する人びとについての学術的な分析、あるいは在日朝鮮人がいかに皇国臣民として献身しているかを伝える国策宣伝の色彩が強い記事などがある。

以上のように、収録した史料の内容は多種多様である。ただ、いずれも在日朝鮮人にかかわる歴史を考える際に、参照されるべき貴重な史料であることは間違いない。

と言うのは、そもそもこの時期の在日朝鮮人にかかわる史料はそれほど多くないためである。この時期の在日朝鮮人についての史料で比較的多く残されているのは警察が作成したレポートであり、それはそれで史実を伝えるものである（偏見に基づく記述、しばしば針小棒大な事実の歪曲を含むことを考慮に入れて読まなければならないが）。しかし、警察作成の文書は、治安対策、つまりは民族運動取締りという明確な目的を持っており、政治的な犯罪とはかかわりのない在日朝鮮人の動向について触れるところは少ない。そして、朝鮮半島在住朝鮮人と在日朝鮮人との相互認識、在日朝鮮人自身が同時代の自分たちの状況をどう考えていたのかについても警察当局は限定的にしか（主として政治的動向に関連した部分）着目していない。

在日朝鮮人についての史料としては、警察当局作成以外に地方行政当局の社会調査報告書もこの時期には多い。しかし、これについても、在日朝鮮人の職業や生計、住宅などの実態を統計で詳しく表しているものの、基本的には日本人の行政当局者の外からの観察にとどまる。言い換えれば、いわば彼らの社会の内部に立ち入った動向を伝えるものではないのである。

これに対して、本書収録の史料は、在日朝鮮人の日常の生活、労働、経済活動、意識に関連した、単なる数量化されたものではない雑多な、しかしその中には日本人の行政当局者の目では捉え切れなかった重要な事実についての記述を多く含んでいる。そこからは、植民地期における在日朝鮮人の受難、苦闘、その中で逞しく生きてきた姿、一部の人びとがある程度の経済的な力を獲得し、民族独自の文化を維持した社会を形成しつつあったこと、それが戦時体制のもとで抑圧されていたことなどをうかがい知ることができる。そうした事実は、これまでの日本近現代史、朝鮮近現代史であまり語られてこなかったことであり、今後、さらに研究が深められるべきであろう。

それぞれの史料についての掲載雑誌、新聞とその日時、作成の背景、著者についての情報などは以下のようである。

李相協「**新潟の殺人境―穴藤踏査記**」連載一二回、『東亜日報』(東亜日報社)一九二二年八月二三日〜九月四日(原文朝鮮語を日本語訳)。一九二二年に発覚した新潟県のダム工事現場における朝鮮人虐待(信濃川朝鮮人虐殺事件)についての特派員による取材調査記事。この事件は、朝鮮人および日本の労働運動関係者に多大な衝撃を与え、在日朝鮮人の社会運動家の結集を促すと同時に、朝鮮半島在住朝鮮人の在日朝鮮人労働者に対する関心を呼び起こした。この連載記事はそのきっかけを作ったものであり、実際に就労していた朝鮮人に対する取材に基づいて虐待の実態を伝えている。筆者の李相協は一九二〇年に創刊された『東亜日報』の編集局長を務め、その後も言論人として活躍した人物。

「**鮮人土方に変装して真相を探るの記**」連載六回、『京城日報』(京城日報社)一九二二年八月二五〜三一日。右史料と同じく信濃川朝鮮人虐殺事件についての記事で、こちらは朝鮮総督府御用新聞である『京城日報』が報じたもの。朝鮮人労働者はむしろ恵まれているといった論調で、朝鮮人の言論機関での批判を沈静化しようとする意図が感じられる。

「**東京にゐる朝鮮人**」上・中・下、『京城日報』一九二二年一〇月一一日〜一三日。京城日報東京支局による、この時期における東京在住の朝鮮人労働者および留学生についての報告。

金乙漢「**見て聞いたままに**」(抄録)『朝鮮日報』(朝鮮日報社)一九二九年三月一一日、一三日、二三日〜二六日(原文朝鮮語を日本語訳)。一九二九年二月に行われた、朝鮮日報社による日本内地商工業視察の団員の紀行文。ここでは在日朝鮮人に関連する部分を採録した。この時期の朝鮮料理店の様子や在日朝鮮人との視察先での接触などについての感想が記されている。金乙漢は東京で学んだ後、この時期にはソウルに居り、朝鮮日報社で記者をしていた。戦後の一時期には東京で『韓国新聞』の主筆を務めてもいる。

金重政「**在日本朝鮮労働者の現状**」『中央公論』(中央公論社)一九三一年七月号。日本の代表的な総合雑誌である『中央公論』に掲載された在日朝鮮人労働者をめぐる論文。朝鮮人の渡日の背景、就労の状況、融和団体の活動とそれに対する批判などを記している。筆者の金重政は金浩永の変名。金浩永は、共産主義系の労働運動家として一九二〇年代後半から活動した。一九三〇年代初頭に弾圧を受けた後、一九三〇年代半ばには在日朝鮮人向けの新聞刊行に従事して、民族運動の一翼を担った。中野重治の著名な詩「雨の降る品川駅」にもその名が見える、この時期の在日朝鮮人運動の中心的活動家であった。

洪鍾仁**「大阪地方在留朝鮮人問題」**連載一三回、『朝鮮日報』一九三四年一〇月六日〜二八日（原文朝鮮語を日本語訳）。一九三四年九月の室戸台風で大阪在住朝鮮人が大きな被害を受けた直後、現地に派遣された洪鍾仁による報告。大阪在住朝鮮人の罹災状況、職業、生活の様子が記されている。洪鍾仁は解放後には朝鮮日報社の主筆を務めた言論人である。

白南雲**「朝鮮労働者の移動問題」**『東亜日報』一九三五年一月一日・二日（原文朝鮮語を日本語訳）。白南雲は東京商科大（一橋大学の前身）で学び、延禧専門学校（延世大学の前身）の教授を務めたマルキストの経済学者。解放後は朝鮮民主主義人民共和国の教育相などを歴任した。朝鮮人の日本への労働目的の渡航についての解説であり、言論弾圧の関係か意味がとりにくい部分もあるが、植民地政策による構造的な問題を指摘し、歴史的発展法則（資本主義の矛盾に対する労働者の革命を指すであろう）によって問題解決がなされるべきことを示唆している。

任龍吉**「愛知県で活動する朝鮮人」**『東亜日報』一九三五年六月二九日（原文朝鮮語を日本語訳）。愛知県在住朝鮮人のうち、商工サービス業で成功した人物について経歴や地域の朝鮮人社会の中での活動などを紹介した記事。任龍吉は名古屋で活動していた人物で、戦時下には日本語紙『東亜新聞』を刊行していた。

北漢学人**「東京で活躍する人物達」**『三千里』（三千里社）一九三五年九月（原文朝鮮語を日本語訳）。『三千里』は一九二九年に創刊された、朝鮮語の月刊総合雑誌。北漢学人については不明。東京在住朝鮮人のうち、言論、宗教、スポーツ、芸術、学術などの分野で活躍する人物を紹介した記事。

「京阪神朝鮮人問題座談会」『朝鮮日報』一九三六年四月二九日〜五月九日（原文朝鮮語を日本語訳）。京阪神地域に居住する朝鮮人団体指導者、商工業者、宗教家らと朝鮮からやってきた朝鮮日報社の記者が一同に介して、地域の朝鮮人社会の様子、渡航管理、借家、労働などでの差別、商業、児童教育などの直面する問題を語り合った座談会。このような朝鮮在住朝鮮人と在日朝鮮人の指導者との意見交換の記録はおそらく植民地期についてはこれ以外に残されていないと思われる。

張赫宙**「朝鮮人聚落を行く」**『改造』（改造社）一九三七年六月号。東京芝浦、深川、多摩川の朝鮮人集住地についてのルポルタージュ。そこでの朝鮮人の暮らしの様子とそれに対する感慨などが記されている。張赫宙は主に日本語で創作活動を行っていた作家で、この時期には東京に活動の拠点を移していた。当時においては、在日朝鮮人を代表する文化人として日本人に知られた代表的な人物であった。後に張は朝鮮文化を否定し皇民化政策に協力していくことになるが、この史料は民族文化を濃厚にしたまま東京で生活する人びとへの共感を記した文章となっている。

「在大阪朝鮮人活躍全貌」（1）『朝鮮日報』一九三七年八月二八日（原文朝鮮語を日本語訳）。大阪の商工業者、医師の朝鮮人らについて経歴や地域の朝鮮人社会での活動などを紹介した記事。朝鮮日報大阪総販売所による「大阪紹介版発行に際して」の文章を含む。

「在大阪朝鮮人活躍全貌」（2）『朝鮮日報』一九三八年六月一〇日（原文朝鮮語を日本語訳）。大阪の商工業者、医師、宗教家の朝鮮人らについて経歴や地域の朝鮮人社会での活動などを紹介した記事。「大阪紹介版第二号発行に際して」の文章を含む。

李錫柱**「玄海灘密航夜話」**連載五回『朝鮮日報』一九三八年四月一四日〜二一日（原文朝鮮語を日本語訳）。日本に職を求めて「密航」を企てる人々と「密航ブローカー」の実態を明らかにしたもの。「密航」の方法、料金、取締りの実態やだまされるケースなどが記されている。その行為の性質上、なかなか関係者以外に知られることのない密航の実状を記した貴重な史料である。記事の筆者の李錫柱については詳細不明。

金龍済**「東京の品川埋立地」**『四海公論』（四海公論社）一九三八年六月号（原文朝鮮語を日本語訳）。『四海公論』は一九三五年五月に創刊された月刊大衆雑誌。金龍済は東京においてプロレタリア文化運動に参画し、日本語・朝鮮語で作品を発表した詩人。この時期には帰郷し、政治的にも転向していた。東京品川の埋立地に存在した朝鮮人集住地についてのエッセイ。

「在東京朝鮮人活躍全貌」『東亜日報』一九三八年八月二七日（原文朝鮮語を日本語訳）。東京の商工業者、学界、文化・芸術界、宗教界で活躍する朝鮮人のプロフィール若干の団体について紹介した記事。東京在住朝鮮人の人口統計などを含む。

「東京在留朝鮮人活躍相」（1）『朝鮮日報』一九三八年九月一日（原文朝鮮語を日本語訳）。東京において商工業等で成功した朝鮮人のプロフィールなどを紹介した記事。東京在住朝鮮人の人口統計などを含む。

金浩永**「在東京朝鮮人の現状」**『朝光』（朝鮮日報社出版部）一九三九年二月（原文朝鮮語を日本語訳）。雑誌『朝光』は、朝鮮日報社が一九三五年一〇月に創刊した月刊の総合雑誌で、戦時下には日本語を併用したものの、基本的には朝鮮語雑誌であった。金浩永は前述のような社会運動家であったが、合法的な民族運動の展開が不可能となったこの時期には、独自の新聞の刊行、運動団体の組織もできないまま、文中にあるように「売文業者」として過ごしていたようである。内容は東京在住朝鮮人の増加の状況、集住地の様子、各界で活躍する朝鮮人ならびに、かつて東京で活動していた朝鮮人について記している。末尾の協和会に対する所感は金やこの時期の在日朝鮮人の置かれた立場の不自由さを示すだろう。

宋之文「在大阪朝鮮人の生活相」『朝光』一九三九年二月（原文朝鮮語を日本語訳）。右の金浩永の文章と同じ雑誌・号に掲載されたもので、大阪在住朝鮮人の増加の状況、生活状況、朝鮮人団体、借家問題や教育問題など、直面している課題について記しているほか、朝鮮人に対する同化・統制政策の強まりの様子も語られている。筆者の宋之文については不明。

郭福山「百万渡航同胞生活報告」連載九回『東亜日報』一九三九年七月五日～一四日（原文朝鮮語を日本語訳）。本国から派遣された記者が大阪、京都、名古屋、東京を訪問し、各地の朝鮮人の状況を伝えた記事。協和事業が本格的に展開しつつあった時期ではあるが、在日朝鮮人の生活対策に対する要望も記されている。すでにこの時期には二世の結婚など在日朝鮮人社会の形成から時間を経て生まれた問題等にも触れている。筆者の郭福山は解放後、東亜日報社の編集局長などを務めた。

「大阪特輯号」『朝鮮日報』一九三九年八月二七日（原文朝鮮語を日本語訳）。大阪在住の朝鮮人が直面する生活問題、具体的には、低利融資、住宅難、迷信の打破、「一時帰鮮証」などの問題について甲乙丙丁の仮名の対話形式での記事。

済州支局一記者「済州島出身成功者は語る」『京城日報』一九四一年二月四日。大阪に居住する済州島出身朝鮮人で事業に成功した人物を紹介した記事。いずれの成功者も大阪を地盤としており、どういう職業で、どういう分野に進出していたのか、その特徴を知ることができる。

金史良「故郷を想ふ」『知性』（河出書房）一九四一年五月号。当時、東京を基盤に活動していた作家・金史良のエッセイ。郷愁にかられた際に神田の朝鮮食堂に行ったり、朝鮮歌謡の催しに出かけたりする、それも少なくなっているといった記述から、当時の状況や在日朝鮮人の意識がうかがわれる。

「翼賛の半島人たち」連載一三回『京城日報』一九四一年五月二日～一五日。一九四一年当時の在日朝鮮人の居住状況、活動状況を報告したもの。とくに、戦時下の翼賛運動の中での朝鮮人の皇民化活動について肯定的に紹介している。

「山口県における半島子弟教育と協和事業を聴く」上・中・下、『京城日報』一九四一年五月六日～九日。山口県内における在日朝鮮人の教育状況と協和事業の状況を報告したもの。朝鮮人児童が在籍する学校の教員らの意見なども記されている。

松江記者「内地視察から帰りて」連載二回『京城日報』一九四一年六月二四日・二五日。大阪、京都、名古屋在住の朝鮮人の状況の視察報告書。皇民化政策が進展していることを伝えている。朝鮮人をしていっそう国策協力に向かわせようという意図に基づくものであろう。

江戸学人「一二〇万人の在内地朝鮮人と戦時下活躍」『三千里』一九四一年九月号。東京における朝鮮人の状況を記した記事。協和会の活動、国防献金、創氏、服装などの同化政策について触れている。江戸学人については不明。

辛泰嶽**「東京、大阪はこうだ」**『三千里』一九四一年一一月号（原文朝鮮語を日本語訳）。辛泰嶽はかつて共産主義運動にも参画した人物であるが、この文章を見てわかるとおり、この時期には国策協力を明確にしている。当時、弁護士となり事務所を大阪に構えていた。文章の内容は、皇民化政策の状況、朝鮮人の「愛国美談」などを紹介した上で、日本帝国の国策への協力を説いた講演記録。

「東京在留朝鮮人活躍相」（2）『朝光』（朝光社）一九四二年一～三月（原文朝鮮語を日本語訳）。東京の商工業者らを紹介した記事。日本名のみが記されているもの、日本名と「旧名」＝民族名を記したものもある。

「帝都の半島色」連載五回、『京城日報』一九四二年九月七日～一四日。東京にある枝川町隣保館、朝鮮銀行東京支店、中央協和会、朝鮮奨学会などの朝鮮関係の機関・団体などについて記したもの。

村岡朝鮮軍報道班員**「地底に戦ふ半島労務戦士・半島製鉄戦士の姿」**上・下、『京城日報』一九四四年二月二一日・二二日。福岡県中鶴炭鉱の朝鮮人坑夫の状況と八幡製鉄所の朝鮮人工員の状況についての現地からの報告。戦時労務動員を進めるための意図で書かれたもの。

「在内地半島労務者問題を語る座談会」連載五回、『京城日報』一九四四年五月一二日～一九日。第二次世界大戦末期、大量に増えていった、日本内地に動員された朝鮮人の訓練、教育、管理をどのようにするか、その取り扱いをめぐる朝鮮総督府、石炭統制会、日本鋼管、中央協和会、厚生省の労務担当者による座談会。

なお、朝鮮語記事の翻訳にあたっては、編纂者のほか、姜晶薫、河野亮、金慶玉、全永彬（以上、東京大学大学院総合文化研究科在学）が担当し、最終的な日本語表現、用語の統一などは外村大が行った。歴史的文書の資料集という性格上、なるべく意訳ではなく原文に近い翻訳を心がけた。

目次

解説――外村　大　i

一　一九二〇年代の在日朝鮮人――1

新潟の殺人境―穴藤踏査記　李相協　『東亜日報』(東亜日報社)一九二二年八月二三日～九月四日――3

鮮人土方に変装して真相を探るの記　勝村特派員　『京城日報』(京城日報社)一九二二年八月二五～三一日――41

東京にゐる朝鮮人　『京城日報』一九二二年一〇月一一日～一三日――51

見て聞いたままに(抄録)　商工視察団報告　金乙漢　『朝鮮日報』(朝鮮日報社)一九二九年三月一一日、一三日、二三日～二六日――57

二　一九三〇年代の在日朝鮮人――69

在日本朝鮮労働者の現状　金重政　『中央公論』(中央公論社)一九三一年七月号――71

大阪地方在留朝鮮人問題　洪鍾仁　『朝鮮日報』一九三四年一〇月六日～二八日――79

朝鮮労働者の移動問題　白南雲　『東亜日報』一九三五年一月一日・二日――111

愛知県で活動する朝鮮人　任龍吉　『東亜日報』一九三五年六月二九日――117

東京で活躍する人物達　北漢学人　『三千里』(三千里社)一九三五年九月号――129

京阪神朝鮮人問題座談会　『朝鮮日報』一九三六年四月二九日～五月九日――139

朝鮮人聚落を行く　張赫宙　『改造』（改造社）一九三七年六月号 ―― 157
在大阪朝鮮人活躍全貌（1）　『朝鮮日報』一九三七年八月二八日 ―― 167
在大阪朝鮮人活躍全貌（2）　『朝鮮日報』一九三八年六月一〇日 ―― 195
玄海灘密航夜話　李錫柱　『朝鮮日報』一九三八年四月一四日～二一日 ―― 213
東京の品川埋立地　金龍済　『四海公論』（四海公論社）一九三八年六月号 ―― 229
在東京朝鮮人活躍全貌　『東亜日報』一九三八年八月二七日 ―― 233
東京在留朝鮮人活躍相（1）　『朝鮮日報』一九三八年九月一日 ―― 277
在東京朝鮮人の現状　金浩永　『朝光』（朝鮮日報社出版部）一九三九年二月 ―― 309
在大阪朝鮮人の生活相　宋之文　『朝光』一九三九年二月 ―― 321
百万渡航同胞生活報告　郭福山　『東亜日報』一九三九年七月五日～一四日 ―― 339
大阪特輯号　『朝鮮日報』一九三九年八月二七日 ―― 369
三　一九四〇年代の在日朝鮮人 ―― 381
済州島出身成功者は語る　済州支局一記者　『京城日報』一九四一年二月四日 ―― 383
故郷を想ふ　金史良　『知性』（河出書房）一九四一年五月号 ―― 401
翼賛の半島人たち　『京城日報』一九四一年五月二日～一五日 ―― 403
山口県における半島子弟教育と協和事業を聴く　『京城日報』一九四一年五月六日～九日 ―― 435
内地視察から帰りて　松江記者　『京城日報』一九四一年六月二四日・二五日 ―― 441

一二〇万人の在内地朝鮮人と戦時下活躍　江戸学人　『三千里』一九四一年九月号――447
東京、大阪はこうだ　辛泰嶽　『三千里』一九四一年一一月号――453
東京在留朝鮮人活躍相（2）　『朝光』（朝光社）一九四二年一～三月――461
帝都の半島色　『京城日報』一九四二年九月七日～一五日――475
地底に戦ふ半島労務戦士・半島製鉄戦士の姿　村岡朝鮮軍報道班員　『京城日報』
一九四四年二月二一日・二二日――485
在内地半島労務者問題を語る座談会　『京城日報』一九四四年五月一二日～一九日――495

一　一九二〇年代の在日朝鮮人

新潟の殺人境──穴藤踏査記　李相協

（一）

人跡不到の山奥で夜も昼も　地獄谷で危険な作業を持続

新潟県事件について本社特派員が実地調査した特電は、本紙で逐次報じてきたところである。現在、本社特派員から送られてきた、実地調査に基づく通信文を改めて順序をおって掲載しようとしているが、郵便上に何か間違いがあったのか、第一信は未だ到着しておらず、第二信が先に到着したのでそれを報道するものである。

朝鮮人労働者が無数の虐待を受ける穴藤とは、どのようなところであろうか。朝鮮人労働者が多く働くようになって以来、そこは隣村から「地獄谷」という新たな呼び名をつけられ、さらに読売新聞記者からは、「殺人境」という新たなるあだ名もさずけられた。

前方に三〇里〔朝鮮語の一里は約四〇〇メートル〕を進むと、一等道路が敷かれているが、鉄路に出ようとするならば、どちらにせよ一〇〇余里を行くことになる。後方には、めまいがするほどに高い山々が重なり、長野県地方までは数百里も離れた危険な場所で、前後左右は山岳が幾重にも取り囲み、谷間を流れ下る信濃川の上流が、岩に砕ける音すらおどろおどろしく聞こえ、蒸されるような夏の暑さと数十尺を下回らない雪が積もる、冬の寒さの厳しい深山幽谷である。鳥や犬の鳴き声はおろか、血に飢えた熊がときおり工夫の前にたちふさがるというだけでも、ここがどれほど深い山中であるかがわかるだろう。

電力会社の工事というのは、このような人跡未踏のところで、高山を掘り下げ、ダムをつくり、約八年の間で三ヵ所の発電所において、常時三〇万馬力を供給しようというもので、そのすさまじく大きな規模のみならず、峻厳な場所での困難な仕事に従業する労働者の苦しみは、まさに筆舌に尽せないものがある。

極めて危険な工事現場　高山峻峰の奥での危険な労働

水力発電とは高いところから下に流れる水の力を利用して、水が下る力を以って機械の輪を廻して電気を作るものである。上流にも大きな川筋をあちこち廻して、できるだけ〔水を〕強く落下させ、たくさんの電気が得られるように水の流れを新たに作るため、汽車が通られるほどの大きなトンネルを山中に数十里ずつ掘っている。ここは平均標高が千四、五百尺にも上る深い山奥であり、そこに貨物を運搬するために六〇里にもなる距離に鉄道を敷設しつつある。

足場もないところで重い土と石を担ぎ、山を掘ることに従事する労働者の苦労は、実際にそれを目にした人でなければ、それがいかにたいへんであるか計り知れないだろう。こちらの山からあちらの山へ、あちらの山からこちらの山へと、千余尺もの高い空中で、一秒に六、七間〔一間は六尺〕ずつ走る鉄のロープに吊るされた鉄の箱は、労働者の尊い生命を預ける器である。この谷からあの谷へ、あの谷からこの谷へと渡された二本のロープに吊るされた数百尺の空中橋は、歩くたびにバネのようにゆらゆらとうねり、時計の振り子のように大きく揺れ動き、床に敷かれた木の板は労働者の棺のようである。このように身ぶるいするようなところで働く労働者の一日の仕事はどんなものであろうか。

残虐無道な苦役　三日以上は続けられず　瘧にかかったような息をしながら

労働者の働く時間は大倉組の者の話では、九時間とか一〇時間というのであるが、実際には夜が明ければ起きて動き、日が完全に暮れるまで仕事をする。その間休みといえば、昼食の三〇分があるだけで、忙しいときは少数の者だけの交代で、徹夜で仕事をさせられることもある。

朝鮮人労働者の仕事は、火薬のひどい臭いで呼吸もできない穴の中で爆薬を設置したり、足場もないような切り立った山の中腹に、新たな道路をつくったりといった、危険な作業が多い。土なら八、九〇斤、石なら百四、五〇斤にもなるものを入れた木箱を担ぎつつ、足を踏みはずすと体は宙に浮き、地に落ちる前に命がなくなるほど恐ろしいところで、朝から夜、もしくは夜から朝まで、休む時間もなく忙しく働くのが彼らの仕事である。煙草を口にくわえ、無駄話をしながら大工や左官の後について行う朝鮮での肉体労働は、ここの労働と比べるならば、オンドル部屋で寝転んでお菓子を食べるような〔気楽な〕ものである。したがってどんなに身体が丈夫で労働に慣れている人であっても、四日間続けて働ける人はほとんどおらず、大概は二日に一度、瘧を病むわけで、三日に一度休まないと体力を維持することができない。したがって、一ヵ月で平均二二、三日間しか働くことができないのだが、飯代で〔一日当たり〕七〇銭が差し引かれることになる。要するに二二、三日間、死力を尽くして苦役に就いても、手元に入るのは七、八日分の飯代が差し引かれた、一六、七日分の労賃に過ぎないのである。

松風まで哀れんで泣く悲劇の一幕　苦役に加え虐待までされる兄弟たちにあったそのとき

このようなきつい労働をさせられるだけでも紛れもない虐待といえるが、その上に、道理にあわない、人間扱いではないような様々な苛酷で残忍な虐待がある。それらの事実はおいおい後で紹介していくが、故国江山を離れることは、それだけでも悲しいことであるのに、朝鮮人労働者は人情も風俗も異なる万里を隔てた他国で苦労する身となり、たとえ簡単な労働をさせられても人情上苦痛であるのに、自由を束縛され、日本人に自分の生命の安全がゆだねられ、骨が砕けるほどの苦役を強制され、悪徳な虐待にさらされている。その境遇は、どれだけ悲しいことであろうか。

ああ、あわれむべき人の群れよ、お前の名は朝鮮人。血の涙をのみこみながら、油のような汗を流して働く彼らは、わが一行が穴藤の山中を訪問したと聞き、出迎えてくれたが、その血の気の失せた頬には涙が流れるばかりで、感情が激してあいさつすらろくにできなかった。われわれも泣き、彼らも泣き、松風も悲しみ、水の音もむせび泣くのに、毒蛇のような日本人監督の目は、針のような殺気で人を突き刺すようであった。

ああ、ここにいる同胞にしろ、ここを訪ねたわれわれにしろ、どうして、この日、ここでこのようにして会わなければならなかったのであろう?

（一七日、大野割から特派員）

〔『東亜日報』一九二二年八月二三日〕

（二）

虐待される大倉組に縛られた労働者四〇〇余人、彼らは全員募集労働者

多数の朝鮮人労働者が、毒蛇のような連中に数知れない虐待を受け、さらには殺された。彼らの死体がうらみをこめて信濃川の激流を流れ下っていくという風聞が伝わって、世の人々をおどろかせた。その新潟県の信越電力会社の水力電気発電所工事現場は、東京から北に千里も入った山深い地方であり、新潟県と長野県の境に位置する中魚沼郡の大割野と穴藤の二ヵ所である。

信越電力会社は、この地方と長野県の川の水力を利用し、三ヵ所において三〇万馬力の電気を得るために、昨年八月から八年計画で工事をはじめた。電力会社の工事を請負った土建会社は、大阪の大森組と東京の日本土木会社と称する大倉組であり、この二社とも朝鮮人労働者を数多く雇用している。

朝鮮人労働者はこの地方に、昨年の冬から入り込み始めたが、今年の三月以降、非常に多くなったという。所管巡査駐在所の調査によると、二月の終りには男性四八人のみであったのが、三月の終りには二一四人（うち女性一〇人）になり、四月の終りには三八三人（うち女性一七人）、五月の終りには四九二人（うち女性二三人）、六月の終りには五八七人（うち女性二九人）、そして七月の終りには合計八六七人に達した。このうち女性は三四人で、彼女らはすべて労働者の妻か娘たちで、労働者の食事をつくったり、針仕事や洗濯に従事したりしている。この人たちはほとんどが慶尚南道の人たちで、慶尚北道と全羅道の人がすこし混じり、京畿道の人としては、鷺梁津に住む張興汝という者が統率者となっている始興郡、富川郡の者が六〇人ぐらいいるだけである。

大森組から雇われた者は、何年もその組で働いている労働者たちが多く、ほとんど問題がなかったが、いわゆる虐待問題〔の当事者となった人びと〕は、すべて大倉組に雇用された朝鮮人労働者である。大倉組の労働者は、それ以前から日本各地で働いていて、ここに仕事があると聞いて集まってきた朝鮮人自由労働者と、大倉組の委託により朝鮮から募集されてきた人々の二種類であるが、もっとも虐待を受けているのは、大倉組で働いている六〇〇余人のうちの四〇〇余人を占める募集労働者である。

募集手段からして悪辣　口車に載せ約束も違える

大倉組はどのようにして朝鮮で労働者を募集しているのであろうか。

その事情を探ってみたところ、慶尚南道梁山郡で郵便局長を務めている寺島完という者が大倉組の代理人として、朝鮮総督府の認可を得て、金海郡に住んでいる高木安治という者らと一緒に慶尚南道の各地方を回り、世間の事情に暗い村人を、言葉たくみにだまして募集を行い、釜山から貨物船に乗せて神戸に連れていき、鉄道で工事場まで運ぶ。〔労働者たちは〕募集したときの話とは全く異なる、きつい労働と恐ろしい虐待を強制され、募集人は大倉組から募集にかかった費用を受けとるが、大倉組は悪辣にも労働者に支払う賃金から一五ないし二〇銭ずつ差引き、毎日これを募集人に与えるのである。

一見すると、労働者が自ら志願して募集に応じたように見えるが、実像は詐欺による人身売買行為と変らない。哀れな朝鮮人労働者は、このような事情を知らず、自分の血と汗を流し、私欲を計り自分を悲惨な苦境に陥らせた者の空腹を満たすことになるのである。

そもそもの募集がこんな風であるのに、その後の労働も問題なしであるはずがない。労働者を募集する者の甘言にだまされ、玄海灘を渡ることを決めたとき、彼らの悲惨な運命は定まってしまうのである。

（一七日、大野割から特派員）

〔『東亜日報』一九二二年八月二四日〕

（三）

梯子式の請負　あれこれ徹底的に搾り取られ、残りが労働者の取り分

地獄谷というあだ名で世間の肝胆を寒からしめる信濃川の電力工事で、工事を請負った大倉組の労働者雇用制度のしくみはどんなものであろうか。そのしくみはきわめて複雑であり、よくわからない部分が多く、詳しく説明するのは難しい。おおまかに説明すると、電力会社の工事を大倉組が請負い、その下に下請会社があり、親方四人がいて、その親方の下に小頭がおり、直接労働者を監督するのであるが、小頭の下にまた人夫頭がいる。そのほかに親方の左右には世話役という役割の者がいて、これらも、まるで労働者の主人のようにふるまう。労働者の宿舎を「飯場」といい、その飯場にも飯場頭がいて、労働者に衣食とそのほかの物品を供給しながら労働者を監督するが、飯場頭は小頭が兼任していることが多いようだ。

このように梯子式〔の下請け、孫請け構造となっていること〕で労働者から搾り取る連中が多い。ここでの小頭や人夫頭も朝鮮での人夫頭のように、自分の賃金は自分で稼ぐならばそれほどの問題ではないが、日本ではそうでなく、自分たちが普段稼ぐ以外に、小頭たちは労働者一人につき一日一五銭以上、さらに親方は労働者にわたす

べき賃金の一〇分の一以上をピンハネする制度になっている。大倉組の言い分では、労働者からピンハネはしておらず、全部大倉組が与えているというが、電力会社はその金を労働者の賃金として支出しているのであり、間に立っている大倉組が自分たちの金を一銭も出さないのはいうまでもない。

こうした中間のピンハネがなければ、その金の全部が労働者の懐に入るのであろうが、実態は、大倉組からだんだん下って、三段、四段と下になるにしたがい、少なからず金額が搾り取られ、ピンハネされ、労働者にいわせれば、「梨の実のへたしかのこらない」のと同じことになる。

悲痛な労働者の告白　明細がどうなっているかわからず粉骨砕身した報酬は虐待のみ

親方、そして小頭らの何段階にもわたって上に立つ者が群がり、労働者の血と汗を搾り取り、いわゆる飯場頭は、飯代、酒代まで手を伸ばしながら、労働者を牛馬よりも虐待するのみならず、労働者の膏血を搾り取り、それでもまだ足りなく、さらに酷い仕事で労働者を苦しめ、私腹を肥やすことが多い。その二、三の例をみるならば、親方は小さな区域の工事を請け負って引き受け、一〇人を要する仕事なら八、九人であげ、一〇日を要する仕事であれば八、九日で仕上げ、それぞれの差額をピンハネする。あるいはまた賃金の高い労働者を使うといって、実際は安い労働者を使い、その差額をピンハネするのである。

普通の仕事だけさせるとしても、危険で、仕事がきつく、労働者は気力を持ちこたえるのがたいへんだが、親方のこのようなやり口で、仕事はさらに苦しく、労働時間はさらに長くなる。しかもそんな親方たちの虐待は、日増しにひどくなるばかりである。

ある労働者は記者に対し、「私たちは、前世になんの罪を犯して、親方の私腹を肥やすために骨を折り、身を削って、この山奥で昼夜死ぬような苦労をしなければならないのか。親方はいつも私たちをカタキのように扱っている。それればかりか、賃金の明細が示されれば、親方が私たちの血と汗をどのくらい搾り取っているのかわかるだろうが、どこで、どのぐらい金が出て、いくらになるのか、小頭というものが勝手に決めたものが私たちの賃金になるのだから、実際奴らがどれだけピンハネして、またそのうち私たちの手元に入るのはどれくらいなのか、全くわからないありさまだ」と訴えた。こういう話だけで、賃金支払いのしくみが、どのように奇怪なものであるかを計り知ることができるであろう。

頭目の資格は「悪漢」 大倉組の者のずうずうしい話

このようにして親方は、あれこれと、労働者を虐待して搾り取ろうとするので、親方の懐が肥れば肥るほど、労働者の身体は痩せ細るばかりである。

大元締である大倉組はいうまでもなく、その下の大親方たちは、少なくとも五、六万円、多い者では一〇万円以上の財産を貯えて、交通が不便な山の中でも、都会の人たちも真似できないような贅沢な生活をしている。その半面、大勢の労働者の顔からは生気が失せ、黄色くしぼんでいるありさまは病人と変わることがない。

この者らの品性はどんなものであろう。彼らはこのようなところを長年歩きまわり、人を酷使するのをなんとも思わず、悪辣な行為で稼ぐのを習性にしている者たちであり、彼らの酷い行状は誰が見てもわかる。大倉組の人たちの話によれば、「力が強く、鞭を以って暴力で人夫を従わせる者でなければ親方になる資格がない」そうである。要するに人を上手に殴ることができる者が、もっとも優れた親方だということである。彼らの顔を見ると、ヒキガエルを狙う蛇のような者たちばかりで、笑いながら平然と人を殺すような凶悪な者だらけである。もし悪漢とはどんな連中かを研究しようとする小説家がいたなら、ここを訪ねてくればもっとも手っ取り早くわかるであろう。

〔『東亜日報』一九二二年八月二五日〕

（四）

虐待は死後まで　一つも実行されない契約条件　挙で死んでいく労働者

力がなければ親方になれないという大倉組の人の言葉は、親方という者が労働者をどのような方法で酷使するのかをもっとも的確に説明している。

それでは、どのような場合に親方が労働者に挙を使うのか。いわゆる虐待とか虐殺という悲惨な問題は、すべてこの挙にその端を発しているのであるから、その実態を解明してみよう。

朝鮮で労働者を募集する際に、大倉組の代理人である寺島完や高木安治らが総督府の認可を得て、募集に応ずる労働者と契約を結んだのだが、そこに記された条件は、実のところ大倉組にのみ有利なひどいもので、総督府や各地方の道庁が、なぜこのように労働者の利益を保障できない条件の募集に認可を与えたのか、理解できないようなものであるが、その契約書に書かれた条件ですら実行されず、労働者の義務として記された事項は、どんなに苛酷であっても絶対に行うべきだと強要するのに対し、雇用主の義務に定められたことは、ただの一つも完全に実行されることはない。

まず、労働者の募集に要した経費や往来の旅費は、雇用主の負担であると、明確に記されているにもかかわらず、実際はそうしていない。朝鮮で募集した労働者には、日本で集まってきた労働者に比べ一日二〇銭から三〇銭、労賃を少なく支払い、名目は異なっても、内容的には何倍も搾り取っているのに等しい。

また、労働者の品行が悪くて生じた疾病以外は、体を傷めたり病気になったりするときは、働かなくても雇用主が治療費を与え、食事代を負担すると明記されているが、治療費といっても支払われたり支払われなかったりである。工事中に怪我した労働者に、薬代を負担させることもしょっちゅうで、作業中に負傷したり、親方の殴打により体を傷めたりして働くことができず休む時には、労賃は支給されないし、食事代も雇用主が必ず負担するとしっかり契約書に書かれているにもかからず、その名目で、毎日七〇銭ないし八〇銭が、まともに労賃ももらえない労働者から搾り取っていく。

契約書では一ヵ月に二日間、雇用主が定める日に休みを与えると記されているが、〔もともと〕労働があまりにもきつく、三日以上続けて働くことが難しく、身体壮健の者でも七日か八日ごとに休まなければ体がもたない。しかもその休みは自己都合とされて、労働者は飯代を出すことになる。親方が飯を食べさせ、休ませることなど、とてもあり得ず、苛酷である。

疾病により帰国を希望すれば旅費を負担し、仕事場で負傷したり病気で死亡したりするときは、一〇〇円以上の慰労金を出す、と契約書には書かれているが、苦役と虐待に耐え切れず重い病気となって、とうとう死にそうになって故国に帰ろうとしても、〔雇用者は〕旅費を出すのを惜しみ、もし快復したらまた酷使させるつもりで、絶対に帰国させない。

死亡した後は、貴重な生命と引き換えに、漸く遺族に支給されるという、たった一〇〇円の慰労金も支払われることはない。今までダイナマイトに吹き飛ばされたり、絶崖から転落したりして即死したという人たちや、病気で命を失った人が少なくない。この慰労金について、中間で誰が横取りしたかという問いに対する「知らぬまに忘れてしまった」という大倉組の人間の弁解は、殊更聞く人の怒りをかきたてる。

奇奇怪怪な詐欺手段　労働契約まで与えなかった日本人

さらにあきれるのは、ある地方から応募してきた二〇か三〇人の労働者のなかには、所詮守られることもなく、かえって労働者の身を拘束するような契約書ではあっても、その契約書すら持っている者は、一人か二人程度に過ぎない。なぜそうであるのかと理由を聞いてみたところ、募集の際に契約書を与えるときに、「契約書というのは、これを読んで理解できるほどの知識を有する人物でなければ、持っていても無駄なので、全員に渡すのでなしに、字を読むことができる人が、代表で持つようにするのがよいのではないか」とのことである。法律に暗い人たちは、自分の仲間のなかで一人、二人だけが契約書を持っていれば、その契約書に書かれた権利は、誰であっても主張できるのだ、といういい加減な言葉を信じてしまい、契約書すらもらえなかったため、自分たちの義務はゲンコツと梶棒のもとで、無制限に強要される一方で、自分たちに与えられたわずかな権利を主張する根拠すら持っていないという悲惨な状況に陥っている。

労働者が無知でこのような詐欺にかかることが、哀れむべきであるのはいまさらいうまでもないが、労働者を募集する日本人の詐欺手段が、これほどさまざまに巧妙さを極めていることには絶句してしまい、嘆かわしい。

（東京電報）〔『東亜日報』一九二二年八月二六日〕

（五）

あらゆる物事に差別　日本人と朝鮮人労働者の間においての様々な差別待遇

一歩間違えれば生死が行き交う危険な場所に人を追いやり、苦痛と苦難にみちた労働を強要する中で、日本人と朝鮮人を区別する必要はもともとなく、遠く故里を離れて人情世態、風俗、言語が異なる他国の深山幽谷まで駆り出されてきた朝鮮人に対しては、むしろ同情するのが人間としてのあり方であろうに、いわゆる地獄谷といわれる穴藤工事場では、日本人雇用主によって、朝鮮人労働者は日本人労働者との間で甚だしい差別にさらされている。

朝鮮で日本人が差別を受けることに比較して、どれほど差別があるかは、定規や秤で測定するわけにもいかず、数字で表すのは困難なことだが、日本人との間での差別は、朝鮮人労働者にとっては非常なる苦痛であり重大な侮辱である。ここで、差別待遇のなかで最も酷い事例を二、三あげてみると、他の地方に出向いて労働者を募集するとき、日本人にはきまって一〇〇円以上の金を貸し与え、金を借りない者には、契約とかによる拘束は一切なく、ただ前借りした者に限って、借用金証書という名目で、娼妓の契約書と似通った形式で、いくつかの条件をつけて証書をもらうのみである。しかし、朝鮮人には一銭の前借もさせないでも、きまって契約書をかわすため、朝鮮人は身代金一銭ももらえずに、書いた奴隷契約を雇用主に差し出すことになる。

また日本人には、前借した者に限って、三ヵ月間は働かなければならないという条件があるが、朝鮮人の場合は、一銭も借りなくても二〇ヵ月間は必ず働くべきだという、あきれかえる差別が加えられている。

次に仕事そのものをみると、同じ仕事をすれば、当然ながら日本人と同じ賃金をもらうはずにもかかわらず、必ず差別を加え、平均すれば、日本人と朝鮮人の間には、日給で三〇銭ないし五〇銭の差別がある。さらには日本人労働者に特別危険な仕事をさせるときは、特別に手当を与えるが、朝鮮人には危険な仕事を多くさせても手当を与えない。定められた時間以外の仕事をさせるときも、日本人労働者には普通、手当を与えるが、朝鮮人にはそれも与えず、三時間以上余計に働いたときに、たまに親方ができるだけ恩着せがましく、一〇銭から二〇銭の酒代を与えるのが特別の手当であるという。

食事にも差別　日本人の失敗も、殴られるのは朝鮮人労働者

金銭上の差別がこのようなものであるから、その他にも厳しい差別があるのは明白なことであろう。本来させる仕事があまりにもきついので、お腹を空かせていては、労働者の気力が徐々に衰えるのみならず、日本人労働者は米飯でなければ食べないので、朝鮮人労働者にも米飯を与えているが、おかずは、ほとんど食べられないような代物である。それも日本人労働者が多く、朝鮮人労働者が少し交ざっているところでは、差別をするのがかえって煩わしいから若干ましではあるが、朝鮮人が多かったりすべてが朝鮮人であったりするところでは本当に酷い。

親方は、日本人と朝鮮人を一緒に何らかの仕事をさせておき、他のところへ去り、数時間ごとに見廻りにき

て、自分が指示した通り仕事が進んでいない時に、それが確実に日本人労働者の過ちによるものであるとわかっていても、親方は必ず朝鮮人労働者のみを足蹴にし、棍棒で殴りながら「朝鮮野郎は犬にも劣る、豚のような奴ら」だと、あらゆる罵詈雑言をあびせかける。

終日の苦役で骨が溶けそうな疲労が溜まった体を、やっと休めさせながら深い眠りについた明け方の三時か四時ごろ、早く起きろといって、獅子のような親方の足蹴を受けるのも、紛れもない朝鮮人の体であり、おかずのない飯に、つばを濡らして辛うじて空腹をみたそうとする時にも、食べるのが遅いと、親方の石のような拳で食物を噛んでいる頬を殴りつけられるのも、日本人労働者に対しては行われないことである。

見よ、此の虐刑の実例を　逃げ出す労働者を捕え真冬に二日も虐刑

右のような地獄から逃れようと夜中に逃亡を計り、蜘蛛の巣のように張りめぐらされた見張りの網に引っかかって、凄まじいリンチを受ける者も朝鮮人である。

昨年の冬、われわれ一行が泊った富田屋という旅館で実際に起きた事件だとして、旅館の人々が話すには、日本人労働者二人が逃亡したことを知り、親方が部下を連れて追っかけ、逃亡中の彼らを捕えて帰ってくる道で、偶然逃亡中の朝鮮人一名に出会い、これも一緒に捕えた。そこで、その親方は何もいわず部下たちに、日本人労働者二人を前に、働いていたところに連れ戻すように指示したが、捕まえた朝鮮人は連れ戻るまで辛抱しきれず、その旅館に連れ込み、足蹴にし、棒で殴りつけ、血が流れ、衣服は真赤に染まって、全身が傷んで歩くこともできなくなった者を、さらに引っ張り出して、山の奥深くに入り、氷と雪の上にかがみこませ、中腰にし、両

手を頭の上に上げさせ、重い鉄管を持ち上げさせた。それを取り落すと、棒でめちゃくちゃに殴りつけ、また持ち上げさせ、持ちきれず降ろすと再び殴りつけ、食事もさせずに、二日間もこの虐待を加えたという。

〔『東亜日報』一九二二年八月二七日〕

（六）

逃走取締りの原因は　現場の秘密が明らかにされる恐れより親方の直接利害関係が大きい

生命が危うい場所で身体も耐えられないほどに酷使し、何の楽しみもないところで精神が耐えきれない苦痛を与えるのが、穴藤の水力電気工事場であり、大倉組支配下の労働であり、親方の労働者の扱いがみなそうであるという、穴藤の工事場に関する噂が広まって、労働者募集が難しくなり、また、事情を知らずにきた労働者も、隙あらばどうにかしてこの悪魔の巣から逃れて、少しでも自由のある世界に脱出しようと考えるのは自然の人情のなすところで、このような深山幽谷における労働者の逃亡が、生ずるのは免れないことであろう。

しかしながら、自分が稼いで生活しているわけではない、人間の血と油を搾りとって食うという表現が当てはまる、労働者の親方連中にとっては、労働者の逃亡は、工事への影響よりも、一人の人間から毎日、三重四重に搾り取るための基がなくなることを意味するため、彼らは体をはってでも労働者の逃亡を防ごうとする。

労働者がどうして逃亡するのかという根本の問題を考え、苦痛を除去するのではなく、自分の利益を満たすべき欲望と他人を害する挙の力以外は何も知らない者は、苦痛に耐えきれず逃亡しようとする者をむしろ不倶戴天の敵とみなし、暴悪な力を使って逃亡を防ごうとするため、人の心を持つ者であれば、到底行えないほどの、日ごろ行っていることよりもさらに何倍も残忍で悪徳な虐待を加えるのである。

網のなかの魚のような労働者　親方の驚くべき警戒

このようなところで親方といわれる連中が、労働者の逃亡を防ぐためにとる方法は、戦場で将軍が兵卒の逃亡を防ぐ方法よりもさらに厳しく、逃亡して捕まえられた場合に受ける処罰も、それにおとらないほどである。

穴藤は何百里にも至る人跡未踏の険峻な深い山の中である。先に三〇里ほどの山里の村へ出かけると、大通りが左右に横切っているが、山里の村に出る三〇里のあいだには、いたるところに親方らの見張りの網が、張り巡らされているばかりでなく、山里の村に無事に降りて行けたとしても、そこから鉄道の駅があるところまで行くには、どの方向にしても一〇〇余里以上歩かなければならない。この一〇〇余里の途中にもあちこちの街角に、親方連中の腹心が配置されており、朝鮮人が通り過ぎるのを見るや、何人かが力を合せて、大きい村でコソ泥を捕えるようにする。そうでなくても、一〇〇余里を歩く途中、いつでも自動車で追っかけることができ、万が一町に出て乗せてもらおうとしても、自動車の運転手がみんな親方の仲間なので、まさに飛んで火に入る夏の虫に他ならない。

甚だしくは、近くの駐在所の巡査もまた、朝鮮人労働者が逃亡するのを見かけたときは、体当たりで捕えるのだが、その理由を聞くと、「朝鮮人は要注意人物であり、逃亡者は行くあてもなく勝手に逃げ出すのを、到底黙って見過すわけにはいかない」という、大変奇怪な説明をするという。

このようにして、事情を知ってか知らずか、ひとたびこの山中に引きずり込まれた朝鮮人労働者は、網の中の魚と少しも変わらず、いかに悲惨な運命を悲しんでも、容易にはそこから脱け出すことは難しい。それでは、その親方が労働者の逃亡を防ぐ平時の準備は、果たしてどれほど厳重であるのだろうか。

脱走は決死的行為　朝鮮人に注意深く張り巡らされた網の目

日本人労働者は朝鮮人より所得も多く、虐待も厳しく受けることはないが、逃亡する件数は朝鮮人より何倍も多いという。所管駐在所の巡査の言葉によれば、朝鮮人はたまに逃亡するがそれほど酷くはなく、その名簿も整理できるが、一方、日本人労働者はあまりにも出入りが激しいので、どうも名簿をまとめることができないという。

苦痛と虐待が少ない日本人の逃亡が多く、苦痛と虐待が何倍も多い朝鮮人の逃亡がその何分の一にしかならない理由は、もちろん朝鮮人と日本人の性質や風習が違うことにも少しは求められるかも知れない。性質や風習を変えられないため〔朝鮮人は目立ち見つけられやすい〕、かえって日本人に比べて逃亡者が著しく少ないのは、やはりひと塊となった附近一帯の日本人が見張役として朝鮮人の逃亡を監視し、道々に網を張っているからである。よって、この地から逃亡しようとする同胞は、よほど決断力のある者で、運を天にまかせる。いわば一番勝負にかけるのである。

山中の過酷な労働で病が膏肓に入り、親方の虐待が待っていることを考えれば、どちらにしても死ぬのは変わらないのである。無事に地獄を脱け出せれば幸いであり、たとえ途中で捕まってしまっても、最悪で死ぬくらいだとの覚悟で、真剣になって飛び出て行く。しかし、人が歩く道を避けて山の中に入って餓死した人もおり、もしくは、昼は深い山中の木の影に隠れ、暗い夜中に少しずつ歩いて、結局は重病になった者も少なくない。無事に悪魔の巣から脱出することは実に容易ではないが、それにもかかわらずなお逃亡する者が少なくないのをみれば、この山中での労働者の生活が、いかに悲惨なものであるかをはかり知ることができるであろう。したがって、無事逃亡できたら僥倖であり、十中八、九いたるところに張り巡らされている細かい網の目に、一度引っかかってしまったら万事休すである。目も当てられない光景に出合うことはいうまでもなく、連れ戻されて鬼によって加えられるリンチの話は聞くに耐えないものである。あー、親方のリンチというものは、果たしてどれほど酷くて恐ろしいものであろうか。

［『東亜日報』一九一二年八月二八日］

（七）

日本名物地獄部屋　地獄部屋とは果たしてどんなものか、逃亡者防止で世界的に著名

世間ではその名を聞いただけでも身がよだつ、地獄谷と称される穴藤の山中には、労働者の自由を束縛する監獄部屋というものがある。この監獄部屋というものは、一等文明国を自称する日本の特産物であり、今日の世界ではほとんど見られない奇怪なものの一つである。穴藤の工事を請負った大倉組の取締役の言葉によれば、「この監獄部屋というのは、今をさる三四、五年前に北海道で石炭の採掘や原始林の伐採を始めたとき、そこは人口が少なく、本州の東北地方から金をかけて労働者を連れて行っても、何日もしないうちに逃亡してしまうので、

それを防ぐために始まった。現在でも北海道地方には存在しており、その他の地方でも、鉱山とか鉄鉱(ママ)工事とか水力電気工事のような、深い山の中とか、都会を離れた工事場では多く残存している。大倉組が経営する穴藤工事場にあるものは、世間で監獄部屋というようなものではない」という。

このように大倉組の重役は穴藤が監獄部屋よりもよいというものの、世間では穴藤が監獄部屋より酷いという。ではその実態は如何なるものであろうか。

労働者が仕事場に出ないときに、寝たり食べたり休んだりするところを飯場といい、この飯場の別名が監獄部屋、あるいは地獄部屋というのであるが、これらの名称は労働者が逃げ出すのを防ぐのに監獄と同じような形で建てたことや、そこの親方による労働者虐待が絶えないことに由来するものだという。

牛小屋のような飯場の構造　夏には暑く冬には寒いところ

穴藤の工事場で朝鮮人労働者を住まわすために造った飯場というバラックの構造を見たまま描写するならば、一見大きな駅舎の敷地で、大工が雨露を凌ぐために建てたバラックに似ている。険しい山を背にして、深い川を前にした場所で、「背山臨流」という、豪奢に暮らす金持が、亭を建てる際に選ばれる素晴らしい立地であるものの、実際には労働者の逃亡を防ぐための特別研究の結果、そこに置くことになったのである。

大梁には斧のあとが見苦しい雑木を使い、壁はカンナも引いてない荒々しい松の板をめぐらし、屋根は付近の特産というが車輪(ママ)のようなもので、それよりも少なくて薄い木片一枚だけがかぶせてあるだけで、四方を見まわしても天井を見上げても、土というものは一切使われていない。木片が連なる隙間からは山や川の景色が見えて、それもいってみれば風情のあるものだというかもしれないが、冬になれば身を刺す寒風、夏になれば骨を蒸すような暑さが、哀れな労働者の体に苦痛を加えるばかりなのである。

親方の言葉によれば、「バラックがこのように貧弱だから、実際に逃亡しようとする者は、足で一回蹴れば、どこでも人間の体ひとつぐらい這い出す穴はすぐにつくれる」というが、他の連中を気付かせないで逃亡することが千に一つもできない条件の下では、たとえ壁が貧弱であるとしても、誰もそれを蹴破って板塀に穴をあける者はいない。

窓をみれば、人間の肩を越えるほど高いところに、大きさが木のものさしでいうと二寸ほど穴をあけてつくられており、そこには二本の棒で格子がはめられて、それがちょっと見た目には牛小屋のようにも見える。床にもやはり薄い板を敷き、その上に草の葉のように機械で織ったようなものを一枚敷いてあるだけで、陰気臭い。このため夏にことさら暑く、冬はますます寒いのはいうまでもない。

食堂、寝室、便所が一つの部屋に、すべて共存する悪臭の博覧会のような飯場の中

中でも驚くべきことは、食物をつくる場所と便所が同じ空間にあるが、さらにまるで汽車の貨車と客車の特等室を一つ繋げたように、労働者の居所より遥かに立派な親方の居間が同じ屋根の下につくられている。ここには、平均六、七〇人の労働者が生活していて、全体で四、五百坪にもなるところに、出入り門は一つしかなく、やっつけ仕事で造ったこのたった一つの出入口は、臨時留置場に似通っており、誰が言い始めたのかは知らないが、「監獄部屋」とは非常に的確な名称である。一つしかない出入口が必ず親方の居間の前につくられているの

をみると、親方連中の研究の努力振りをうかがうことができる。

労働者の生活する部屋は、一坪に四人から五人ずつ詰め込まれ、三・一独立運動が始まった当時の朝鮮の監獄と同じ造りをしているが、仕事を終えてこの監獄部屋に帰ってくると、親方はたった一つしかない出入り口にカギをかけてしまう。夏ならば蒸すような暑さのなかで、涼しい風にあたることもできず、食べ物の臭い、便所では大小便の臭い、土の臭い、汗の臭いがそれぞれ混じり合って、暑くるしい飯場内は悪臭が鼻をつく。

疲れた体を気ままに休めることもできず、孤独で寂しい魂が、漸く眠りにおちたときにはすでに朝、悪魔の怒声が聞こえ、親方の足蹴が空中に飛び回り起こさせるわけだが、万が一にも、夜中に出入り口の近くに行って何かの気配でも示せば、親方が飼っているむく犬が鋭い錐のような牙をむき出し、襲いかかってくる。同じとき親方は、目を擦りながら片手で枕の下に入れてある短銃を撫でるという。こんな泥沼のような場所に陥った労働者の生活はあまりにも残酷である。

〔『東亜日報』一九二二年八月二九日〕

（八）

悪魔の大頭目鈴木　朝鮮人三〇〇人を率いる者、虐待はすべてこの人物の手で始まる

後ろにはとても人間が入って行けない深い山があり、前には左右百余里には監視の網を張りめぐらし、仕事に出ると、要所要所に懐に凶器を持った監視員が毒蛇のような目を光らせており、夜は監獄部屋に閉じこめ、朝鮮人労働者を監視しながら、人間の体ではとても耐えきれない苦役をさせるのは、京城の麻浦付近でレンガを拾う

身分と変わりない。逃亡する者を捕まえた親方が加えるリンチは、江原道の春川の監獄支所で、所長以下所員が力を合わせて逃亡する朝鮮人囚人に行ったものと同じである。この水力電気工事の大部分を背負っている大倉組の下に、鈴木勇次郎という親方がいるが、この鈴木という者は、大親方のなかでも最も多くの仕事を背負っており、労働者五〇〇人のうち、三〇〇余人の朝鮮人を使役している。輩下には誰よりも多くの小頭や飯場頭という者をかかえており、いわゆる地獄谷という穴藤地方の工事は、ほとんどすべてがこの男の担当である。二千人に近い労働者を使うこの工事に、いわゆる大親方というのは、大倉組と大林組を合せて九人にもなるが、なかでも最も悲惨で残虐な朝鮮人虐待事件のほとんどすべてが、朝鮮人労働者を最も多く使用しているこの鈴木の下で生じている。なかでも部下の中島と弟の三勝という二人の小頭が、誰よりも悪魔のように朝鮮人を虐待し、背筋が冷たくなるような残虐行為を、平然と行ったことも一度や二度ではない。

三週病んだあげく怨みをいだいて霊となる　小頭の中島の下で残忍に死んだ朝鮮人

中島という者の行状についてみれば、まず彼の飯場というのは、穴藤で最も有名な監獄部屋といわれている。最近まで夜にはたった一つの出入口に、大きな錠をかけていたといい、前に紹介した沈東介という朝鮮人が、苦役に耐え切れず重病にかかり、監獄部屋の中で呻吟しながら死んでも、故国で霊魂となりたいから「なんとか故郷に帰れるようにしてくれ」と泣きながら何回も哀願したが、中島は頑としてこれに応じなかった。哀れな沈東介は、医薬も不十分な山中の監獄部屋の中で、三週間苦しんだあげく、結局、七月中旬に、悪どい雇用主の下で異郷の幽鬼となった。朝鮮人労働者の涙に濡れた遺体は、信濃川べりの墓地に埋められたが、中島はその後も自分の非道ぶりを後悔せず、契約書にはっきりと記されている一〇〇円以上の弔慰金も一銭も支払わなかった。それについて記者が質問したところ、大倉組の答えは、「うかつにも忘れてしまったためである」と答えたが、多くの朝鮮人は、何回も話しを持ち出したにもかかわらず、親方は「お前らになんの関係があるのか」と怒鳴るばかりであったという。

逃走して餓死した兄弟　厳しい虐待を証明する事件

七月一二日ごろ、新潟県に隣接する長野県地方で発行された新聞は、惨殺された朝鮮人の死体が、工事現場から約四〇里離れた山の中に入った長野県の岩菅山付近で発見されたと報じた。しかるに、われわれに答えた管轄区の巡査の言葉によれば、中島の飯場にいる慶尚南道密陽郡丹場面美村里に原籍のある朴張律とも呼ばれる朴珍烈（三八）とその弟朴寿烈（三二）の兄弟が逃亡し、食べ物を持たず四日間も山の中で徘徊し、ついには餓死した。実際の経緯はわからず、警察の調査はだいたいこのようなものであるが、一緒にいた朝鮮人労働者は、彼らがいつ、どのようにして、工事場から出ていったのか到底わからないといい、この事件についての警察の調査では相当、不明なことが多い。それは後述することにして、たとえ警察の調査がもし事実だとしても、彼ら二人が死をかえりみず逃亡を決断したことを考えると、中島という者の虐待がどれほど酷いものであったかが推察されよう。死に至るまで彼らが引き返してこなかったのは、捕まったときに、如何に残虐なリンチを受けるかを知っていたからであろう。

両手を縛り上げて松の枝に引っ掛ける　日本人親方の悪辣な刑罰

中島という者の下で、逃亡する人を捕えて残忍なリンチを加えた一例を紹介すれば、穴藤を通り過ぎてさらに奥深い山中に、中島の子分で吾妻秀松という者が、中島の指揮を受けて飯場一つを受け持っているか、去る六月下旬に、そこの朱洛淳、李洪根の二人が逃亡して、途中で捕まり、やはりあちこち殴打され、多くの労働者に見せしめにするため、彼らの体を山の中の松の木に縛りつけ、食べ物も与えず、終日放り出しておいたことがある。この二人は強健な労働者だったので、幸いにも命は助かったが、虚弱な者であったなら、どのようにして気力体力を取り戻しただろうか。今まで病気で亡くなった多くの人々のなかにも、虐待がその原因でとうとう病に陥った者もいてもおかしくないはずである。

〔『東亜日報』一九二二年八月三〇日〕

（九）

裸体を乱れ刺し　雪中に三時間も生き埋めで葬式を済ます虐待の実例

朝鮮人労働者に対する虐殺・虐待といった問題の中心には、実に先述した中島という者の飯場と、大親方鈴木勇次郎の弟、三勝の暴悪な振る舞いがあり、もはやそれらが虐待なのか虐殺なのか区別できないほど、朝鮮人労働者に対して残酷極まる行動を多くとってきた。三勝という者は、自分たちの仲間と喧嘩するときも、山に穴を開ける際に使う五〇斤のダイナマイトを持ち出す、蛇蝎のごとき人物であり、大変な酒好きで、夜昼となくあまり起きているときもない。三勝は酒を飲むとその残忍な性格がさらに増し、木石に対してもとても行えないことを人間相手に仮借なく行う人物である。朝鮮人逃亡者を捕え、途中の旅館であらゆるリンチを加えたことは先に述べたところだが、それ以外にも彼の悪辣な行状は、耳にするだけでも身震いするようなものである。

密陽郡密陽邑活城里に本籍を置く全甲喆という労働者は、今年一九歳の少年で、身体もまだ壮丁とはいえないが、三勝は彼に一人前の仕事をさせるが、一人前の賃金を与えない。甲喆は幼い体で厳しい仕事に耐えられず、また棒とゲンコツのもとでは生きられないと、どうにかしてこの悪魔の巣窟から免れようとして、機会をうかがい、今年二月のある日、ついに逃亡した。しかし、やがて有名な彼らの一〇〇余里の監視網に引っかかり、後方から疾風のように追いかけてきた親方の子分たちに捕まった。親方の三勝は、甲喆をくぬぎの木の角棒で乱打したばかりか、裸にして縛りつけ、日本人が石炭の叺や米俵を扱うときに使う鳶口で、生きた人間のやわらかい身体をところかまわず突き刺した。

二月といえば旧正月の初旬で、都会の寒さも厳しいが、深山幽谷の穴藤地方には積雪が道をふさぎ、北風が身を引きちぎる時期である。殺気立った三勝は、甲喆を裸にして縛るだけでも不足だったのか、全身から血を流している彼を雪のくぼみに引きずり込み、三時間もそこに放置した。またその翌日からは他の労働者に見せしめのために、仕事場に出て働けとさらに虐待したが、甲喆は二週間も体を動かせず、監獄部屋の薄暗い隅っこで酷い苦痛を味わったという。このように悪魔の手によって手かぎで突き刺された跡は、いまだにはっきり身体に残っていて、それを見たわれわれは恐ろしくなると同時に激しい怒りを感じた。このような話は、作り話や地獄の刑罰などではありえようが、この世の中に存在したとは到底信じられない。しかし彼らはこのような悪辣なことを本当に行っているし、このほかにもいかなる非道なことでも行うのである。

三人をコンクリート詰め　悪辣なこの連中に出来ないことはない

その後、やはり三勝の飯場で、禹徳東、禹允成、禹仁賛ら三人が共に逃亡しようとしたところ、また三勝に捕えられ、リンチを加えられたが、彼らも北風吹く寒い雪の山の中で裸にされ、縛られ、血も凍るほどの冷たい雪のくぼみの中にひざまずかせて坐らせた。その上には、橋を掛けるように石とセメントを混ぜて積み上げておき、さらにそこに水をぶっかけた後そのまま放置したが、三人がほとんど気絶したとき、幸いにもほかの仲間の哀願で引き出されたので、命は助かった。もし、後三時間が過ぎて氷のコンクリート漬けにされたままであったならば、哀れなこの三人の運命はどうなっていたろうか。

右のような発電所工事などを経験した日本人の言葉によれば、昔は日本人労働者に対しての虐殺も多くあり、北海道の炭鉱地方に行って地中を深く掘り下げれば、いまでもセメント詰めにされたドラム缶のなかに入った死体が無数に出るという。一〇年余り前、鬼怒川の水力電気工事では、労働者を殺した後、穴を掘ってコンクリート詰めにして隠したことがあって、軍隊まで出動するほどの騒ぎとなり、社会の耳目を集めたことがあったという。

私信まで盗見を働き　逃亡者のように虐待する親方ら

申明玉と権元龍という二人は、逃亡して捕まり、ほとんど全身が動かないほど殴打された上に、寒い戸外に引き出され、立たせも座らせもせず、中腰にさせた上で、重い鉄管を頭上に持ち上げさせ、筋力が尽きてしまって、鉄管をおろすたびに棒で乱打された。とうとう気を失ってからはじめて取りやめたというが、その後も虐待がますます酷くなり、到底命が助かるとは思えなくなった二人は、捕まったら自殺でも図るつもりで、二度目の逃亡を決行したが、幸いにも悪魔の巣窟から逃げきることができた。

信書の秘密を侵害されないための権利は、「信書の秘密は自由（ママ）」と日本の憲法にはっきりと定められたものであるが、生き地獄であるここでは、このような権利もなんのたしにもならず、労働者が飯場から出し、また受け取る手紙は、必ず親方が先に開けて読み、虐待が行われている事実を漏らしていたり、他のところに働きに来いという内容の手紙があったりすれば、その当事者に対しては、逃亡して捕えた者と同じような残忍なリンチが行われる。

例えば、申明益という者に、大阪地方にいる兄から寄せられた手紙のなかに、「そこでは虐待がとても酷いというから、こちらに仕事をしに来たらどうか」ということが書かれていることが発見され、三勝は申明益を責め、雪の中で氷セメント詰めのリンチを加えたという。

〔『東亜日報』一九二二年八月三一日〕

（一〇）

悪魔の部下が朝鮮に　労働者募集活動　世情に疎い人が注意すべきこと

穴藤の工事場で小頭を務める三勝という者はなかでも最も残忍だという。人間の心をもっているならば、到底行えないような様々な悪辣な虐待を、多く行ってきたことは前に紹介したところであるが、その他にも逃亡する者を捕まえ、さかさまに吊るし、三時間以上放置したため、耐え切れなかったその人が、嘔吐しながらそのまま気絶したこともあれば、一口の水も飲ませず人を木に縛り上げて、終日風雨の中で放置したこともあり、悪魔のような三勝が朝鮮人労働者を悪辣に虐待したことは凄まじく、ほかの親方の下で働いている朝鮮人労働者まで嘆いており、三勝の飯場といえば、監獄部屋のなかでも最も残忍なところとして付近地方において長らく知られてきた。しかし、ここの警察は、今日に至るまで、このような悪魔に対してまともな説諭さえ一度もしてみたことがないという。

そして、大親方の鈴木の子分に、三勝と同じように小頭をやっている浜田という者がいるが、これまた三勝まではいかなくとも、この世の人間とは異なるといえるほど悪辣な性質の持主で、普段から労働者を非常に虐待するばかりでなく、逃亡者に加えるリンチは、ほとんど三勝に負けず劣らずであり、逃亡する朝鮮人労働者一人を捕え、身体のあちこちを刀で刺し、全身から血を流している労働者を冷水のなかに五時間も漬けておいたことさえある。これほど虐待とリンチが酷いので、逃亡者が続出し、残っている朝鮮人も死ぬ覚悟で反抗して、浜田の組の者は他の親方のところにあちこち回されてしまった。その代わりに浜田は朝鮮に行き、各地から新たな労働者を募集中であるという。どのような運がない人物が、このような悪魔の口車に乗せられて、この世の生き地獄に連れてこられるのであろうか。田舎の村にいて世情に疎い人々は、相当警戒をする必要がある。

金銭面で与える苦痛　貯蓄を名目に賃金を与えず労働者の逃亡を防ぐ方法

また、労働者の逃亡を防ぐために、金銭で苦痛を与える方法があるが、これも極めて酷いことで、小さな問題だとはいえないものである。

本来一ヵ月働いた後の賃金を、その月の末に支払うのでなく、次の月の一〇日に支払うのもおかしな話だが、それも実際には一日、二日と引き延ばし、一〇日に支払われることはあまりない。

病気で何日か休んだために、飯代がいくらかかったとか、酒、タバコ、地下足袋、衣服代まで、多かれ少なかれその月に使ったものは、その月の賃金からすべて差引かれる。一日の賃金が一円五〇銭なので、一ヵ月平均二二日間労働したとして、受け取る賃金額が三三円であるとしても、あれこれ差引かれ、手元に入るのは数円にしかならない。にもかかわらず、それすらきちんと支払われないため、労働者の生活はますます苦しくなり、親方からの受け取り分は常に少なくなってしまう。そして親方のなかには、労賃の中から一〇分の一以上の金額を差引いて貯金するよう強制的にお金を預けさせ、何ヵ月か貯めることで少なくない額になり、労働者が逃亡できないよう抵当代わりに保持し、至急金が必要になって親方に事情を話して〔労働者が〕それを引き出そうとしても応じない。そのため、苦痛と虐待に耐えきれず逃亡するときは、仕方なく貯まった金を取り戻せずに、血と汗で稼いだ労賃や貯金をそのままにして飯場を出て行く。逃亡者のこういう貯金は多い者で七、八〇円、少ない者でも三、四〇円ぐらいになる。それでは、このように労働者が引き出せなかったこの金はどのように処理されるのだろうか。むろん、親方がそのまま中間に立ってネコババしてしまうのである。万一、他の労働者が逃亡者に代わって引き出して送ってあげようとすれば、金を引き出す前に親方から棍棒で殴られるのがおちで、何もいえたものではない。したがって親方という者は、労働者が〔手下として飯場に〕いるときには毎日一人ずついくらか賃金より搾り取り、逃亡した時には、逃亡者が残していったものをすべて受け取って、労働者の膏血を掻き集め私腹を満たすのである。

豚犬待遇　行う者が豚犬か、受ける者が豚犬なのか

このように労働者を虐待してその血を吸う行為は、このように辺鄙なところで仕事をするものたちの慣例になっており、以前には日本人労働者が親方から命まで奪われることも少なくなかったという。しかし日本人労働者は、長い間このような習慣を知りつくして、世知に長けた者が集まっているので、彼らは親方に負けないほど悪事もよく働き、自分たちで結束して反抗するすべも知っており、〔その結果として日本人の場合〕朝鮮人とくらべれば虐待もすこぶる少ない。

朝鮮人労働者といえば、ほとんどすべての者が農村出身者であり、一年間死ぬ思いで精を出して働いても、収穫期には涙を飲んで地主によって農作物を奪われて困窮に瀕して呻吟しているところに、時折やってくる人夫募集の甘言にだまされて、故郷を離れ出てきた人たちである。よって性格は純朴で、親方に反抗することも知らず、結束して多数の力で強い者に対抗する方法も知らない。特別に〔多く朝鮮人の〕人夫を雇用する大倉組は、京

釜鉄道工事以来、朝鮮での大工事を数多く行ってきた。彼らの多くは朝鮮人といえば常に侮蔑し、朝鮮人をこのように甚だしく虐待するのである。大野割の村落にいる人の話によれば、朝鮮人は豚や犬より劣るという。どうしてそうなのかと理由を質すと、親方に豚や犬にも劣った虐待を受けるからだという。虐待を受ける者が豚や犬なのか、虐待を加える者が豚や犬なのか、この言葉を聞いたわれわれの心境はどうであっただろう。われわれはどのようにしても、朝鮮人たちが人間としての待遇を受けるよう、朝鮮人を豚や犬のように虐待できないよう努めなければならない。

〔『東亜日報』一九二二年九月一日〕

（一一）

警察がいうところの報告　朝鮮人労働者を殺した事実は調査した結果、全くないと

虐殺された朝鮮人労働者の死体がよく信濃川に浮いて流れてくるという驚くべき記事が、東京の新聞に記載されたことで、これが社会問題となり、朝鮮人を激昂させた。この穴藤の工事場で非業の最期を遂げた人に対して、所轄の駐在所が調査したものがどんなものなのかを調べてみることも重要なことである。

警察は、朝鮮人の死体が信濃川を流れ下った事実について、それは京畿道江華郡に本籍がある当時三六歳の安永喆という者が、今年の五月八日の夜、酒に酔って飯場に帰ってくるとき、信濃川の向う岸からこちら岸にかかっている橋を渡る途中で誤って川に落ち、その死体が四日後に転落した場所から六〇里離れた見附地方に流れついた。死体は発見されてただちに埋葬されたが、けっして親方が殺したのではないと駐在所の巡査は弁明する。

また、一千四、五百尺になる絶壁から朝鮮人労働者を突き落とし、殺したという事実に関しては、水力発電所工事を始めた当時、新しい道を作っていたとき、足を踏みはずした信越電気会社の技師一人が転落死し、その後、日本人工夫一名が墜落死した事故があっただけで、同一場所で朝鮮人が死んだ事実はないというのが駐在所の報告である。その他には、穴を掘っていてダイナマイトに吹き飛ばされて即死した一人の朝鮮人と、崖の下で働いていて落石で死んだ者が一人いるだけで、東京の新聞が伝えたような、親方という者が朝鮮人労働者を虐殺した事実はない、と駐在所は調査報告を出している。

信頼できない警察調査　どれが事実なのか調査方法から疑問

それでは、このような巡査駐在所の調査報告が、全く事実であると信じるかどうかについて、われわれは様々な事情から表面的な調査に留まり、そのため直接人を殺したという事実を発見することはできなかったため、駐在所の調査がすべて間違っていると断言することはできない。しかし、だからといってその調査が完全に正しいと信じることもできないのは、先日電報で報道したように、記者が内務省警保局の大塚警務課長に話した通りである。〔一人も殺された事実はないにもかかわらず、東亜日報が親方たちにより朝鮮人が殺されたことがあるように世間の人々に疑惑をいだかせているとして総督府当局者は東亜日報紙の押収まで行った〕この処置に対しては、われわれの意見を述べることすら難しいところがある。

したがって、ここでは警察の調査報告だけをそのまま紹介することにとどめることにする。それから心残りなのは、死の危険を冒してまで逃亡した者たちが少なくなく、どこに行ったのかわからないはずなのに、警察は穴藤からいなくなった者たちすべてを逃亡者の扱いをしており、それがすべて逃亡していなくなったのか否か、駐在所でもいちいち調査できない。にもかかわらず行方不明者をすべてひっくるめて逃亡者と断定することについて論評することもできるが、とにかく工事場からいなくなった人々の行方を、われわれがいちいち探し出せないのははなはだ遺憾である。

次回には、ここの警察制度がどのようなもので、巡査の取締りというのはどの程度まで及び、巡査の調査というのはどこまでできるのか、朝鮮人労働者に対する態度はどのようなものであるのか、これらを調査した通りそれらのおおよそを紹介する。

〔『東亜日報』一九二二年九月二日〕

（一二）

無誠意な当局者　三日に一度調査　管轄警察署の便宜を図る態度

水力電気工事場を所轄にする警察署は十日町警察署といい、警部が署長を務める小さな警察署で、工事場から六〇里離れた十日町にある。工事場を直接所轄するのは、巡査部長が所長を務める大野割の駐在所であり、この駐在所の諸経費は村で代弁している。そのうち巡査の何人かは、会社の請願巡査〔個人や企業が経費を負担して設置した巡査〕であるという。

巡査は三日に一回工事場を巡回するというが、三日に一回巡回することで何がわかるのか、そもそも三日に一回きちんと巡回を実施しているのかどうかも疑問である。このようなところに来ている巡査が、会社と労働者との間で紛争が起こったとき、どちら側につくのか、また、同じ労働者で、日本人と朝鮮人とを差別してないのか。このような田舎の警察官の気風は、朝鮮のそれとは従兄弟のようになるという〔日本の警官も朝鮮の警官と変わらず、朝鮮人を差別することを暗に記したのか?〕。

会社は、日本語を知らない朝鮮人労働者の保護のため、特別に朝鮮語を知っている巡査二人を配置したというが、その一人は憲兵警察だった当時、咸鏡北道茂山で憲兵をやっていたといい、もう一人は三・一独立運動が起こった時に、ソウル鍾路警察署巡査として勤務していたという。このような経歴をもつ二人の巡査が、朝鮮についてよく知っているとして、朝鮮人の性質はどのようなものであって、どのように朝鮮人を扱えばよいかについて会社に進言しており、会社は朝鮮人労働者に対する方針を、だいたいこの二人の判断にしたがって決めるというのである。

このような警察官が、かりにきちんと三日に一回ずつ巡回したとして、どのくらい朝鮮人のためになるというのだろうか。県当局では、朝鮮人労働者のために、このような巡査を派遣して努力したというものの、これはその努力が、かえって害になっていたのではないだろうか。朝鮮人労働者の巡査に対する感想を聞けは、実に驚くべき言葉が少なくない。

このような状況の下で、工事場の取締りが十分になされないことは誰にでも推測できるであろう。駐在所では工事場の労働者の生活についても調査を行ったものが相当あるが、どこまでその調査を信じるのが正しいのか、われわれ一行がほんの少し調査したうちにも、いろいろ不正確なことを発見した。

一つ二つの前例をあげるならば、先にも紹介した慶尚南道密陽郡の人で、朴珍烈、朴寿烈の兄弟が逃亡した事件について、兄の朴珍烈が岩菅山附近で餓死したと、所轄の巡査は死亡地を実地検証して、その結果を報告したというが、最近、穴藤の工事場の朝鮮人労働者に、巡査が死亡者として報告した朴珍烈から手紙が届いた。というならば、死んだ者があの世から手紙を送ってきたことになるのではないか。手紙によれば、死んだのは兄でなく、弟の朴寿烈であるといい、また、一緒にいた朝鮮人労働者の話によれば、朴寿烈は巡査のいうように餓死したのではなく、あきらかに溺死であるという。

さらにもう一つ奇怪なことは、この工事場に金学述という者と南学成という者がいて、そのうちの一人が仕事中に亡くなったことを、駐在所では金と南を混同して記録したため、死んだ者が生きており、生きている者が死んだことになった。そのため、本当は死んでない者の家族に、死んだと連絡して大騒動になったこともある。

このように目立つようなことに対して調査がこれほど粗末であり、そうしたことを知っている工事場で勢力を持つ連中は、何はともあれよろしくと隠し通せば、秘密の罪悪ぐらいはいくらでも隠しおおせるであろう。

管轄所長の答弁　全員事実を全く知らなかったと、虐殺事実がないというのも奇怪

われわれは八方手を尽くして若干の調査を行ったが、そのうちのいくつか確実な事実関係を日本の官吏の求めに応じて話した。内務省から出張してきた警保局事務官、新潟県から出張してきた警察部の保安課長と刑事課長、それに十日町警察署長の前で、われわれの調査に依りながら、親方たちが暴悪に朝鮮人労働者を虐待した事実の大筋について話した。

われわれの話がだんだん諸々の事実に触れながら行き交うにおよんで、当初から焦り気味だった署長の顔色は黄色から橙色までめまぐるしく変った。いかに調査しても耳にすることすらできないはずだと、彼が思っていた

事実を我々がつぎつぎに明らかにするのを聞き、どんなに恐ろしい話が暴露されるかという心配からか、あるいは署長である自分がぜんぜん知らないことをわれわれが先に知って報告することで、自分の職務上の失態があきらかになることを恐れたのか、上級の監督官庁の上官の横に坐って、署長はほとんど取り乱さんばかりであった。

われわれは署長に、「このような事実があったのを知らなかったのか、あるいは知りながらも知らない顔をしていたのか」と問いただしたが、それにたいして署長は全くわからなかったと答弁した。次に「人の体を鳶口で刺した事実も知らなかったのか」と聞き、「人を裸にし、雪の上に坐らせ、さらにセメント詰めにしたのも知らなかったのか」とも問いただしたが、署長はすべて知らなかったといった。

さらに「労働者を監獄部屋に監禁したのも知らなかったのか」とも聞いたところ、署長は、「噂では聞いていたが、事実としてあったことは知らなかった」と答えた。

このような駐在所、そして警察署では、実態を知ってか知らずにか、いいかげんにあれこれ責任のがれの報告書をつくり、上部に提出しているのである。そういう報告書にもとづいて、朝鮮人を虐殺した事実如何を断定する当局者の態度というものが、いかに愚かしいものであるのか。（終わり）

〔『東亜日報』一九二二年九月四日〕

鮮人虐殺說と

信越國境の山間部落『監獄部屋』の生活者

工事に從事する內鮮土方三千餘名

鮮人土方に變裝して眞相を探るの記【一】

信越國境穴藤にて　勝村特派員

信越電力會社水力發電所工事に從事する朝鮮人工夫が信越國境の山間部落で所謂監獄部屋の中に監禁同樣の日を送り虐待酷使至らざる處なき上に遂に其處に於て大虐殺が行はれ慘たる其の屍體が續々として信濃川を流下する悽慘なる有樣は往年露西亞人が東部西伯利に於て支那人を虐殺し屍體を黑龍江に投じたる慘虐に類するものありと傳へられた、此の報一度東京の一新聞に依つて傳へられるや世間の耳目を聳動させたが、而し世人は漸次冷靜なる判斷と當局の調査發表に依つて其の事實を否認して居た、然るに新潟方面に在つては虐殺の報道を確信するものが多く、さなきだに事あれかしと待ち構へ居る或一派の如きは奇貨措くべからずと爲して騷ぎ立て團體を代表し又は新聞社の特派員として或は個人的に續々と視察に赴き其の報道する事一樣ならず世人の疑惑は一層深めらるゝやうな傾向になつて來た、

茲に於て予は本社の　電命に依つて現場地の踏査を行ひ鮮人土工と共に所謂監獄部屋に起居飮食し短時日ながら實際に於て彼等の他の特派員の行ひ得ざりし處の生活苦を體驗し茲に於て始めて其の眞相を摑み得、出來得る限り詳細に之れを報道し以て、事件の眞相を明かにすると共に內地に於ける朝鮮人勞働者の生活狀態及其の勞働界に於ける勢力の消長と其の將來に於ける問題の解決に資する考へである、先づ問題の發した信越電力工事の概況から記して見る、

信越電力會社は長野縣下水內郡岡山村から新潟縣中魚沼郡外丸村に至る間に於て信濃川の水力に由つて一ヶ所に發電し又一方長野縣下高井郡境村桐明から新潟縣中魚沼郡芦ヶ崎村に至る信濃川の一大支流を成す中津川の水力に由つて三ヶ所の發電所を設置し千曲川の水電と合し約三十一萬馬力の電力を發生し東京其の他へ供給販賣せんとする工事であつて大正十年の六月起工し大正十四年中に竣工し工費三千萬圓を要すると云ふ一大工事である、今回問題の發生した工事の現場は即ち、信濃川の支流中津川第二發電所への通水隧道工事の現場は成つて居る、新潟縣芦ヶ崎村字大割野から其の上流地なる同縣秋成村字穴藤に至る約二里半の間に散在する土工飯場(宿泊所)に於て起つたのである、飯場に居住して居る內鮮人の土工は常に三千百五六十名を算しその內

朝鮮人　八百三十餘名
內地人　二千四百三十名

である。此の內鮮人は四十一の飯場に分れて居住し內地人も朝鮮人も些しも異る處のない一樣な土方生活を營んで居る、此の外鮮人の女が三十名居る其の飯場生活なるもの及び飯場の組織に就いては勿論改善を要すべきものが非常に多い、しかしこれは內鮮人に共通の勞働者の生活改善問題であらなければならない、予は是より現場に就いて問題の眞相と彼等の實生活を記して見やう

【寫眞は監獄部屋の外觀】

鮮人虐殺說と

信越國境の山間部落『監獄部屋』の生活者

鮮人土方の食物は朝鮮で中流程度

鮮人土方に變裝して眞相を探るの記

【二】

信越國境穴藤にて　勝村特派員

予は信濃川の本流と支流小津川との合流點なる中魚沼郡秋ケ崎村大割野から小津川に沿ひて間道の飯場へ向ふ、危險なる釣橋を渡りて山峽の道を進み元大倉組土木なりし日本土木株式會社の配下に屬する各飯場を歷訪した、飯場には夜間作業に從事する內鮮人土工が疲勞し切つた裸體を枕を亂して横たへ深い眠りに入つて居る、飯場の部屋なるものは極めて粗造な板圍板屋根のもので床も低く敷破れ筵の上に莫蓙が一枚敷いてある許りである彼等生活の特徴が何處にでも發揮されて居るやうに其處には仕事着や泥足袋や脚袢や雜然と投げ散らかしてムッとする汗の臭氣が鼻を撲はせるものがある、

飯場は所謂監獄部屋でなくても、何れも窓が小さくて薄暗いこれは飯場頭の話に由ると隧道工事の夜間作業に從事して晝間休眠する者が明かるくては安眠が能きないから特に暗くしてあるのだと辯明して居る、最も此飯場なるものは彼等の眠ろ處で彼等は眠つて居る時の外は殆ど現場へ出て働いて居る。土工の給與は內鮮人共に一樣で左記の如くなつて居る

賃銀	二圓十錢
食費	八十錢
差引手取	一圓三十錢
賞與	一圓三十錢

（月二十日以上働きたる者に支給す例へば二十五日働きたる者には賞與一圓五十錢を支給）

勞働時間は一日八時間を原則とし工事の都合に依つて十二時迄延長する事が能きる但し此の場合には割增金を支給する契約になつて居るから斯樣の特別の收入が有つて多い者は月二十五六圓から三四十圓は下らないと云ふ事である、猶各飯場では此の附近の物價が甚だ高價であるために必要品を左記實費で賣つて居る

▲ゴム底足袋一圓三十五錢▲半ズボン（メンコールテン）一圓八十錢▲襯衣（ウンセイ織）八十五錢▲卷脚袢（同）三十八錢▲清酒（一合）十二錢

で足袋は一箇月一足其の他は僅に二箇月の耐久力がある、小使ひ錢の主要な使途は酒と煙草であつて朝鮮人は菓子を餘り嗜好せぬ代りに酒と煙草に消費する金に相當の高に上つて居る、一日八十錢を要する食物は決して不味いものではなく朝鮮にあつては中流生活の食事に相當するものであらう、

米は一人八合五勺宛になつて居るし而し八十錢の食費は高過ぎるやうに思はれるが飯場頭は此山奧へ輸送して來ると物價が意想外に高くなる事を辯明して居る、

斯くの如く飯場の生活が安易であり又、相當の收入があるのに、何故に飯場から常に逃亡者が絕えぬか、之れが一般の疑問とする處であつて何らかの暗い影が其處に潛在する事を語るものではないか、此の頻々として相續く逃走を防止する爲に玆に忌まはしき監獄部屋なるものが發生したのである、

監獄部屋の發生は更に脫走せんとする心を唆り立て從つて逃亡、監視、追跡、格鬪それに關連して遂には慘殺――大虐殺――屍體投棄と云

ふやうな恐怖すべき說を傳へる事となつた其の原因は一つに係つて逃亡せんとする工夫と逃亡を防止せんとする飯場頭との間の爭ひから發生するのである。

【寫眞は作業中鮮人土方】

信越國境の山間部落『監獄部屋』の生活者

甘言で誘拐された鮮人土方の悲哀

鮮人土方に變裝して眞相を探るの記

信越國境穴藤にて　勝村特派員

【三】

鮮人虐殺說と

飯場から逃亡する人夫は獨り朝鮮人ばかりでなく內地人夫にも甚だ多いしかし信越電力に於ては鮮人の逃亡人夫の數は甚だしき多數に上つて居る即ち工事着手以來左の如くである、（本年七月末調査）

內地人夫　二、四三〇　內逃亡　二二〇
朝鮮人夫　　八三〇　內逃亡　二一〇

である、內地人土方の逃亡者の中には所謂工事場を轉々と渡り歩く工夫ゴロなる者が多數を占め其他は信越電力工事が餘りの山奧なる爲め及び誘拐又は勞働の苦痛に堪へざる者等であるが鮮人土方の逃亡者は望郷の念に堪へざる者又は勞働の苦勞に堪へざる者等もあれど主として他の工事に行けば現在の倍額若しくは二三倍の賃銀を得らるべしと云ふが如き甘言に乘せられて逃亡する者が頗る多い、殊に信越電力の人夫に逃亡者の多い事は本年三月頃勿禁錮前の寺戸完なる者が甘言を以て募集して來た人夫が多い事もその一原因を爲して居るが飯場の方で拵へた逃亡の原因の內には飯場頭の內の惡い奴があつて延長勞働時間に對する割增金を支給せぬやうな者ある爲めに逃亡者を出したやうな事實もある、逃亡の原因は上述の如くであるが、請負人の方では何故に極力との逃亡を防止するかと云ふに彼等は人夫の逃亡に依つて（一）工事に手違ひを生じ損失を招く（二）募集費を損失する（三）人夫の拂底により補充困難なる事等であるが主として募集費の損失を恐れるが爲めに逃亡を恐れて居る、

朝鮮から一人の人夫を募集して來るのには少くとも一名四十五圓乃至五十圓を要する彼等は募集當時に於て雇傭契約書を取換して居るがそれには少くも同じ工事に三ケ月若くは半ケ年多きは二ケ年間働くと云ふやうな事を契約して居る而し乍ら此の契約は之れを以て人の自由を束縛する事は能さない、其處をよく勞働者は呑込んで居て逃走する、逃走される方の請負人は法律に訴へて其の契約を強制的に履行させる事が能きないから玆に於て逃亡者を發見したり追跡して逮捕する事が彼等仲間の常習になつて居る、其處に格鬪が起り負傷者を出し遂に虐殺說をも生むに至つたのである

逃走が爲す悲慘は有らゆる工作場に於て演出されて居る、それは單に朝鮮人に限られて居る問題でなく否朝鮮人よりも更に內地人夫の間に於ては間斷なく起る問題であつて之は彼等仲間即ち工事請負人と人夫と互に覺醒し改善しなければならぬ重大問題である現に新潟縣上越線工事の現場に於ては多數の內地人夫が監獄部屋に幽閉せられ慘殺されて居ると云ふ風說が盛んに傳へられて居るが實際に於ては大れも事實は無根であるが何れの工事場に在つても必ず斯くの如き風說が行はれるのは通例とされて居る、然しながら煙の上る處は必ず火あり、風評の發する處には何者か其處に潜在する事を想像せしめられる、然らば信越電力に於て行けれた朝鮮人大虐殺說の實證は何であるか、予は深く之れを檢討する爲め

に勞働者に粉裝し監獄、部屋に起臥して其非違の證據を掴まうとして努力した。（寫眞は鮮人ホ木金太郎經營の所謂監獄部屋）

［【四】は欠］

信越國境の山間部落 『監獄部屋』の生活者

土方の大言壯語が常に妙な風說を生む

鮮人土方に變裝して眞相を探るの記

【五】

信越國境穴藤にて　勝村特派員

鮮人虐殺說と

虐殺の風說は何處から出たか、それは云ふまでもなく誇張的新聞に依つて世間に傳へられたのである。然らば誇張的新聞が捏造したのかと云ふに決してそう云ふ譯ではない、矢張り工事現場に行はれる風說を誇張的新聞が誇大したのであると云ふのが一番妥當であるらしい、どうして工事現場にはそんな無根の風說が行はれるかと云ふに、之れは一度現場に行つた事のある者はすぐに諒解する事の能はざる問題である。

即ち古來武俠俠藪の隱家かであつた山間の部落で殆ど結婚の如きも其の部落の間ひばかり行はれ他から殆ど侵入して來る者の無かつた處へ俄かに部落の住民よりも多數の荒くれ人夫が千二千も入込んで來る上に言葉も知らぬ朝鮮人夫まで多數に這入つて來て電燈は點く電車は通る、ケーブルカーは通るダイナマイトは間斷なく炸裂する

古來神聖視されて居た山は其の腹中を抉ぐられ穴を明けられて終ふと云ふやうな譯で物質的にも精神的にても部落民が受ける脅迫は並大抵のものではない、その內に毎日のやうに其處でも手を折つた足を挫いたの怪我でも石が落ちて來て、死んだと云ふ血腥い話ばかり傳へられる女や子供は一人で外出はさせられぬと云ふやうな恐怖が部落民を襲つて來た、その上朝鮮人とはどんな者か事情を知らぬ部落の者は無暗に鮮人を怖ろしがつて居る、朝鮮人は女さへ見れば必ず凌辱を加へ子供を捕へれば必ず生血を吸ふものだと云ふやうな事も傳へられた、それが漸々と具體化して秋成小學校の女教員が凌辱されたとか小黑澤の宮澤牛作の二歲になる少女が生血を吸けれたとか、穴藤では十五になる子守が鮮人に犯されて背負つて居た子供は絞殺されたとか云ふ類の風說が間斷なく流布される警官が風說を追つて事實の眞否を探索すると何れも朝鮮人に嫌疑をかけられて驚いて逃げたとか又は鮮人に追はれたとか云ふやうな些細の事實がそう云ふ具體的の事實らしい風說となつて現はれ來るのである。

而しながら部落民に取つてはそれは單に風說として觀過し聞逃しては置かれぬ程の恐怖をだん〳〵と深めて行くのであつた、そうして鮮人を恐れ鮮人を嫌忌する情は一層烈しくなり寧ろ氣の毒な程に部落の者は鮮人を恐れて居る、それを好い事にして無智の鮮人土工等は村落を濶歩し深夜まで酒を呷つては放歌したり喧嘩をして廻ると云ふ有樣である、こんな風であるから內地人の土工の內で村民の意を迎へる者や强がりを云ふ連中が鮮人なんか他愛のないものだ昨日も五六人撲り殺して中津川へ拋り込んだ一昨日は十人も一度に殺して捨てたと云ふやうな誰にも信用の能きないやうな酒の上の大言壯語が村民を悦ばせたのである

村民は之れに依つて多少でも自分達の日頃の脅迫が報復されまたそうする事が將來鮮人土工の跋扈を緩和するものであらうと信じて、此の愚にも付かぬ噂を傳へ廻る部落民の心中は寧ろ憐れではあるまいか。それが遂に今回の虐殺事件として大問題に成つた眞相である、鮮人の居らぬ處でも斯うした風評はよく工事場には傳へられる交通不便の山間で現場が數里の間に亘つて居るから、山から

石が滑り落るを見てもアレ裸體の人體が轉び落ちると云ふやうな事を云ふそれが群衆心理の狹縮作ですぐ事實として傳へられるのである。大虐殺の眞相とはこんな馬鹿氣た事であつた。(寫眞は工事場の餘興場で內鮮人夫が相混つて打興じ一日の勞苦を忘れるのである)

信越國境の山間部落『監獄部屋』の生活者

虐殺どころか優遇されてる鮮人

鮮人土方に變裝して眞相を探るの記

【六】

信越國境穴藤にて　勝村特派員

鮮人虐殺說と

虐殺どころか鮮人は寧ろ優遇されて居る。それ故鮮人人夫の内でも眞面目な者は金も持つて居るし大抵は郷里へ送金して居る僅少いのは五六圓位多いのは四十圓も送つて居る者がある。しかしながら鮮人は自ら憐んで居る者が多い鮮人なるが故に自分は虐待されると思つて居る者が多いまた所謂鮮人の智識階級なる者からそんな風の不穏な陰惨な思想を吹込まれる者が多い、彼等は自分で自分を狭くし暗くし寂しくして居る、それで絶へず彼等の間には宣傳者が入込んで來る、彼等は其れ等の爲めに煽動されて逃亡したり請負師に故意に不利益になるやうな事を企んで其の爲めに時々毆られたり蹴られたりする、これが直に虐待と云ふ誣言になる。

それと同時に一面朝鮮に有つて人夫を募集する者が自分の懐中ばかり肥す事を考へて口から出放題の甘言で善良なる鮮人又は勞働に堪へないやうな鮮人を募集して來る丸で東京あたりに居る極く質の惡い桂庵と同じ者が居る夫等の奴共が大倉組なぞと氣脈を通じて殆んど人買同様な惡辣な事をする、その爲めに内地へ來て始めて土工に從事する事を知つたと云ふやうな人夫も少からず居る今後も鮮人人夫の募集に關しては充分に其筋で取締つて呉れぬとこんな面倒の問題が間斷なく續發する事と思ふそれと同時に鮮人勞働者も自覺して朝鮮人の煽動を職業とする輩の言葉を直面目に受けて忘動すると遂には鮮人勞働者一般の聲價を落し内地で勞働し企儲をする事も能きなくなるであらう

猶工事現場に於ける飯場制度等には大いに改すべき事もあり、根本的に改善を要する事ばかりであるがそれは決して朝鮮人人夫ばかりの問題でなく寧ろ内地人人夫の問題であらうと思ふから問題を此の邊で打切つて大虐殺事件が斯くの如きものであつた事だけを取消して置く事にした。【終】

送金
四月分　二人　五十五円
五月分　、　六十円
六月分　、　六十五円
七月分　、　九十円
慶尚南道[illegible]郡[illegible]面南湖里
閔蔵支
方　閔敬植

＝寫眞は鮮人土方が國元へ送金した控へ

〔『京城日報』京城日報社　一九二二年八月二五日～三一日〕

東京にゐる朝鮮人

(上)　学生と労働者

近来、東京に於て朝鮮問題とさへ云へば、何でも彼んでも非常な人気を呼んで居る。可成り如何はしいやうな講演や内容の空疎な演説なぞも、朝鮮問題とさへ言へば、無暗に歓迎される。それ丈け内地人が、朝鮮を知らうとする熱心の程度が窺はれるのである。一面に於て、朝鮮人の来往者も亦近来著しく増加して、学生の如きは、一カ月一〇〇名内外宛は増加して居るし、労働者の移入も、総督府の相当厳重監督あるにも拘らず、益々増加してゆく傾向を示して居る。最近の調査に依れば、東京現住の朝鮮人の戸口数と其の職業別は左の通りである。

一戸を構へたる男		六五五
同	女	一四〇
一戸を構へざる男		二、〇一一
同	女	九一
其の他の者	男	八七〇
同	女	三五
合計戸数		二四一
同　人員		三、八一〔ママ〕二

であつて、此の調査以後に、約二割五分の増加あるものと推定されて居る。或は実際にはより以上の人員に達して居るかも知れぬ。此の居住者の職業別を挙げて見ると、

職業	計		
学　生	一、五六八（ママ）	男	一、四九九
		女	六五
学校未定	一四四	男	一三二
		女	一二
職　工	五四六（ママ）	男	五二二
		女	二三
労　働	一、二（ママ）六八	男	一、一四二
		女	二六
無　職	二八六	男	八六
		女	二〇〇

右の表にも現れて居る通りに、東京在住鮮人の大部分は、学生が占めて居るから、従つて学生を中心として、当に問題が巻き起こされて居る。

朝鮮の青年学生が、遊学の目的で続々東京へ上つて来る。之等の多くの学生は、全く東京に就て何等の智識もなく、たゞ東京へさへ出て行けば就職口があつて、金が取れて学校へ行けるもの、やうに考へて来る苦学生が少くない。その結果は、彼等の思ふやうにはならず、多くは食つて行く為に、純然たる労働者の群に陥つたり、或は飴売なぞに成つて、地方へ落て行つて、内地人に嫌はれたりする。たまには監獄部屋なぞに誘惑されてゆく者

もあり、苦学の目的を以て上京した者で、真に最後まで其の目的通り苦学を成し遂げる者は、極めて稀で、先づ今の処では、数の上から見て、鮮人青年の苦学生の成績は良い方ではない。然らば、学費を受けて居る方の鮮人学生は、どんな風かと云ふと、これにも幾通りもあるが、其の一部分は、確に学生として好成績を示して居るし、教師や内地人学生からも尊敬を受けて居る。しかし、多数の学生殊に資産階級の子弟で、余分に学資を貰つて居る者は、徒らに高論横議して自ら先覚者を気取つて、常に学問以外の方面に奔走して居る者が少くない。之等の青年は背広の服を着たりして、一見学生とは見えぬやうな華美の風彩をして居る。又、実際、学資だけ貰つて学校へ通つて居らない者も少くは無い模様である。

それだから、之等の資産家階級の子弟と苦学を目的として上京したにしても、生活の為に働いて食ふ事の外、何事も能きない青年達の云ふ事が、偶然に一致して、当に一の暗影を学生間に投じて居る。而し此の二つの階級は、決して一致の行動を取るやうな事がないばかりでなく、常に相反目して居る事も事実である（東京支局）

〔『京城日報』一九二一年一〇月一一日〕

（中）学生と労働者

苦学を目的として上京する朝鮮の青年が、大抵正規の中学教育即ち高等普通学校を卒業して居らぬ者だ。それで内地の方は、東京始め各地共に中学校が、常に希望者の半数をも収容する事が能きない状態にあるから、兎ても鮮人の子弟を入学せしむる余地はない。それで彼等は、多くの場合に、各私立大学の予科とか専科へ這入るのであるが、この方面も近来は、各大学が昇格問題を控へてゐるので、入学資格を矢釜敷く言出したから、此の方面へも容易に這入れなくなる。其処で、彼等の多くは、止むを得ず夜間の聴講生となつて、自由に学習する事になる。この専科の自由講学といふ事は、非常に良いやうに聞こえるが、これが抑も彼等を半可通の智識ゴロに導いて了ふのである。況や昼間は生活の為めに働き、夜は可成り自由な講義を聞くと云ふのだから、彼等は不知不識の間に、過激思想を涵養されるのである。遂には生活の為めに聴講を捨て、唯生つ噛りの議論を振り廻して歩いて居る。何時も東京で騒いで居る朝鮮学生とは、斯う云ふ手合である。此の反対に、潤沢豊富に学資を父兄から支給されて居る学生も多くは堕落して居る。彼等は大抵私大の法科に籍を置いて居るが、殆ど通学して居らぬ者が尠くない。彼等は民族性とも云ふべき不平を抱いて、何に限らず、事毎に不平を並べ立て丶居る。しかし、思想の上から言へば、苦学生や青年労働者なぞよりも浅薄で、彼等は口では非常に新しがりを言つて居るが、一皮剝いだ下は、旧朝鮮の独立を夢みたり、伝統的偶像の崇拝者に過ぎない。それだから、此等の有産階級の子弟で、文字通りの遊学連は、自ら高く止まつて居ながら、常に内鮮人学生から指笑されて居る。これは朝鮮に居る父兄達の一考を要する処である。現に記者の識つて居る数名の学生なぞは、各自毎月百五、六十円平均に郷里から取寄せて、紳士気取の生活をしてゐるものもあるが。此の両極端の中間にある学生が、その数に於ては甚だ尠いけれども、最も真面目で一般から嘱望されて居る。その中には、高等普通学校を出て、真に修学の目的で上京して居る者が大部分を占め、又最も自覚的に真剣に苦学をして居る者もあるか、之等の学生の多くは、東洋協会の督学部に居るか、又は各自治的に四、五人宛集合して、補仁学舎なぞで研修して居る。此の他に、学生の宿舎としては、早稲田の長白寮と云ふのがあるが、今では余り振はない模様であるし、明倫学舎の方も収支償はぬ為めに現状維持と云ふ事になつて居るが、在朝鮮の有志者は、在京学生の為に其生活の安定を得る丈けの自治寮を建設する事に就て、一考を煩はす事も無要の事ではあるまいと思ふ。現に過日も市中の下宿屋に散宿して居る学生連が集まつて、我々は下宿料の高い事に苦しんで居るから、我々をも収容せよと督学部に迫まつて来た事もある位で、全く東京市中の下宿料が高い為めに、折角修学の目的で上京した青年が、其目的を達し得ないで、中途から思はぬ邪道に踏入ると云ふやうな事が非常に多いから、苦学生を収容する処を拵へる事は、非常の急務であらうと思ふ。（東京支局）

〔『京城日報』一九二二年一〇月一二日〕

（下）学生と労働者

朝鮮労働者の移住は、将来日本の労働問題に二重の紛擾を齎すものであらうと思ふ。而しそれは未だ言ふべき時期に達して居らぬが、信濃川問題、兵庫県下の問題等の如く、多数鮮人労働者の集合して居る所では、必ず特種の問題が惹起される。之も朝鮮人が永い間に養はれた、猜疑、恐怖、自衛等の心理から起る問題であつて、容易に改まつて行くものではない。内地の事業界は不振であるとは言つても、まだ朝鮮に比べて、労働者を容れる余地があり、又労銀なぞも遥かにいゝ為めに、鮮人労働者の移住も亦毎月多くなるばかりである。東京に於ける鮮人の労働者は、目下の処では、割合に良く生活して居る。彼等は働く事を厭ひさへしなければ、仕事がなくて困ると云ふやうな事はなく、随つて生活に困難すると云ふやうな事は全くない。彼等の内には、勤勉の結果、独立した商人になつた者も尠くない。而しながらなるべく楽な仕事を選ぶのが人情の常で、特に朝鮮人の労働者には、それが多いやうである。例へば、一年か二年辛棒して働けば、小さいながら何か独立した仕事に有り附けるのに、彼等は二、三箇月も働いて、金は三、四〇円も溜まると、すぐそれで、人参屋か飴屋でも始めて、賭博のやうな事をして歩く。さうして其日其日に取つた金を、下らなく浪費して了ふのである。此んな状態であるから、目下東京に居る一、八〇〇乃至二、〇〇〇人の労働者も、大部分はその日暮しで、金のある内は遊んで居ると云ふ者が多い。こんな風習を改めると同時に、一面に於て人夫頭と称する内鮮人の労働仲買人が過重に労銀の頭を撥ねて居るが、此等も適当の方法を以て防止する事が能れば、彼等の生活は、更に改善される事になる。目下、東京にある鮮人労働者の組合としては、深川霊岸町の労働協済会(ママ)及び日本橋小伝馬町労働互救会等があつて、種々と世話して居る。又新しい移住者の為めには、各所の職業紹介所又は各種の内鮮人会就職口の紹介をして居るが、鮮人労働者でも真面目にしつかりした者は、内地人の労働者に劣らず、より以上に、一般から歓迎されて居る。東京市電気局なぞでも鮮人の運転手の成績が概して、良好である事を認めて居る。これから漸次増加して来る鮮人労働者善導に就ては、各地各方面で相当に考慮して居るが、更に在鮮の有志者も亦、従来の鮮人労働者の移内に鑑み、労働者の素質を改善する事に留意し、よりよき労働者を供給するやうに、心掛ける必要が有らうと思ふ（終り＝東京支局）

〔『京城日報』一九二二年一〇月一三日〕

見て聞いたままに（抄録）　商工視察団報告　商工視察団随行記者　金乙漢

（五）

宝塚歌劇団に花のような朝鮮少女　疲労した一行に多大な慰安

宝塚少女歌劇場は宝塚温泉の中にあるが、大阪と神戸との間を運転する阪神電車会社〔阪急電鉄会社が正しい〕が、電車の収入をもっとたくさん得るために宝塚温泉を中心に、少女歌劇場をはじめ、植物園、児童遊戯場、運動場などを設置した。こうして、その一帯は行楽地となり、一年間、大阪と神戸などのところから、ここに集まる遊覧客だけでもおよそ一〇〇余万人もなるという。

午後零時三〇分に、大阪駅を出発する阪急電車で、宝塚に到着した一行は、温泉食堂で簡単な昼食をとり、すぐに宝塚少女歌劇三月公演を観覧するようになった。劇の内容はさして感動するほどのものではないが、花のように美しい一〇〇余人の少女が黄色い服、紅色の服をきれいに着飾って、雄壮な「オーケストラ」の「メロディー」に合わせて蝶のように歌いながら踊る姿は、長期の旅行に疲れていた我々に一時の慰安を与えてくれた。その中でも特に、我々一行の注目を引いたのは、華麗な脚光を浴びる舞台の上で踊り、歌う数百名の少女俳優の中に、朝鮮少女二人が参加していたという事実であった。

朝鮮の二人の少女俳優は慶南の金海で生まれた。星子（一九）、春子（一八）の姉妹で、今から三年前に金海小学校を卒業し、尹白南氏の紹介で宝塚少女歌劇団に参加して歌劇を研究中だということで、姉妹とも相当な素質があるので、将来が嘱望されているという。

少女歌劇団を観覧した後に、一行は食堂で朝鮮薬会社の招待の晩餐会に参加してから大阪に戻ってきた。記者は少女歌劇が終わった後、万里異域に来ている故国の少女たちがどう過ごしているかを知るため、舞台の裏に行って、前記の星子、春子の二人の少女を探したが、ちょうど、姉の星子は外出しているので会えなかった。しかし、妹の春子のほうは、宝塚野球団の名野手の孫孝俊君の紹介をもらい、会えるようになった。この少女は、日本の服に結い上げた髪で、本当に朝鮮少女なのかと疑うほどであった。

〔『朝鮮日報』一九二九年三月一一日〕

〈写真は春子嬢〉〔略〕

（七）〔正しくは（六）〕

林立する煙突を見て感慨無量の一行
感興は消えうせて寂しい色だけ

宝塚歌劇場にはいつから来ており、またどういう動機で歌劇に身を投じるようになったのかという質問に対し、あの少女はかすかに両頬を赤らめながら落ち着いた態度で、

「私が宝塚歌劇学校に来たのはもう三年前のことで、この間に、学科は全部終え、今はただ研究科で声楽と舞踏を勉強しており、たまに舞台に出演もします。そして、私たち姉妹がここに来るようになった動機は私たち二人

が普段音楽や舞踏のようなものが好きなので、オペラを研究したら、相当成功するだろうと思って故郷の金海小学校を卒業して、すぐ尹白南氏の紹介をいただいてここまで来たものです……「オペラ」に成功する自信があるかどうかですか？　そうですね。まだ勉強をしている途中なので、それについて今はまだどうこう言える段階ではありません。ただ、他のことについてもそうですが、オペラについても私たちは努力をすれば、決して人に負けないだろうという自信を持つようになったことは、いまお話しすることができるのではないかと思います。しかし、いつになったら朝鮮において朝鮮人の力でこのくらいの歌劇場を経営できるようになるでしょうか？」

と語って、朝鮮に小さい歌劇場の一つもないのを嘆く様子であった。

宝塚歌劇を見て、旅の疲れを癒した一行は元気を回復し、三月四日の早朝に、大阪商品陳列館において開催中である見本市に行って様々な品物を見た後、同日の正午には大阪商人連合会主催の歓迎午餐会に出席し、朝鮮商工業者と現在最も密接な取引きを行っている大阪の大商人たちと互いに意見を交わした後、同日午後六時一〇分、大阪駅発の急行で再び汽車に身を任せて京都に向かった。

一行を乗せた列車はそうぞうしい汽笛の音とともに動き始めた。列車の進行に連れて大阪の雄大な市街も徐々に後ろに後ろに走っていく。森のように天空に高くそびえ、大小の数千数万の煙突から吹き出す黒い煙を、じっと窓の外を眺めている一行の両眼の様子はたいへん寂しそうであった。（継続）

〔『朝鮮日報』一九一九年三月一三日〕

（一二）

万里異域に朝鮮料理店
久しぶりに食べたキムチの味

我々一行が東京に来て、たいへん意外に感じたことがある。それは、大東京のど真ん中に明月舘という純朝鮮料理店があって、長い間、少し甘い食べ物にうんざりしつつあった我々が、辛くてしょっぱい味のカクトゥギとキムチを思う存分食べることができたという事実である。

ごったがえす日比谷座〔帝国議会議事堂を指す、使節団はここも見学していた〕を歩いてきた一行中の何名かは身体の疲れをかえりみず、万里異郷の東京のど真ん中に朝鮮料理店があるということに、好奇心とともに、久しぶりにキムチとカクトゥギを食べたいだけ食べられるだろうという嬉しさに、疲れた身体を引きずって、夜一一時頃、明月舘を訪ねた。

明月舘は東京市神田猿楽町というところにあって、電車、バス、タクシーが騒がしく行きかう大きな街の右側へ通じた、比較的静かな狭い路地に足を踏み入れると、小さな白い二階建ての建物の中から、「朝鮮料理明月舘」という電気ランタンがすぐに目についた。「朝鮮料理」という四字に言い知れない懐かしさを感じた。

門の中に足を入れると、「オソオセヨ〔いらっしゃいませ〕」という黄色い声とともに、藍色のチョゴリに藍色のチマを来た朝鮮美人四人がうれしそうに我々を迎えてくれた。四方二間しかない狭苦しい室内に、四つのテーブルと一〇個余りの椅子が広げられており、一方の側のテーブルには小金を持っていそうな留学生らしきモダンボーイが二人、陶磁器に盛られたトックク〔餅のはいったスープ〕を食べており、もう一方のテーブルでは商店員らしい四人の日本人が、なにかふざけながら黒い薬食〔栗やナツメなどを入れた甘いおこわ〕を食べていた。

静かな部屋を求めて、二階にある「タタミ」の部屋に案内を受けた我々は、まず、キムチとカクトゥギを頼んで食べ始めた。横に座ったウエートレスの一人に明月舘の由来を尋ねてみると、明月舘はもともと以前、平壌妓生の盧某という女性が考えるところがあって、今から約三年前にはじめたものであり、だんだんと繁盛したことで、今はここのほかにも新宿というところに支店まででき、京城にある明月舘と同様、東京市内外に明月舘本店と支店を置いているという。

一日の売上げは平均六〇円くらいであるのだが、やって来るお客さんの三分の二くらいは日本人であり、残りの三分の一が朝鮮人であるという話を聞いて、我々は「ここに来て日本人を相手にお金儲けをすることは良いけど、勉強しようと来た留学生たちの学費をぜんぶ奪い取ったりしたらダメだよ」と話すと、ウエートレスの一人が、それはひどいとばかりに腹を立てて、

「たとえ、こんなところに来て女給稼業で食べているとしても、我々も朝鮮人です。もし、朝鮮学生たちが来て食事を頼んだとしてもキムチやカクトゥギ、トックク、ジャンクッパプ〔スープご飯〕のような、安い値段でお腹がふくれるものを勧めるでしょう。お酒のようなものは出来るだけ勧めず、もしお客さんがチップのようなものをくれたとしても留学生たちからは絶対に受取りません」

と話して、不真面目な我々の言葉に対して騒々しく弁明したのは大変可笑しかった。

〔写真は東京にある明月舘本店とそこにいる朝鮮美人たち〕〔略〕

〔『朝鮮日報』一九二九年三月二三日〕

（一三）

同胞愛の結晶である基督教青年会館会館内部の設備も充実

一行の名称が日本商工業視察団であるだけに、故国を離れた後、私たちは行く場所ごとに、小利口な日本の著名な実業団体から様々に歓待を受けた。しかし、彼ら〔日本人〕の一〇回、一〇〇回の歓迎よりもさらに私たちを歓迎してくれて、嬉しかった集いが一つあった。それは東京朝鮮基督教青年会が、私たちを迎え、午餐会を設けてくれたことである。

私たちを迎える午餐会が東京市神田区三崎町にある日本基督教青年会館においてあったが、宴会場がある二階に上がってみたら、すでに朝鮮基督教青年会の幹部諸氏と数十名の東京留学生らが私たちを待っていた。宴席が「デザートコース」に入ると、朝鮮基督教青年会の総務である崔承萬氏は主賓の側を代表して、ねんごろな言葉をもって私たちを迎える、一場の歓迎の辞を述べてくれた。

行く先々での歓迎会はことごとく、主人の側が主人の側であるだけに、すべて日本語の歓迎辞で、それを聞いて、こちらの側も彼らの言葉〔日本語〕で答辞をして来た私たちは、東京に来て初めて朝鮮語での歓迎辞を聞いて、何十年間、離れていて互いに会えなかった懐かしい母親と、おもいがけない万里異郷で会ったかのごとくで、懐かしく、嬉しくてたまらなかった。

午餐と懇談が終わった後に、我々一行は前記の崔承萬氏の案内でほとんど完成に近い、朝鮮基督教青年会館の内部を視察することになった。新しく建築中の、ウリ〔我ら、朝鮮の意味〕青年会という青色を帯びた、相当な大きさのセメント三階の建物に足を踏み入れると、壁や天井はもうきれいにできていたが、まだ十数名の日本人の大工があちこちで働いている様子で、まだ建築が完全に終わっていないことを物語っていた。

崔承萬氏の話によると、東京にある朝鮮基督教青年会館は前回の大震災の時に不幸に焼失し、その後、米国にある万国基督教会から若干の寄付をうけ、そのほか二、三年間、朝鮮内地で活動して受け取った多少の義捐金をもって、十数万円の費用でやっと完成が近づき、来る四月頃から会館を使用することになるという。下の階は普通の事務室用であり、二階、三階は三〇余個の寄宿室があり、一部屋に二人ずつ収容できるように、ベッドを二つずつ設置するということで、私たちは青年会館が完成すると留学生が会合をしたり、寄宿をしたりするとき、とても便利になろうと思った。

私たちの案内を終えた崔承萬氏はもう外部の建築が終わった青年会館の後ろにある広い空地を指差しながら、「会館だけは同胞たちの義捐でやっと竣工されましたが、あの空き地に大講堂を建設するには、また改めて膨大な費用がかかるわけで、本当にとても心配です。だから皆様が帰って行きましたら、東京の数千人の留学生のために講堂一つを建てるために、以前と同様、これからまた、たくさんの義捐をお願い致します」と言って、密やかに朝鮮内地の同胞の義捐への期待を語ってくれた。

新築中の朝鮮基督教青年会館を見てきた我々一行は、艱難辛苦を耐え抜いて竣工を控えている青年会館を見て、このまま黙っていられないとしてわずかであれ誠意を示すために、視察団の名目として新会館にかける掛け時計一つを寄贈した。その他にも、団員の内、太應善氏は五〇円を、崔益模氏は二〇円を、梁在昶氏は一五円を、秋永鎬氏は一〇円を、秦漢天氏は五円を夫々旅費から青年会に寄附して少しばかりの気持ちを表した。

〈写真は朝鮮基督教青年会〉〔略〕

〔『朝鮮日報』一九二九年三月二四日〕

（一五）

いたるところにいる朝鮮同胞たち
思いがけないところで懐かしい遭遇

釜山から船に乗って下関へ向かった時に、連絡船三等船室にきつきつの状態で押し込められている老若男女の、数多い白衣同胞〔朝鮮同胞〕たちを見て、あらためてなんとも言えないような思いを持つようになった我々一行は、日本にやって来て各地の商工都市を視察する間にも、ちょっとでも時間があれば、その地方にやって来ている白衣同胞の消息を知ろうと努力した。

我々が聞いたところによれば、東京に来ている朝鮮人は総数が三万人くらいになるというのであるが、そのなかの約二千人は学業に研鑽する留学生たちであり、残りの二万八千人余りはすべて労働をしてその日その日を生きていく人びとである。そのほかにも大阪の約四万名を筆頭に日本全国に流れ来ている朝鮮人の総数を合わせると、だいたい二〇万人になるというが、そのなかの約三千人を除けば、みな朝鮮で生きることができずに金を稼ぎに来た、哀れむべき人であるらしい。

このように多数の朝鮮人が行っているために、日本の都市という都市は、どこへ行っても容易に朝鮮人を見かけることができ、かつ会うことができた。宮島では船に乗る時間を利用して、ちょっとカフェにいって茶を飲んでいる間、どこでどのようにしてわかったのか、「わたしも朝鮮人です。とてもうれしいです」と台所から走り出て、懐かしいと挨拶をする朝鮮人のコックに出会い、大阪ではある商店で旅行用品を買おうとする我々の接客をしていた店員の一人は朝鮮人で、我々がどうみても朝鮮人だという感じがあったのか、「もしかして、朝鮮からいらっしゃったのではありませんか。私の故郷は全北全州です」と挨拶してきたし、繊維産業で有名な福井というところでは、親しく旅館まで訪ねて来て「私は金剛山釈王寺の僧です。三年前にこの地方に来て勉強をしています」と述べた後に、旅行中に携えてくださいと大きな仁丹一箱をくれて行った、黒い袈裟を着た男の僧侶の同胞までいた。

しかし、彼らは、表向きは日本人と同じ装いをして、また日本語もよくできるので、ちょっと見たところでは、すぐ簡単に彼らが朝鮮同胞だとはわからなかった。しかし、大阪、東京など、大都会では、すぐさま我々の同胞であることがよくわかる、純朝鮮風の装いをした人をしばしば見かけることができる。金飾りに、髷を結ってカッ〔朝鮮の伝統的な笠〕をかぶった頑固な同胞に遭遇することも決して珍しいことではなかった。

東京にやって来て三日目に、我々は吾妻橋附近にある、有名な日本のビール会社の工場を見学しに行くことになって、偶然行く途中で、電車を待っている、唐紅チョゴリに藍色のチマを着て髷を結った朝鮮人少女一人に出会った。よく見ると顔を洗うことも出来なかったのか、垢だらけで、頭にいつ櫛を入れたのか、埃がうっすらと白っぽく見える。一二、三歳くらいの少女であったが、身体には垢だらけの服を纏い、足にはコムシンのかかとを踏んで立っている格好が、多くの日本人たちには、はっきりと目立っていて、そのかわいそうな様子は、とうてい言葉では言い表せないほどであった。

どうして東京にまでやって来たのか、また今は、どこへ行くところなのかという、我々の質問に対して、その少女は少しもためらわずに、

「父といっしょに日本に来ました。母は亡くなって、この世におらず、わたしはいま、「ベントウ」をもって工場

の父のところへ行くところです」

と言って、横に抱えていた風呂敷に包んだ弁当を取り出し見せ、出て行くようにして、後ろから来た電車に走って上がって、そちらのほうへ行ってしまった。

生きる道を探して日本に渡って来た同胞たちも、やはり生活の安定を得ることができず、路上にさまよっている様子であり、釜山から下関に向かう連絡船はどこでも生きる道を探しに行く同胞たちで、ぎゅうぎゅうに一杯であるのに、いったい彼らは何を求めて絶え間なく日本ばかりに渡っていこうとするのか？　別に何か良い方法があるわけではないにもかかわらず、しきりに外地に行かなければならない哀れむべき運命に陥っているのが、この不幸な白衣同胞たちの現況ではないか。

ビール会社を見て戻ってきた我々は先ほどの外で会った朝鮮人少女を中心に在日同胞論に新たに花が咲いた。

〔『朝鮮日報』一九二九年三月二五日〕

（一七）〔原文通り、（一六）の間違い〕

異郷で活動する若い朝鮮女性
飛行家と舞踊家として活躍

去る八日午後、東京に到着して四日間滞在し、日比谷座の別名を持つ衆議院、その他の各工場と商店を見物した我々一行は、一一日午後には再び東京を離れて帰国の途につかなければならなかった。

東京での最後の夕食を済ませ、旅支度をだいたい整理し、「マタイラッシャイ」という旅館の下女たちの〔数文字不明〕送別の言葉を後にして、夜九時頃になって円タクを急ぎ走らせて、駅に向かった。

東京駅に着いてみると列車が発する時間はまだ一〇分も先であったが、果てしないほどの人波を形作っているプラットホームには、早くも一〇〇余人の男女の留学生たちが我々を待っていた。我々が東京駅に降りたったときよりもその数が何倍も多く、ひどく混雑していた。最初はどうして見送りの人が多いのか、疑問であったが、

「東京にいらっしゃった日は、知らなかったので、ホームまで出迎えられず、甚だ申し訳ありませんでした」

という言葉があちこちから聞こえた。我々が東京に滞在している間に、朝鮮から商工視察団が来たという話が広く留学生たちの間に広がったためであるらしいとわかった。

まず、指定しておいた列車のなかで荷物を持っていっておいて、見送りに来た故国の同胞たちに挨拶の言葉でもしようかとプラットホームに出ていくと、さっきは見かけなかった、帽子をかぶった洋装の美人ふたりが丁寧に挨拶をする。誰だろうかとしっかり見てみると、ひとりは現在、立川飛行学校で来る四月には二等飛行士になるという李貞喜嬢であり、残りのひとりはやはり東京にある石井漠舞踊詩研究所〔原文どおり〕に入って、大変、将来を嘱望されている崔承喜嬢であった。

李貞喜嬢は、我々が東京に到着した去る八日には、特別に歓迎飛行までしてくれようとしたが、残念ながら機械の故障によって、出来なかったらしく、立川飛行学校から、

「本日歓迎飛行をしようとしましたが、残念ながら機械が故障して志を果たせなかったことを遺憾に思います。視察団諸氏の健康を祈ります。

立川飛行学校にて　李貞姫」

という、丁寧な電報をまず我々に差し出してくれ、その後、一〇日には結局私たちのために万難を排して歓迎飛行

をしてくれたという縁があったので、感謝の気持ちを何と表現したらよいのかと述べたところ、

「遠く故国から皆さんがいらっしゃるというのに、そのくらいのことをするのは当たり前でしょう。来る四月中旬には必ず帰国して朝鮮日報社の後援で、ぜひとも郷土訪問飛行をしたいので、よろしく後援していただくようお願いします」

と李飛行士は、まるで男性のように快活な口調で話した後、

「この方は前途を嘱望されていて、主婦の友という婦人雑誌社で行った美人投票で当選した一〇人の中に入選されたそうです」

と話し、崔承喜嬢を指差すと、顔を真っ赤にした崔承喜嬢は「あら、何をそんな」とまず謙譲の色を表し、

「石井先生はもしかすると今年の秋にも朝鮮に出かけるとおっしゃるので、〔わたしもそれに随行して〕うまくいけば今年にも再び故国の土を踏むことになるでしょう」

と話した。

まだ話が終わらないうちに、突然大きな汽笛がなって列車が動き出したので、我々はあわてて列車に走って乗らなければならなかった。

我々一行の前途を祝福する力強い万歳の声が、広い東京駅のプラットホームを振わすなかで、我々を乗せた列車は少しずつ速度をあげていき、プラットホームにいた一〇〇人余りの故国同胞たちの姿は、どこか暗闇のなかに消えてしまい見えなくなった。

〔写真は李貞喜嬢〕〔略〕　〔『朝鮮日報』一九二九年三月二六日〕

二　一九三〇年代の在日朝鮮人

在日本朝鮮勞働者の現狀

金　重　政

はしがき

日本に在住する六十餘萬の朝鮮人勞働者は重大なる××にある。驚くべき××なる××と、加ふるに長期に亙る窮乏と××は、すべてを××れて流離し來つた朝鮮人勞働者を、文字通り「飢餓」に××やつた。現在、六十三萬餘名中實に五十二萬餘名は、失業、半失業者である。にも拘らず最近中央政府は、所謂「失業緩和」政策の一端として、之等失業者の朝鮮への××を××しつゝある。そして彼等は更に第二次第三次の××をも××してゐる。

斯る時に當り、××に當面せる「朝鮮勞働者の現狀」を報告し、以て問題の正當なる解決に資さんとすることは、無意義なことではないと信ずる。

一　何故に流離、渡航せざるべからざるか？

日本に於ける朝鮮人勞働者は、その大部分が朝鮮の××であり農村破產者である。從つて我々が流離の原因を正しく發見するためには、先づ朝鮮の農村問題を一瞥せねばならぬ。

一九一〇年八月、『××同×』『民福』『東洋平×』『兩國民の一致協力』等々の『××にして無×』なる××托と共に、朝鮮の有する一切の權利と自由とは、「兩國民の自由な合意と提携」の名に於て、若き××主義日本に、轉變された。そして、封建李朝の野蠻的武家政治の代りに、近代的××主義的××政治が置き換へられた。爾來二十年間に亙る帝國主義××の諸政策は、そのすべてが朝鮮×民からの××××の爲のそれに過ぎなかつたのだ。實に土地の××こそは、「帝國主義支配が續く限り××さるべき」ものであつて、『××主義の朝鮮支配の××政策』なのである。

彼等は、その直接統治機關たる朝鮮總督府を先頭に、東拓、殖銀、不二その他の所謂『拓殖』機關及び『金融機關』を總××して、所謂『國家的施設』の名目の下に、道路用、軍用、鐵道用、公用、等々廣大なる土地を××し、租稅、國稅、關稅、專賣制度、米價調節、產米增殖計劃、水利事業等その他ありとあらゆる形式と名目とを以て、朝鮮農民からの×××に狂奔し來つた。斯くして彼等は、一九二四年當時既に六十萬二千町步の耕地（朝鮮の總耕地四百五十二萬餘町步の一割强）と、五百八十萬町步の山林（朝鮮の山林總面積一千六百三十萬町步の三割六分）とを××してゐるのみならず日本人土地所有者は、累進的に增加しつゝある。卽ち總督府發表統計に依つても、日本人土地所有者は、一九一二年に二萬三千五百九十七人であつたのが、二八年には六萬八千四百六十八人——卽ち十六年間に約三倍の激増を示してゐる。

更に東拓、殖銀その他の日本人金融機關に依る朝鮮農民への貸付は、土地擔保の分のみを最少限度に計算しても一億數千萬圓に達し抵當に入つた分までも計算すれば、實に朝鮮の全耕地、山林の三分の一が、既に×××××となつてゐるのだ。

斯くの如き尨大なる土地が、彼等の手中に集中××されるためには、數百萬の農民の××と流離××と××とが××であつた。

一月一圓に對し、平均二錢に相當する高利と、全生産物の六〇％乃至八〇％を××する「飢餓地代」と一戸平均二十圓以上に達する××なる税金とが××であつたのだ。

此の朝鮮農民よりの××××の過程は、實に朝鮮××の「餓死」過程である。過去二十年間に、朝鮮總督府は――約六百萬人の失業者（「社會福利」一九三一年一月號第七十六頁）を出したのみならず、現在の二百七十餘萬戸一千五百萬人の××××を極度に窮乏化せしめ、その中の百八十萬戸、九百萬人の農民を完全に××状態に×××。そればかりでなく之等破産状態の農民を朝鮮農村から×××してゐる。一九二六年總督府の發表せる××的統計によつても、實に同年上半期の農民破産高は十五萬百十二人と云ふ驚くべき數字を示してゐる。

斯く農村を××れた尨大なる破産者は何處へ行くか？

『帝國主義の支配は都市に於ける資本主義的生産の發展を阻止した』（註一）ため、これらの農民大衆は祖先傳來の生存方法たる農業から×××された時、都市に出て近代的プロレタリアートに轉形さるべき道を絶たれてゐる彼等の前には故郷からのみでなく故國からの××と××があるのみであり、飢餓と侮蔑と××とが××××である。

（註一）朝鮮では許可主義の『會社令』と『二百萬圓以上の資本金を以てのみ設立し得る』といふ新『銀行令』に依つて、産業の發展を組織的計劃的に××××させてゐる。從つて又朝鮮の工場勞働者は極めて小數――約三十萬――である。之に、年々二十萬乃至三十萬の農村××者を收容し得ないことはいふまでもない。

かくて我等に齎らされる『××同×』と『民縮』とは『故國からの××』を××する。次の數字は、何よりも雄辯にこれを物語る。

農業轉業状況（一九二六年總督府發表）

渡日者	二五、三〇八人
雇傭人	六九、六四四人
小商人就業者	二三、七二五人
工業勞働者其他	一六、八三九人
國内流離求乞者	六、八三五人
滿洲シベリヤ放浪者	一、〇九一人
其他	三、四九一人
計	一五〇、一一二人

朝鮮總督府の發表する此の統計には、幾多の××××と××が含まれてゐる。實際の「破産者」――「流離求乞」者は、この幾倍にも相當するだらう。だが此の××的統計を以てしても日本への渡航率は實に一割七分だ。又所謂「雇傭人」の六萬九千六百四十四人はその全部が「工業」以外の雇傭であるから、農業「雇傭人」として轉落したものであり、半失業者である。「其他」三千四百九十七人及び「國内求乞者」六千八百三十五人は、その××が文字通り「乞食」であり、完全なる、失業者

である。從つてこれら失業者中失業者及び「乞食」を合計すれば　實に七萬九千百七十六人となり全破産者の五〇%以上も占めてゐる。のみならず日本及び滿洲シベリヤへの流離者二萬六千三百九十九人も亦「失業者」である。「帝國主義の朝鮮××の××政策」が朝鮮農民からの××××である以上、彼等の××の續く限りこの破産―流離―求乞は××であらうし、增々××するであらう。

二　日本への渡航者の累進的增加

我々は前項に於て、不充分乍らも朝鮮農村の破産的狀態を見た。そして破産者の行方に關しても若干觸れた。今度は、日本へ渡航する朝鮮人の數を見ることにしやう。

朝鮮總督府の統計は次の數字を示してゐる

年別	渡航者數
大正六年	一四、〇一二
大正九年	二七、四九七
大正十二年	九七、三九五
昭和二年	一三八、〇六一

等々であつて、大正九年には三年前の大正六年指數の約二倍となり、更に大正十二年には七倍に激增し、昭和二年に至つては約十倍と云ふ驚くべき激增である。

斯くの如く、渡航者の累進的增加に依て日本に在住する朝鮮人の數も亦激增してゐる。渡航者から歸還者を控除した純粹の殘留者のみが、最近十年間に、實に廿數倍の增加を示してゐる。

『大正九年の第一回國勢調査の結果によると大阪府下の鮮人わづかに六千三百九十人にすぎなかつたが、十年後の今日では、市内だけですでに七萬七千（一百二十九）餘人といふ數字に達したので大阪府下全體からみれば、恐らく十萬人に達する見込で、即ち十ケ年間に十五倍強と云ふ驚くべき激增である。』（大朝昭和五年十月二十五日傍點引用者）

と。ブルジョア新聞すらも「驚」いてゐる位だ。その實狀こそ知るべきである。

此の率を以て全國的に計算すれば、大正九年末の在留者三萬一百八十九人（警視廳調査「在京朝鮮人勞働者の現狀」第十四頁）の十五倍即ち四十五萬二千八百三十五人と云ふ數字が抽出される。

だが彼等の統計には、幾多の××と詐欺が隱されてゐる。第一に、大朝の推則は根本的に誤りであり欺瞞である。何故なら、大阪に在住する朝鮮人の五〇%以上は府下に居住してゐる。にも拘らず府下の數を僅二萬二千餘即ち二二%にしか計算してゐない。第二に、國勢調査當時大阪に於ては「申告」を××した者が多數ある。東成區の鶴橋方面の密集地帶に於ては朝鮮人「調査員」を××してまで「申告」を××した。（當時の大朝その他參照）從つて「國勢調査の結果」は完全なものではない。我々は大阪府下の在留者の數は少くとも大阪市内在留者數と同等乃至はそれ以上と計算する。これは第一に朝鮮勞働者の大多數を占める紡績工が、府下の泉南地方に居住してゐること。第二に家賃が安いこと。第三に朝鮮勞働者の多數が働いてゐる小工場の多數が府下にあること等の理由からである。

斯く（市内と同數が府下に居住してゐる）と計算すれば、實に大阪府（市を含む）全體の在留者は、十五萬四千二百五十八人となり、大正九年の六千三百九十人の二十四倍强を占めてゐる。此の率から、全國的の數字を抽出すれば大正九年の三萬一百八十九人の二十四倍――即ち七十二萬四千五百三十六人の多數に上る。我々の此の「七十萬」と云ふ數字の正當性を裏書するものとして次の事實がある

彼等の忠實なる使徒でさへも『日本に流入されてゐる四五十萬の朝鮮勞働者云々』(社會福利」一九三一年一月號第七十六頁)と計算してゐるのだ。――朝鮮人全體の數から勞働者以外の者を控除した數は、我々の計算もこれに近い六十萬である――。

何れにもせよ之等幾つかの數字に依つて、我々は日本への渡航者の數が實に『驚くべき激增』を示し『累進的に增加』しつゝあることを窺知し得るものである。

『朝鮮に××主義の××が續く日の限り』この驚異に値する渡航者の『累進的增加』は續くであらう。否更に『驚くべき』數字を以て增々その指數が膨脹するであらう。

三　失業××、飢餓に呻吟しつゝある五十餘萬の所謂『自由勞働者』

日本に在晋する朝鮮人七十餘萬人中約一〇%、十萬内外の學生、小商人、官吏、會社員等の所謂「中間層」を除いて、殘りの九〇%は全部筋肉勞働者であつて、約一五%十萬五千餘名が工業鑛山農業その他雜産業勞働者として「一定の職」を得てゐるのみので、殘餘の七五%五十二萬五千餘名が所謂「自由勞働者」であつて、失業半失業者である。日本資本主義の「安定期」であつた大正十二年當時でさへも、朝鮮人全體に對する鑛山及び工場その他雜産業勞働者の率は僅かに二一%を占めてゐるにすぎなかつた。大正十二年の上半期に於ける在晋朝鮮人七萬七千九百八十八人中一萬六千四百五十二人―即二一%―が鑛山、工場、農業及び雜産業勞働者であつて、殘餘の六萬一千五百二十八人―七九%が「人夫」即ち自由勞働者、失業半失業者であつた。(大阪府社會課の調査に依る)

世界的規模に於ける資本主義の「崩壞第三期」に入つた現在に至つては、この『二一%』の數字すらも正に「崩壞」してゐる。

工業に於ける就業朝鮮勞働者の壓倒的多數を包容する紡績、化學を初め、金屬、木材等の全産業部門に亙る「産業合理化」の嵐は、「×××なるの故」を以て日本人よりも一足先に××の頭上に襲ひかゝつた。紡績聯合會の決議に基く操業短縮の結果、大阪府下の寺田系「岸紡其他」を先頭に眞つ先に朝鮮勞働者を××に投げ出し、化學産業にあつては、神戸及び大阪府下の群小ゴム工場、大阪北部、東成その他だけでも、一九三〇年に入つてから數十ケ工場が閉鎖され、その結果大量的馘首が行はれた。

鑛山はどうか？　資本主義的産業合理化の嵐はこゝにも吹き荒んでゐる。

北海道に在住する朝鮮人六千四百四十六人中三千七百十七名―即五〇%以上が炭鑛夫及びその付屬的勞働者であつた(昭和三年末現在)が所謂「出炭制限協定」は、新坑夫の採用を中止したのみならず、採炭賃銀を低下せしめ、その上續々と馘首者を出してゐる。

斯く全産業部門に亙る操業短縮、整理、事業縮少等に依つて大正十二年上半期に於ける『二一%』と云ふ就業勞働者の率は、現在にあつては最大限度に計算しても一五%内外にすぎない。かくて尨大なる失業者大衆は、働く意志と能力を持ちながらも働くことが出來ず暗憺たる××線上を××してゐるのだ。

試みに東京府下三河島の所謂「千間長屋」

附近、品川埋立地の所謂「朝鮮人バラック」京都西院の市の塵棄場を中心とする所謂「鮮人部落」大阪西淀川區の海老江、東成區鶴橋、成區一帶、神戸の葺合附近等の密集地帶を步いてみるがいゝ、一人として人間らしい顏色を持つた者がゐるか！

××政府は、かくの如き××的狀態にある我等に、「失業者救濟事業」なる××的政策を振り向けてゐる。それは、土木工事、砂利採掘、糞尿汲取、役所の人夫等、特に××な、その上×××の多い××賃銀の××仕事である。而も此の仕事たるや、繼續的にはないのだ。のみならず「失業登錄」をしてゐない大多數の自由勞働者、失業半失業者は完全に××に瀕してゐる。その他屑屋、ボロ拾ひ等によつて僅かに露命を繫いでゐる者が、東京だけでも一萬を突破するであらう。これとてその日の生活費すら得られぬ狀態なのだ。

今や日本に於ける失業者の總數は二百五十萬を突破してゐる。のみならず續々と增加しつゝあるのだ。かゝる時「失業救濟」てふ××的彌縫策が何の××たつか！　文字通り××に水であり、洋上の一滴にも値しないものである。××主義が繼續する日の限り絕對に「失業者」にパンは××××××のだ。

四　民族的賃銀××としての二重榨搾

全在留者中の、僅か一五%內外にすぎない「就業勞働者」は、雇主の××に、想像の出來ない程×××的な勞働を强制されてゐる。その上賃銀は×××勞働者よりも三割乃至四割低廉である。統計的に之を見やう。

一、內鮮人勞働者賃銀比較表（大正十二年大阪市調査――六月までの平均）

	朝鮮人		日本人	
	最高	最低	最高	最低
染色工	一九〇	一〇〇	三〇〇	一五〇
洗濯工	一九〇	一〇〇	二五〇	一〇〇
メリヤス工	一九〇	一〇〇	三〇〇	一五〇
紡績工	二〇〇	九〇	二八〇	一〇〇
硝子工	二〇〇	九〇	三五〇	一二〇
炭鑛夫	三〇〇	一六〇	三〇〇	一八〇
人夫	一七〇	一〇〇	三〇〇	一八〇

等々であつて、染色工メリヤス工の如きは最も甚しく約四割、最も差の少い炭鑛夫でさへも二割の差が生じてゐる。彼等はこの、勞賃の安い理由を「內鮮勞働者の勞働能率の相違もあるが」更に甚しき理由は『彼ら（朝鮮勞働者―註）の無智に乘じて（！）主が特別に賃銀の差別を設けることである』（京城帝大編『朝鮮經濟の研究』中の山田文夫論文）と言つてゐる。ブルジョア學者すらも賃銀差別の理由として、かく白狀せざるを得ないのだ。

又如上の統計は大正十二年のものである。日本資本主義の安定期であつた十二年當時から、第三期の「崩壞期」にある現在に至るまでの間に、勞働者の平均賃銀は『二〇%―四〇%も低下せしめられ』てゐる。從つて前揭賃銀率は二〇―四〇%低下したものとみなければならない。××に瀕してゐるものは所謂自由勞働者、失業半失業者のみではない。就業勞働者も「特別に安い」勞銀や××のために、榮養不良に陷り、××的狀態にある。

五　所謂「內鮮融和」「保護事業」に名を藉る反動作團の跳梁

故國よりの追放のため異鄕の勞働市場に流離して來た朝鮮勞働者は、失業と××と、民族的賃銀××としての二重榨搾に苦しむでゐるのみならず、所謂「保護事業」に名を藉る反動集團の跳梁に苦しめられてゐる。この種の集團中最も野蠻的にして、最も惡辣なのは××會である。××會は、大正十二年十二月に創立されて現在に至つたものであるが、その目的として揭げてゐるものを見れば、

一、日鮮融和　二、朝鮮人勞働者の保護の二つである。だが今日までの、彼等の實際的な「事業」は、日本人資本家と「鮮人」である彼ら自身との「融和」であり、「朝鮮勞働者」の保護ではなくして「日本人資本家」の保護であつた。具體的事實を見よ！

彼等は一九二六年五月十八日濱松樂器爭議團本部を襲擊、舊在日本朝鮮勞働總同盟を數十回に亘つて襲擊、一九二九年五月川崎市で數十名の勞働者を毆打（所謂川崎亂鬪事件）その他愛知縣下、大阪に於いて數十回に亘つて、ストライキ破り、勞働組合事務所の襲擊を敢行して來たのだ。この相愛會と同類の集團として一善勞働會、英人社、東昌會共和團、大同協會、同族共濟會（以上東京）××協會（神奈川、大阪その他各府縣にある半×半民「！」の集團等々の無數の反動集團）があるがその何れもが當該地方の×××長その他を顧問乃至會長として組織されてゐる。彼等はかかる組織に依つて微細なる「民族的」「勞働者的」な××なも抑壓してゐると同時に、ブルジョア政黨の選擧地盤として利用してゐる。

又所謂「幹部」と稱するブローカー共の生活費は勞働者の血の出るやうなへそくり金の强奪に依つて支辨してゐる。見よ！李起東、朴春琴（相愛會）等の「融和」と「保護」の先驅者（！）達は、××を奪はれ、故國を追はれ來りし勞働者の膏血を强奪して尨大なる製藥會社を經營し、數名の妾を飼つて豪奢な生活を續けてゐる。のみならず現在錦糸町公園の彼方に鐵筋コンクリート三層の本部を建築しその地下室に留置場（！）を作つて文字通り「保護」してゐるのだ。若しも一人の勞働者が相愛會加入を拒絕したとしたら、失業の故に會費を献納出來ないとしたら、此の留置場と野獸の如き彼等の蠻行がふりかゝるのだ。彼等の言ふ「保護」とは文字通り××××と棍棒と留置場による「保護」であり、彼の言ふ「融和」とは「坐して××待て」の代用語に外ならない。彼等は、中央××、地方××××、××府、×××等々からの補助金（これも我々の×だ）と、勞働者からの强制徵發による所謂會費とに依つて、極度の貧窮と××のどん〳〵に××しつゝある勞働者の××を、二重三重に×取××して完全に自分自身を保護してゐる。

日本に於ける朝鮮勞働者大衆は資本家による桎梏に××してゐるのみならず、實に自體の內部に巢喰ふ之等蒜蟲の蠻行にもほしいままにされてゐるのだ。

六　追放强制歸農の××と走狗のロメキ

朝鮮の農業恐慌！　それは今や極頂に達してゐる。資本主義的××の所有と封建的××とが如何に朝鮮農民を窮乏化せしめ××に陷れつゝあるかは前述の如くである。而して年年三十數萬の農村破產者を產出しつゝある朝鮮農村に一人の歸農の余地もないことは余りにも明かである。否！歸農はおろか、遂に年年尨大なる農村破產者を產出し、それを故國から「××」しつゝあるのだ。かゝる狀態にある朝鮮農村へ我々を××することは「餓死」を××することに外ならない。「歸農の余地」のない朝鮮農村へ、わが勞働者大衆を××する

ために、然らば彼等は如何なる××を弄しつつあるか？　彼等は、昨一九三〇年十月東京に於けるわが失業者數百名を强制的に汽車に××××で朝鮮に××した。××××とその×××が、之に關して如何なる理由を附するもそれは自由だ。だがその途中で二十數名の勞働者が列車の窓から××したと云ふ事實は彼等の危辯の正態を××するものだ。××る爲には進行中の汽車の窓からも××降りねばならぬのだ。

××は××に迫つてゐる！

これは一つの事件にすぎない。けれども、逃走した勞働者は、何者が彼等の「×」であるかをハッキリと知つたのだ。その「×」に對する消極的（！）な××が「逃走」と云ふ形となつて現れたに他ならない。

××××は、何よりもこの「×」を知られることを怖れてゐる。だからこそ彼等はその××を使用して、この事業を遂行するのである。

此處にこそ民族改良主義の××する根據があるのだ。

××××主義の忠實なる走狗の一人として鄭然圭なる人物が忽然此處に出現した。彼は自分の經營せる三文通信を通じて、盛んに朝鮮内地の風物を讃美して勞働者に歸鄕の情を喚發せしめ、その上「歸農希望者には旅費を支給する」等々と騷いでゐる。この老ひぼれたる走狗が、「社會福利」なる雜誌の一九三一年一月號に「朝鮮勞働者移入に對する一つの提案」といふ一文を發表した。

彼は憶面もなく言ふ『朝鮮總督府統治二十年間に、朝鮮人所有田地の日本人所有換へにより、……約六百人の朝鮮人失業者を出してゐる』云々。

にも拘らず『總督府の人口對策は……在滿朝鮮人問題並に在日本朝鮮勞働者の問題』を解決してゐない。これは『日本の將來を誤らしめる』ものである。

だが『内務省が就職のあてもない朝鮮勞働者の日本移入を、阻止せんとするは妥當である』と讃辭を送り、そして彼は文字通り提案するのである。

『渡航證明書』交付規定（註一）中の「官公署その他公の機關」との約束を「日本内の職業紹介所」と先づ限定すべきである』と言ひ『日本に於ける朝鮮勞働者の追放な問題の起らない』やうに實行するために彼一流の名案を提出して曰く『現在筆者（鄭）の通信社では……全鮮五十ケ所と連絡を取り……月に六百人近くも朝鮮内に世話してゐる』云々『たから事を面倒に考へれば限りがなく、複の中から簡を求むれば幾らでも金は自らあるものである』といふのが彼の所謂「提案」の全部である。

註一、現在朝鮮人が日本へ渡航する爲には「渡航證明書」が必要である。この證明書の下附は『日本内の官公署その他公の機關』が下附してもよいと云ふ「證明」を與へなければ駄目である。

「寢言」も此處に達すれば一種の變婚である。だが「愛婚」だと言つて一笑に付してしまふことの出來ないのは我々の「現實」だ。

第一に『土地の所有換へ（！）により』產み出された『六百萬人の失業者』を如何に『内務省が日本への移入を阻止』しても、又『官公署その他公の機關との約束を日本内の職業紹介所と先づ限定』してみても、たゞそれだけのこと——もつと具體的に言へば「六百萬人」を朝鮮で××させるか、日本で××させるかの差異であつて、それ以外の何ものでもないのだ。又如何に『筆者（鄭）の通信社が月六百人（!）近く朝鮮内に世話』して觀いてみても六百萬人の「朝鮮人失業者」に較べれは九牛の一毛にも値しないのだ。

今鄭氏の「月六百人朝鮮内の世話」を事實として、六百萬人全部を「世話」する爲の年限を示せば、驚く勿れ八百三十三年四ケ月だ。而も朝鮮×××は、たゞの二十年間に六百萬人の失業者を出してゐる。鄭氏の名案とは斯くの如きものである。

たゞ我々は、之等六百萬の失業者を救ふためには『×××所有換へになつた田地を×××所有換へ』によつてのみ××され得るものたと云ふ結語を抽出する者である。

如何なる理由と法規があるにもせよ、われわれは、絶對に『強制××』に××し、交通渡航の絶對的××を××し、その爲に××續けるであらう。

七　結　論

斯くの如く在日朝鮮勞働者は先づ第一にその所有せる××の半片の××までも×はれて渡航し第二に渡航後は幾多の愚劣極りなき×計に取り圍まれ、第三に民族的××に基く就職苦、勞働××にゞつけられ民族的賃銀××としての二重××に苦しみ、第四に「保護」と「融和」に口籍する反動集團の横行に惱み第五に「××」となつて再び「××の朝鮮」に×××されつゝある。

斯くて我等に與へられたものは『××かー然らずんば××か！』である。

日本に於ける朝鮮勞働者の問題は、朝鮮に於ける土地問題とは不可分の問題である。朝鮮に『××主義××が續く日の限り』絶對に止まないであらうところの××の集中兼併、それが「續く日の限り」朝鮮の農民は「××」から脱することは出來ないと同時に、日本に於ける朝鮮勞働者の問題、續々と日本へ向つて渡航しつゝある朝鮮勞働者の問題は××され得ない。朝鮮に於ける土地問題は如何なる改良的方法を以てしても××され得ない。それは『たゞ平民的××的方法によつてのみ』××されるのである。從つて日本に於ける朝鮮勞働者の問題も「平民的方法」を經ずしては×××されないのだ。

××の戰鬪的プロレタリアートは、從つて『他の民族を××するプロレタリアートは自分自身をも解放出來ぬと云ふこと』をはつきりと意識し××せねばならぬ。』

附記　紙面の制限と時間がない爲に充分を期することが出來なかつた。特に「居住權の問題」「敎育問題」「組織鬪爭の問題」を記述することが出來ないのは遺憾である。我々は次の機會に之等の問題を論ずるであらう。

〔『中央公論』中央公論社　一九三一年七月号　三四七〜三五四頁〕

大阪地方在留朝鮮人問題

洪鍾仁

(一) 死街、廃虚にむしろ湧き出る同族愛 難中にも三南地方救済の寄託

今回の大阪を中心とした大風水害は大阪府下の死亡者一、六〇〇余人、家屋被害一九万戸余りという数字だけを見ても、いかにその被害が凄惨であったかということを推し量ることができるが、さらに踏み込んで見れば、東洋のマンチェスターといわれ、日本の産業の心臓部と目される大阪においても、最も重要な工業地帯の被害が深刻であった事が重大視されるものである。その打撃が、日本全体の産業経済にいかに大きく影響したかということは、臨時国会まで召集されたことを見ても充分に理解できるだろう。こうした日本全体の問題は、今後の国家的対策がとられるであろうが、いま我々の関心を引いているのは、大阪に一六万人、京都、神戸にそれぞれ三、四万人、合わせて二二、三万人の朝鮮同胞がその惨禍のなかでどうであったかということである。あたかも東京の大震災を思い起こさせる稀有の大天変に不慣れな他郷で遭難した同胞たちの安否は、我々の神経を鋭く突き刺す問題であった。同胞の被害程度は、この間報道したように、死亡者合計百数人、罹災者四万六千人と数えられる。しかし、こうした数字だけでは被害の実状は到底わからない。概略でも彼らの平素の生活状態を伝えなければ、その被害程度を推し量ることは難しい。いまこの間の罹災同胞を訪問しながら、実地で見聞きした被害程度と生活状態を紹介するにあたって、私はまず読者にひとつの結論を提示したい。すなわち、言語と風俗の異なる

かの地で、朝鮮人といえば大部分「無知と貧困と不潔」のなかで生きる人々だと、蔑視の後ろ指をさされている同胞の暮しを打立て向上させることは、そこにいる同胞たち自身の努力に依ることが多い。しかし、彼らを生き地獄のような暗澹たる生活状態からいくらかでも助け出すには、故郷にいる二千万同胞達が、むこうの同胞達の生活面に対して出来るだけ認識を深め、同時に生活権擁護の世論を高めることが最も大きな力となると信じる。

では、大阪方面に行っている同胞達はみな無知で貧困で不潔なのか、また今回の風水害で皆、生活が苦しくなったのかといえば決してそうではない。後で再び紹介するのだが、その中には相当な商売をする者もおり、職業が安定している人も多い。けれども、困難な暮しをする人もまた多いので、不潔な暮しをする無知な人たちの様に、後ろ指をさされることも確かにある。今回の風水害で見れば、大正区、港区、西淀川区、此花区方面の海に近い低い土地が最も〔被害が〕甚だしかったので、この方面に多く住む、貧しい暮らしを送っていた朝鮮人の惨状は一層ひどかった。だが元々が貧弱な借家や掘っ立て小屋の様な家に住んでいた人が多いので、なんとか再び家の形態だけでも作って、その日その日をしのいで行く。そのうえ大きな災害を受けて、各方面の復旧工事が多い関係で、差し当りは仕事があって賃金も充分で、当面はほとんど大きな困難はなく、これまで通りの生活をしているともいえる。これについて、かの地の同胞たちの意見を聞けば、次のように話す人が多かった。

恐るべき風水害で死亡者とたくさんの負傷者を出した家族や、また多数の家屋流出で、ますます借家が借り難くなって困っている人、掘っ立て小屋とはいえ生活を落ち着けていたものを失った人たちは大きな困難に直面しているが、そもそも大阪方面に来ている人たちは、住宅といっても大概は借家や他人の土地を借りて、自分の手で作った安っぽい掘っ立て小屋が多いので、被害と言っても金額的に大きいわけではない。そして、皆、労働で生業を成り立たせており、その日その日で稼いで食べていく暮らしを再開させることが出来るので、生活の基盤が失われた程だとは思われない。考えてみると、南朝鮮の風水害で田畑を失い生活の根拠を奪われた人たちとは比較にならない。

こうした見方は、真実の一面でもあるものの、同時にそこには他郷で貧しい暮しをしながらも、故郷を思う温かい真心が溢れていることを無視するわけにはいかない、有難い言葉だ。私が大阪にいる間にも、この様な大変な災難に遭遇したにもかかわらず、僅かばかりのお金を集めて「南朝鮮水害同胞に渡して下さい」と義援金を持ってきた団体代表者四、五人がいた。そうではあるものの、大阪、京都、神戸等の同胞の今後の問顥は決して楽観出来ないものだ。

今回の風水害の救済問題と共に、急いで世間に明らかにして解決しなくてはならない複雑で重大な問題が余りにも多い。今後、回を重ねてその一部ではあれ、紹介して行こう。〔継続〕

【写真説明】写真は大阪港区埠頭で済州方面へ出帆する船便を待つ同胞たちだ。千頓内外の船に多ければ五、六百人乗る日もあったが、最近乗るのは一五〇人くらいという。写真はいま、船に乗る前の混雑した光景で、〔朝鮮人で溢れかえっているので〕この埠頭に出てみると朝鮮のどこかの港と少しも変わることがない。〔略〕

〔『朝鮮日報』一九三四年一〇月六日〕

(二) 人口では京城の次　総勢一六万居住　三分の一位が今回被害

では、大阪にいる朝鮮同胞の問題についてどこから出発しようか？　まず、驚くほど多い数の人びとが向こうに渡って生活しているということである。昨年末現在の大阪府調査でみれば、大阪市を中心として府下に居住する総数が男子九万一、五〇〇余人、女子六万八、六九〇人、合わせて一万四、二七〇余人〔一四万二七〇余人の誤り〕

となり、実際には始終移動している数字も少なくないので、少なくとも一五万人とするのが妥当だろうといい、大阪府警察部でも推計一六万人だろうとみている。一六万人、これは決して少ない数字ではない。朝鮮の都市人口として見ても京城の次に来る巨大な数字であることを考えると本当に驚かずにはいられない。

大阪に入ると、どの街であれ朝鮮人を見かける。男性はたいてい洋服を着ているので、だれが朝鮮人なのかちょっと見分けが付かないものの、だいたい朝鮮服を着ている朝鮮婦人だけでも、どこの街でも目に付いた。中心部では多少身なりもきれいだが、工業地帯に下って行くと、ぼろの様な服を身にまとい、クルマを引いて行く年老いた夫婦と母娘、ごみ箱をあさっている子供たちを数え切れないほど、行くところあちこちで見かける。そして彼らの暮し向きは後でも述べようと思うが、ほとんど全部が、朝鮮農村での生活が苦しく、身体ひとつで渡って、食べて着て住む住宅の良し悪しを考える余裕もなく暮らしているので、かの地にいる彼ら〔日本人〕と比べると、生活水準は相当低いのは事実である。そもそも、何か特殊な技術があるわけでもなく、知識も財力もなく異郷に渡って行った人である。立派な家を準備して生活することが出来ないのは考えてみれば当たり前であろう。

◇

こうして、住む場所を探すとすると、まず働き口の得やすい工場地帯で探すわけであるが、工場地帯というところは、低地でじめじめした場所であり、いうまでもなく非衛生的である。さらに余裕のない人は、家ではなく物置小屋のようなところか、それすら無理であれば、自分の手でいわゆるバラックという四角い枡のようなものを作って、そこの一部屋に四、五人、五、六人が居住することも珍しくない。こうした暮しの中では、明るい生活の見通しはなかろう。ひとえに、食うためにその日その日ありったけの力を尽くして生きていくだけである。

もともと大阪というところが日本工業の中心地であり、経済の中心地であるだけあって、広大な建物が立ち並び、あらゆる設備がきらびやかで、贅沢な品物も驚くべきほどあり、その華麗さは並みではない。しかし巨大な煙突と工場が隙間なく広がっているその隙間に、こうした貧民の窮状が雑然として広がっていて、近代都市発展のおかしな姿を如実に見せている。もちろん広い大阪で生活に困っている者は朝鮮人だけではない。とはいえ、生活窮乏者の中でも最下層の生活をする人は、〔日本人より〕朝鮮人に多いことは事実であるし、大部分の朝鮮人はそうした窮乏の底辺でさまよっているのである。

◇

そして今度の風水害を見ると、風による被害のほか臨海部の工場地帯では、軒並み津波〔高潮〕による水害の被害が大きかったのであるが、津波が激しかった工場地帯では、朝鮮人が多く居住しており、朝鮮人が受けた被害も甚だしかった。朝鮮人の罹災者が四万人くらいなので、大阪にいる朝鮮人総数の四分の一ないし三分の一にもなるのである。被害というものは実際のところ、貧しい生活をしている者の被害も一つの被害ではあり、被災者にとっての打撃が大きいのは確かであるが、お金に換算すればそれほど大きなものではない。状況は悲惨だが、決して再び回復の余地がない程度ではなかった。一部では浸水家屋の手直しや、工場に水が入ったために当分の間、仕事が出来なくなってしまった人もいたが、水が抜けたと同時に各機関総動員で国家的復旧事業を進める予定となっているので、仕事も多くあるし賃金も悪くなく、差し当り身体が頑丈な人であれば当面は大きな心配はない。〔継続〕

【写真説明】港区のある片隅で撮ったものだ。写真に見える様に形のない家に居住しながら、ぼろ拾いをなりわいとする人たちだ。〔略〕

〔『朝鮮日報』一九三四年一〇月八日〕

（三）住宅の明け渡し、撤去は許さず　労働者送還もなし
罹災兄弟に対する当局の意見

当分の職業は得られるので何にせよ稼いで食べることは出来る。だが、今回の災変が起こった際、大阪在留朝鮮同胞は大きな恐怖を感じた。一つには、大阪には多数の失業者がおり、そのうちの大部分が朝鮮人の失業者で、失業救済の土木事業場でも朝鮮人が多いし、今回の災害が起こって自宅を損壊したり水に流されたりした者もたくさんいることから、これを機会に朝鮮総督府が渡航者防止に力を入れていることと歩調を合わせて、一部であれ朝鮮労働者を強制的に朝鮮に戻すのではないかということである。また一つには、たいがい、粗末な借家を借りていることが多い朝鮮人には、この間家賃滞納やその他様々な関係で家主との間に少なからず紛糾がある。その関係で、今回、家の破損や損壊で修理や建て直しすることを理由に、皆追い出されるのではないかということである。あるいはこれに似た問題で、朝鮮人らが空き地を占拠してバラックを作って、なんとかそこに住んでいたものの、今回その多くが水に流されたことで、そこの場所にバラックをもう一度建てて暮らすのが許されないのではないか、というものであった。

◇

この二つの問題は、大阪方面にいる我々朝鮮同胞たちにとって何よりも大きな問題だ。言い換えれば、生きるか死ぬかという問題だ。この中でも住宅問題は被災して即座にでてくる大問題であるだけでなく、これから先、さらに複雑多端な紛糾を引き起こす性質を持っている。また、いわゆる失業労働者の送還問題は、大阪で問題に

なるだけではなく、朝鮮内にいる朝鮮人の立場から見ても政治的性格を帯びる深い問題だ。そしてこうした切迫した問題に対し、地主や家主はどの様な態度をとり、また取り締まり保護の責任を持つ警察や市や府県当局が、いかなる態度をとるのかということは、人々の大きな関心をよんでいた。これに対してまず、大阪府警察部と京都府、兵庫県当局を訪問して、直接朝鮮人の取締り保護事務を担当している警察部特高課長らの意見を聞くこととした。

◇

三ヵ所の警察部特高課長は皆、社会政策的立場から大変理解ある態度でだいたい次のように一致した意見を語った。すなわち、

一、労働者送還問題ということは、法の規定を踏まえなければならないわけであり、朝鮮から渡って来た人を強制的に送り返すということは考えてみたこともない。現在来ている朝鮮人の数は、実際に多いが、いまのところ飽和状態であると考えるだけであり、朝鮮において適当な手続きを踏んで来たとすれば、退去させることはできない。したがって今回を機会としてさらに何かしようということはないし、平素でも朝鮮労働者を送り返すということは考えてこなかった。ただし、大阪では阿片中毒者約三〇〇人を治療し旅費まで与えて送り返すことがあったし、そのほか個人として行状が悪い者をときどき送り返すということはある。

一、住宅問題は普段から面倒な問題として、移住朝鮮人の間で第一の大きな問題となっているので、なるべく一日でも早く解決するようにして、生活安定と向上を図らなければならない。この度、被災して家屋損傷、損壊といった機会に乗じて明け渡しや撤去を脅迫することがあったならば、極力防止する方針だ。普段はお互いの係争は、法律に依って適当に解決するようにするべきかも知れないが、今回のような天災を受けて困窮した立場に

陥っている場合、その機会を悪用するということは、人道上でも正しくなく、決して許可しない方針であり、各警察にそうすべき旨を徹底させている。先の暴風雨の災難があった前の状態のままに現状回復をさせて置くということを原則として、建築取締法に違反したバラックの様なものであっても、すぐに直して置くように寛大な態度で黙認した。

◇

だいたい以上のような意見で、罹災者に対する当局の処置は円満なる態度をとっているので我々が最初に考えていた様な懸念は解消された。（継続）

〔『朝鮮日報』一九三四年一〇月九日〕

【写真説明】ぼろ拾いをする朝鮮人のバラック〔略〕

（四）住宅探しが難しい理由　究明せねばならない特殊事情　責任は朝鮮人にのみあるのか

何度も述べてきた大阪方面在留朝鮮人の住宅問題の核心は果してどこにあるのか、少し考えてみよう。元来、都市生活では、中産階級以下には必ず住宅問題がついてくる。都市へ都市へと、考えもなしに都市に入って来る人が大変多いので、住宅需要も増大し、また土地の値段も高いので、都市中心地に土地と家を持つことはなかなか出来ない。それだけでなく、都市という所は金が〔一行原紙破損で不明〕人の数がとんでもなく増えて行く所だ。貧困であれば、それだけますます住宅問題は、一般的に深刻な悩みとなる。

◇

こうした一般的な悩みも悩みではあるが、ここの朝鮮同胞にはその上より一層ややこしい問題がある。第一に、朝鮮人だと同じだけのお金を払うといっても、家を借りることはほとんど無理である。これは大阪でのみならず、東京でもそうであるし、現在、京城であっても、日本内地人所有の家を借りようとしても、どうかすると朝鮮人を忌避して貸さない例がある。しかも他郷に出ていって、生活に余裕があるわけでもない、無一文で生活を落ち着けようとしている人のことである。彼らが家一間を借りようとして、同じ金をもってしても希望通りに借家を得ることはできない、その悲嘆はいかばかりであろうか。

◇

では、朝鮮人はなぜ家を借りられないのか。その理由を突き止めてみれば、朝鮮人が向こうに行って生活するようになった時から生じた問題の始まりをさぐって見る必要もあるだろうが、ここではその余裕もないので、現在の事情を挙げてみるようにしよう。その理由のおおよそのところを見れば、

朝鮮人は家賃をきちんと納めず、また生活が低劣で不潔なので家を汚くする。このために家賃を受け取るとしても朝鮮人には家を貸した場合、その家は台無しになる。

ということだ。もちろんこれが大部分事実であることも否定できない。朝鮮では暮らせなくなって、ほとんど裸一貫で渡って来て、親戚や知人たちの導きで、労働で身を立てる朝鮮人が大半であり、不潔を省みる余地のない人が多いことも事実だし、その間に家を汚すこともあろう。生活に余裕がないために、家主が要求する通り、家賃をきちんきちんと納めることができない人が多いことも確かである。

◇

向こうの人たち〔日本人〕が朝鮮人に家を貸すのをいやがる理由は、生活が彼ら日本人と同じでないことも大

きい。もともと言語と風俗が異なる人たちであり、そう簡単に日本人のように暮らせないことは当たり前である。そして朝鮮人の家が一軒、二軒、三軒とちょっとの間に増えていくと、朝鮮料理、朝鮮服、朝鮮語と、朝鮮の風俗をそのままに続けた暮らしをするようになり、彼ら日本人はそれを喜ばず、奇妙に見て心を通い合わせることなく付き合いは親密にならない。こうなると自然にお互いの間が遠く離れて行き、家を貸し与え家賃を同じように払うとしても、日本内地人に貸すようになるということのようである。

◇

こうして見ると、朝鮮人に借家を与えることを心よしとしないという日本人たちには、十二分の理由があるということをまず認めないわけにはいかない。自分の家を持っている人が自分の家を大切にするということはもっともであり、当然だと考えられる。しかし、向こうに行って暮らす朝鮮人たちの住宅難の特殊な苦しみというものは、朝鮮人自身の誤りにのみあるのかというと、それは簡単にそうだとばかりすぐに答えられない理由がある。なぜ、向こうに行って暮らすようになったのか、向こうに行って生活するならばどのように、どの程度で生活できるようになるのかという問題を考えて見てこそ、住宅問題のポイントを理解することができるのである。住宅というものは人が生きるために当然必要になるものであるので、今、住宅問題を多少具体的に説明するために、ここの朝鮮同胞たちの生活状態の一部をさらに語ってみることにしよう。

【写真説明】大正区の海に近いあるところで写したものだ。家であるとはいっても実際には住宅地帯とはいえないところでひどいものだ。ここに集まって暮らす人達は日本内地人も特に窮乏した人びとで、朝鮮人たちが大層集まって暮らしていた。付近に暮らす朝鮮人の子供たちが空き地に放り捨てたものを探している〔数文字不明〕暗たんたる光景だ。〔略〕

〔『朝鮮日報』一九三四年一〇月一〇日〕

（五）移住者の激増は　農村恐慌の反映
移住理由で説明されるこの結論

大阪方面朝鮮同胞の住宅問題は、彼らの生活問題の全てだと見られるが、彼らの生活状態を掲げて住宅問題を説明するにあたって、最初に一つ知っておくべきことは、先日も話したことであるが、第一に朝鮮人が多くここに来て暮らしていることである。もしその数が少ないならば、生活問題や住宅問題もこの様に困難ではないだろうと想像することが出来る。しかし、何しろ数が多いので、問題が複雑になって行くことはまたやむを得ないことだ。では、このように多い数がなぜ見知らぬ土地に行って暮らすようになったのか？　その原因について正しく理解しなければ、彼らのほかの様々な問題についても適切な認識を持つことは出来ない。

◇

この問題について一部の世間では、極めて偏向した解釈を持つ人も多い。すなわち朝鮮で仕事をすることが嫌なので、とんでもないことを夢のようなことを考えて渡って来た者が多いというのだ。もちろん一部、極少数こうした人がいないこともないだろう。しかし、そうした見方は、全体を捉えた、適切な観察ということはできない。大阪方面の朝鮮人移住者の増加状態を見れば、そのことは明白である。

大阪府調査による大阪府の朝鮮人数が一万人台となったのは大正一一年で、この年には一万三千人であったが、この数もその前年に比べれば倍の増加を示していて、次の年にも再び倍に近い増加を示し、二万二千人になった。ついで昭和二年には四万人に、昭和三年には五万人になり、昭和四年には六万七千七百人であったものが、昭和五年に八万九千人に跳ね上がり、昭和七年には一一万人に増えて、昭和八年には一躍、一四万人になった。一四万人も少なくない数であるが、実際の数字は少なくとも一六万人くらいにはなっているだろうというのが大阪府の見方だ。

以上の増加状況から見て極めて明瞭なことは、朝鮮農村の恐慌が如実に反映しているということだ。すなわち、水害がひどかったとか、豊作で米価が途方もなく落ち込んだとかいうことで、農村での生活が苦しくなったという声が高まるたびに、かの地への移住同胞がより増加して行った。昔のことを持ち出さなくても、最近の事情を見れば、朝鮮農村の恐慌が深刻になったのは昭和五年、大豊年がめぐってきて恐ろしいほどに米価が落ち込み、どこでも生きていけないという話が出てきたその時であって、数字に現れたことを見ても、昭和四年末現在は、在留同胞数が六万七千人であったのが、その次の年には二万人余り増えて、その後からはより急激に増え始めていって、今日では一五、六万人を数えるのである。

◇

この様な事情から、かの地に行っている人がなぜ朝鮮を離れて行ったのかは、あれこれ考えずとも充分に推し量られる。小作農であっても安心して耕作を続けて食べて行くことが出来たならば、言語風俗が異なり人情の薄い大阪という所に赴くことはまったくありえない話である。そして、農作業では、なんとか食べて生きる生産手段として、田畑というものを頼りとすることができた。しかし玄海灘を越えて大阪方面に渡ると、ここでは稼ぐための生活の根拠は自分の身体だけであり、ほかに何も信じ頼るべきものはなく、労働市場に身体を売らなければならなくなる。生活のすべは全く変わってしまった。

◇

ここから我々は次のような結論に達することになる。すなわち、大阪方面に渡っていった朝鮮同胞たちは、朝鮮の地で暮らすことが出来ずに仕方なく渡っていったということがわかる。したがって、すでに向こうに行って様々な苦しみに遭遇し、さまざまな苦労を経験しながらもその地に慣れ、生活を成り立たせてきた人であるならば、再びそこを捨ててどこかほかの場所にいけるわけではない。そのことを認めないわけにはいかない。言い換えれば、朝鮮に戻って来るといっても農地はない。かつて、大阪に渡って来るようになった理由もやむを得ない事情によるものであったが、大阪を離れようとしても離れられなくなったことも致し方ない事情があるのである。こうして彼らは生きるために、最後までどんなことであれ働かなければならず、住むべき家もなんとしてでも得なければならない。これは当たり前である。生きようとする人の悩みと活動はこのようなものである。

【写真説明】朝鮮人が最も多く生活する大阪東成区猪飼野の朝鮮人市場。ないものはないということで、写真は豚肉をゆでて売る店だ。〔略〕

〔『朝鮮日報』一九三四年一〇月一一日〕

（六）空手で移住の農民　貧困との闘いは運命的条件
南朝鮮地方民が中心

大阪移住同胞の増加数は、朝鮮農村の農業〔農業恐慌の間違いか〕と正比例して増えて行ったことは、昨日かかげた数字からも大体間違いはないと推測できるが、これをもう少し調べようとすれば、大阪府の調査で次のようなものがある。すなわち、大阪に居住する一万一、八三五世帯、五万八、九〇六人に対する調査を見れば、玄海灘を渡って来た理由の内、農業が困難であったためとするのが六、五八七世帯、生活困難が二、三〇七世帯、単純にお金を得るためというものが一、七四五世帯だ。

ここから見て、彼らが農村で生きられないようになって、かの地に渡っていったことがわかるが、これは七、八年前に多数の移民が、南北満洲に移住したことなどと同じ事情だ。

◇

では、向こうにいっている人たちはどこの人が多いのか？　もちろん地理的にみて南朝鮮の人が多いことは推測可能であるが、再び詳しい数字を把握するために、前記大阪府調査の一万一、八三五世帯に依って見れば、第一に多いのは全羅南道の六、四八七世帯、次に慶尚南道の二、七七九世帯、慶尚北道の一、五五六世帯で、その残りは京畿道以南で忠清北道、全羅北道などの順序になっている。

そして、このうち、一番数が多いのは、全羅道の中でも済州島の人たちで、現在一五、六万人を数える大阪府内総数の三分の一である五万人以上になると当局者は話していた。朝鮮農村の疲弊が南朝鮮を中心として最も深刻であったことと照らし合わせて見れば、やはり我々の推測に少しも間違いはなかったということがわかる。みな、農村から押し出されてきたのである。

◇

これもまた、大阪府の調査の引用であるが、彼らが朝鮮から大阪へ渡って来たときにお金をいくら持ってきたかという点について見よう。わざわざ聞かなくても、農村で生きるすべを失い、仕方無しに向こうに行った人たちが、十分なお金を持参していたわけはない。このことは考えなくとも推測できることだが、いまこの調査を見

れば、

一〇円以下の少ないお金を持って行ったものが二、〇五七世帯、二〇円以下を持って行ったものが六二一世帯、三〇円以下を持って行ったものが二八六世帯などで、平均すれば一五円二九銭である。

家もなく職もなく信じるものというのはただ二つの拳だけで、一家をまとめて異郷に渡ったという人が、財布に入っている金がたった一〇円内外だというのは、薄氷を踏んで歩くような心持であろう。

ああ！　果たしてどうすれば生きていけるのか！　家も、職業も、金も持つものもないとしても、生きんとする意欲は他人と同様である。いくら酷い扱いをうけても、まずは仕事先を探さなければならない。賃金がいくら安くても、頭を下げて働かねばならない。家もどんな所でも、良いとか悪いということはできず、ともかく住んで生活するほかないのが彼らの運命の条件である。彼らの家には腹をすかせた妻子が、家長たる者が稼ぎを持って帰ってくることだけをずっと待っているだろう。

【写真説明】二人の老いた夫婦が街でどぶを回って歩きブリキを集めクルマ〔荷車〕に乗せて互いに力を合わせて引いて行く光景だ。〔略〕

〔『朝鮮日報』一九三四年一〇月一二日〕

（七）「忍従」で一貫！　移住兄弟達の生活の第一歩
職業と就職経路はかくのごとし

徒手空拳でかの地に渡った人たちは、その後にどの様な職業に就いたのか。

昨年末現在の人口、男子九万一、二八七人、女子四万八、六九〇人、合わせて一四万二一七人に対する大阪府

の調査を見れば、

△官公吏、銀行会社など知能的方面の職業をもつ者と一部上級学生数の合計が男子一、五一三人、女子二〇人 △商工業に従事する者が男子八、四七九人、女子三、二七四人 △その他各種職工が男子二万八、一一八人、女子一万一、一七九人 △自由労働者が男子一万二、二九〇人、女子四、〇九四人 △無職者が男子一万二、二九〇人、女子二万四、七六一人 △失職者が男子一万二、二八〇人、女子五、二五三人などとなっている。

以上の数字を見ると、職工と自由労働者の数が多く、その次に失業者が多いことがわかり、彼らの生活が低級なことが想像できる。そして、無職者数中には幼い者や年老いた者の数が多く含まれると思われる。これについて、一層詳しい調査によれば、

調査人員一万一、八三五人について、各種職業中、最も多いのは工業に従事する者が七、一三七人で、その中でも金属工業、機械製造等鉄工業に従事する者が一、九二一人と多数だ。その次には、土木人夫六八〇余人、土工六〇〇余人、日雇い人夫四五〇余人など、各種労働に従事する。そしてこの内、無職者に数えられる者が一、三〇一人である。

職業の状況について見れば、あらゆる方面に朝鮮人が進出していることがわかり、また何より、毎日難儀な労働に従事している様子から見て、生活状態に余裕がないことが知られる。

◇

ではこうした職業を得るときはどんな経路を踏むのか？　向こうに渡って行った人の中には言語が通じる人もいるかも知れないが、大部分は言葉ができないまま行った人たちである。したがって職探しでも困難は著しいであろうが、職業を得た後にもその上に面倒が多い。いま職を見つけた経路について、一万五三四人に対する調査

を見ると、

△個人の紹介を受けた者五、四二〇人　△自分自身が志願した者二、七五三人　△自発的に営業をする者一、四三四人　△職業紹介所の世話を受けた者九〇六人等である。

大阪のような多数の人間が生活し、産業が発達して社会施設が多い場所では、当然職業紹介所の設備も充実しており、この方面の利用者も多いが、朝鮮人の就職経路でみれば職業紹介所の世話を受けた者は僅か九〇〇人で、その残りはたいがい、個人紹介や自分自身の活動で職を見つけている。朝鮮人の場合、職業紹介所を利用する方法を知らないためにこうなったのかも知れないが、朝鮮人と職業紹介所との距離が遠い実状が確認できる。

◇

以上の調査数字を見ると、何も持たずにかの地に渡って、親戚や知人の紹介を得たり、そうでなければ、自分自身があちこちに働きかけて仕事を見つけたり、生活する家を探す、そうした人たちであることがわかる。そうした彼らが果して多少なりとも時間や金銭の余裕がある生活が送れるのか、この点を考えて見たことがあるだろうか。備えのない生活で、手当たり次第、ともかく食べて着て寝るところをさがして過ごさなくてはならないだろう彼らは、かの地に渡った最初の日から、いくら低級で汚れたものでも我慢してこらえることを生活の第一条件としなくてはならなかったのだ。ここから彼らが今日向こうの人達〔日本人〕の後ろ指を受ける生活が始まっているのである。

【写真説明】年老いた母親が幼い娘と一緒に空のクルマを引いて大通りをさまよう光景だ。なんであれ街に落ちたものを拾おうと歩き回り、大人も子供も休む暇もなく仕事をしなければ生きられないのが、かの地に行っている朝鮮人の生活だ。〔略〕〔『朝鮮日報』一九三四年一〇月一三日〕

（八）執着性の強い生活　農村から都市労働者への移動

米の飯と貨幣の新生活

あらゆる物質的・精神的苦痛を我慢し堪えることを生活の唯一の信条として、見知らぬ土地に足を踏み入れた彼らは、まず職業を探すほかない。昨日も職業を探す経路を説明し、彼らが職業を得るまでどんな苦心をするのかを話したが、彼らは職業を得るまでどのくらい街をさまようのか？　一万一、八〇〇世帯余りに対する大阪府の一昨年の調査を見れば、一ヵ月以内に職業を得たものが六、七〇〇世帯余り、二ヵ月以内に得たものが二、八一〇世帯余りである。職業を得られない一ヵ月内外の彼らの生活たるや実に暗たんとしたものだ。

職業を得た後の彼らの生活―つまりいくら賃金をもらって働いているのか、また一ヵ月間に何日稼ぐことが出来るのか。

有職者一万五三〇世帯に対する調査を見れば、安定した職業に従事していない者が約一割四分くらいを占める。そして、労働時間は九時間から一〇時間労働までが大部分で、次に多いのは一〇時間から一一時間までとなっている。そして労働賃金と労働日数を見れば、一日の賃金が一円以上から一円五〇銭、一ヵ月に二一日以上労働するものが一番多く、その数は調査人員七、三八六人中、一、九五三人である。その次が同じ賃金で、一ヵ月に一一日以上二〇日以内労働する者一、五三四人となっている。それ以下では、一円以下の賃金で一ヵ月に半分しか仕事ができない人もいて、二円以上の賃金で二五日以上仕事する人も少なくない。

では、彼らはここで食べて生きることが出来るのか？　もちろんそれぞれ個人の暮らしぶりは異なるので、いちがいに論じることは出来ない。しかし、彼らは困難な中でもしっかり食べて生きて行けていることだけは確実である。すなわち我慢し堪えることを生活の第一条件にする彼らは、生活費用を最低限度に減らす。そして、病を得て全然動けなくなってしまったら仕方ないが、そうでなければ仕事場に行けない人は、街を歩き回って布切れや鉄屑やガラス瓶の屑を拾って、一日に四〇～五〇銭程度でも稼いでいる。その代わり、暮らしぶりが酷いことはいうまでもないが。しかし、朝鮮農村の窮乏した地方で見るような草の根を掘るとか、木の皮を剥そうと歩き回ったりして、食事を用意するということはなく、白い米を買って米の飯を炊いて食べている。

ここに生活の妙味がある。農村で借金に苦しみながら農作業をしては、農作物を安値で売り、それで得た金で商品を購入するものの、その値段は高く、結局、借金だけが増える生活となる。そうした人びとが農村から徒手空拳で都市に出て来て、労働を始めると、多かれ少なかれその日稼いだ金が入って来て、さらに、必要以下の節約、出来るだけ節約しながらそのお金を使うことで、米の飯を食べることが出来る。このことが最下層の生活をする人たちに、一種の新しい生活の妙味を与えるのだ。

◇

そして大変悲惨な生活をしている彼らは、並々ならぬ自立精神を持っている。もちろん裸一貫で向こうに渡って行った人が、生活に対する執着心と自立精神を強めていくことは当たり前のことであるが、私は今回の風水害に際しても、そうした姿を実地で見た。すなわち、日が落ちて行く夕暮れの街に数百名ずつ、大人と子どもが長い列を作って握り飯を受け取っていた中には、朝鮮人の影はほとんど見ることが出来なかった。むろん、その中に全くいないというわけではなかったかもしれないが、ほとんど見つけることはなかった。ここの同胞の説明を聞くと「平素でも後ろ指をさされるのに、あの中に入ることを心よしとしない」ということだ。そうだとしても、今回、かの地の朝鮮人たちが一般の救済を受けなかったということではない。罹災民収容所には、日本内地人といっしょに入って同じように救済を受けた者も多く、また部落の代表者が出て、救済所から米や食事やパンをもらったケースも相当あるという。しかし、夕食を配給する街の現場で、数百名が自分の各自の器を手に持っている中で、朝鮮人の顔を発見することが難しかったことは事実だ。彼らは我慢し堪えて、自分の生活をしっかりつかもうとしている様子がうかがえたのである。そうした事例はこれにとどまらない。

次に彼らがしっかり食べて生きていることを、生活調査から再び説明することにしよう。

【写真説明】朝鮮同胞が多く生活する東成区猪飼野町にある布木店〔朝鮮服地店〕だ。〔略〕

〔『朝鮮日報』一九三四年一〇月一六日〕

（九）血と汗に濡れた「余裕」収支差額が一円五二銭也
生計に現れた数字

紙銭よりは銀銭と白銅銭のような小銭から生じるするどい金属音に、一日の労働でぐったりとした疲れがほぐれた彼らの耳は反応する。そして、白い米が煮え立っているお釜のそばで、さあ食べようと思う時、農村とは異なる新しい生活を送っている彼らは、大変ななかでも新しい自信と意欲をもって歩んでいこうとする。「食うこと」、つまりはひもじいお腹を満たすことがもっとも重要な問題で、衣服や住居は次の課題である。そもそも、衣と住の問題を見る余裕がないことも事実だ。そして、大阪に行って最下層の生活を送る同胞たちは、米の飯を食べること以外はあらゆる面で生活を切り詰めている。そうしなくては生きて行くことも難しい。そのうえ蔑視を受けながら、人夫として働く身の上であるのであり、かの地の人〔日本人〕より普通、二、三〇銭くらい少ない賃金しかもらえないなかでは、わざわざ着飾って他人に良く見られようとする気持ちもないであろう。

◇

こうしてみると、彼らの生計は均衡が取れていないことがわかる。しかし、辛抱しながら生活を成り立たせていこうという意欲は強いし堅い。そして彼らの誰もが、その暮らしぶりでは、食べて生きて行くだけで、せい一杯だと見て間違いないだろう。幸いに彼ら同胞たちの生計について大阪府がある程度調査しているものがあり、それによれば、次のような数字がわかる。すなわち、一万一、八三五世帯について、

世帯を月収入と人員別で分けて見れば、三人家族で、月収入二〇円ないし三〇円になる者が一番多く、その次に二人家族で月収入二五円ないし三〇円というケースが多く、このほか三人家族で二〇円ないし一五円、四人家族で二五円ないし三〇円の収入という世帯などが一般的だ。これを家族一人あたりで考えると一〇円ないし一五円の収入が一番多くて、平均では一〇円七八銭になる。そして、なかには一〇〇円以上の収入がある人も五七八人もいて、そのほかに五〇円ないし七、八〇円の収入のある人も約四千人いる。

そして、この様な収入で、どの程度支出をしているのかと見れば、

三人家族の暮しで二〇円ないし二五円くらいの支出をする世帯が一番多く、次が三人家族で二五円ないし三〇円が多い。そして、二人家族で二〇円ないし二五円、四人家族で二五円ないし三〇円で暮らす人などが一般的で、家族一人あたりの支出額は、二〇円ないし一五円程度が一番多く、全体では、家族一人の生活費用は九円

二六銭という計算となる。

こうしてみると、各家族平均一円五〇銭ずつ残る。このことが、かの地に行って苦労をして残ったものだ。しかし、この余剰は、当然使わなければならない費用を使った上で余ったのかといえばそうではない。先にも話したが、彼らの生活は、食べることの他にはあらゆる生活費用をすべて切り詰めた上で残したものであり、これこそは実に血と汗に濡れた「余裕」である。

〔『朝鮮日報』一九三四年一〇月一七日〕

（一〇）複雑な借家争議　借家とバラックが大部分のため　ひっきりなしの係争

大阪にいる朝鮮同胞たちの暮らし向きは、彼らが住む家に全てが表現されているといえよう。彼らは衣食だけはなんとかなっているにしても、住宅問題が解決されないことには生活向上にはつながらない。向こうに行っている同胞自身にとっても、もっとも早く解決すべき問題であるが、行政当局者からみても一般社会の立場からみても、もっとも緊急な問題だ。昨日も話したように、第一に〔一行原紙破損〕ましな住宅を借りることができなかった事情も大きいが、暮らし向きが低級であると、かの地の人たち〔日本人〕がきちんと家を貸してくれないので、とにかくどんな家であれ、雨、風等を避けるくらいのところを用意するのが、向こうにいる同胞の住宅問題解決の第一段階の手段になっていた。それで、今日までそうしてきたのだが、いま彼らの住宅問題はもっとも大きな社会問題になったのだ。

では、彼らはどんな家で生活しているのかを簡単に話せば、地域では今回水害がもっとも酷かった、大正区、此花区、港区、西淀川区、住吉区方面で家を借りるか、そうでなければ自分の手で「土幕」の様なバラックを作って住む者が多く、この他には間借りして暮らす者も多い。部分的調査だが、大阪府の調査の数字を見れば〔一行原紙破損〕についての調査では、普通家屋に住む者が一万一、三七九世帯で、バラックに住む者が四五六世帯であってこれをさらに分けて見れば、

△自己所有では、普通家屋一五二世帯、バラックが二三二世帯　△借家では普通家屋六、六〇九世帯、バラックが一七四世帯　△部屋だけを借りている者が、普通家屋四、八一八世帯、バラックが五〇世帯などだ。

ところで、普通家屋を所有したということは、自分の力で完全な所有関係を持っているということになるが、バラックの所有は、事情を知れば悲しむべきことだ。これは、住む家がなくて空き地に自分の手で作り〔一行原紙破損〕な程度にもならないというのがほとんどであり、その中には地主の了解を得たうえで作るケースもあるが、大部分は地主の承諾もなく勝手に作って住むもので、地主との間に土地を明け渡せとか、家を壊せといったことで、複雑な問題が生じる。そして借家についても、そのまま問題なく住める家も多いというが、薄汚くみすぼらしい家も少なくなく、家賃を払うの払わないの、家を直してくれるのくれないの、といったことで家主との紛糾が多い。

◇

それで、こうした紛糾は円満解決となることはない。家主や地主はなんとかして、追い出そうとするし、入居している人たちは、なんとかして追い出されないようにして、占有関係を可能な限り維持しようとしている。このようなことは、なにも朝鮮人に限って起こるわけではなく、かの地の人〔日本人〕でも家を持てない貧しい人たち〔一行原紙破損〕どの人の家であれ、自分中心の有利な条件で、居住を続けようという希望は共通したもので

ある。したがって、朝鮮人たちの、家主や地主に対する抗争の方法は、日本人のもっとも賢い法律的行為を見習って行っているものである。そして、家主は、どの土地でもそう善良な人ばかりいるのではないので、紛糾の発端がどこにあるのかということも別に決まった傾向があるわけではない。運よくその中には人の良い家主もいて、苦しい生活を送る朝鮮同胞の事情を理解して、厚意で家を貸してくれる人もいる。住宅問題は家主との紛争も問題ではあるが、そもそも〔朝鮮人が〕家らしい家で生活できないことが根本的に解決されるべき問題である。

【写真説明】東成区猪飼野、朝鮮人が密集して生活する場所で市場に集まった朝鮮人たち。〔略〕　〔『朝鮮日報』一九三四年一〇月二〇日〕

（一一）一部屋に六、七人　狭い部屋に惨めな雑居生活
「馬小屋」部落の一例

住宅難という問題は、つまりは人がそこに入って住むに足る家がないということだ。家屋といいながらも家の体をなさないもので、そこで暮らせるようなものではないということだけでなく、狭い一部屋にしばしば多い時には、四、五人、六、七人がそこに身を寄せることが多い。もっと具体的に見れば、大阪府の調査に次のようなものがある。

一万一、八三五世帯に対する調査で見れば、一部屋の中に三人入っているものが一、八七六世帯、その次に二人居住が一、七〇〇世帯、四人居住が一、一九九世帯で、以下五人が五八九世帯、六人いるのが一六〇世帯などで、多いものでは一部屋に八、九人住んでいることもあるのだが、平均でみれば一部屋に二人以上入っている計算になる。

さて、このことだけ見たのでは一部屋の標準を知ることが出来ないので、これを「タタミ」で計算したものを見れば、一人当たり平均「タタミ」一畳半になった。そして、さらに詳細に見れば、三家族が「タタミ」三畳敷かれた部屋に住むものが一、七〇五世帯で一番多く、それ以下では「タタミ」二畳を敷いた上に三人が入っているものが二六五世帯もあった。こうした状況からは、大阪に生きる朝鮮同胞達が居住するに値する家を持てずに、いかに大変な暮しをしているのかということを充分に知ることが出来る。

◇

余りに数字ばかりを挙げたが、もっとも悲惨な暮しをする様子を紹介すれば、写真のようなバラック部落がある。この部落は大正区小林町にあるもので、七〇世帯余り、三百数十人が暮らしており、部落の名称は馬小屋村ともいう。その由来を聞けば、ここは昔から馬小屋があって馬小屋から馬糞を捨てていたところ、それが今では普通の土地になって、その上にみんながマッチ箱を作るように重ねていくことのごとく家を作ったものだ。そして、今回、水が入って一部分は流されたり、倒れたりした上に、また水が入って来たので、言葉で表せないほどの悲惨な状況となった。傾いて倒れた家をまっすぐにしようと、泥の中で金槌を打ったり、服を干して乾かしたりという混乱の中で、部屋の中からか、台所からか、はっきりとしない薄ぐらい隅で炊事する婦人たちが煙の中でうろつくなど、あたかも生き地獄のような感があった。隅の部屋では日の光さえ全く入ってこないので、もともと狭くて不潔であるし、衛生状態は言い表せないほどに酷い。もしこの部落の、どの片隅からであれ火が出たら、三〇〇余人の大部分がほとんど逃げられずに死ぬほかない状況にある。

【写真説明】馬小屋村の朝鮮人部落〔略〕

〔『朝鮮日報』一九三四年一〇月二一日〕

（一二）　無教育者が六割余り　団体は三〇〇余りもあるというが　指導的実力は少ない

大阪朝鮮同胞の教育程度はどのようであるか？　彼らの暮し向きの様子を見ても充分に推測がつくことではあるが、このことを少し具体的に調べて見れば、われわれの想像以上にみじめなものだ。一万一、八三〇余世帯についての大阪府の調査表を見れば、

世帯主の教育程度は大部分無教育者で、総数の六割以上である一、二八（ママ）四人を占めていて、その残りの三割八分が教育を受けた人達である。そのうち、普通学校を卒業あるいは中途退学者は約二割で、また漢文私塾で学んだという者が一割四分などだ。そして、その残りの三分五厘くらいになる四二一人が学校に通った者で、高等普通学校を卒業、中途退学者は僅か三〇六人、専門や大学を卒業するか中途退学した者はほんの三七人だ。

この様な詳細な調査を見るとき、彼らがいかに無知の中で暗たんたる生活をしているのかを推測することが出来るが、知識分子が欠乏しているということは、すなわち大阪朝鮮同胞社会の中心となる勢力が全くないということを如実に証明するものとなっている。もちろん崇められるような粗野な一人、二人の指導者と称するという人物が、ぜひとも必要だということはない。しかし、その社会の中心勢力があるならば、指導者がなく〔原紙破損〕如何なる指導精神にしたがって〔原紙破損〕人物も出ることが〔原紙破損〕阪の我が同胞達の〔原紙破損〕に話したこと〔原紙破損〕特に低劣な〔原紙破損〕窮乏した〔原紙破損〕と見ても〔原紙破損〕立つ事が難しいのは推測できるが、実際にここの事情を聞くと、一層悲惨な状況を知ることが出来た。

◇

どの社会であれ、蝕まれていく部分はないわけではないが、大阪朝鮮同胞社会でもそれが酷いという。さらに、無知な人たちが多く生活するところなので、表面的にはいろいろと世話をしてくれるような態度をとりつつ、その実、自分の利益のみを追求する輩が多いということだ。現在、大阪には我々朝鮮人の団体として看板を掲げているものが約三百個もあるというが、その中にはある程度まで活動し財政的基礎もあり、一般の信任を受けた〔原紙破損〕残念なこと〔原紙破損〕信用程度が〔原紙破損〕ものだ。〔四行にわたり断片的に意味が通じる部分もない破損〕

◇

これについて大阪府警察部吉田内鮮係主任も次のように話している。

団体がもう少し有力な活動をするならば、朝鮮人に直接かかわる生活問題にもかなりの助けになるだろうが、実際のところ、団体といっても看板のみで、特に仕事をしていないし、自分たちの利益のためだけのものが多いです。特に融和団体というものは、当局でも指導後援していましたが、信用できないものが多く、今はこうした団体に対しても好意を持っていません。

これは独自の取締りと保護を行う地位にある人の言葉であり、その観察にはこの人の独特の観点があるものの、ここからは、現在、存在する三〇〇余りの団体の中で、我々朝鮮人の社会を指導するほどの力を持っていないものがほとんどであることが推測できる。そして、思想的背景を持つ団体としては、いまでは影響力が失われ、沈滞していて、その数はいくつにもならない。

〔『朝鮮日報』一九三四年一〇月二四日〕

（一二）未就学児童が半数　朝鮮語すら出来ない子供が大半
嘆かわしい児童教育問題

大阪朝鮮人問題は解決すべき問題がいろいろある。しかし、ここに一つ一つ記録する余地がないので、簡単に一つ二つだけさらに話すことにしよう。子どもたちの教育問題、これは何より重大である。朝鮮内でも多くの子どもたち、貧困のために学校に行けないでいるが、大阪でもこうした状態は少なからず見られる。

大阪府調査では、一万一、八三五世帯中、学校に行くべき年齢の者が一、二二五人もいたが、その中で小学校に通っているのは三、一〇〇余人、学校を卒業した者は二〇五人、中途退学者が一二八人で、その残りの三、七八八人は学校に行かずにいるのであった。すなわち半数以上学校に行かずにいるのだが、この様な児童は異郷でどのように成長するのか、考えれば考えるほど嘆かわしい。

そして、こうした中でもさらにまた問題がある。学校には行くものの朝晩、接する人との言葉が異なるので、朝鮮語をまったく忘れてしまうケースがほとんどなのである。記者がいろいろまわっている中で、たくさん出会った朝鮮の子どもたちに声をかけてみる機会があったが、朝鮮語が通じない場合が大部分であった。若干通じたといっても意思を交換するほどのものではなかった。そうした中で、京都桂川にある朝鮮人部落では、小さいバラック一軒を建てて夜学を経営していた。小学校に子どもたちを送り出しては見たものの、朝鮮語の文字もわ

からず、朝鮮語で話すのも下手なので、これではいけないだろうとして、みすぼらしいバラックであるが、そこに部落の子どもたちを集めて、少々、朝鮮語を教えているというのである。たとえ見た目にはみすぼらしいものであったとしても、その志すものの効果は決して小さくないだろうと考えられた。

◇

神戸に行って兵庫県警察部当局者と話をした中では、次のような話があった。

すなわち、小学校に行ってがんばって勉強する朝鮮児童もいるが、中途に退学することも多い。中退する児童の事情を調べてみると、家庭の貧困という理由によることもあるが、そうではないこともある。その理由は家庭の貧窮のため、日本の子どもたちのように多少は余裕がある暮しができるわけではなく、身なりもみすぼらしい。このために日本の子どもたちと仲良く交わっていくのを避ける傾向がしばしば見られる。家庭でも子どもたちを学校に通わせているが、こうした〔破損〕まじめな努力が足りない人が多く、中途退学者も少なくないという。

以上の話をする当局者の話にも〔不就学の〕大きな理由を発見することが出来る。このような理由だけでは語りつくせないところもあろうが、かの地〔日本〕にいる子どもたちのための教育問題は、特別に力をいれて、もう少し充実した内容の方法をとるようにしなければならないだろう。現在、大阪ではキリスト教会が経営するもので小さいものはある。また、神戸に私たち〔朝鮮人〕の小学校と簡易講習所程度のものもあることはある。しかし、このことをもって教育問題の全面的な解決は無理である。志ある者の発憤で、相当の〔教育を行いうる〕教育機関を数ヵ所であっても設置し、多少なりとも現在以上の意味のある効果を実現しなければならないだろう。

〔『朝鮮日報』一九三四年一〇月二七日〕

【写真説明】京都桂川の夜学校と児童〔略〕

（一四）問題の渡航防止　当局はもう少し冷静であれ　進退窮まった労働同胞

大阪朝鮮人同胞問題に対してはまだ紹介するべきこと、論議しなければならないことが多いのだが、最後に一般的問題として、いわゆる渡航問題を簡略に話して終わりとしたい。総督府側としても近頃、渡航者取締りを一層厳重にして、ほとんど禁止のような施策をとろうとしている。その理由としては、向こう〔日本内地〕に渡った朝鮮人労働者が余りに多数で、失業者が多いのに、さらにたくさん渡航したならば、日本内地の労働市場にも大きな混乱を生じさせる原因となるだけでなく、朝鮮人労働者間の生活問題においてもさらなる困難が生み出される。また、この様に朝鮮人が〔日本内地に〕多く渡って来ているために、特殊な問題がどんどん出てきているので、渡航を止めさせようとしているということのようである。しかし、我々が見るところ、現在、計画実行中の政策を考えれば、日本の大陸政策の上で、南朝鮮の農民を日本内地に送るより、満洲方面へ送ることの方が重要であるからだということもあろう。

◇

思うに、朝鮮内でもう少し有益な社会事業的政策をもって、現在、窮地に陥った農民が安定した生活を出来るようにしてもらいたいが、それが出来ないのであれば、他郷へ行くということも止むを得ないとするしかないだろう。ところで、問題の渡航防止は果してこの様に厳重にしなくてはならないのか、このことは冷静に考えなくてはならない問題だ。当局がいうように、かの地の労働市場でこれ以上、とうてい朝鮮人労働者を迎え入れる余地はないのか？　もしそうであれば為政者の立場上では、労働者の集中を防ぐ政策は現実的に必要であろう。また、朝鮮人労働者の間の全般的問題として見ても、仕事先もないところにさらに人が増えて行くということは考えなくてはならない問題だろうが、朝鮮農村で生きるよりはいくらかでも可能性があるとするならば、かの地に渡る労働者のそれぞれの立場では、やはり止むを得ない事情があったと考えざるをえない。多数の農民が当局の防止を押し切って、秘密裏に冒険をして海を越えて行くことも多いという現実を見るならば、生きるすべを求めてさまよう者の悲しみを充分に斟酌して見るべきだろう。

◇

他方、大阪の事情を見れば、大阪当局者は現在、朝鮮人労働者は飽和状態にあるという。いまのところは職を得て食べて生きることができるとしても、今以上に渡って来たならば難しいことになるだろうという。しかし、果して飽和状態であるのかということについては、私としては疑問とせざるを得ない。そのようにいう根拠は、かの地の朝鮮人労働者の暮しは大変質素であり、少ない収入をもってしても、むしろ余裕を残す生活をしている事実を見るためだ。先日の生計調査に現れ出た数字で見ても、余裕を残していることは明白な事実であるだけでなく、大阪府警察部内鮮課の話でも、大阪にいる朝鮮労働者が故郷に送る金は一年に約二〇〇万円になるということである。こうした事実からは、かの地の暮しは朝鮮農村の暮しに比べて有利な点があることがわかる。そうだとすれば、渡航防止問題については単純に防止政策だけを採っていくのではなく、朝鮮農民の生活問題にかかわる救済方策をとることが正しいと考える。もしそうでないとすれば、渡航者を中心にして悲劇はさらに深刻になるだろう。（終わり）

【写真説明】街で遊んでいる大阪の子どもたち。子どもたちと話をしてみると、朝鮮語はほんの少々しか通じない子どもが多かった。〔略〕

〔『朝鮮日報』一九三四年一〇月二八日〕

朝鮮労働者の移動問題

白南雲

（一）

朝鮮人労働者は、朝鮮の経済的生産力の社会的担い手として、その歴史的使命が大きいだけに、彼らの移動に関する問題については、実に現在の社会機構の本質的な性格とその生産力の抵抗性に関する全面的な分析（として行うこと）が求められているだろう。しかし、いろいろ関係もあり、その全面的分析は別の機会にゆずり、ここでは、まず概括的にその特殊性を簡単に述べたい。

朝鮮農民が生産手段である耕地から分離された後、「窮民」または「賃金労働者」として転業、放浪、飢餓、復帰という悲惨な「コース」を繰り返すようになって久しいが、最近になって急に問題視されるのはなぜだろう。それは北朝鮮に移送された南朝鮮の被災者が彼らの郷土に戻るという現象に、あらためて驚くためであろう。しかし、もしもそうしたことがなかったとして、彼らの生活問題は解決されたものと考えるのか。あるいは、近頃のように帰郷労働者が現れるようになる以前は、離脱と復帰の現象がなかっただろうか。彼らは賃金労働者として（移動先に）安着したとしても、安心して生活を送っていたわけではなかったし、彼らが郷土に戻ったとしても決して食糧を圧迫することはなかった。しかし、封建的所有と近代的所有による土地の枯渇と資本蓄積の過程で、郷土を離脱する窮民大衆が拡大再生産されることになる（現象は続いてきた）。エンゲルスは「人口が生活手段を圧迫するのではなく、生産手段を圧迫する」と述べたが、朝鮮米売上政策による米穀統制量が一五六万石を最高の限度とし、租長期貯蔵奨励計画による民間の租貯蔵量が三〇〇万石になっている。実に豊富な「米穀の缶詰」と見ることができる。その米と租の直接生産者は朝鮮農民であるが、この「米穀の缶詰」は彼らが望んだものではなかった。耕地と分離された瞬間に、自分たちが生産した食糧との絶縁が準備されたのであるが、〔そのことは〕この珍奇な「米穀の缶詰」によってこそ促進されたのではないだろうか。

朝鮮人労働者の移動の状態は、おおむね三つのコースに分けることができる。第一に、「貧農」が海外の「賃金労働者」に転向することで、すなわち玄界灘を渡る「窮民」がそれであり、第二に、「分散的貧農」が「集団的賃金労働者」として朝鮮内で移動することで、最近、北朝鮮開拓のための貧農や被災者の輸送がまさにそれであり、第三に、「分散的貧農」が「集団的貧農」として越境することで、満洲移民がまさにそれである。

以上で、指摘した三つのコースを歩む貧農大衆の移動は、農村経済の帰結から始まったことである。すなわち、耕地所有の内的矛盾はもちろんのこと、米穀の社会的生産と地主の私的所有における現実的な矛盾が貧農大衆を拡大再生産したのである。たとえば、朝鮮の最大の商品である朝鮮米は、朝鮮の農民たちが生産したにもかかわらず、土着地主と外来地主の私的所有および私的処分による資本増殖の発展過程に沿って、朝鮮の農民たちは貧困化してしまったのである。その結果、貧農大衆には米価騰貴で最低生活費を〔数文字不明〕させることであり、米穀豊作は小作料を高めてしまうのである。これらの事情により、米価急騰の記録的な年となった大正八年には、朝鮮の米価総額が実に五億一、五〇〇万円に達したが、実は〔この年は〕「小作争議の記録的な年」であり、また昭和五年の一、九一八万石は朝鮮開闢以来の豊作であったにもかかわらず、一人当たりの平均米消費量はわずか四斗に過ぎず、最小の記録となったのである。そのため、「人口が食糧を圧迫するのではなかったにもかかわらず」、その年は「飢餓豊作」であっただけでなく、記憶に残る「朝鮮農業恐慌の年」でもあった。その結果、朝鮮の農村は失業群の本源になってしまったのである。「自然的災害の罹災民」は、失業群の偶然的生産であるのに対し、「社会的罹災民」は、農村機構の必然的生産である。朝鮮にはまだ正確な失業統計がないため、失業群の総量を数字で表示するのは困難だが、失業者流出が増加していた時期の一九二八年七月現在の労働者統計によると、「完全失業者」が九万七、三三二人、失業予備軍である「窮民群」が九八万七、七七八人、合わせて一〇八万五、一一〇人に達しており、当時のいわゆる「細農」〔三段〔反〕歩未満の農地を小作する者云々〕は、各道あわせて三〇万戸といわれている。しかし、最近の統計によると、純小作戸数だけにしても一三九万三、四二四戸に達し、しかも漸増傾向を見せている。このように「純小作農」が「細農」に、「細農」が季節的失業者たる「窮民」に、「窮民」がいわゆる「完全失業者」に〔数文字不明〕的下向の過程を踏むため、実は失業群が絶え間なく準備されているのである。これが自然災害と遭遇するときに、「社会的罹災」は忘却されてしまい、「水害罹災民」とだけ見るとしたならば、〔そのことは〕いわゆる皮相的現実主義として、朝鮮社会の全体性を理解できないのみならず、同時に朝鮮人労働者の移動の真相を把握できないのである。したがって、それに対する「対策」云々は、××的な空理空論に過ぎないのである。ゆえに、いわゆる対策をいう前に、失業群の根源である農村の本質的特殊性を分析することが、科学的認識の出発点であり、朝鮮人労働者の移動における歴史的特殊性を把握することが、すなわち、ある意味で問題解決の「鍵」を握ることになるだろう。

〔『東亜日報』一九三五年一月一日〕

（二）

日本内地への出稼ぎ労働者の状況をみると、一九一〇年以降、渡航の制限が撤廃されて以来、出稼ぎ労働者が毎年激増しており、さらに、第一次世界大戦以来、日本における産業界の勃興と財界の好況により、企業家たちが労働市場をこれまで以上に支配することによって、賃金が安い朝鮮人労働者の募集を積極的に断行した結果、朝鮮人労働者の渡航が急速に増加するようになり、農村の「細農」と「窮民」は、当時、労働条件が相対的に有利な日本内地への出稼ぎ労働を期待したのである。その後、大正八年四月の警令〔朝鮮総督府警務総監令〕第三号に基づいて施行された「旅行証明制」により、自由渡航を阻止したことはあるが、戦〔第一次世界大戦〕後、日本における資本主義の躍進と朝鮮農村の分解的作用により、朝鮮人労働者の渡航が次第に増加し、大正一一年、警務令第一五三号によって旅行証明制が撤廃されると、日本の産業界における労働力需要の減少にもかかわらず、堰を切った水の流れのように激増した。そのため、大正一四年八月になって、内務大臣が朝鮮総督に、（1）就職先が確かでない者、（2）日本語が通じない者、（3）準備金百円〔実際には一〇円〕未満の者は、渡航を阻止するように公式交渉を行い、同年一〇月以降、釜山などの主な港で渡航阻止を実施して今日に至っている。しかし、昭和三年末現在の統計によると、日本内地の在留朝鮮人労働者の総数は二三万八、一〇四人に達しており、昨今の統計はまだ分からないが、その二、三倍を超えるといわれており、一方で、帰還労働者が毎年平均一〇万人を突破している。年間平均一〇万人以上の帰還労働者の一部は、いわゆる「完全失業者」に転化し、他の一部は、いわゆる窮民や「日雇い」として再編入されてしまう。朝鮮人労働者の帰郷問題はこれが発端ではなかっただろうか。

次に、在留朝鮮人労働者を職業別に概観すると、土木労働、雑役労働、日雇い人夫、鉱坑夫などが最も多い。こちら〔朝鮮〕からは〔日本内地に〕行かないように、向こう〔日本内地〕からは来ないようにいわれるが、彼らが渡航する理由は、両方の政策よりも、むしろ経済的事情が根拠となっている。生活問題が決して解決されるわけではないとしても、場合によっては生活水準の向上や児童教育の可能性、労働者としての意識発展などの機会が多いため、彼らの渡航する理由は積極的に理解するのが適当である。

次に、「窮民」と「水害罹災民」の北朝鮮への移送は、突発した救急策というよりは、むしろ外来資本主義発展の特殊性に適応したものと考えられる。なぜなら、朝鮮経済の現段階において最も特徴的なのは、生産形態の転換及び発展、労働編成による労働人口の移動であるため、農村の分解を促した「産米増殖計画」から「南綿北羊計画」、「畑作改良計画」、「畑作地開墾助成計画」へ転換したことや、北朝鮮の開拓による大工業の勃興などは、外来産業資本の独占的発展過程を意味するものであり、産業資本の増殖は、可変資本の収奪によって可能になるため、このような労働力の供給が絶対に必要になったのである。これを要するに、外部産業資本の生産過程における近代的労働編成として、「北朝鮮移民」が実行されているのである。よって、一九三二年に第一回目の移民が行われ、昨年も実行され、他の土木請負業者による「窮民」の集団的移動も常々、目にするところである。しかし、最近の新聞報道によれば、就職した罹災民たちが夜間に脱出して故郷に帰還する者が多いという話で、その理由は、「聞いた話と実際の条件が異なる」ということである。この点をいい換えれば、産業資本家の収奪策と労働貴族的分子たちの詐欺により、その最低生活費を削り奪われるからであり、最低生活費を削り奪われるならば、労働力の再生産が不可能となって、生命を縮めなければならなくなる。このことから帰還労働者こそ悲惨な状況にあるといわざるを得ないのである。彼らは、帰還するからといって「より不幸」になるわけでもなく、就職したとしても「幸せではない」というわけでもないと考えているようである。朝鮮経済の特殊性から考えると、朝鮮米の生産者が朝鮮農民であるように、北朝鮮の開拓者も同じく朝鮮人労働者である。したがって、問題は、「帰還」や「就職」ではなく、開拓における「収権」の有無にあるため、耕作地帯の貧農大衆と工業地帯の産業予備軍との社会的な交替関係は今後さらに複雑になるだろうし、朝鮮人労働者の意識発展の契機として、その意識と組織は朝鮮経済の工業化過程において強化される必然性を保っている。

最後に、満洲移民について一瞥を加えると、そもそも満洲に赴いて農業生活を行うということは、実に悲壮な冒険であり、歴史の開拓であった。しかし、満洲事変により、彼らは巻き込まれていっただけでなく、いくつかの微妙な関係により、従来の地盤が破壊されたことだけは事実である。それゆえ、今日では、日満ブロック経済の直接影響によって朝鮮人の農業移民が始まったのである。帝国主義的な過剰人口論者の観点から見れば、場合によっては本末転倒というだろう。日本内地の一般農民は年間生活費百円未満の「苦力〔クーリー〕」と同様の労働を続けるべき条件を持たなかった。そのため、その農業労働の適任者として、朝鮮農民が移送されることに過ぎないのである。彼らが実際に農業生産に従事するのか、特殊な土木工事に使役されるのかは、全く分からないが、賃金の標準である最低生活費の低廉さと三倍以上の物価騰貴により、彼らの生活内容も決して安定したものではない。したがって、彼らが如何に発展していくのかは歴史法則のみが規定するものである。本来、労働者は移動が多いため、朝鮮人労働者が南北に移動することは歴史的に特殊な現象であるだろう。彼らの問題解決も同様に、厳正な歴史法則だけが約束するだろう。（終）

〔『東亜日報』一九三五年一月二日〕

祝東亜日報創刊一五周年記念

愛知県で活動する朝鮮人　任龍吉

在留兄弟近一〇万　失業は一割に過ぎず
他地方在留者より生活安定　教育機関も数十箇所

日本内地に来ている朝鮮人が約一〇〇万人、その中でも愛知県に在住している兄弟が一〇万人といわれている。すなわち、〔在日朝鮮人全体のうちの〕約一割の人口が、名古屋を中心に愛知県内に住居しているということである。名古屋市は日本の三大都市の一つであり、愛知県も日本において一流の県の一つである。自然の恵みを比較的多く受けており、他県のように天災が少ない地方であり、政治や交通、文化にしても他県の追随を許さないほどで、一般県民の生活というのは、かなり安定しているといえる。このような地帯であるため、この県内に来ている朝鮮人も、他の地方に散在している数に比べて生活の基盤が整っており、一般の生活程度は多少良いと考えられる。一〇万人に近い在留民のうち、失業者は一割になるかどうかといった状況である。〔名古屋在留朝鮮人の暮らしぶりは〕この一事をもってして、すべてのことを推測できよう。また、文化の程度を見ても、一般の教育熱が旺盛で、名古屋市内だけでも、他県では見られない昼間の普通学校〔朝鮮半島で朝鮮人が通う初等学校を普通学校といった。したがって小学校レベルの学校を意味している〕があり、夜学はその数が実に数十に近く、実に喜ばしいことである。今回、東亜日報一五周年の記念に際して、日本内地に散在している朝鮮人の動静を紹介しようとしたが、いろいろな制約や面倒が多く、志を遂げることができず、ただ少数個人の紹介だけに止まることが非常に遺憾である。しかし、在留期間が短く、すべてのことにおいて不足している筆者としては、今日、これ以上どうすることもできなかったため、この点は、敬愛する諸氏の十分な了解があることを信じ、後日、改めて良い機会を見て筆をとりたい。異境で自分の安逸と私欲を捨てて、文化運動に、または経済運動や社会運動に努力している兄弟が多いことはよく知っており、彼らに対してはより申し訳ない気持ちを禁じ得ない。今回、このような小さなことに対して、特別な支持と声援を惜しまなかった有志の皆さんすべてに対して、特別に紙面を借りて感謝の意を表したい。

（名古屋より任龍吉）

瀬戸在留人の柱石として活動
在留朝鮮人は五千余人　愛善会長張士潤氏

瀬戸を知っている者は、誰もがみな、〔在留朝鮮人社会の名士をあげるとすれば〕張士潤氏のことを考える。瀬戸在住の五千人が一体となって結成された愛善会の会長として、同会の舵を取って、在留民の幸福のために絶え間なく闘っている志士である。今年四四歳の壮年で、大正七年に慶尚南道の宜寧から渡来し、土木業に従事している。昨年九月一日に瀬戸愛善会を創設したことへの張氏の功績は絶大なものであり、今でも会のために多大な努力をしているという。愛善会の会員は約二千余人であり、会の重要幹部は左の通りである。

▲相談役　鄭仁洙氏、黄月世氏、林右大氏、南熙道氏、鄭龍根氏、孫永祚氏　▲会長　張士潤氏　▲副会長　朴八萬氏、徐昌模氏　▲総務幹事　尹秀峯氏　▲幹事長　李用喆氏　▲社会部幹事　林相澤氏　▲教育部幹事　薛在基氏　▲青年部幹事　朴聖俊氏　▲衛生部幹事　盧廣岩氏　▲常務書記　李潤東氏、姜己秀氏

愛知県全体の実業界の重鎮
配下に一千余人が活動中　瀬戸の巨商崔性文氏

日本内地に足を踏み入れる者として、「吉村」といえば、誰もが瀬戸の崔性文氏を連想するほど、崔性文氏の存在は一部の瀬戸だけでなく、全国に知られるようになった。慶尚南道の泗川出身で、今から二四年前に玄海を渡り、その間、いくつかの仕事に従事した。

米穀商として、氏が全盛の時代には、一日に数万の現金を十分融通し、地元の巨商も崔氏を凌ぐほどの者は少なかったという。崔氏の特点は、貧しい朝鮮人には決して害を与えず、再び彼らに幸せを与えようとする偉大な心である。崔氏は、現在、瀬戸で最も賑やかな栄町で洋屋の雑貨商を経営する一方、採土業を経営して工場が数ヵ所あり、人夫の賃金についてみても、他の人よりも一割以上も多く支払っている、そのような特志家である。現在、配下で生活している人は一千余人に達しており、〔このことからも〕氏の功績を十分に知ることができ、在留朝鮮人の中で、このような実業家が存在するということは実に敬賀せざるを得ない。崔氏のさらなる自重慈愛を願う。

医術は仁術　漢方医　金燦瑜氏

本籍を慶尚南道昌原に置き、早くから朝鮮で深山僻地を訪ね歩いて、名医の教えも受けて自ら進んで学び、朝鮮でもその名声が非常に高かった金燦瑜氏は、深く考えるところあって、数年前に玄海を渡って名古屋南区入熊町〔八熊町〕字長町一五七三番地に住所を決め、異境で病に苦しむ数多くの人々の苦病を治したという。毎日、貧困患者への無料試薬が数人に上り、その他、金氏を頼って来る人には皆に等しく厚遇を持って接するということで、氏を知らない人からも称賛を浴びているという。世俗金銭のみに汲々とし、重病者であってもお金のない気配を見れば無視を決め込む、仮面の〔人としての心を忘れた〕新旧の医師らに比べると、まさに天地の差である。医術は仁術であり、医師は当然のことながら金氏のようであるべきと願って、さらに金氏のこれからを祝福してやまない。

朝鮮料理　永昌舘　成大基氏

慶尚南道晉州郡琴山面に本籍を置いて、現在、名古屋西区南押町四丁目七七番地に来て、永昌舘という屋号の朝鮮式の料理業を営んでいる成大基氏は、昭和二年に玄海を渡って来た。元々、人格が円満で、あまり他人に文句を言わない人で、膝下には完守君が現在理髪学校に在学中である。夫人の姜氏と共に渡来し、今日の成氏が自他共に認めるほど成功したこともすべて夫人の力であるという。善和会の総務として、朝鮮人の生活などにも少なからぬ努力を果たしている隠れた志士である。将来、氏も長男の学校卒業後は、社会的に多くの活動をしたいと、現在、その抱負が大きいという。

在留朝鮮人の生活向上に主力
社会的に隠れた功徳家　前田組の崔明元氏

本籍を京城に置き、現在、名古屋南区真砂町で土木請負業を経営中である前田組の崔明元氏は、中部日本でよく知られている快男児である。常々、彼は、朝鮮人の生活向上を図ることを考え続けており、自分の事業以外に、このような方面には、いつでも自ら進んで仕事をする志をもった人物である。崔明元氏も、玄海を渡って来てすでに二〇年に近い壮年の実業家であり、その部下には常に数百名の同胞が世話になっている。部下の利害問題においては、昼夜を問わず、自分の全力を尽くしてくれるため、崔明元氏の部下に入ったことのある人は誰もが皆、彼の人徳を称賛するという。社会的に隠れた功徳が多大な人であり、黙々と常に事を進める人物である。

崔明元氏と一度接した者で、氏の丁寧な態度に敬服しない人はいないという。

大請負家　木村公太郎氏

出生は慶尚北道達城であるが、明治四四年という早い時期に玄海を渡って、現在は、朴某というよりは木村公太郎という名で一般に通用している。木村組の木村公太郎氏は、日本内地に来て、出入り〔社会生活〕というのをしてみた人であれば、知らない人がいないほど、広く知られている朝鮮人である。氏は、公職などに何の野心もなく、ただ単に全心全力で事業界に身を投じ、中京地方の大請負のほとんどを専らこの木村組が担当している。日鮮コンクリート会社を設立し、その代表者になって、全日本土木界の注目を集めている。氏を通して、われわれ朝鮮人にもこのような実業家が存在するということを、日本人に知らせることができる。部下に高工〔高等工業学校〕と工大などの出身の事務員が数名いることを見ても、現在の木村組の勢力を十分に知ることができる。

元民友会長として名古屋の巨人
朝鮮人の保護指導に全力　築港請負業　李廷禧氏

本籍を慶尚南道昌原郡内西面に置き、現在、名古屋の築港で請負業を営み、配下に一千を超える同胞を率いている李廷禧氏は、今年四九歳の壮年実業家として自他共に認めており、日本内地の何処を問わず、名古屋の李廷禧氏といえば、知らない人がいないほど、現在、李氏は確然たる存在を示している。李氏は、大正五年に来名し、当時、民友会の会長として、玄海を渡って来た朝鮮人の保護指導に全力を尽くし、その後、あらゆる方面に努力して社会事業にも貢献が多かったという。氏は、ひたすら現実的に一心専意を込めて、部下の幸福のために努力中であるということから、氏の人格を知ることができ、現在、南区元町の評議員の地位も得て活動している。

一流の製菓　丸宗商会　趙鏞玉氏

日本内地人の商店員として、一ヵ月にわずか一円余という給料を少ないといわず、玄海を渡った初志を貫くために昼夜苦心努力して近一〇余年を修業し、〔その後〕名古屋の一流製菓商として、多数の博覧会で金牌の受賞までした、名古屋西区江川敷下の丸宗製菓商会の趙鏞玉氏は、実に立志伝のような人物の一人である。

今年、三一歳の青年実業家で、最近、故郷である全羅南道宝城にも支店を開設するようになったという。趙氏は、自分が苦労したように、他人の事情を非常によく知っている人である。また、人を助けても、決してそれを口に出さない、大きな心を持った者である。

貧困な親族はもちろん、直接つながりのない同胞であっても、氏の支援を受けた者は一人や二人でないが、誰が聞いても、それを否定して笑うだけである。数十人の人員と共に工場で汗を流して働く趙氏を見て、驚嘆せざるを得ない。

漢薬の元祖　名古屋田仕淳氏

慶尚南道宜寧生まれで、昭和二年に来名し、現住所である名古屋市八熊町に薬材卸売及び布木、その他の雑貨商を営む一方、漢医として名声の高い、今年五三歳の壮年実業家であり、中部日本の漢薬界の元祖であり、名古屋の七〇余の漢薬局の総本営である。現在の漢薬組合もほぼ田氏の手で創設され、今日まで田氏が指導中である。個人的には、誠実な模範的実業家であり、社会的な義侠心も豊かで、困難な同胞への隠れた功績も少なくないという。彼の長男も名古屋で皆が知る模範青年であり、彼の誠実さについては、異口同音に称賛しているのである。

教育機関を設置して　子女教育に熱心
女性教員まで招聘し、教授中　築港教育家崔永基氏

朝鮮人の集団部落として最も生活が安定しているといわれる名古屋の築港に、未だ子女教育機関の設備がないということを常に遺憾に思い、崔永基氏は相愛会の名港支部長に就任すると、直ちに夜間小学校を設立し、自ら院長となり、毎晩一〇〇余人の学生が来るようになり、先生も招聘し、教授中である。崔氏は、個人的には、部下として二〇〇人の同胞を率いる実業家であり、義侠心にあふれ、不義なことを見て我慢できず、同胞の不幸を見ると、

率先してその善後策を講じてくれる。朝鮮労働者として、崔氏に世話にならない者がいないほど、崔氏は、他人のことをよく面倒見る人である。故郷は京畿道高陽郡であり、大正五年に玄海を渡り、その間、個人的にも数多くの活動をし、相当の土台を築いた実業家であり、四〇代を少し超えた壮年として、彼の前途はきわめて有望であるという。現在、日光青年団の顧問として、社会的活動も少なくなく、同団の夜学の経費などもほとんど崔氏が全て負担しているという。

採土輸送　瀬戸市　黄月世氏

慶尚南道晉州生まれで、大正八年に大きな志を抱いて黄海を渡って瀬戸に来て事業を始めた、今年三三歳の青年実業家である。運送業を主に、採土業などの副業を営んでおり、瀬戸の採土運送はすべて黄氏が引き受けている。数十の馬車が毎日休まず運搬に従事しており、黄氏も一時も休む暇もなく、誠実に活動をし、正に部下たちに実行をもって模範を示している。物質的にも相当な成功を収めたが、それよりも、人柄が穏やかで、部下を思いやる心が豊かなことで、瀬戸市では、黄月世氏を称賛しない人がいない。社会的方面においても、常に第一線で、人より先に、奉仕的な態度を見せる模範人物として、接する人に非常に好感を与えている。現在、愛善会の相談役として、瀬戸の五千在留人のために少なからず活動しているという。

青年実業家　瀬戸　金興甲氏

瀬戸市青年界の花形であり、実業界の重要な地位を保っている金興甲氏は、忠清道生まれで、数年前に大きな抱負を抱きつつ玄海を渡り、瀬戸市安土町に住所を定め、誠実に実業方面に従事している。まだ三〇前後の紅顔の青年として、愛知県下はもちろん、中部日本全体を足下に置いて活動中であり、その活動する勇気は実に見る人をして驚嘆させる。実業界だけでなく、社会方面における志も大変深く、各通信機関の重要な任務を持っており、常に同胞のために昼夜なしに東西に奔り回る模範青年である。金興甲君のような青年が多数出てくれることを期待している。その弟である永甲君と、弟妹（ママ）の信甲君などの助けも少なくない。三青年の活動は、中部日本における一つの異彩である。金興甲君の前途に福が多いことを願う。

私利不顧の李英植氏

異境生活の十数年、自己一身の営利を顧みず、同胞のことであれば、昼夜を問わず、東奔西走する当年三〇余歳の青年李英植氏は、中京地方で知らない人がいないほどで、今日、彼は確固たる存在感を示している。元々、平壌生まれで、今から十数年前に玄海を渡って名古屋に腰を据えて以来、同胞が物質的困難と無職のなかで受ける苦病が深刻であることを見た李英植氏は、以来、〔その人物と〕親しいかどうかを問わず、朝鮮人の苦しみに対してはすべて自ら進んで苦労をし、その他、いくつかの団体にも関係し、啓蒙のために、または体育のために尽力することが多いという。

本紙掲載名刺広告

名古屋市 伊藤次郎左左門

名古市 青木鎌太郎

名古屋商工會議所會頭 岡谷惣助

名古屋市長 大岩勇夫

名古屋電氣局長 茶池信次

岐阜市長 松尾國松

瀬戸市長 泉崎三郎

愛知電氣株式會社長 藍川清成

名古屋乘合株式會社 常務取締役 國宗鹿太郎

東邦瓦斯株式會社長

蔚山邑 金佐性

蔚山邑 金活天

蔚山邑 金尙熙

蔚山邑 朴宗默

蔚山郡廳

金融組合理事 寺島登

江東面 金容采

蔚山邑 曺亨珍

蔚山邑 李圭正

蔚山邑 通度寺布敎堂 李雲松

蔚山自動車組合支配人 村井好雄

江東面長 金容權

蔚山稅務署長 仲吉寛位

江東面 高田虎五郎

方漁津 朴永周

方漁津 李鍾元

方漁津 卞東允

方漁津酒造 株式會社

方漁津 丸德貨物自動車部

長生浦 漁業組合

長生浦 蔘沼回漕店

漁業組合理事 河錫[illegible]

蔚山邑 田錫周

蔚山邑 李一太

蔚山警察署 山下義夫

蔚山邑 西藤精米所

蔚山邑 須磨材木店

蔚山邑 布瀬清四郎

蔚山邑 日盛洋服店

蔚山邑 李學先

蔚山上北面長 金錫漢

蔚山邑 姜友雲

蔚山邑 金燦熙

蔚山邑 金瀅漢

蔚山邑 李駿日

蔚山邑 金文煥

斗東面長 黃翰運

斗東面三政里 李鍾一

斗西面面長 李仁滿

斗西面司法代書人 張德根

三南面面長 郭海[illegible]

藍川清成
名古屋市中區枚野町 金鍾勳（西山萬一）
東科電力株式會社名古屋支店
名古屋市西江町 尹琯昊
名古屋普通校長 朴承宅
名古屋市白金町 吳周煥
名古屋市堀江町 洪善圭（電南六七二六番）
名古屋市西江町朝鮮織物問屋 花山商會
名古屋市相愛會本部 崔柄鎮
岐阜市會議員 鈴木猛夫
岐阜市 洪鍾烈
岐阜 藤栄局 金喆璃
瀬戸陶磁商 黄厚得

蔚山邑 申玉男
蔚山邑 朴學根
蔚山邑 張斗完
蔚山邑 李鍾灝
蔚山郡守 原田轍三
蔚山邑 釀造合資會社
飛行所長 松尾靜磨
蔚山邑榮仙館 孫奉學
電氣會社支配人 川上正策

蔚山邑 徐鎔圭
蔚山邑 松重淺太郎
蔚山邑戸田組 宮田八十七
蔚山邑 朴承浩
蔚山 兵營釀造會社
蔚山邑 朴學容
蔚山邑 杉山忠一 內田喬壽 二宮一
蔚山郡凡西面長 李士鉉
凡西 金泰喆
西生 李鍾烔

大峴面長 沈贊求
温山面 黄七龍
蔚山 醫生會
蔚山 醫友會
彦陽面長 朴泳翰
蔚山邑 李埰一
蔚山邑 李圭明
蔚山邑 朴根榮
蔚山邑 桂登利藏
蔚山邑 楠木仙司
蔚山邑 吳鴻洙
蔚山邑 プラムカフエー
蔚山邑 金碩基
蔚山邑 張德吉

三南面 辛瑞浩
三南面 鄭方佑
三南面 芿基勸業組合
彦陽面醫師 安孝式
彦陽產業組合理事 金奎煥
方魚津 金基錫
方魚津 李完熙
目島 崔永弼
目島 吉川傳藏
目島三星商店 徐丙璿
南倉 趙東奎
南倉トラツク 金炳烈
新岩 漁業組合
德下金融組合理事 陳中生
熊村 梁泰壽
東面長 金源國
農所面長 李樹龍
大峴面 李大有
江東面 亭子釀造合會社
青良面 青良釀造合名會社

［『東亜日報』一九三五年六月二九日］

東京で活躍する人物達

北漢学人

半島社会にその名を馳せ、光り輝く才人たちが多いとすれば、いうまでもなく喜ばしいことであるが、異郷や海外に出て行って〔そこで〕その存在を輝かせている人がいるならば、それこそこれは実に貴くも嬉しいことといわねばならないだろう。

あらゆる文化一般において他より劣った我々の社会から数々の才人、名士、学者たちが、広く異郷や海外に出て行き、その名前をとどろかせていることを、我々はよく目にし、よく耳にし、しばしば嬉しく思う。それは当然のことであろう。外に出て行った人々が、そこの文化水準に劣ることなく、むしろ抜きん出て、彼らと肩を並べ、あるいはその社会に輝く存在として立つようになれば、これは実に、この地が生んだ自慢というべきだろう。

このような意味から、つとに異郷や海外に進出し、他の社会で、あるいは全世界的に名声を博している人びとを捜し、今一度、彼らの足跡を尋ねてみようとこの筆をとったところ、最初に頭に浮かんだのは、「東京方面」で活躍する人物は誰であるかということである。それを調べてみることにした。

はるか数十年前や過日に名声を馳せた人たちはさておき、ごく最近になって東京社会でその名を上げている人材について記してみようかと思う。

ジャーナリズム社会

馬海松氏　五尺単身のやや小さめの人物にして、東京大雑誌社の社長であり、その名をひたすら全日本の言論界にとどろかせている人がいるならば、これは実に愛らしくも喜ばしい良い便りといわねばならない。まさにそれは馬海松氏のことである。松都開城で生まれ、日本大学文科をかなり前に修了し、在学中から文芸方面で多くの研究を重ねたことが知られているが、卒業するとすぐに文芸春秋社に入社し、匿名でたくさんの文章を書きあげた。菊池寛氏の門下で「文芸春秋」誌を共同で編集してきたが、氏は、いつも単独で自らの才能と技術を発揮してみたいという欲望を抱いてきた。そのころ、同社の傍系雑誌である「モダン日本」という雑誌が、菊池寛氏の編纂でありながら成績が芳しくなく打ち切りとなるべきところであったが、馬氏が大胆にも引き受け、氏の独特な技術を発揮してきたことにより、今日では「モダン日本」最高責任者として東京のジャーナリズム界で明確な地位を占めるようになった。

氏は今もよく様々な雑誌に文章を書くが、いつも匿名〔佐々木〕で発表しているらしい。

今日では氏の独特な編集術が東京のジャーナリズム界で輝くこととなり、以前はさほどのものではなかった「モダン日本」が、一度馬氏の手にかかると一躍数十万部を突破したというが、その人気がいかに高まったかが分かるだろう。

氏はとても小さな体格の持ち主で、まだ三三歳の飄々とした朝鮮青年だが、氏がいる社長室を訪ねる名士、文人らに対しても、話しかける時は必ず「キミ！」「キミ！」という。

これだけでも、氏がどれだけ日本言論界はもちろん、文壇ないし一般社会で尊敬されているか見当が付くはずだ。

邊成烈氏　氏も今年三三歳の若者で、少し前に京都第三高等学校を出た。その後、東京の「新聞聯合社」社員として入社し、今日では英文部、夜間部主任として活躍しているが、時々刻々電波に乗って入ってくる世界各地の英文ニュースを一目見て一手に翻訳を行うことからも、氏の才能がうかがうにあまりあるだろう。氏もときおり東京の新聞雑誌上でその名前を目にするが、さらに朝鮮ジャーナリズムにおいてもよく筆をふるっているのを見れば、氏もまた精力家だ。

南廷麟氏　この方は以前、中央日外〔中央日報ないし中外日報か〕東京支局をしばらく担当していた人物で、現在は日本電報通信社で勤務している。氏も東京ジャーナリズム社〔界〕でよく筆をふるっている、才能ある人物だ。

曺成龍氏　氏もやはり日本電報通信社社員であり才能ある人物だ。日本大学英文科を出て、卒業後、一〇年近く中外日報の東京支局で働いた活動家だ。

言論界

趙漢用氏　彼は中国南京金陵大学に、現中央日報社長呂運亨氏とともに通った人物で、しばらくの間中国を舞台に様々な運動に挺身されてきた人だ。その頃から呂運亨氏を領袖として、大変緊密な関係を結んでいる。以前は中央日報社会部記者として活動していたが、今は東京に渡り中央日報東京支局長の職にあり、様々な方面で多くの活動をしている。

申浩均氏　この人物は東亜日報東京支局長をしている方で、福島高等商業学校を卒業し、続いて東京商科大学に入学して、並外れた学力で優秀な成績で卒業した。彼もやはり東京社会の輝かしい存在だ。

金東進氏　この人物は東亜日報社でしばらくの間、記者生活をしてきたが、方應謨氏が朝鮮日報社長になってから朝鮮日報社に転職し、朝鮮日報東京支局長になって、以後、在東京朝鮮人社会のために大いに努力している。以前からその機敏な活動にはソウル言論界からも驚嘆のまなざしが寄せられている。

舞踊界

崔承喜女史　崔女史の今日の舞踊は日本全体において一世を風靡していることは事実だ。この崔女史の舞踊は日本舞踊界で輝いているのみならず、世界的にその名前がとどろく日も遠くない。最近入ってくる電波においても女史の世界的進出の快報に接するようになったが、今日、彼女の存在は、日本の自慢であるだけでなく、世界において赫々たる存在になる日も近い。「崔承喜の舞踊」といえば今日の東京社会ではあまりにも有名になった。東京市九段会館に舞踊研究所を置き、多くの新進舞踊家たちを養成する一方、たゆみない努力と活動により第二回創作舞踊の発表も遠からず行われる。その一方で、銀幕の上で自分の芸術を再現するなど、実に女史の存在は壮観だ。以前、東京某大会社では崔女史と自社の宣伝のための全国巡回公演の契約を一万円余りで結んだという話だが、このごろは外務省観光局の後援と指導で世界一周舞踊行脚の壮途についたというから、女史の存在は実に輝かしい。

裴亀子女史　米州にまで渡って行き舞踊、修行を行い、東京舞踊界ではつとにその名を広く知られている女史であるが、しばらくの期間朝鮮に戻り、アリラン、バンアタリョンなどの舞踊化によって数多くの人たちの心をわしづかみにした。また改めて東京舞踊界に出て、一人で朝鮮舞踊のたゆみない研究を行い、東京舞踊界で異彩を放っている。最近では京城に帰って、ながらく研究した楽劇を東洋劇場で発表し、先日再び全国巡回公演を行った。三〇代半ばの裴女史の足跡は実に驚くべきである。

宗教界

韓晛相氏　この人物は「宗教界」というよりも無産児童教育や慈善事業方面に献身的に実際活動していて、今日では東京市において日本内地人、朝鮮人問わず彼の精力的努力に感嘆しない人はいないほどになった。

彼は、日本大学を卒業して今日に至るまでのあいだ、一〇年あまりひたすら無産児童教育と慈善事業に努力しており、「白十字」会を組織し主事を務めながら、幾多の社会的奉仕をしている。東京学窓時代は李如星氏と同窓であった。まだ三〇を超えたばかりの溌剌とした中年として、彼の存在は東京社会でよく知られている。その弟である、韓晩相氏は上智大学を卒業し、兄である晛相氏の事業を手伝う一方、「白十字」という機関紙まで発刊するなど実に彼らの活躍は目を見張る。二人はいずれも東京神田の朝鮮ＹＭＣＡの理事だ。

崔錫柱氏　この人物は東京青山学院神学部を卒業し、朝鮮に戻って市内の妙洞教会担任牧師となり、一時は基督申報主筆も務めていたが、今年春に東京に渡って神田の朝鮮基督教会に留まって東京宗教界で努力を重ねている。今年で三五歳だ。

尹　槿氏　氏は日本大学を卒業し、現在は神田で「京城食堂」を経営している。彼もやはり神田の朝鮮ＹＭＣ

Aの理事として宗教界で大いに努力している。

教育界

某氏　この方の名前を覚えていないことは甚だ残念だ。氏は慶尚道出身で東京第一高等学校、東京帝国大学を出た。今三二歳の青年学士で、東京農科大学助教授だ。

出版界

金浩永氏　氏は東京社会運動の運動家であり、氏の存在は東京社会運動で異彩を放っている。氏は前に何度か入×したこともあるが、まだ三〇歳の青年運動家だ。最近では「朝鮮民報」という週刊新聞を経営しており、東京社会のみならず全日本社会にとって有名な存在になっている。この民報は全国に千(ママ)余りの支局をもっている有力機関であるらしい。氏は雄弁家で熱情家であり一時期、東京社会では氏の演説が大衆を熱狂させたときもあったというから、氏がどれだけこの方面で有力な存在であるか、推して知るべしだろう。

理学界

金良河氏　この方は東京帝大応用化学科を優秀な成績で卒業した。卒業後今日まで一〇年近く東京科学研究所でひたすら研究に熱中しており、東京理学界の著名な存在だ。
李宅〇氏（ママ）　氏はただ一人（朝鮮人として）の理学博士だ。

医学界

白南奎氏　氏は東京医専校を卒業してすぐ、東京市雑司谷というところで病院を経営している有力な医学者だ。

音楽界

蔡奎燁氏　この方はレコード界の花形人気男で、以前からその名声は高い。以前まで東京中央音楽学校助教授までしていた方で、東京楽壇でも輝く存在だ。「長谷川一郎」という芸名で新しい歌をたくさん製作している。

航空界

李継煥氏　氏は東京第一航空学校教官の職にある二等飛行士だ。氏はこのように東京航空界の重鎮であるだけでなく、朝鮮人航空界に留意して同校に半島部を置き半島の後進飛行士養成に意を注いでいる。
李貞喜嬢　この方は、女流飛行士として惜しくも夭折した故朴敬元嬢の後を受けて現れた、ただ一人のいとおしい存在だ。かつて日本航空界で異彩を放った女流飛行家一等飛行士の朴敬元嬢は、以前から描いていた大きな計画を達成するために新興満洲国訪問飛行を決行したが、そのまま意を遂げることなく惜しくも途中で墜落し悲惨なことに亡くなった。その後、世の中の多くの人たちはだれもがその予期せぬ惨劇に同情の涙を流したが、その後まもなくして二業〔二等〕飛行士李貞喜嬢が再び朴嬢の後を追うために立ち上がった。そのようにして昨年三月、李嬢は意を決し東京羽田飛行場に入り、昔日の雄姿を再現したが、嬢の前途は必ずや輝くことだろう。

教育界

金基青氏　この人物は、現在東京政治学校教授であり、稀にみる秀才だ。

医学界

許英粛女史　女史は東京学生時代に東京医専を卒業し、一時は女医として開業までした。夫君であられる小説家李光洙氏と幸福な家庭を築いてからは医学界とは遠く離れてしまっていたが、去る一〇月に医学界における再出発を決心し、東京に渡って産婆学校に入学した。遠からず女医産婆として彗星の如く現れるであろう女史の今後が楽しみだ。

文芸界

金斗鎔氏　この人物は咸鏡道咸興出身、東京帝大英文科に通った才士で、卒業を数ヵ月後に控えてたまたま惜しくも「〔朝鮮共産党〕日本総局」事件に連座したが、最近またプロ文芸理論家として東京文壇でうまずたゆまず筆鋒を振るっている。

スポーツ界

その他にも学生界を見れば、氷上界の世界的存在である金正淵、李聖徳、張祐植らの三君、マラソンの金恩培君などがいるが、彼ら全てを数えあげることはできない。

それ以外にも、自動車を一〇台余もっている相当な財産家や、「電球工場」や「紡績工場」などを経営し数万円、数十万円の財産を手にしている人も多く、「人参」商をして数万円の巨富を手にした人もいるという。

もはや紙面も満ちたので、このへんで筆を置くことにしたい。〔『三千里』三千里社　一九三五年九月号　一五一～一五七頁〕

京阪神朝鮮人問題座談会

『朝鮮日報』一九三六年四月二九日〜五月九日連載

訳者覚書き

朝鮮を表す「鮮」など、差別的ないし現在普通用いられない表現も原文のままとした。意味が通じない部分や説明が必要な箇所には〔 〕内に訳者による註を付した。各記事につけられている写真とその説明は省略した。

翻訳にあたっては高柳俊男、倉橋葉子、朴慶植氏にきわめて丁寧な御教示を受けた。ただし日本語訳文の誤りなどについての責任はもちろん訳者にある。

外村　大訳

出席者（順不同）

京都側　盧震鉉（キリスト教牧師）鄭泰重（京都漢薬商組合理事）高光模（向上館保育園長）洪命用（海産物商）郭尚洙（自動車運転手）盧壽一（ゴム職人）

大阪側　高麗偉（キリスト教牧師）文宗洙（キリスト教牧師）李元道（キリスト青年会理事長）金琦石（朝鮮仏教布教師）林正業（製革工場主）金澤洙（綢緞布木商）朱翼淳（医師）金俊玉（新聞配達）申暖熙（古物商）鄭南局（古物商）李信珩（民衆時報社員）李景淑（鶏林幼稚園保母）金善姫（家庭婦人）金敬中（阪神消費組合長）

神戸側　崔時豊（朝鮮物産商）金亮才（朝鮮人消費組合長）李載昊（薬種商）崔東植（街頭労働者）鄭重孝（職工）李民善（職工）

主催側　本社編集局長金炯元、販売部長方建斗、本社大阪支局長金光洙、支局員林永壽、京都支局長金禮錫、神戸支局長薛東鑽

日時―三月一四日午後二時　場所―大阪川口　東海楼

門戸閉ざされた玄海灘／「帰郷」証明の悪制度

―太平の世の患たる在留同胞たちの住宅難―
商工経営に幾重のハンディキャップ

大阪・京都・神戸は、在住朝鮮人が大阪の約二十万人をはじめ、神戸・京都にも五万以上と、実に京城に次ぐ朝鮮人集団居住地である。その中には相当の資本を持ち商工業に従事する者もいるが、大部分は朝鮮で生きるに困り、渡っていった境遇だ。かの地〔日本内地〕の彼らは、いわゆる「漫然渡航者禁止」問題〔就職見込みのないものへの渡日阻止〕をはじめとして住宅問題等いくつも重なった問題に直面していた。本社では三月中、編集局長と販売部長がかの土地の実状を調査するために各地を巡遊中、前記三カ所の有志といっしょに、直面するこうした問題を討論する機会をもった。ここにその記録を紹介するものである。

金支局長　今日はちょうど土曜日にあたりいろいろお忙しいところにもかかわらず、また京都・神戸からまで遠近を問わずこのように皆様が参席してくださったことに心より感謝の意を表します。また予定していた時間より遅れ、おまたせしまして大変申し訳ございません。

本支局では以前より京阪神地方を中心として関西地方一帯に在留する四十万同胞の、主に日常生活上直面している問題、すなわち例をあげて話しますと住宅問題、渡航問題、児童教育問題、商工業方面への進出問題、その他いろいろ複雑多端な問題に対してみなさんとともに集まって考える機会を是非持とうと計画していたところ、ちょうど本社から金編集局長と方販売部長が来阪することとなり、この機会を利用して急にこの集まりをもうけお忙しい皆さんにきていただくようにお願いしました。みなさんが日頃感じておられること、考えを忌憚なく胸衿をひらいておっしゃっていただき、その代わりに本社より来られた御二人に朝鮮内地の消息もたくさん聞かせていただくようお願いいたします。簡単ですが、これをもって挨拶のことばとさせていただき、本社編集局長と販売部長を紹介いたします。

金編集局長　みなさんにお会いすると、関西在住四十万同胞に会ったように思えます。このたび関西地方を訪れ、東京まで行って戻り九州方面に視察に行く日程となった関係で、個々に訪ねてお会いすることができなかったのが、折よく大阪支局と京都、神戸支局のはからいでこの席がもうけられみなさんにお目にかかることができ、大変感謝いたします。私たちははじめてお会いしますが、旧くからの知合いのように感じます。二十名余りですが、出席いただいた方が関西在留同胞を代表し、私たちが朝鮮内同胞を代表して、お互いの胸の内を開いてお話いただいて朝鮮内兄弟にも伝えたいと思います。時間が大変遅くなり申し訳ありません。本日の集まりは座談会ですのでどなたも座ってお話下さい。私が考えたいくつかのことについて皆さんのお話をお聞きしたいと思います。

鄭泰重氏　朝鮮日報社がこのような形で私たちを集めてくださったことに一同を代表して感謝のことばを高麗偉氏に述べていただいてはと考えます。

高麗偉氏　本日はこのような良い機会をもうけてくださり、貴社編集局長が意義深い様々な案をもって来られお話を聞かせてくださり、同時に私たちもまた日頃考えていた話をする機会をつくっていただき、また我々がここに一堂に会し、朝鮮日報社の指導精神の下に生きる道を議論できて一層感慨が深いと共に、貴社編集局長と販売部長が遠くから私たちを訪ねてくださりこうした場をもうけていただいたことに一同を代表して感謝を申し上げます。

編集局長　私は一人一人お顔とお名前を存じ上げませんので記録によりながらお話させていただきます。もっともこれは外観ですから、どなたか在留同胞の現勢・人口・職業別生活状態、分布区域等をお話しください。

金敬中氏　突然お話をすることになり、数字を挙げてお話するのは難しいのですが我々在住同胞の大部分は労働者です。近年軍需景気の関係で失業者が少なかったのですが昨年冬より失業者が増えてきています。

その中でこちらに来て彼ら〔日本人〕の技術と特異な生活方式を学ぶことは少なく、一般的にうわべだけをよりく多まねして、朝鮮内の生活水準はよく知りませんが、まあ都会人であるためにここの同胞の生活程度は日々高くなって行く一方、生活難は甚だしいものがございます。最近一般同胞の良くない傾向としていわゆる朝鮮料理店が増えていて、その料理店というものの全てがそうだと言うわけではありませんが密売淫窟の様になっています。そして収入が少ないのにこうした遊興費での乱費があって生活もさらに困難になりますが、花柳病にかかり健康を失うことも多く大変憂慮されることです。我々の難問題である住宅問題、借家をさがすのは並の難しさではありません。八、九年前には借家が出来ましたが、不良ブローカーのために家を借りるのが困難になりました。しかし最近の様子では家賃の払いが日本人より良くてもやはり借家の難しさは変わりありません。この他、失業者がなくならなければならないところですが学んだ技術がなく、また商工業を経営しようとしても、同胞の中には大工場、商業家もいるものの大部分は日本人の信用を得られずにいて、我々が百円持っていれば百円の商売、千円持っていれば千円の商売、自分の持っているもの以上の仕事が出来ないので〔金融機関より融資が受けられず〕、大資本の下に商工業の発達したこの土地、特に日本内の商工業の中心地であるこの地方では技術でも資本でも激烈な競争のためここの小規模資本は二重の圧迫を受けています。この他、我々の直面する第一の難問題は渡航証明と一時帰郷証明問題です。

我々にだけ渡航証明を必要とすることは根本的な誤りですが、中でもこの土地に既に来ている人々にのみ適用する、つまり朝鮮に行って来る時に使用する「一時帰鮮証明」というものがあります。文字どおり朝鮮に行って来ようとすると一時帰鮮証明が必要になりますが、それを得るのも並大抵のことではありません。一時帰鮮証明なしで朝鮮に行って再び戻れないので帰鮮証明を得ようとすると、普通十日ほど前から手配して得られるかどうかなので、父母の死んだときであれ、結婚などであれ一時帰郷や商用でも行けない人が多いのです。やむを得ず証明なしで出て行き、妻子をここに置いて行った人が四、五カ月間証明がなく戻ってこられず、この十年間努力してようやく築いた信用も一朝にして水の泡となり、血涙を浮かべ、財産を失いさすらう人が多いのです。あらゆる機関が発達し商工業の競争が激しく、朝に大阪をたった飛行機が京城で用事を終えてその翌日の朝になると大阪に戻ることが出来るのに、こうした便宜は我々には全く利用できません。こんな道理がどこにあるでしょうか。

〔一九三六・四・二九〕

重工業には就業除外／賃金も雲泥の差別
大正元年には僅か二百人の在留／二世同胞自然増加も三万

李元道氏　私は大阪についての大体の状況だけをお話しましょう。我々朝鮮人が大阪に渡って来たのは書物によれば約三百年前より多く居住していたとされていますが、すべて帰化していてその数は詳細にはわかりません。最近の当局の統計を見れば、大正元年度では二四八人いましたが、大正八、九年の景気の良かった頃には渡航証明もなく朝鮮人であっても文句も差別もなく、やって来た人間ならばみんな職にありつけて職工に使用されたために大正十一年には一万三三三七人、大正十五年には三万五二二九人にもなり、昭和七年には十万を突破してこの年の統計では十一万二二二六人で、昨年つまり昭和十年十二月現在の統計を見れば二十万七百余名だと言います。いまこの二十万の中で小学生が一万七百余名にもなるので、これから推察してこちらにきて自然増加した人口がその中に約三万は含まれているのではないかと思います。生活状態は大部分が困難していますが、普通は朝鮮内の極貧小作農層よりはましな方で、大阪は工場地帯なので工場労働者が二割、自由労働者が二割、その次に商工業所（ママ）、小さな行商等をのぞくと幼児・婦人の無職者です。工場職工中では技術方面が少なく最も危険な硝子職工が多いのです。我々の同胞中には二百名の職工を使用する大工場を経営する人もいまして、将来発展すると思われます。最近も重要な地位を占める業種は大部分は小工業に属する「ナット」すなわちねじ工場、ファスナー、錠前工場（鍵）、外地輸出用のゴム靴などのようです。商工業種別はただ他の人がやればまねをするふうで朝鮮の衣料を扱う店が百二十余カ所、漢方薬商が三百七十余カ所、（朝鮮）料理店も相当に多く女給だけでも約二千七百人余りになるとは驚くほどの数字です。教育機関としては二、三年前までは私立学校や夜学もあちこちにありましたが当局によってすべて禁止となって、今はキリスト教の方で経営する幼稚園が三カ所、その他に三カ所をあわせて六カ所あり、宗教としてはキリスト教と仏教、天道教があります。近頃になって当局では各地方団体から融和団体まで解散させて矯風会（後の中央協和会の末端の分会となる同化統制組織）というものを組織して朝鮮人を統一的に指導しようとしていると言います。

また大阪には我々が利用する金融機関がないことが大変残念です。大阪の状況は大体以上です。

崔時豊氏　神戸地方には約四万人の同胞が住んでいます。在住同胞の生活状態もまた大阪と特に変わりはありませんが、九十五パーセントが筋肉労働者で残りの五パーセントが商工業者になるようです。神戸地方では帰国する人が昨年から増えてきた様子です。

盧震鉉氏　京都へ来てからまもないのでよく知りませんが、阪神地方より古都であっただけに土地柄がよく、同胞達の大部分は「友禅」（染色絵）業に従事していて生活はさほど困難ではなかったのですが、最近になって友禅の仕事でも「螺旋業」（染色絵を機械でするようになった物）が発達してくるにつれてそれさえも生活の道が破綻していっている現状でございます。

鄭泰重氏　京都にいる我々の統計をお話しすることにしますと、京都には約五万名が住んでいます。世帯戸数では約八千戸、男子が約三万七千人、女子が一万三千人です。職業別でみると市役所救済事業（失業対策事業）・土木に従事する人が八千人、手工業・織物工が四千人、古物商五百人で、京都ではみんな糞尿は汲み取りで農家に行って売るようになっているので汲み取り業に従事する人が約三百人、自動車運転手が約七百人おり、この他にいろいろな商業者がおります。朝鮮人団体が二百個余りありますが大概は有名無実です。夜学が三カ所、保育園が一カ所あります。

編集局長　皆さんにいろいろお話していただき感謝いたします。こちらに来た同胞達は筋肉労働者が多いのでこの問題が第一に大きいだろうと考えます。崔東植氏から実地体験談をお話しいただければよいかと思います。

崔東植氏　我々労働者の体験談こそは二重三重の苦しみを受けた話になりましょう。私は川崎造船所で働いていましたが、今は新たに朝鮮人は雇いません。そればかりか多分、重工業の工場などではすべて我々朝鮮人を雇いません。最近の川崎造船所では五千名余りの職工の中で朝鮮人は僅か約百名しかおりません。以前朝鮮人がたくさんいたときには約三百人いました。いくら仕事をしっかりやっても我々は班長のようなものには絶対なれず、差別待遇はひどいものです。この工場では賃金がそう安くはないのでこの工場の職工になれば大概生計は苦しくはありません。

しかしここの同僚達の中には月末に「会計」、賃金を受け取りさえすると、その金がある間何日間は工場にも行かずにほっつき歩いて酒ばかり飲んでいて、工場の仕事が忙しくても来ないのでそのために退社させられる人も多いのです。

またローラーにぶつかって骨折・肋膜炎などの病気になって辞める同僚達もたくさんいますが、退職金に関しても大変ひどい差別があります。私が解雇された時も県工場課まで三十回も足を運びましたが結局思う様になりませんでした。朝鮮人労働者に差別をしないところはどこに行っても特にありません。

編集局長　少々補足としてお聞きしますが、賃金はどれくらいになりますか。

崔東植氏　普通、川崎造船所では日給が一円四十六銭から一円五十二銭が初給で、仕事を覚えてまかせられて働けば二円五十銭から三円五十銭までにもなります。

崔時豊氏　いま崔東植氏の話された賃金ですが、仕事もきついけれども川崎は日本でも最も賃金の高い工場です。

金澤銖氏　日本は労働法や工場労働者のための健康保険があって病気にかかると保険者は六カ月の間は病気も治療してくれて病気の時の賃金も六割はくれます。いずれにしても労働者の待遇は朝鮮内よりはいいです。「請負」で最高三、四円稼ぐ人もいなくもないですがごく少数で、たいてい工場労働者では日給一円十銭からたった四十銭まであります。女工達は十四、五才になる少女工は一カ月やっと八、九円しか貰えない人も多いです。差別は並のひどさではありません。かりに日本人が六十銭だったら、朝鮮人は四十銭しか貰えず、賃金を上げるときもいくらうまく能率を上げても、日本人を五銭上げるとすればせいぜい二銭しか上げません。小さい工場であればあるほど一層差別はひどいです。

〔一九三六・五・一〕

朝鮮人運転手は採用忌避の悪傾向
新聞配達夫は大阪府内のみで六百名余り
最高収入が三十八円程度

金敬中　尼崎辺りなどでは亜鉛、製薬など非衛生的で危険なところにたくさん雇用されていますが、大部分は臨時職工で、年末になってもボーナスもなく工場を辞める時にも退職金も出ず健康保険にも入ることができなくて、けがをした時にはより一層苦しくなります。大部分は工場法が適用されない期間に行ってたくさん働いています。そして賃金は七、八十銭が普通です。「ウケトリ」〔受取〕で仕事をするならば少々余計に多く稼げますが、慣れるのが難しいです。

編集局長　言い換えますと、正職工はあまりおらず、臨時職工が多いもようです。街頭労働者（自由労働者）と工場労働者の比率はどのようになりますか。

金敬中　自由労働者が多いです。

崔時豊　大体工場労働者が二割だとすれば街頭労働者が八割になります。

編集局長　単身でいる人と妻子を連れてきている人を比較するとどちらのほうが多いですか。

崔時豊　以前は単身でくる人が多かったですが最近になって妻子を連れて同居する人が段々多くなっています。しかし見るところ、まだ単身で来ている人が多いようです。

金大阪支局長　正職工が少ないということは技術があっても朝鮮人であるために採用されないのか、あるいは手早く稼ぎたいために硝子工場であれ非衛生的な工場に勤めるのが多いのか、この点は我々として考えてみる問題だと思いました。自動車運転手、新聞配達をする人も多いので、現在その仕事に就いておられる郭尚洙氏と金俊玉氏にお話し願いましょう。

郭尚洙　私自身が運転手なので、難しい問題があると考えます。京都では運転手が四百名、助手が三百名、合計七百名にもなります。私は京都朝鮮人運転手親睦会の一人として簡単にお話ししようと思います。運転の仕事は他の仕事と違って技術の問題であるために京都ではまだ差別は別にありません。「タクシー」「自動車」は道路を走ってまわりながらお客を乗せるのですが、料金に対して二割ないし二割五分が運転手の収入になります。前は自動車一、二台でもタクシー営業が出来るようになってて約四十人の営業者がいましたが、法規が改正された後には十名しかいません。我々朝鮮人は身体が健康で納金をよくおさめるので雇主達に好まれますが交通法規に引っかかることが多いのです。一昨年十一月に交通法令が改正されてからは京都では取締りが一層厳しくなって、免許期間五カ年内に三十回以上法規違反をした者は免許取り消しを受けます。このことは最も重大な問題であるとして、我々親睦会では当局に緩和策を交渉中です。運転手は交通機関の労働者なので肋膜炎、肺病にかかることが多いのです。

金大阪支局長　交通法規違反にかかることが多いというのは運転手自身の無理によるものではありませんか。

郭尚洙　納金をたくさんおさめるために、客を乗せることが出来ないところで乗せるようになるのでその点で違反することが多いです。

金大阪支局長　乗客が車内に張ってある名前を見て朝鮮人だと少し態度が違う場合はありませんか。

郭尚洙　なかには朝鮮人の名前の表を見て車に乗らない人もいますし、また乗っても態度を変える人もいます。

李元道　大阪では昨年十一月法規が改正されて以来、朝鮮人運転手の就職が難しくなりました。大きな会社ではだんだん朝鮮人運転手を使わなくなっている様子なので、今後はさらに就職が困難だろうと思います。ここでも朝鮮人運転手がたくさん交通法規違反に引っかかるのですが、取締り中ときどき、「チョウセンジンハ　シオーガナイ」、こんな問題で巡査と衝突が多くなるので、一層不利な点が少なからずあるようです。収入率は旧式車は全収入の二割三分、新式車は二割が普通で、固定給と日給と収入歩合をくれる所もありますが、平均を見れば日給払いで五十五円から八十円までが普通です。

金俊玉　私は中学から大学を終える八年の間を新聞配達をしてきたので多少の経験はあります。まず、日本では新聞配達夫というと社会的地位が他の労働者より低く見られる傾向があります。さらに朝鮮人であるだけに、二重の苦痛には甚だしいものがります。朝鮮人の配達夫は大阪府内のみで六百人以上にもなります。その大部分は苦学生達です。以前はそうでなかったのですが、景気が悪くなってからは職業として働く日本人が多いためにここでも朝鮮人を余り使わないようにする傾向があります。朝二時間、夕方二時間の労働で普通月二十五円ないし三十五円になりますが「オリコミ」〔折込〕料を合わせれば月三十八円以上の収入は作れます。拡張が一番難しいのですが、ともかく、うまく行かないと解雇されるので、日本人は解雇を受けても就職がたやすいですが、我々には難しいし、また勉強も中断しやすいので〔日本人の方が〕うまく拡張紙数の成績をあげられます。東洋の文化の中心地帯であり、統計上は新聞読者が多いことで有名ですが、実際に読みたくて読む人は余りいなくて、いくら「大毎」「大朝」〔それぞれ、『大阪毎日新聞』『大阪朝日新聞』の略称〕とかいっても、配達夫と勧誘人の無理強いと顔で読むことが多いです。最も切迫した問題としては、朝鮮人の読者に限っては前金を受け取ってから新聞を入れろと〔雇主が〕いうので朝鮮人である我々としては本当に困るときが少なからずあります。

〔一九三六・五・一二〕

朝鮮人渡航の抜本的解決が差し迫った問題
「相当な身分を持っても屈辱を受けることもある」
密航の裏の当局の不親切を指摘

編集局長 いま話を始めてからもう二時間にもなっているのですが、まだいくつかの問題が片付いていませんので、すみませんが簡単にお話しくださることをお願いいたします。渡航問題、一時帰郷問題に対してお話しくださることをお願いいたします。私も来る時、渡航証明書を持って来て実際に釜山水上警察署でその時他の人々が受けたことを目にしましたが、痛々しい問題です。七、八十万の人が往来するのですが、これに対する不平というよりも何か手だてはありませんでしょうか。申俊熙氏にお話しいただきましょう。

申俊熙 自分達の問題は自分達がやらなくてはならないと思います。ちょっとお尋ねの問題からは脱線になりますが、こちらにきても相変わらず地方熱、党派心を捨てず、いわゆる仕事をやればできる人達がいまだにその観念をすてきれずにいて、とても残念です。そして料理店だけはしきりに増えていき風紀上などでも好ましくないことを生み出していて、これに起因する犯罪も増えているだろうと思います。我々としては料理店の経営方法を改善させるなどしなければなりません。渡航、帰郷などは三年位前にはさほど難しくはありませんでした。済州島の人をのぞいては一つの郡でたくさん来ているのは莞島の人だと思いますが、行き来することは本当に極めて困難です。一時帰郷証明すらあまり出してくれないので、行かなくてはならない用事があってやむなく故郷に行ったが、証明書がなくて戻ってこられずに破産の境遇に至った人が多いのです。こちらに妻子がいるのでどうしても会いたいし、また故郷では食べて行けないので、何カ月〔分の収入〕かを借金して密航してでもこちらに出て来ると、どうして密告をする〔人がいる〕のか、やっと妻子に会うやいなや再び送還される姿は見るのもたえられません。船や車を降りるやすぐに証明なしできたというだけで留置場に入れられて送還されます。我々としてはこの問題こそは、朝鮮からここに来られないのはともかくとして、既にここにきている人間としてはこれ以上重大な問題はありません。大変歯がゆく、互いに協議してこの問題の解決のためにこの問題を議会にでも提出しようと思います。

編集局長　ありがとうございます。

金澤洙　私はこちらにきてから四年の間に二度ほど故郷に行きましたが、ますます青年達が絶対に日本についてこようとばかりして困りました。故郷でなんとか我慢できるならば敢えて堪え忍んで自分の故郷のために力を尽くすことを我々は勧めます。旅行証明をとるために役所に何百円の寄付までしてやっと貰って来た人もいました。ここから故郷に行こうとすれば一時帰郷証明を持って行かなければならないので父母が死んだのであれ、婚姻や商用で出かけようとして緊急に行こうとしても飛行機式で〔多急ぎでの意か〕とろうとして二、三日ないし四、五日です。そうでなければ十五日間もかかるのですが、それすらほとんどはちゃんと交付してくれません。我々がここにきてあらゆる努力で基礎を築き上げておいたものの全てが水の泡になってしまうのです。日本人は居住や衣食を自由にすることが出来ると日本国憲法に明記されていますが、この論をちょっと言うと「チョウセンジンノクセニ」〔朝鮮人の癖に〕といって聞こうともしません。この問題については、宗教家も非宗教家も商業家も工業家も労働者も、朝鮮人ならすべて要求が同じであり、一人二人の力では成し遂げられないので、在日本朝鮮人同盟を組織し、正当かつ合法的に闘争しなくては解決は到底困難でしょう。私たちも積極的に努力しますが、朝鮮内でももう少し世論を起こすことをお願いいたします。

崔時豊　神戸でも同じく商業家にも交付してくれません。〔警察署側が〕一時帰郷証明なしで行っても釜山で電報を打てばすぐに戻って来られるように回答してあげようと言って、交付してくれないので、そのまま朝鮮に行ったところが、神戸警察署に釜山から電報を打つとその日かその次の日かに回答が来て、なんとか戻れることが出来たものの、余計に二、三日釜山にとどまる人もたくさんいます。ここで相当な営業をしているにもかかわらず自分の家族たちが行き来することが難しく、店主が朝鮮人であれば使用証明を出しても当局から信用を得られず、本当にあきれます。この難問題の解決策は、鄭泰重氏も言われたことですが、先般の朝鮮日報社の社説は本当に、特にここにきている人間たちにはうれしく感じられました。もう少し各新聞社が共に筆をとって、いっしょうけんめい世論を盛り上げてくれなくてはならないし、ここの同胞たちが声をあげて解決しなくてはならないでしょう。

〔一九三六・五・三〕

借家難は致命の打撃／朝鮮語文も大飢饉
実社会での競争に重大な二つの大問題
朝鮮人であるために受ける苦痛

鄭南局　渡航問題について私が一つお話ししましょう。故郷の者が四カ月前に帰郷したのに一時帰郷証明の期限が過ぎてしまって、また故郷では証明を出してくれないのでやむを得ずに密航してひと月ほど前大阪にやってきました。〔なぜならば〕ここには妻子がみんないます。しかし密航したとして警察に検挙されたので、たくさんの友人達と一緒にその人を釈放するよう頼んで陳情書を出したところ、それを理由に陳情運動をした人のなかで二週間も拘禁された人がでてきたばかりか、またこうした運動をしたら朝鮮に送還するぞと脅しつけられました。そればかりかちょっと逆らうと、当局ではここに置いておけないから朝鮮に送還するといいます。本当にこの問題で同胞たちは恐怖を感じずにはおられません。

金支局長　住宅問題について少しお話し願います。

李元道　日韓合併の後で、こちらに初めてやってきたときはごく普通に家を貸してくれました。その後だめになったのは、民族的羞恥も知らないブローカーの家商売のために、家賃をちゃんと納めないといって、朝鮮人であると家を貸さないのです。都会生活の常識が少なくまた言葉が違ううえに貧しい生活をしている者なので、多少不潔ですから彼らから嫌われましょう。しかし最近ではむしろ朝鮮人が〔家賃を〕きちんと払っているわけですが、この世で借家を得ることほど難しいことはないでしょう。そんなわけで借家した家を引越しの時お互い売買する弊害〔転貸をさす〕まで生じています。

金亮才　私が大正十五年度に来たときは神戸で暮らす朝鮮人の家は何件もありませんでした。その後だんだん生活の糧を求めてこちらにたくさん渡ってくるようになって、身一つではいられずに妻子を連れてくるようになり、家を借りる人が大変増えています。日本人が家をちゃんと貸してくれない原因を尋ねたところ、まず狭い家に二、三家族が暮らすこと、また騒ぐとか、共同水道を不潔にしたり、家主の承諾無しに勝手に家を直すというもので、我々も空気がきれいで静かなところが嫌いなはずがないが、こちらの人たちが家を貸してくれないので、屋外では暮らして行けないし、やむなく互いに知り合いを探して寄って来るのでそうなるのではないのかといったのだが、しかし我々の不注意も多いので反省することも多いのです。

申暖熙　〔家主は〕はっきり言わずに借家でないことにしたり、あるいは意識的にでも朝鮮人だと貸してくれません。朝鮮人が日本人だと偽って家を借りる人が多いのですが、しばしば警察が厳しい干渉をします。この問題は重大なのでかえって行政当局で誠意を持って根本の問題を解決してくれなくてはならないでしょう。

李信珩　住宅難は差別政策の副産物です。以前はちょっとお金を稼ぐと帰国しようとしましたが、近頃になってからは出来ればここに永住しようとします。行政当局ではこれに反する政策をとっています。このために渡航阻止だとか借家問題でも干渉が甚だしいのです。他の所では知りませんが大阪では家主協会というものが組織されていて、家主協会会員が朝鮮人に家を貸した時には罰金百円を取ることになっています。このことは人道上重大な問題であるにもかかわらず、行政当局ではむしろこのことを不問に付しています。そして家を借りられないことにつけこんでいわゆる××〔内鮮〕融和業者たちは家商売をして中間搾取を行っています。職工を募集する場合は広告を出しても内地人に限ると買いて朝鮮労働者を差別します。貧しい人間は故郷に戻っても別に使い道がないのでこの土地の土着民になろうとしているにもかかわらず私たちは一層ひどいいろいろな抑圧を受けています。この住宅問題はどんな方法によってでもすぐに解決しなければならない問題です。

編集局長　子弟の教育について二、三のお話しをお聞きしたいと思います。大阪は聞くところによれば小学校に通う児童だけで一万七百人にもなっていて、鶴橋第四小学校ではひとつの学校に朝鮮児童が三百十七人にもなるというのですが、こちらは義務教育が実施されているために入学難はないのでしょうが、ハングル（朝鮮語）教育についてはどのようになさっているのか、話してくださるようお願いいたします。

金善姫　さきほど皆さんがすべてお話ししたことですが、わたしたちが多少衛生観念が薄弱なためにここの人たちに排斥を受けていて、借家問題の一因にもなっているわけで、私たちが反省して改めるべきことは　日もはやく改めなくてはなりません。

わたしたちは第一に文化向上に対して努力しなくてはなりませんが、ここにきている児童は学校に入学させるのはやさしいものの、朝鮮の言葉やその読み書きがわからなくて心配です。少なくとも新聞一枚でも読めるくらいに教えておかなければなりませんが、講習所や夜学をさせないようにしているので啓蒙運動を行っていくのが難しいのです。朝鮮との商取引の関係や手紙の関係上もっと朝鮮語を教えなければならないのですが、このことは在住同胞の将来の重大な問題です。

盧壽一　児童教育が第一の問題です。今のところは父母たちが自分の家で一生懸命教えるほかありません。そして夜学などにおいてでも朝鮮語を教えるようにさせなくてはなりません。

金俊玉　朝鮮語の乏しいことで困難を感じることをお話ししましょう。中学と専門学校をここで修め、日本人との付き合いが多い関係で朝鮮語を多く忘れます。大阪では関西大学にはだいたい五十人位いますが、卒業したとしても、朝鮮語で感想文ひとつ正しく書ける人は幾人もおりません。こうした関係である時には朝鮮人が朝鮮人でないふりをする場合があります。その理由は朝鮮語がよくわからなくてそうすることもあります。各新聞社でも日本内で巡回講座のようなものを始めて朝鮮語を広く普及するようにしてくださると良いのにと思います。

〔一九三六・五・五〕

小学校は義務教育／中等以上に五百名
京都在留同胞に沸き起こる教育熱の発露
幼稚園教育には賛否相半ば

方販売局長　入学難はありませんか。

金俊玉　小学校は私たちの子女も義務教育制度なので入学年齢に達すると区役所から入学時期だという通知が出ます。そして小学校にはみんな入りますが、中学校はやはり朝鮮と同じく入学試験が難しいのです。しかし中等夜学もありますので熱意と学資さえあれば通うことが出来ます。

高麗偉　私たちの教会では関西地方で幼稚園を八カ所も経営していまして、小学校の準備のためにしかたなくここの言葉〔日本語〕を教えていますが、朝鮮語をしっかり教え、日曜学校や婦人会などを開いて朝鮮語を一生懸命教えています。

李元道　居住届〔寄留届、現在の住民登録にあたる〕さえあればみんな入学しますが、居住届がなくて入学でない生徒もいます。

金支局長　もし区役所で通知したにもかかわらず子供を入学させないときは当局が強いて勧めることがありませんか。

李元道　行かせないといって、別に厳しく勧めることは少ないです。しかし、日本人の児童はどうしても行かせなくてはならないようです。

金支局長　幼稚園について李景淑氏と高光模氏のほうからお話下さい。

李景淑　朝鮮内はよく知りませんが、私がいる幼稚園は園児がだいたい四十名になりまして、朝鮮内の子供たちと比べると園児の扱いが大変難しいようです。性格が少々「粗い」と言いましょうか。そして家庭訪問をしてもいつもお母さんにあたる方も工場に行かれている方がたくさん居られるのでたびたびお会いする機会がなくてうまく家庭と連絡できません。ある父母はやってきて朝鮮語だけを教えてくれと頼むし、ある父母はここの言葉〔日本語〕だけ教えて下さいと言いに来たりして、本当に難しい点もあります。

高光模　京都には朝鮮学生で中等以上の学校の生徒が五百人、小学校に二千人余りいると言います。幼稚園は三年前から皆さんの力を借りてやってきましたが、父母たちの理解が少なくて、文字を教わらずに踊りだけ教わりに行かせることはできないとして行かせない人もおり、家にいればこづかいをたくさんつかうけれども幼稚園に行かせれば経済的になるとして通わせる人もいます。孟子の母は三遷の教えをしたというのに、本当に驚きあきれることもあります。一生懸命に歌と踊りを教えておくと、ただチョイナチョイナばかり歌うので、教えることは本当に難しいです。最も困ったことは父母会や理事会をするのに巡査たちが着てここの言葉〔日本語〕だけで会議をせよというので、ここの言葉を知らない人たちは出てきて言いたいことも言えず、身体に不自由がないのに唖になってぼうっと座っているのでほんとうにあきれてしまうこともあります。名古屋と北海道に私立の学校が一カ所ずつあると言いますが、ここにはありません。自動車を購入して自動車で一緒に幼稚園児を送り迎えしているので交通が頻繁な場所でも安心できますが経費が心配です。

〔一九三六・五・六〕

朝鮮名産のみを売買する「コリアンデパート」も

妙案
神戸中心の外人相手と同胞の需要にも応えて対外進出も容易

編集長　商工業の様子、朝鮮内との連絡、金融機関の必要性などについて林正業氏の方からお話しください。

林正業　商工業の様子や金融機関の必要性については他の専門家の方たちに話をまかせて、私は工業に従事しているので自分の経験と考えをお話ししましょう。

こちらにきて普通学校〔当時の朝鮮での初等教育機関、日本の学校制度で言うと小学校に当たる〕以上の教育を受けた人で、技術を要する工場に入った人は日本人よりずっと早く立派な技術を身につける人がたくさんいます。朝鮮で第一に急がれることは工業朝鮮をつくり出さなければならないことですが、技術者が不足です。ここに何か機関をつくって堅実な青年を募集してセルロイド工場やゴム工場、硝子工場そのほか重要な工場に入れさせてそれで朝鮮に技術者を一人でも多くすぐにも送り出すことが急務だと思います。機関を組織して青年技術者を養成するには誠意ある人物と財政が必要ですし、海内海外〔朝鮮内外〕にいる人士たちの多くの援助がなくてはならないと考えています。

金支局長　朝鮮物産のどんなものを取り備えてどんな方法で売らなくてはならないかという点に対しては神戸にお住まいの崔時豊氏がお話し、私たちの日常食料品は私たちの手でどんな方法であったら売ることができるのか、この点については大阪にいらっしゃる金敬中氏、京都の洪命用氏がお話ください。

崔時豊　商売には秘密があるのですが秘密をすべて話して大丈夫でしょうかね。

（一同　大笑）

崔時豊　私がりんご（大邱、鎮南浦、元山産の物）と松高織をもってきて売っていますが、成績はそう悪くはありません。莞草で作ったスリッパ、ハンドバックなども輸出すれば有望のようです。そして麻布とからむし（苧布）の布を幅を広げて改良すれば神戸からでも西洋にたくさん輸出できます。平壌栗がよく売れたのですが、最近では信用を失っていて平壌栗を天津栗だといって売ります。産地でだまさないように輸出するときに厳重検査をして対外信用を失わないようにしなければなりません。常に原産地から直接こちらへ大量輸入すれば問題ないでしょう。神戸には西洋人がたくさん来て、観光団がきた時は一度に何万円分も売ることが出来るのですが、まだ朝鮮物産を宣伝する機関がありません。神戸に「コリアンデパート」をひとつ作っておいて朝鮮の骨董品や笠、竹製品、ワングル製品、紙、箪笥などを陳列したら大変いい成績を生むと思います。こちらに来ている同胞たちが明太をたくさん買ってたべるのですが、北海道産はおいしくありません。少し大きな資本があったら朝鮮産明太を大量に貿易して売っても良いだろうと思います。そして我々の手でたらこ、海苔も取り揃えて売れば良いでしょう。

〔一九三六・五・七〕

至る所に教会設立／七カ所で幼稚園経営
京阪神一帯でキリスト教徒の活動猛烈
朝鮮食料品の商権も掌握

洪命用　我々の食料品としては明太、唐辛子粉、朝鮮から来た海産物、山菜などですが、京都では我々がこれだけは商権を握っています。唐辛子は原料は朝鮮から大量に来て名古屋、大阪で唐辛子粉にしては再び朝鮮に行くようにしているので、朝鮮で大工場を経営する方が良いのではないかと思います。北海道の明太が京阪神地方にきて我々の食料品として六トン以上も消えて行くのですが、我々の手による〔朝鮮産明太の〕直輸入がいくらにもならないのが遺憾であります。

金敬中　現在、卸売部を経営していますがまだ試験期にあります。朝鮮人が京阪神だけでも四十万名が生活し、また朝鮮より生活程度が高いので食料品の消費が多いだけに、大変な問題なのです。いま、主に馬山、木浦、統営、釜山などの地から各種食料品を買って来るのですが、我々が注文すると、ここ〔日本〕から日本人が注文した物より品物も悪く一割以上高いのです。我々を信用しないのでそうするのかは知りませんが、同じ朝鮮人同士商売の取引をするのにこうした不当行為は大変残念なことです。小規模商人の根性をもう少し捨てて大商業家の度量がなくてはならないでしょう。京阪神一帯が京城に次ぐ〔朝鮮食料品の〕消費都市だということを忘れさっているのを朝鮮内の商業家がもう少し気付くことが必要です。我々はそこで信用されていませんが海外に来ている人で国内産地に信用して連絡する機関がないことが大変残念です。朝鮮内の商人が私たちを信用できなければ北海道に明太を買いに行くとしてもどうでしょうか。北海道と北陸の各産地にも行ってみましたが、資本が少ない関係だけれどもやはり時価より高く買うようになるので実に経営が難しいのです。清津では豆もやしの大豆もたくさん消費されるので、我々の手で直輸入されることは全くありません。

文宗洙　宗教について話をせよとのことですが、私はキリスト教徒ですので関西地方の県の教会の様子などを簡単にお話ししましょう。名古屋、姫路、岡山、豊橋、広島、下関、福岡などの地はもちろん、私達同胞が居住する地方はどこでも教会が設立されています。各教会内には勉励青年会と婦人会が組織されていて各自教養はもちろんですが、お互い職業斡旋、住宅斡旋を図っているのでキリスト教信徒はさほど失職とか住宅難で困ることはありません。まずキリスト教の信徒になろうとするとハングルを知らないとなれません。このためキリスト教信徒はハングルを知らないと聖書を読めないのでハングルを知らない信徒をなくすようにします。そしてここで成長した児童たちでも日曜学校聖書班を通じて毎日曜日三時間以上ハングルを教えるようにしているので三年以上教会に通った児童では大概ハングルがわかるようになります。

教会が経営する幼稚園は京阪神地方だけで七カ所で、児童が約四百人位になります。保育料をたいてい受け取るようにしていますが貧しい家庭の児童には保育料なしで入学をさせます。幼稚園に通った児童は小学校に入った後も大変成績がいいです。我々の教会では特に彼ら〔日本人〕が嫌う衣服の問題に対して改良普及に力を入れています。男子は洋服であるので別に変えることはありませんが婦人たちの白衣に対してはすべて色衣を奨励すると同時に衣服も改良して統一するように奨励しています。在住同胞が増えて行くのにしたがって信徒たちも日増しに増えています。

〔一九三六・五・八〕

北九州、関西各地に／仏教布教所二十六カ所
布教令不適用で布教事業に多大な支障
民族的体面維持にも努力

金琦石　朝鮮仏教が新しく近年になって日本内地に布教するようになったのは、昭和七年五月一十九日に北九州に於て最初に始められ、翌年五月に大阪地方でも布教を始め、その後各地に布教所を置くようになって今では布教所だけで二十六カ所になります。

朝鮮仏教は日本内地に布教令が適用されないために、布教事業での支障は並み大抵ではありません。昭和八年九月二十四日に大阪府社寺課を通じて内務省に布教許可願を提出しましたが、内務省から法規にないので許可することが出来ないと返却されました。しかたなく、また再び今年一月三十日大阪府を通じて内務省と文部省にすぐ

に法規を改正して朝鮮仏教に布教許可をしてくれるよう陳情書を提出しました。朝鮮人が暮らすところには朝鮮仏教を布教することが必要なことは繰り返して話さなくても既に了解していると信じています。私たちも在日本朝鮮仏教連合総務院を組織して朝鮮内の各本山、教務院と連絡を取って布教のみならず教会事業にも努力しています。

編集局長 食事の時間が大変遅れて申し訳ありません。私たちが他人より抜きんでることをするのは難しくとも、私たちが解決できることや私たちが反省するべきことはすべて反省しましょう。また、民族的に恥となることは一日も早く、お互いに努力して正さなくてはならないでしょう。お粗末ですが食事をしながら残りのお話しをしていただきましょう。それから申し訳ありませんが、紙上に発表するときは〔お話ししたことに〕手を加えるようになるかもしれませんのであらかじめ御了承くださるようお願いします。

〔一九三六・五・九〕

〔『朝鮮日報』一九三六年四月二九日〜五月九日〕

★ルポルタアジユ★

朝鮮人聚落を行く

張赫宙

1

ジヤツク・ロンドンの「奈落の人々」は英京倫敦のイースト・エンドの貧民窟に取材した小説だが、それを讀むと吾々は倫敦の該地方の貧民達が如何に貧窮な生活をよぎなくされ、一生をじめ〳〵した泥沼のやうな場所で終へねばならないかに直面し、そのあまりの悲慘さに眼を覆ふことすら出來ないであらう。倫敦だけでなく、巴里やローマやニユーヨーク等の大都市の裏にはほゞ同樣の暗黒生活が、それらの國々の同種族の他にも、ユダヤ人や支那人やの間で營まれてゐることも吾々は知つてゐる。

だが、歐米各都市の「奈落の人々」のどん底生活が如何に悲慘であらうと、吾が東京や大阪あたりの貧民のそれには、その困窮さに於いては遙かに及びもつかないことを知らねばならない。

ジヤツク・ロンドンのやゝ獵奇的な、そしてかなり誇張した筆致によつて描かれたイーストエンドの人々も、たとひ十人もの家族が一室しか持たず、ベツドの上と下に寢起きし、洗濯や

入浴や炊事を同室でなさねばならないことを嘆かうとも、彼等は尚高層建築によつて濕氣からは逃がれ、悪ガスからは解放されてゐようし、新鮮な空氣と衞生的な施設の恩惠に全く遠ざかつてゐようとは考へられないのだ。夜つぴて歩きつゝ眠むらなければならない浮浪者も救世軍の施飯にありつけるし、ラム酒に酔つた失業者が多少の亂暴があつたからと言つて追放されることもなくすむのだ。

だが、ジャック・ロンドンの奈落風景を悲慘でないとは言はない。私はたゞ次に紹介する私のどん底風景が彼のよりも遙かに暗黒だと言ひたかつただけである。

イースト・エンドにはいり込む爲に、小説「奈落の人々」の主人公は警察に保護を願ひ出てゐる。だが、讀者は私と一しよでなくとも、いつでも氣の向いた時にぶらりと出掛けてみるとよい。讀者は何等の危害を受けることもなく意のまゝに諸所を見歩くことが出來よう。場所もさう遠くはない。銀座で圓タクを拾ふと二三十分で行ける處にあるし、新調の洋裝にハイヒールのお孃さんや、有閑マダムでもよい。貧民達の異様な凝視だけ我慢すればやがてはそれらの人人も讀者諸君と同じ人間だといふことが分つてくるであらう。

圓タクが新橋を通り抜け大門を過ぎるともうすぐだ。芝浦スケートリンクに行つたことのある諸君は廣い道路の向う側の製糖會社の大きな建築物に眼が注がう。だが、すぐその下に腫物のかさのやうにごた／＼と重り合つた小屋に注意した人は少いと思ふ。

2

これが芝浦月見町朝鮮人部落だ。元、ここは製糖會社の石炭置場だつたところだが、附近の工場に通ふ朝鮮人勞働者が誰に許可を得た譯でもなく、丸棒と板切れとブリキの破片とで手製

の小屋をつくり勝手に住まふやうになつて出來た部落である。踏めばがら〳〵と崩れさうな小屋だが、中には二階建もあり物干臺もあつて、逐次高層化して行くのをみると、人口は年々殖えて行くのに違ひない。附近の三つの密集部落の總人口が約六百人だときいて、この穴倉のやうな狹いところにそのやうな多人數の人間が一體どうやつて住んでゐるのか考へただけでぞつとする。

部落の入口近くの道路には五六人の女達が群り立つて何事かを話し合つてゐた。服裝は一見朝鮮內の農村婦人のそれと少しも違はないやうに見えるが、しかし、仔細に點檢すると、足には下駄をはき裳衣(チマ)やその下の內衣は日本布でつくつたのが目立つ。

私は彼女達の傍に歩み寄つて、部落の中へはいりたいが、どこからはいつて行けばよいかをきいた。私はその少し前から部落への入口をそれとなく探つてゐたのだが、家と家の境はむろん、路次や入口をみつけることすら出來なかつたからだつた。怪訝さうな眼付で私達をみつめてゐた女か、あそこだと指す方向に從つて私は歩み入つた。不規則な穴がぽかんと口を開けてゐて、私はその中に吸ひ込まれるまゝにはいつて行つた。成る程その穴がこの部落の通路だつた。或は唯一の通路だつたかも知れない。板壁と柱がやつとのこと私を通させた。開いた小さな穴から中を覗くと、アンペラやぐしよ〳〵に汚れた疊が敷かれて、小供や大人達が赤や白の朝鮮布や黑つぽい日本布の布團にくるまつて寢てゐる部屋もあつた。蠅が小供の口元をのぞきさうに飛び廻つてゐた。數歩も行かないうちに穴倉は暗くなつた。頭上には屋根と屋根とにかけ渡した二階や物干臺やで天空が遮られてゐるからだつた。やゝ小廣いところには板床几を敷いて數人の女達が集つてゐた。彼等の話題や顔色は、私のいら〳〵した神經とは反對に實に平和で悠長であつた。穴から穴へ、これが部落の通路だつた。土龍や蟻の巣を私はふと思ひ出した。この穴の繋りが家から家へ、否部屋から部屋への通路なのだ。一つの大きな穴に行きついた。覗くと、そこの土間に荒削りの板テーブルが置かれて、四五人の男が腰掛けてゐた。彼等の腰掛が何であつたか私は見落した。マッチの空箱か何かであらう。土間の土は黒く水氣がじめ〳〵と光つてゐるやうだつた。私は私がリウマチの輕症患者であるところからか、その濕氣をみただけで關節がうず〳〵痛むやうだつた。その土間は飲食店だつた。酒も賣るとのことだつた。偶には朝鮮濁酒も密造されるに違ひない。

私はその土間から奥にはすゝまなかつた。正直に告白するが、異樣な惡臭と錯雑と交錯した柱や板やが私の神經を焦立たせ、それ以上にはそこに居堪へしめなかつた。私は逃げるやうにそこを出ながら、その穴倉で生れ、大きくなる兒童達のことを考へた。このやうなところで育ちのびる子供もゐるだらうか、と。

一人の勞働者をつかまへて私はきいた。

「市で退去を命じたといふのはこの部落ですね」

「さうです。今月一ぱいの期限です」

日の丸の下・三河屋アパートの共同炊事場

彼は事もなげに答へた。

それで、何か善後策を考へてゐますか」

「考へたつて仕様がないです。金がなけりや……」

私は默つてしまつた。愚問をしたことに自ら氣づいたからだつた。彼は、しかし、私の悄氣た顔に同情するかのやうに、部落の代表者四名と市との交渉經過を私に詳細に話しつゞけるのだつた。

3

この月見町から同じ芝浦の海岸通りに私達は歩を移さう。埠頭には五六千噸の貨物船が黒い巨體を浮べて眠つてゐる。それを右に見つゝ通りにはいると、沖仲士を專門の朝鮮勞働者に多數出遭ふ。彼等は炭坑夫のやうに黒く汚れた作業服を着てゐて朝鮮訛のある勞働者語を話し、何處となく荒つぽく殺氣だつてゐる。朝は早いときは四時から埠頭に出かけ荷上げや船底掃除に働いて晝すぎに歸り、人夫部屋に寢轉ぶ。人夫部屋は大抵彼等の親方の經營で、泥の中から出して來たやうな疊一疊に二人平均して寢ると言ふ。私が行つたのは晝だつた。棚の上に綿のはみ出た油光りのする布團が山とつまれてあつた。そのやうな汚い部屋から暗い船底へと彼等の一日々々は暮れて行くのだ。彼等は金を手にすると飲みに行き、女を買ひに行くと言ひ、賭場に行くのが常例とされてゐるとのことだつた。

人夫部屋のある裏の路次には人夫親方や賭場の顏役やの家族の住居や酒屋や飯店等があつた。それらの家は月見町のバラックとは違つて普通の借家である。だが、暗くじめ〳〵して非衞生的な點は變りはない。

このあたりで興味をそゝるのは三河屋アパートだつた。もつともこの特殊の借家をアパートといふ近代的な名をつけ三河屋と命名したのは私だが、それはその借家の仕組がアパートに似てゐるからだ。入口には同名の酒屋があるが、或はそこの主が建物の主人であらうか。狭い路次をはいると、アパートの共同炊事場がある。洗場や釜や瓶やがそこいらに散らかつてゐる。私がいつか行つたときは一人の四十位の女が朝鮮餅をつくつて居り、一方では魚を洗ひ、飯を炊きして、女が四五人も入り混つて雑然としてゐた。

彼等もアパートに住んで居る

炊事場の右の階段を二折してアパートの入口にたつと、狭い廊下を眞中に兩側に四室づつ部屋が並んでゐる。障子をあけると、すぐに部屋は覗かれる。この八室は夫々飯屋、酒屋、餅屋、素麵屋になつて居り、附近の勞働者がやつてくる。入口の方の飯店で私も一食買つて食べたことがあるが、そこの親爺は私の郷里近くの者で、田舎兩班出身だつた。物腰も柔かく、言ふことも識者ぶつてゐて、附近の勞働者達の自墮落な生活を嘆いてゐるやうだつた。

海岸通り一疊二人の人夫部室

このアパートの下は倉庫である。倉庫の上の天井裏に底をつけ壁で仕切つて出來たのが八つの部屋である。一室の部屋代が五圓(?)ださうだが、このアパートの管理者は家主に月十五圓づゝ收めるのだといつた。

だが、管理者は三年間も家賃を未納のまゝ家主と係爭中だとのことだつた。管理者の池田さんは——本姓が金だつたか朴だつたか聞き洩らした——ある酒場で私に眼をむいて呶鳴りかゝつたものだ。

「わしは警察ノ長の前テも、言うてやつたテ

船底行きにアブれゝば寝て暮す

す。お前カもし家賃取り立てたかつたら、まツ家を直してからにせェ言うたテス。雨が降ると部屋の中にチャー〱雨がこぼれる。夏になると疊に蛆カ湧く……」

「蛆が湧くんですか？」

「ソうテす。蛆カうよ〱湧くテす。嘘タと思うたら夏來てみなさい。蛆の湧くやうな、一寸の地震テもカた〱搖れるやうな、危い家を貸して、トの面して家賃くれェ言ふのか、このパカ野郎、と、わしは、奴の面に唾吐いてやりましたよ。ソ長さんもわし一人タけを責めるわけには行かなかつたテすよ」

から言つて、警察に呼ばれていつたとき、家主との喧嘩を私に話してくれたがこの話でも想像がつくと思ふが、少し力を入れて踏みつけたら底の拔けさうな板敷の家で、どの部屋にも窓らしい窓すらついてなかつた。私がはいつて坐つたときも床板が傾いてゐた爲に後に倒れた程であつた。

4

芝浦をきり上げて私達は深川方面に行くとする。濱園町に足をふみ入れると私達は天照園バラック、或は赤心園バラツクを見ることが出來る。名だけをきくとどんな美しいところだらうと早合點しさうになる。だが、こゝでも私達は月見町のバラツクと全く同様の密集部落に顏をしかめるだけである。

こゝも塵埃捨場の下に勞働者の手製のバラツクが密集してゐる。月見町のバラックよりは家と家との間に板塀があり路次があるだけの差である。

一つの路次にはいつていつて板塀越しに中を覗くと、立つと頭のつかへるやうな低い軒の下に緣側がしつらへてあつて、その上に六十位のお婆さんと二十二三の若いお嫁さん達が坐つて世間話に夢中のやうであつた。私はそのお婆さんの風雅な顏と若い婦の可憐な姿に、失禮なこととは知りながら飽かず見入つてゐた。それらの人達は朝鮮では相當の家柄の生れではなかつたらうか、と私は考へた。沒落の運命にある中農達が時潮に押されるまゝにこゝへまで流され、今、あゝやつて、この汚いバラックの、狹い板切れの上に腰を下してゐねばならないことを思ふと、私はいろんな思念に耽るのだつた。

小供達が路次をかけ抜けてバラックの前の廣場で遊んでゐた。恐らく幾月も入浴しながつたであらう黒い垢の溜つた膚をみつめ、彼等同志の會話が完全な東京勞働者語であるのをきゝ、學校へも上れず一生を暗い環境の中で終へるであらうことなどを考へながら、私は容易にそこから動かぬのであつた。

バラックのすぐ隣りには子供の遊園があつた。ある日、本文の爲に寫眞を撮つてくれてゐた山村さんとその中を覗くと、一人の鼻垂れ小僧が、「寫眞とつてくれえ」と叫びながらとんで出るのだつた。山村さんが、ようし、とつてやるぞ、と、カメラを向けてゐる間、私は兒童達の顏をみつめてゐた。彼等の話聲をきいただけでは、誰もこれらの兒童を民族的な差別眼で眺めはしないであらう。山村さんも私が言ふまでは知らないらしかつた。だが、彼等は大きくなるにつれて、段々と差別の存在に氣づかねばならないのだ。

濱園勞働紹介所の前を通つて、暫く歩くと同じやうなバラックに出逢ふのだが、そこでは、「天照園食堂」と、字太に書かれた立看板の立てかけられた小屋が眼に入つた。立派な看板にも拘らず、小屋は黒塗りのバラックで普通の物置小屋位の大きさしかなかつた。

「あれは何です」と、同行の金氏にきくと、「ルンペン食堂ですよ。も一段格の下つた浮浪者に近い勞働者の食堂です。一食三錢からありますね」と、答へ、呵々大笑した。

「一食三錢か！」私はさう心にくり返しながら、表面磊落な金氏の笑ひ聲の底に異様な凄慘な氣の漲つてゐるのに氣づくのだつた。

このやうなバラック密集地は、深川の鹽崎町と、豊島區の日の出町等にもあり、多摩川の砂利掘をやつてゐる人達の集團が調布町にある。

小石川の「太陽のない街」のトンネル長屋には約四百人の朝鮮勞働者が居て、豊島の水久保や荒川の千住町、三河島や、城東の大島町、南砂町等の密集地と同様に日本內地人細民と雜居してゐることが他のバラック部落とは大部變つた生活雰圍氣を釀し出してゐる。「太陽のない街」のやうに內鮮人關係の疏遠狀態にある處もあるが、處によつてはかなり親密に交渉し合つてゐるところもあつた。

5

ある日、私は深川千駄町のあたりを歩いてゐた。屑問屋や漢方薬局、殘物賣店、反物商といつた、移住朝鮮人の中でもやゝ生活の上層に屬する人々が、駄菓子屋、炭屋、床屋といふ風の內地人の間に挾まつて生活してゐるところだつた。道路には赤坊を負うた朝鮮のお神さん四五人と日本のお神さんが二三人いり混つて立話をしてゐた。一人の朝鮮おかみさんが私の方へ小走りに走つて來るのだが、背中の四五才の女の兒が、「飴、買つてえ〳〵」と、日本の兒童そつくりの話聲をはり上げた。だが、お神さんは日本語が上手に出來なくて日本語混りの朝鮮語でそれに答へるのだつた。

そこへ、藥屋の中から、わつと割れ鐘のやうな泣聲が爆發したかと思ふと、十二三の小學の制服を着た小供が矢のやうに逃げ出すと後から棒切れを持つた母親がつゞいて飛び出した。四五間追擊したが及ばず、母親は引返した。小供は日本語で何か叫び、母親は朝鮮語で散々惡口を浴びせてゐた。母親が家に戻ると小供も家の中にはいつた。

その一場の芝居を立話をしてゐた日鮮のお神さん連は微笑を以て眺めてゐるのだつた。

私はそれを見て何故か安心めいた氣持を抱きながらそこを立ち去つた。

私は瀧野川あたりの朝鮮人密集地に行つてそこの有力者に逢へたとき、隣人との交渉はうまく行くかときいた。有力者は、こゝは日鮮の差別なく親密につき合つてゐると答へ、彼の體驗によると、古くから土着してゐる人の多いところでは差別されるが、新開地で諸處の地方民の集つたところはさうではないと言ふのだつた。成る程と私は肯いた。そこには皆が生活難に追はれて來た人だけが集り、福島辯や千葉訛や栃木訛等の中へ、朝鮮訛が一つよけい加はつただけで、生活の困窮からくる或る種の共感が服裝や習慣からくる嫌惡や反感や差別心に勝つてゐる筈だつた。

私はこの自然的融和狀態と最近頓に强化されたらしい警察當局の「同化政策」とを何う結びつけてよいか分らない。

だが、私の本文の目的がそのことを論ずることではないのであつてみれば、暫く該政策の成り行きは傍觀することにして、私は讀者を今一ヶ所だけ最も朝鮮色の濃厚な密集地に案内しようと思ふ。

6

讀者は私と一しよに多摩川原に立つとしよう。

兩岸の堤には生々しい若草が綠に萌え出てゐて、春光に輝く河原の砂礫は際立つて白く映えてゐるやうだ。活を入れられたかのやうに河水のいき〳〵と躍り流れる傍で、砂利の山のかげにうずくもつてゐる人影がある。黑い裳衣（チマ）に白い上衣（チョクリ）のは女だ。上下とも白いのは男である。よくみると小供もゐる。金網樣のもので砂を篩ひ落し、小礫、大礫を選り分けるのに彼等は夢中である。附近の鐵橋に轟く電車が遠のくと、砂利の擦れ合ふ音が間をおいてきこえるだけである。西の方の山々の新綠があたりの靜けさに程よい背景をなしてゐるやうにさへ見える。だが、彼等の一人一人に近よつて行くと微に洩れる歌がきこえる。農婦達の草摘歌が哀歌だ。

このやうな風景を多摩川の流域一帶で吾々は見受けることが出來る。

彼等の手に選りとられた砂利は市内の富豪の庭園に、公園に、更にコンクリート工事の原料にと運び去られて行く。

この砂利掘は、しかし、私の郷里の大邱附近の河川でも毎日のやうに見られる風景ではある。山を見ない市内からこの邊へ出て來た私は近くの山々を見、河原を歩き、婦達の砂利掘をみて、恰も私が郷里の河川に立つてゐるかのやうな錯覺をおぼえるのだつた。

この錯覺は、私が砂利掘人夫達の住居に踏み入つたとき一層その度を增すのだつた。田圃のあちらこちらに點在してゐる彼等の住居は家の構造が朝鮮内の農家と寸分違はないものだ。しかも、貧農の家屋そつくりではないか。部屋の前には緣側があり、横には廣い名所がある。庭には汲上ポンプがあり、空樽やバケツや甕が散在してゐる。娘が弟か姪か赤坊の子守りをしてゐる。會話は全くの朝鮮語だ。朝鮮漬物も唐辛味噌もある。

これ等移住者の九割は貧農であり、小作地をとり上げられて、何らにも食ふに行き詰つて日本内地に流れ込んだ人々である。彼等がもし天性の乞食であり、浮浪民であつたら、このやうな集團部落はつくらないであらう。

私は他のバラックに行つたときにも增してこの多摩川原の部落では、ひた〳〵と押しよせる哀愁に打勝つことは出來なかつたのだ。

だが、朝鮮での、彼等の平和な生活の姿を知らない讀者も、私同樣の感慨が湧くだらうか。三七・四（カメラ・山村一平）

〔『改造』改造社　一九三七年六月号　四六〜五五頁〕

在大阪朝鮮人活躍全貌（1）

大阪紹介版発行に際して　大阪総販売所　朴永壽

東京を日本の頭脳とするなら、大阪は日本の心臓部ということは、勿論、誰でも知っていることである。大阪は北緯三五度、東経一三五度にあり東に奈良県、西に兵庫県、大阪湾、南に和歌山、北に京都府を境界にして、一望千里の平野が大阪湾に向けて広がり、琵琶湖から下ってくる淀川は大阪の真ん中を貫いて流れ、灌漑や水運に多くの便宜を与えている。面積は一、八一三万平方メートルであり、人口は四二九万七千余人（昭和一一年末現在）を持つ、世界的大都市であるのみならず、商工業および対外貿易においても日本の中心地帯であり、全東洋経済界において中枢の地であることは、一般的に認識されていることであり、昭和一一年度大阪府及び大阪市財政を見ても、大阪府予算が三、一五六万余円であり、大阪市だけでも三億七四六万一千余円にもなるという膨大な予算で、堺市、岸和田市、布施市、豊中市などの予算を合わせれば朝鮮全体の総予算と匹敵すると見られる。このような経済都市大阪府下に現在、朝鮮人はほぼ二二万五千人の数に達し、日本生産機構に重要な存在になっている。朝鮮人の居住関係は借家難とその他の事情によって、大部分は集団生活をするようになり、数十戸あるいは百余戸ずつで密集しており、府下八尾竹淵村では、一六〇余戸全部が朝鮮人の居住で、一つの村落を構成している現象がある。

朝鮮人居住を各地域別にみると東成区〔現在の生野区と東成区をあわせた地域〕四万一、八一五人を筆頭に中河内郡、東淀川区、西成区、西淀川区、旭区等の順で居住者数が多く、そこにはそれぞれ朝鮮市場が設置され、日常生活に多くの便宜を与えており、猪飼野、森町、今宮、本庄などの朝鮮市場が現在、その代表であろう。最初は、朝鮮人の大部分が労働者であったが、現在は労働者として、また工場主、商業者として飛びぬけた活動をし、無一文から一家を成した人たちが大勢いて、大阪の生産品のうち、ゴム類、硝子、真珠、「ナット」、「洋傘骨」のような生産品は朝鮮人工場で多数生産されるという。このように大阪地方に数十万人の朝鮮人が居住するまで、長い歴史の過程を踏んできたのであり、大阪に百済村、高麗橋という地名があることを見ても、太古から大阪は朝鮮人と密接な関係があったのを知ることができる。しかし、三韓時代、百済の王仁博士の渡来前後当時には僅か数百の数に過ぎなかったが、時代の推移と生活様式の変遷は必然的に大量に玄海灘を渡って来るようになった。大正元年を新しい紀元としてみよう。大正元年は二四八人の居住者がいたが、大正三年には一時、一二人減って二三六人になった。その後年々増加し、一〇年後の大正一〇年には七、四二一人、二〇年が過ぎた後の昭和六年には九万六、〇三七人になり、また五年後の昭和一一年度現在には一躍二二万四、七四九人になったという。各地地域別人口分布表と職業別統計は別表のとおりである。渡航証明問題からあるいは将来的には減少云々とする声もあるが、実際の自然増加と各府県では特に変動がない以上、第二の郷里のように集まって来ることで、今後も年々多少増加する傾向を表すであろう。朝鮮人の各部門の状況を大まかにまとめると次のようになる。

〈教育〉一一年末現在、府内朝鮮人小学生は一万九、三六九人、中学以上及び専門学生は一、〇一七人とされ、中学以上の学生の七割が苦学生という。朝鮮児童を主に教育する機関としては、かつて、東光、新興、東明、共鳴、共済学院のほか、一時は一〇余ヵ所近くあったが、周囲の事情と経営難からすべてがなくなり、現在、東成区東小橋北元町には、槿花幼稚園と耶蘇教〔キリスト教のプロテスタント〕側で経営する猪飼野町東部幼稚園、大仁本町鶏林幼稚園があり、大阪府協和会事業として今宮、長柄、今福、鶴橋、泉尾、中川等に保育園がある。未就学児童たちは夜学にも数多く通うが、朝鮮児童のみのため、朝鮮語読本まで教えるところは豊崎第四小学校夜学部だけであるという。

〈団体運動〉過去一時、在日本〔朝鮮〕労働総同盟の旗のもと各職業別細胞団体も存在したし、あるいは新幹会支部、大同、槿愛、ウリ、東大阪消費組合、東亜通航組合があり、地方親睦団体□百余団体があったが、時代の変遷とともに解体、解散などによってほとんどなくなり、単に西成に労働団体として阪南労働者自助会があるというが、それもまた看板すら見ることができず、有耶無耶になっており、唯一朝鮮人薬種商一七〇余人が加入した大阪府公認の朝鮮薬業組合という商業団体があるのみであり、数年前から大阪府内鮮協和会が主体となって朝鮮人が多数居住する地帯に矯風会を組織し、教和事業に注力している。体育団体も一時は盛んで府内に三〇余りの蹴球団体があったものの〔現在は〕看板すら見あたらず、年中行事としていた蹴球大会もここ数年行われておらず寂寞の感がないわけではない。全大阪職業拳闘選手の内、三分の二以上が朝鮮人というが、唯一道場〔ボクシングジム〕としては、東成区東小橋南之町に東西拳闘協会があるのみで、卓球、陸上に一流選手たちがいるが、いまだに陸上競技団体はない。

〈宗教〉朝鮮人が増えるにつれて各宗教宗派も多くやって来て布教しているが、主として耶蘇教と仏教徒が多く、天主教〔キリスト教のカトリック〕、天道教、安息教〔キリスト教の一宗派〕などもある。朝鮮基督教会では一一ヵ所教会があり、朝鮮人牧師が三人、信者が二千余人にも上り、教会内では男女勉励青年会があり、日々教徒が増えている現状であり、仏教は先年まで朝鮮仏教を布教してきたところ、信徒も千余名であったが、近頃は日本の真宗、真言宗、そのほかの宗派に転宗し、看板は朝鮮仏教所としているが実際には朝鮮仏教派はおそらく、大阪では影すらなくなっているようである。

以上各部門の状況を略記したが、労賃の指数と生活状況をより詳しく数字で取り上げられなかったことを遺憾に思うが、今後機会を得て再び記すことにし、擱筆する。

写真は府下北河内郡菅原村字藤坂伏字奥山王仁博士墓碑〔略〕

写真上は猪飼野、下は森町朝鮮市場全景〔略〕

在大阪朝鮮人各区別人数表〔昭和一一年末現在〕

区域	居住者数	区域	居住者数	区域	居住者数
東区	三、四八四	西区	八六七	南区	三、二四七
北区	八、三〇〇	此花区	一〇、八五七	港区	一一、〇六四
東淀川区	一八、五九二	西淀川区	一三、三一五	東成区	四一、八一五
西成区	一四、一八六	旭区	一三、一三五	浪速区	一〇、九三七
住吉区	六、二一八	天王寺区	二、七一六	大正区	一一、六〇六

堺　　市	八、一〇八	岸和田市	八八七	豊中市	一、一五一
三島郡	五、一五七	豊能郡	二、六八三	南河内郡	三、九六八
中河内郡	一八、七〇八	北河内郡	三、〇二六	泉北郡	五、二六九
泉南郡	五、〇一九	水上生活者	四三四	累計	二二四、七四九

在大阪朝鮮人数累年表

年次	男	女	計
大正元年	二四六	二	二四六（ママ）
大正二年	三一四	二四	三三八
大正三年	二一二	二四	二三六
大正四年	三九七	二	三九九
大正五年	七四九	一三	七六二
大正六年	二、〇三〇	二〇五	二、二三五
大正七年	三、〇五二	二四五	三、二九七
大正八年	三、五二八	四二三	三、九五一
大正九年	三、八七六	六一八	四、四九四
大正一〇年	六、一六八	一、二五三	七、四二一

大正一一年	一一、二三七	二、一〇〇	一三、三三七
大正一二年	一九、五四九	四、〇八六	二三、六三五
大正一三年	三〇、一〇二	六、九四四	三七、〇四六
大正一四年	二五、七九五	六、〇六五	三一、八六〇
大正一五年	二六、九四四	八、二三五	三五、二二九（ママ）
昭和二年	三一、二五九	九、七〇一	四〇、九六〇
昭和三年	四〇、一八七	一〇、〇二一	五〇、二〇九（ママ）
昭和四年	四八、五一〇	一九、四二六	六七、九三六
昭和五年	六一、五七五	二七、四六二	八九、〇三七
昭和六年	六五、五七五	三二、四六二	九八、〇二七（ママ）
昭和七年	七六、七五五	三五、四七一	一一二、二二六
昭和八年	九一、五八七	四八、六九〇	一四〇、二七七
昭和九年	一〇六、五二四	六四、六三六	一七一、一六〇
昭和一〇年	一二一、四〇〇	八〇、九一一	二〇二、三一一
昭和一一年	一三三、八〇六	九〇、九四三	二二四、七四九

在大阪朝鮮人職業別（昭和十年末現在）

職業別			男	女	計
有識的職業		官公吏	15	—	15
		軍人	—	—	—
		諸學校教師	4	3	7
		牧師僧侶	6	3	[illegible]
		醫師辯護士	22	—	22
		記者著述家藝術家	23	—	23
		事務員	155	7	162
		其他有識的職業	153	13	165
		小計	331	25	356
商業	營業	通商人	1,901	451	2,352
	店舗及行商人	人參販賣	240	14	254
		菓子類販賣	520	200	720
		雜品販賣	1,274	340	1,614
		屑買其他雜業	3,958	82	4,040
		小計	5,683	1,526	6,808
		小計	7,584	1,978	9,266
農業		自作農	1	—	1
		小作農	64	25	89
		小計	65	25	90
漁業			1	—	1
勞働	鑛業	坑內勞働者			
		坑外勞働者			
		小計			
	工業 纖維	紡績業 職工	168	1,125	1,293
		紡績業 雜役	192	205	397
		織物業 職工	290	1,442	2,356
		織物業 雜役	232	204	436
		製絲業 職工	160	184	348
		製絲業 雜役	97	156	253
		染色加工業 職工	2,221	899	2,994
		染色加工業 雜役	603	455	1,058
		其他纖維工職 職工	1,840	1,156	3,096
		其他纖維工職 雜役	884	1,177	2,041
		小計	7,559	7,713	15,072
	工業	金屬及機械工業 職工	8,794	1,149	9,943
		金屬及機械工業 雜役	476	846	5,632
		護謨工業 職工	1,325	1,147	1,580
		護謨工業 雜役	1,005	999	1,994
		硝子工業 職工	201	1,056	6,327
		硝子工業 雜役	546	591	2,155
		其他化學工業 職工	889	1,681	5,017
		其他化學工業 雜役	999	345	1,204
		小計	16,081	8,889	23,920
		電氣工業 職工	477	232	529
		電氣工業 雜役	234	262	521
		出版工業 職工	1,043	277	1,191
		出版工業 雜役	238	262	601
		食料品製造工業 職工	446	287	755
		食料品製造工業 雜役	274	230	504
	土木建築業	土工	13,604	1,407	15,007
		其他	3,875	655	4,040
		小計	17,055	1,602	19,107
	通信	通信勞働者	87	2	89
		鐵道軌道從業員	10	—	10
	運輸業	自動車運轉手助手	1,359	—	1,359
		其他	875	77	[illegible]
		計	2,231	79	2,310
		仲介業	2,801	—	2,801
	一般使用人	店員丁稚	3,078	23	3,101
		農夫	930	77	973
		漁夫	84	22	106
		家事其他使用人	3,531	1,046	4,567
		計	10,684	1,162	11,447
		其他勞働者	8,081	4,248	12,329
接客業者			1,018	1,213	2,231
其他ノ有業者			3,445	1,293	4,738
學生生徒			774	105	879
小學兒童			8,587	4,257	12,844
在監者			42	—	42
無職		世帯主	2,369	1,625	3,994
		世帯主從屬者	15,495	40,539	56,034
		小計	17,863	42,166	60,028
合計			133,400	80,921	214,321

◎注意　学生生徒及小學兒童は無職中に含まれていない

塗装業界の名匠
木村塗装工業所主　李鍾澤氏

氏は京城生まれ。普成高普〔高等普通学校、日本内地の旧制中学レベルの教育機関〕を終え、養英学校で七年間教鞭をとって育英事業につとめたことがある。大阪に渡って来てから数年、苦労を続け、塗装工業に猛進して、今日の朝鮮人塗装業界の先駆者になっていた。氏は温厚で正直な天性をもち、頭脳が明晰であり、使用人を実の兄弟のように待遇することで、三〇人に近い職工たちからみな、師のように思慕され、現営業所は大阪市東成区猪飼野西一丁目一二番地である。〔写真は木村塗装部全景及李鍾澤氏〕〔略〕

朝鮮食料品問屋
中央市場の共益商会

大阪には二三万人余りの朝鮮人が居住しているので、われわれの食料品が主に取り扱われている中央市場に通う人だけでも七〇〇人に近いが、純朝鮮人が経営する卸売店としては大阪中央市場北通にある共益商会のみである。同商会は名実ともに共益のために、鋭利な戦法をもって経営することで、日増しに繁盛して、日本内地はもちろん、朝鮮内の各地からも注文が輻湊している。特に販売網においては重要地域に地方連合会を組織して、京都、神戸、名古屋、和歌山などの地にまで有力な店舗をもっている。専用のトラックとオートバイによって、市内および隣接地に物品配給を敏速に行い、すべての仕入れを直接貿易で行い、朝鮮原産地からの委託販売物品が日々増加している状態だという。聞いたところによれば、昨年度の貿易額が五〇万円を突破したというのだが、おそらく今年あたりは百万円台を超えるであろうといわれており、また苦草粉末および製粉工場を今年のうちに設置して、さらに事業を拡大させるという。

南王子村の巨商

阪済商会主　李基鶴氏

氏は済州島旧左面生まれ。郷里で米穀商を経営し、日新組合長として奮闘していたところ、去る昭和四年に大阪に渡って来て、真珠商を経営するようになった。元々厚徳な心と明敏な頭脳の持ち主として、不断の努力で自然と富を築くようになり、現在は郷里で農村副業まで奨励し、多大な収穫を得て、商売の勢いは益々発展中だという。

〔写真は李基鶴氏〕〔略〕

鍍金工業界の明星

山本クロム鍍金工業所主　李用徳氏

氏は全南霊岩郡多岩〔鶴山〕面梅月里生まれ。郷里では普通学校を卒業し、弱冠〔二〇歳〕にもならない少年が、工場街〔での仕事〕を探し求めて大阪に渡って来た後、鍍金技術を習得するため、血と涙を流しながら苦闘し専心したのち、七年前に市内東成区東小橋南之町二丁目で自営開業した。卓越した技術で精進したことにより、今では斯界の彗星のように光り輝いている。氏は三〇歳の青年として、将来遠大な活動家として、第二工場まで増築して、対外貿易、眼鏡類、鍍金業に力を注いでいる。〔写真は李用徳氏〕〔略〕

工業界の第一人者
朝倉製作所長　金喆浩氏

朝鮮人生産品の中で重要物品であるナット工業界に巨星として生産高の第一位を占めていた方が、金喆浩氏である。氏は慶北善山郡長川面上場里生まれ。郷里で学業につとめて、遡ること一五年前すなわち大正一三年春に工場地帯の大阪に渡って来てから職場の一職工として労働するうち、徐々に工業が分業化され、将来ナット工業が有望であることに目をつけ、ナット工場を探し求め、四、五ヵ所有力な工場で技術を学んだ後、八年前に西成区出城通五丁目二番地に現在の朝倉製作所を設立したのが現事業の始まりとされている。現在は、三和製作所も経営している。氏の特殊な技術と敏腕で各地から注文が増加し、現職工四〇余人で昼夜にわたって仕事をする状態であり、昨年中の生産高は約二〇万円に達したという。氏は今春大阪市会議員選挙の時、立候補して落選はしたものの、大阪市内の朝鮮人立候補者中では最高点を得たといわれており、百折不屈の氏は今後の躍進をモットーとして大活躍中である。〔写真は金喆浩氏〕〔略〕

朝鮮人の代弁者
弁護士　金永暾氏

氏は忠南論山郡連山面生まれ。早くに東京に渡り、日本大学法科を終えて、昭和一〇年度に弁護士試験合格の栄誉を得て、全南光州で弁護士開業中、考えるところがあり、京阪神在住三〇万朝鮮人の代弁者として大阪に渡り、現在、東成区大今里町六二九に事務所をおいて活躍中である。氏は当年四四歳の壮年活動家にして、性格は剛直豪

胆である。我が〔朝鮮〕法曹界における惑星的活動が大きく期待されている。（写真は金永暾氏）〔略〕

ファスナー界の技術家
立志伝中の鄭性鎬氏

氏は全南光州府南町生まれ。昭和二年に大阪に渡り、三年の間、職工生活を過ごしながら、勤倹貯蓄で築いた僅少な資本で府下布施市北蛇草においてファスナー製造業を経営。不断の努力で現在は二〇余人の職工を使用し、鄭氏の工場の製品だと言えば業界で歓迎され使用されるようになったという。鄭氏は勤労家として大衆の模範になる立志伝中の一人物である。（写真は鄭性鎬氏）〔略〕

唯一の歯科医院
京城歯科医学士　金榮敏氏

氏は慶南晋州出身。早く京城歯科医専を優秀な成績で終えて、東京に渡って来た。さらにその方面を研究していたところ、今春、来阪して、歯科医師高洪烈氏と朝鮮人の集団中心地である東成区大今里町において金榮歯科医院を開業した。大阪では朝鮮人の歯科医院は唯一、金榮歯科医院のみであるという。氏は技工が卓越しているだけでなく、朝鮮人の生活状況をよく理解しているだけに、ほぼ実費に近い治療費を受け取り、一般の人気は集中し、開業以来好成績を見せている。今後さらに施設を拡充して保健事業に奉仕するという。（写真は金栄敏氏）〔略〕

護謨工業界重鎮

三益ゴム工業所　康興玉氏

氏は済州島法還里生まれ。早くから大きな志を抱いて、弱冠の時に大阪に渡って来て、護謨工業方面の職工となり、絶えず研究し、勤倹貯蓄し、最小の資金で護謨工業を家内工業的に始めた。そして、氏の不断の努力で今日の三益ゴム工業所を大成させた。氏はまた兄弟間の仲がよく、みな秀才で、令弟慶玉君は関西学院文科、明玉君は東京帝大法科を終えて、龍玉君は京都第三高等学校に在学中である。氏の家庭は財産もあり、文筆も備わった幸福な家庭であり、慶玉君は伯兄(ママ)を助けて、工業所の専務として努力している。工場経営方法は独特な組織のもとで、能率を増進させながら、職工の収益を増加させることで、職工としては一切の不平がなく、和気藹々、労使協調の精神を発揮しており、この点については一般の模範となっている。康興玉氏は不断の努力と寛厚かつ手腕家であるため、さらに大成功するであろうと皆に嘱望されている。（写真は康興玉氏）〔略〕

実業界の重鎮

東亜興業研究所長　林正業氏

現代的実業家として将来、企業界を左右するだろうという嘱望を一身に集め、悠悠と進んでいく氏は、封建的商業形態から現代的企業機構に推移発展する朝鮮人実業界を指導する唯一の存在である。氏は京城出身、性格は快活で、かつて東京学界において蛍雪の功を尽くした知的教養とスポーツ的タイプ全てが実業家としての手腕、能力、自信を備える要素になっている。一時、某皮革会社で勤務していたが氏はこれに満足ができず、八年前に浪速区栄町四丁目において東亜興業研究所を設立し、和歌山に第二分工場を分設した。ボクス、エナメル、キット等皮革加工業において、独特な技術と優秀な成績を発揮したのが、氏の実業界進出の出発点である。現在は東洋物産合資会社を組織し、海陸物産鉱物業を兼営しつつ、また電子原理の新発明薬品（肺病、神経痛、喘息、胃腸病等の特効薬）、シントルの全日本総販売元を経営している。氏の実業的頭脳は関西実業界を充分に風靡するのみならず、実業界においては氏の前途に大きな期待と発展があることを確認している。

刀圭界の第一人

第一医院長　李圭洪氏

氏は全南済州邑出身。大阪市立扇町商業学校を卒業し、九州医専を優秀な成績で終えた後、市内東成区猪飼野東一丁目において第一医院を設置した。薬代は最低価にして、往診は自転車で親切丁寧なため、李氏に人気が集中し、隣接同胞たちは〔李氏を〕活仏のように思っており、また、大阪府健康保険医になったため、保険患者が多数治療を受けるようになった。氏は二七歳の青年医師で、天性の快活円満であるため、将来、在住同胞のための事業が多いであろうと期待しているという。〔写真は李圭洪氏〕〔略〕

情熱的な事業家

高麗人参商　林世龍氏

氏は開城の出身。故郷の松高〔松都高等普通学校〕を終えて開城人参業界で活躍した。昭和一〇年一一月に遠大な抱負を抱いて大阪に渡って来て、北区南扇町五番地に開城人参宣伝配給所を置き、宣伝販売に努力中である。氏は特有な手腕家であり、将来有望であるという確固たる信条の下で、開城人参『タイムス』という日本文の月報を発行し、朝鮮人参の特効をさらに日本内地人大衆に再確認させ、第一期の五ヵ年計画を樹て、毎年六、七千円の費用をかけて多方面に宣伝中である。朝鮮の名産高麗人参を日本内地においてその需要を増進させるということは、何よりも敬賀すべきで、また氏の今後の活動は大きく期待される。

〔写真は林世龍氏〕〔略〕

枚岡村会議員　姜信吉氏

氏は慶南宜寧郡龍徳面井洞里出身。大阪に渡って来て現在、府下中河内郡枚岡村に居住してから一〇余年が経ち、在住同胞の信任を得て、今回、村会議員選挙において当選した。氏は当年三一歳の青年として、村政のために奮闘するそうである。〔写真は姜信吉氏〕〔略〕

漢洋薬業界の覇王

普生堂薬房主　金昌鉉氏

大阪において信用と名声が確固な薬の卸売・小売商の筆頭にあげられるのは、普生堂大薬房であろう。主人の金昌鉉氏は全南康津郡城田面月坪里出身。幼い時から斯界の大家である姜在鳳氏の門下〔で学び、そこ〕において氏の世伝秘方を伝授してもらい、今より四〇年前から薬種業を経営する一方、漢方医学を専攻し、斯界の名声は高くなり、京城東西医学講習所講師として招請を受けたこともあり、総督府医生、防疫委員等の保健衛生上、多大な貢献をしてきた。一〇年前から大阪に渡って来て、現在東成区中道本通一丁目に本舗を置き、絲屋町に粉末工場、放出町に製薬工場と数ヵ所に倉庫を置き、日本内地はもちろん、朝鮮、満洲各地の著名な同業者を相手に広い販路を持っている。温厚篤実な氏の品性と高明な見識には、内鮮人の知友から敬慕を受けており、氏の令息の丙龍氏もまた厳親に似て、明敏な頭脳と非凡な手腕を持ち、在留同胞のなかで青年実業家として将来が期待されている。現在、大阪府公認薬業組合評議員として業者の福利増進のために努力しつつ、社会的にも有形無形の貢献が少なくない。（写真は薬房及び金昌鉉氏（右）金丙龍氏（左））〔略〕

洋服業界の巨商
高麗屋主　韓亨錫氏

大阪において有名な洋服店といえば、誰でも高麗屋を屈指とする。高麗屋主の韓亨錫氏は咸北明川出身。中学を卒業した後、洋服業に対する将来性を感じて東京に渡り、東京洋服学校を卒業し、さらに専門的技術を修練した後、大阪市旭区森小路町において洋服製造問屋高麗屋を経営し、毎年二万着以上を生産しつつ、日本内地及び朝鮮、満洲国各地に外交員数十人を派遣して、各官公署から注文を受けているそうであり、その製品の精密さが好評を得ている。韓亨錫氏は当年三七歳の壮年実業者として性格が快活で手腕があり、洋服業界成功者で第一人者である。（写真は高麗屋洋服店と円内は韓亨錫氏）〔略〕

多角的な活動家
八尾地方　楊周赫氏

八尾地方の朝鮮人の間で、手腕家といえば、まず楊周赫氏が挙げられる。氏は慶北漆谷の出身で、昭和四年に八尾に居住してからは内鮮共愛会を組織し、現在、副会長になっている。また龍華町の在住同胞の間で、納税組合を組織して現組合長になった一方、同村衛生組合評議員として公私間の信望に厚く、八尾藤村製油会社の人事係の社員として、労働者に親切であると称賛されている。氏は他人が苦しんでいることがあれば、厭わずに斡旋をする温厚篤実な実践家であるといわれている。

（写真は楊周赫）〔略〕

綢緞布木商　金瀅祺氏

氏は済州道朝天面新村里出身。大正一五年に大阪に渡って来て、綢緞布木商店を市内浪速区立葉町で経営していた。現在は今宮朝鮮市場のある西成区鶴見橋北通七丁目に移転拡張し、名実共に朝鮮人綢緞布木商界の巨商となる。氏はまた有名な商略家として、日本内地原産地での貿易は勿論、朝鮮内各原産地より直移入することで、毎年巨大な利益をあげている。氏は過去、色々な朝鮮人事業に陰に陽にたくさんの援助をしたという。

（写真は金瀅祺氏）〔略〕

人造真珠で成功
阪南商会主　朴煥玉氏

全北南原出身で、疲弊した朝鮮農村を離れ、活気ある商工都市大阪に渡航した氏は、まずは自己の生計を確立し、これと同時に失業線上で悩んでいる同胞たちを救済するために、昭和七年に阪南商会を組織して、昼夜関係なく努力した結果、現在は人造真珠界の第一人者である。朝鮮各地に何ヵ所かの支店を設置し、年産額数万円の巨額を成しているだけではなく、失業同胞にもたくさんの便宜をはかっている。これは氏の堅固な意志と沈着な性格の為す所であるのみならず、信用と徳望が豊富な結果である。〔写真は朴煥玉氏〕〔略〕

南王子村代表人物　村会議員　申正湜氏

泉北郡で朝鮮出身の中心人物をいうとき、まず、申正湜氏の名前があがる。氏は慶北聞慶の出身で、現在は泉北郡南王子村に居住し、一般の信任を得て村会議員に当選した。性格が寛厚で、正義心の持ち主で、卓越な抱負をもつ敏活な手腕家として当選して数ヵ月も過ぎぬうちに、朝鮮人学務委員と区長各一人ずつを選任させたということだが、まったく村会で氏が努力したためである。このような活動家であるだけに今後の活躍を皆はさらに期待しているという。〔写真は申正湜氏〕〔略〕

枚岡村の元老　村会議員　李在煥氏

氏は全南羅州郡文平面大道里出身。八年前に府下中河内郡枚岡村に寓居して以来、枚岡村博愛会会長でもあり、いつも大阪在住兄弟のために事業に励もうとした方で、当年四五歳の壮年にして枚岡村唯一の老練手腕家である。今般、村会議員に当選した〔二、三文字不明〕氏は在住同胞たちが信頼してくれることをいつも感謝しており、最善

をつくして公僕になりたいという。（写真は李在煥氏）〔略〕

乾材薬業の慧星　大聖商会主　朴聖吾氏

大阪に渡って来て短期間に薬業界の成功者となった人物といえば朴聖吾氏がいる。氏は京城府黄金町の出身で、幼時から乾材売薬の家業を引き継ぎ、一時は南鮮薬業株式会社を設立して、取締役として活躍しており、漢薬の原産地である支那・南北満洲及び上海等各地まで踏査した後に、五年前に東洋経済界の中心地である大阪に渡って来た。現在、東成区猪飼野町朝鮮市場前に本店を置いて、天六に支店、枚岡に製粉工場を置き、努力を日ごとに重ねて繁栄している。独特な経営方針を採る氏は、薬業界の慧星的な存在となっており、洋漢薬商街である道修町商人たちも氏の手腕には驚いているという。（写真は朴聖吾氏）〔略〕

労働者たちの活仏　土木請負業　呉根伯氏

氏は全南務安郡一老面龍山里出身。一六年前に大阪に渡って来て、土木請負業をするようになり、自然と労働者と親密となり、悩んでいる労働者たちの救済に励んできたので、その附近の労働者層は活仏のように氏を考えている。氏は同胞たちの住宅難を緩和させるために、現居住地である中河内郡龍華町竹淵に一六〇余戸の住宅を建築し、大阪唯一の朝鮮人集団的居住地を成していることは、大いに氏の貢献によるものである。また衛生組合を設立し、同胞たちの保健衛生に対しても、大きな貢献をしたので、当地屈指の徳望家として将来の彼の活動は大きな嘱

望をうけているという。〔写真は呉根伯氏〕〔略〕

徽章製造成功者　精工堂主　許道石氏

氏は忠南唐津郡泛川面倉里出身。大阪に来た後、貴金属、徽章、褒章のメダル、記念牌、優勝記念品類等の製造を研究しつつ、夜には某商業学校に通い、優秀な成績で卒業した後、東成区鶴橋北之町一丁目に営業所を設立したのが、この精工堂徽章製作所である。氏は特異な技術家で、創立して四年もたたないうちに、官公署及び民間会社等各地から注文が殺到するようになり、店は日増しに勢いづき、信用を得て今日の盛況を成し遂げた。氏は当年二九歳の青年で店の勢いを拡張するために、鮮満地方各地に代理店を求めている最中だ。

〔写真は許道石氏〕〔略〕

真珠業界の王者　敏活な手腕家　朴海鍾氏

氏は慶南山清郡出身。天性が温恭で、信義に厚く、八年前に現住所の南王子村に来て、真珠商を経営するようになったところ、敏活な活動と忠実な努力が実を結び、現在は真珠業界の尊敬と信望を占め、相当な地位を獲得している。また救済事業を目的にする地方朝鮮人親睦団体協成禊を指導して、長年努力しているところであり、民間においても有為な青年として前途を期待されている。〔写真は朴海鍾氏〕〔略〕

土木請負業巨星　社会事業家　金貴朝氏

氏は慶南東莱出身で、当年三四歳の青年。現在、西淀川区伝法南一丁目に事務所を置いて土木建築請負業を経営しているところであり、半期の請負額が二六万円、一ヵ月の労賃だけで一万七千余円もなり、毎日使用する人夫は四〇〇余名にもなっていて、氏の豪放な性格と敏活な手腕に感服し、一人の不平者もなく労務に忠実でいるので広く信用を得て、今日、土木請負業の王座を成し遂げている。氏は社会事業にも常に大きな抱負を持っている。

（写真は金貴朝氏）〔略〕

漢薬界の信望家　奉仕的医生　申炯湜氏

氏は慶北聞慶出身。元来、才に長けていて弱冠の年で漢学を大成し、天性が温柔正直で士道に背くところがない。四年前に家族を連れてやって来て、大阪府泉北郡南王子村に居を定めた後、薬房を開いて、さらに学力を積むために新薬講習所に通って優秀な成績で修了した。氏は親切丁寧で、営利を度外視し奉仕的なので、開業してすぐに日鮮人の間に信望を得て、門前市を成すがごとき盛況となり、氏の徳行には称賛の声が高い。

（写真は申炯湜氏）〔略〕

古物商界の王座　西淀川区　呉宜煥氏

三五歳の青年商業家として怜悧な商略と百折不屈の意志を備えた氏は、慶南昌原郡鎮北面秋谷里本郷に蟄居することを好まず、四年前に偉大な抱負と希望を抱き、西淀川区御幣島町二二五番地の現住所に渡航した。そして、経済的な洗礼を受けた氏は、何よりも廃物利用に着眼し、古物商を開業し、対人接客に親切丁寧を本位にすることはもちろん、信用第一主義を信条に悪戦苦闘した結果、いまでは一ヵ月の売買高が八千余円を超えるだけではなく、古物商界の王座についている。

物理療法医学士　保命堂漢房主　閔丙燮氏

氏は全南霊岩郡新北面葛谷里出身。郷里の私立学校で教鞭をとり、保育事業に従事していたが、昭和二年に大阪に来て、漢方薬に関する研究を続けていた。その後、漢方薬だけでは氏の研究心を満足させることができなくなり、物理化学的に患者の治療法を研究する必要を感じて、大阪物療学校を卒業した後、数年間寝食を忘れて、物理治療法を研究し、昨年度には日米医療協会に論文を提出して、生理物療医学士の称号を獲得した。現在、市内東成区猪飼野中八丁目で「カイロプラクテック」を専門として、難病を完治し、難病〔患者〕に一大福音を与えると同時に、その神妙な治療法には一般の方からの驚嘆をもらっているという。

自転車用品製造　永井工業所長　康亀範氏

布施の朝鮮人事業家をいうとき、青年手腕家として氏は屈指である。氏は当年二九歳の青年で、東京外国語学校に通い、故郷は済州島法漢〔法還〕里である。現在、布施市高井田町で自転車部分品製造工場である永井工業所を経営している。氏は優秀な技術の持ち主で、製品がすべて精密でかつ大量に生産するので単価が低廉となり、注文期日には少しも遅れず届けることで、一般需要者の信望が多大だという。

（写真は工場の全景と康亀範氏）〔略〕

真珠商界の権威　真珠工場主　金楊玉氏

鋭利な頭脳と沈着な態度をもってあらゆることに臨む氏は、大阪府下泉北郡南王子村に真珠工場を経営しており、慶南北道に分工場を設置して郷土同胞の失業を救い、農村工業化を計画しているところで、現在、多大な生産額を達成する成功を獲得している。のみならず、元来慈善心が豊富な氏は、職工たちに寛大に接することはもちろん、地方の困窮者、失業者に対しても、誠心赤誠をもって同情することを惜しまず、慈善家として各方面から賛辞を受けている。（写真は金楊玉氏）〔略〕

塗装請負業元老　村田商店主　鄭鎔鎬氏

氏は京城府蓬莱町の生まれ。大正五年に徒手空拳で大阪に渡って来た。塗料に関する専門的技術を修得した後、一〇余年前に東区木野町で諸機械塗装請負業を始めたのであるが、朝鮮人で塗装業を経営したのは、この村田商店の鄭鎔鎬氏が元祖だという。氏は技術も優秀だが、一にも信用、二にも信用、これが鄭氏の信条で、一〇余年の営業に、一度も契約に背いたことがなかったとして、一般業界でも称賛の声が高く、今日の成功もこの信条の結果だという。氏の家庭は平和で子女も多い、幸福な家庭で、令息兄弟は偕行社附属小学校を卒業し、みな中学に在学中だという。〔写真は鄭鎔鎬氏〕〔略〕

大阪紹介版を出しながら

大阪紹介版発行の計画を発表すると、愛読者諸賢の積極的な支持と各方面の懇切で心から出た期待があり、私たちの微力を尽くして、勇往邁進する意向を示したものの、さまざまな事情と思いがけない制約でいままで遅れたことを深くお詫びします。力の及ぶ限り広く生活状況を紹介し、同時に数字を出して表すことを意図しましたが、紙面関係で意の如くならなくなりましたが、広い心でお許しいただき、今後、たくさんの鞭撻と支持をお願い致します。

大阪市旭区蒲生町一〇
朝鮮日報大阪総販売所
振替大阪七二二六六番
大阪市東成区東小橋北元町三の九
朝鮮日報東大阪販売所
大阪市西淀川区浦江北二の一四〇
朝鮮日報西大阪販売所
大阪市西成区長橋通七の四
朝鮮日報南大阪販売所
大阪市東淀川区中津南通四の四一
朝鮮日報北大阪販売所
大阪市大正区北恩賀島町三一
朝鮮日報港正区販売所
大阪市旭区蒲生町一〇
朝鮮日報旭区販売所
大阪市東成区深江町
朝鮮日報布施販売所
大阪府枚岡村額田

朝鮮日報枚岡販売所
大阪府堺市戎島町一の一三
朝鮮日報堺市販売所
大阪市八尾駅前
朝鮮日報八尾販売所
大阪府泉北郡南王子村
朝鮮日報和泉販売所
（写真は本社大阪支局社屋全景）〔略〕

本紙掲載名刺広告

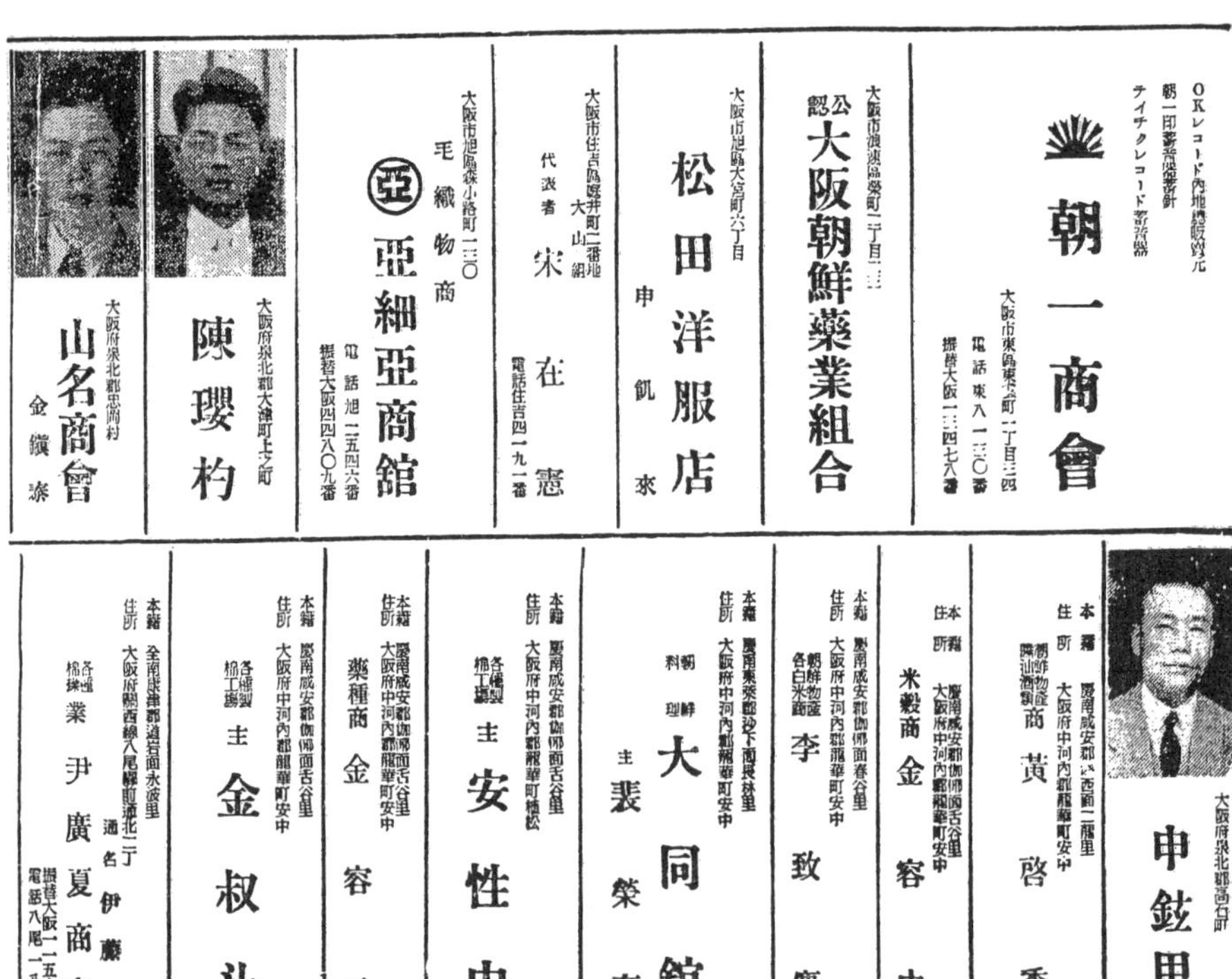

OKレコード内地總販賣元
朝一印蓄音機蓄音針
テイチクレコード蓄音器
朝一商會
大阪市東區東小橋町一丁目三四
電話東八一三三〇番
振替大阪一三四七八番

大阪市浪速區榮町二丁目三三
公認 大阪朝鮮藥業組合

大阪市旭區大宮町六丁目
松田洋服店
申飢求

大阪市住吉區姫井町二番地
大山組
代表者 宋在憲
電話住吉四一九一番

大阪市旭區森小路町一三〇
毛織物商
亞細亞商館
電話旭二五四六番
振替大阪四四八〇九番

大阪府泉北郡大津町上之町
陳瓔杓

大阪府泉北郡忠岡村
山名商會
金鎭琫

大阪府泉北郡高石町
申鉉甲

本籍 慶南咸安郡□西面二龍里
住所 大阪府中河内郡龍華町安中
朝鮮物産 釀造酒類商
黃啓秀

本籍 慶南咸安郡伽倻面舌谷里
住所 大阪府中河内郡龍華町安中
米穀商
金容中

本籍 慶南咸安郡伽倻面春谷里
住所 大阪府中河内郡龍華町安中
朝鮮物産 各白米商
李致慶

本籍 慶南東萊郡沙下面長林里
住所 大阪府中河内郡龍華町安中
朝鮮料理
大同館
主 裵榮奎

本籍 慶南咸安郡伽倻面舌谷里
住所 大阪府中河内郡龍華町植松
各種製綿工場
主 安性中

本籍 慶南咸安郡伽倻面舌谷里
住所 大阪府中河内郡龍華町安中
藥種商
金容元

本籍 慶南咸安郡伽倻面舌谷里
住所 大阪府中河内郡龍華町安中
各種製綿工場
主 金叔斗

本籍 全南康津郡道岩面永波里
住所 大阪府關西線八尾驛前通北二丁
各種綿操業
尹廣夏商店
通名 伊藤勇
振替大阪一一五六番
電話八尾一一八番

本籍 全南靈巖郡新北面金水里
住所 大阪府泉北郡高石町南
柳興善

大阪府泉北郡南王寺村
睦興洙

布施市 長堂三丁町四八
高田工業所
金鍾日
電話布施一二五九番

布施市 長堂一丁目二二
山田眼鏡工業所
李漢明

ノーパンクタイヤ製造元
二和ゴム工業所
布施永和九三六
振替大阪一一四、一二二四番

大阪市東成區南中本町二丁目三五番地
張禧淳

（レコード吹込設置新設）
各社蓄音器
朝鮮소리판
新舊書籍
各種雜貨
男女고무신
다리미製造
……※……
都散
賣業
時昌商會
主 李時漢
振替大阪七〇七五五番
本店 大阪市西成區北開町三丁目一
支店 東淀川區天神橋筋七ノ一四
西成區玉出本通七ノ四

本籍 慶南咸安郡北面中岩里
住所 大阪府中河内郡龍華町大安中
ファスナー業
古物商
吉川商店
趙鏞福

大阪市東成區東小橋北之町二丁目一五六
諸金屬丸球
錠前各種
製造
林元植

大阪府下中河内郡枚岡村驛前
朝鮮料理大同館主
鄭珉喆

大阪市此花區茶園町一一五
古物商
金南喆商店

大阪市東成區猪飼野中六ノ一九
各社蓄音器
レコード賣拂鮮洋樂器
長壽堂
主 金鳳鎭

大阪市東成區猪飼野大通一丁目三六
朱翼淳醫院

特許二重煉炭コンロ
火種無氣火ガッツク
一個煉炭テ二十四時間保ッ
世界一ノ經濟ナコンロ
製造販賣元
大阪市南區元屋町
株式會社 旭煉炭コンロ商會
電話南六四五四番

棉實油 棉實油粕
カポック油 カポック油粕
椰子油 椰子油粕
荏油 荏油粕
製造販賣
大阪府中河内郡龍華町（但關西線八尾驛前）
大阪八尾局私書函第四號
岡村製油所
電話八尾局 九五 五九番

本籍 慶北星州郡大家面興山洞
住所 大阪府中河内郡龍華町竹淵一二五六
各國白米
並酒類
商
ミヤコヤ

本籍 全南咸平郡[illegible]面[illegible]里
住所 大阪府中河内郡龍華町[illegible]井一六〇
金銀銅鐵商
金琦鳳

本籍 慶北迎日郡松羅面中山里
住所 大阪府中河内郡八尾町西郷
セルロイド綿工場
李慶德

大阪府中河内郡若江村北若江六九一
アイボリナツド釦工場
張漢德
張一[illegible]

本籍 慶南晋州郡
住所 大阪府中河内郡龍華町安中四七三
綿織布木各種 海陸産物販賣
金占鍋

本籍 慶北尙州郡[illegible]面佳里五八
住所 大阪府中河内府龍華町植松一三二一ノ六
漢藥商及片倉生命社員
趙東植

本籍 慶北迎日郡松羅面光川里
住所 大阪府中河内郡八尾町大信寺五三
セルロイドハンドル商
尹相吉
電話八尾五七九番

本籍 慶北盈德郡南亭面元尺洞
住所 大阪府中河内郡久寶寺村三[illegible]六一ノ一
セルロイド加工業
張昌守

本籍 慶南密陽郡上南面禮林里
住所 大阪府[illegible]西線八尾驛前通り北
朝鮮物産 [illegible]酒類 商
金聖達

本籍 慶南咸安郡伽倻面舌谷里
住所 大阪府中河内郡龍華町植松
各國自轉車 販賣及修繕
金明坤

本籍 全南靈巖郡美巖面斗[illegible]里
住所 大阪府中河内郡龍華町植松一三三四〇番地
古物商
尹有萬

本籍 慶南咸安郡伽倻面舌谷里
住所 大阪府中河内郡龍華町安中
金台汶

本籍 慶北達城郡[illegible]城面新岩洞
住所 大阪府布施市長瀨北蛇草一〇六
漢藥商
金敬玉

本籍 慶南金海郡長有面茂谷里
住所 大阪府布施市北蛇草一二三
朝鮮海産物及 朝鮮人參販賣 朝鮮名産江原道江清
張瑛[illegible]

住所 大阪府布施市北蛇草二一九八ノ一
電話布施七二六番
自轉車部分品製作所
雜貨綿布 酒類 金物海産物一式
本籍及營業所 全南濟州島城山浦
鄭達秉

本籍 慶北盈德郡盈德面華水洞
住所 大阪府中河内郡八尾町大字西郷一七
古物商
金萬秀

登錄商標 ヒコーキ印
特選綿實粕 各種油粕類
合資會社
藤村製油所
住所 大阪府中河内郡龍華町安中
電話八尾三番 略(フセ)叉八(フ)

本籍 全南務安郡海際面鶴松里
住所 大阪府中河内郡龍華町植松一三四〇
製絲原料 商
金村商店
主 金年豊

本籍 慶南南海郡邑内
住所 大阪府中河内郡龍華町植松一一七
眼鏡レンズ製造業
鄭安根

三和電器製作所
鑛物エボナイト 自轉車用ランプ
宋祥玉 韓達官 張一權
大阪府布施市北蛇草一一三

本籍 全南麗水郡召羅面竹林里
住所 大阪府中河内郡若江村北若江
金泰洪

〔『朝鮮日報』一九三七年八月二八日〕

在大阪朝鮮人活躍全貌（2）

在大阪商工業家紹介版

大阪紹介版第二号発行に際して

大阪は面積一、八一三万平方メートルに、人口四五〇万人を有する、大大阪である。その膨大な規模から世界的大都市であるだけでなく、商工業、また対外貿易においても、さらにいえば、世界有数の都市であることは、周知の事実であろう。長期抗戦にあって皇国の戦時経済体制下における〔日本帝国の〕無敵ぶりは、このように重要な役割を果たす大阪があるためであろう。

このような大阪には、渡航証明等の移住制限があるにもかかわらず、内地各処からの転住者も少なくなく、自然増加もあって、朝鮮人居住者が日々増加し、現在約二四万人に達しているという。これは昭和一一年末統計の二二万五千人に比べると、一年間で一万五千人の増加である。

この二四万人の大多数は貧しい農村出身で、世の苦しみから免れようと、唯一ある労働力だけを武器にして、日雇い労働をしに〔大阪へ〕渡って来たのがその動機であった。

しかし、時代の移り変わりの中で、大阪にいる朝鮮人は万難を排して、躍進に躍進を重ね、今日、経済生活に関しては、他の地方の誰にも劣らない自信と実力を持つ者が多い。

現在の大阪には徒手空拳で商工業界の重要地位を獲得した者が一人二人ではなく、大阪府下の布施市だけでも電力を三馬力以上使用する工業家だけで一八〇余名、大阪全体を通じて朝鮮人商工業家が数千余戸で、年生産額が数千万円を下回らないというから、産業都市大阪の市民として少しも遜色のないものであった。

昨年度〔一九三七年〕本紙で大阪紹介版を発刊した動機の一つは、このように躍進の道を歩んでいる在住の各層朝鮮人を広く紹介することによって、従来、一般の人びとが持っていた認識を変えて新たにすることにあった。そして二つ目は、未だに未成熟な商工業界の今後の発展のために、在住朝鮮人商工業者と内地各所はもちろん、朝鮮内商工業者との間での物資融通の道を促進させることにある。三つ目は先進諸賢が歩み続けてきた足跡を伝えることで、後裔の将来の参考になるのではないかということにある。幸いなことに、昨年度、紹介版発刊〔するという構想〕の発表をすると、各方面の人士より支持と声援を受け、第一号を無事発刊することができた。当時、紙面の関係で、在住人士を多数紹介できなかったこともあり、引き続き第二号を発行する計画を立てていたが、時局の関係で一時中止になっていた。折しも本紙の紙齢六千号と革新五周年を共に迎えることになり、本社では、この記念事業として朝鮮特産品展覧会、朝鮮古典芸術演芸大会などの各種の集いを持った。これに合せて、従来の計画を実行するのも有意義であり、一方では、このような非常時下において、銃後国民として力強い活動をしている在住朝鮮人状況を内外に紹介することが、決して無意味なものではないと考えており、今般大阪紹介版第二号の発刊を発表するに際して、各方面諸賢方々は昨年度と変わらない支持と後援を与えてくださり、第二号を発刊できた。

これはひとえに諸賢が本報を愛護してくださる賜物と信じ、深謝するところである。一年が過ぎた今、新たな個別的動向に関する統計等を載せられなかったことは申し訳ないが、色々と不十分な点に関しては第三、第四号を以って補充報告していく予定であり、ご容赦いただき、今後もこれまでに増しての鞭撻と支持を願うばかりである。

（朝鮮日報大阪総販売所白）

刀圭界の権威者

江南医院長　崔亨澤氏

氏は慶北慶州の生まれ。郷里で小学を終え、幼年時から山口県に渡って来て中学を終えた後、山口高等学校に通っている途中、医学に志を抱き、九州医学に学籍を移し、同校を優秀な成績で卒業した後、九州医大研究室で研究していた。その後、大濠県立病院、長崎公立病院、境川伊藤病院などに多年奉職して、臨床治療の研究を積んだ後、昨年の春、天六において半島医院を開院したが、医院が狭いため、現在、東成区猪飼野一条通の、前大毎共栄館病院の跡に移転し、同時に院名を江南医院に変更し、入院室等設備を拡充して、入院患者を取り扱い、また健康保険患者も取り扱うため、外来患者も日を追うごとに増加しているという。氏は性格が快活、大胆であり、対人接客に親切丁寧である。趣味は書画と器楽で、それを楽しむという。氏は現在、三二歳の壮年医師として常に社会事業に高い意を有しており、今後、氏の活躍を一般の人々は期待している。（写真は崔亨澤氏）〔略〕

朝鮮食料品の卸売

大阪商店代表者　金昌植氏

実業家として、今後、企業界を左右するだろうという期待を一身に受けつつ、前途悠々と前進する氏の存在は、芽が出たばかりで成長過程にある〔大阪在住朝鮮人の〕商業界において唯一の存在である。氏は慶北義城郡金城面生まれ。朝鮮で学業を修め、深い抱負と高邁な理想をもって昭和三年頃玄海灘を渡り、経済都市大阪の最も中枢地帯である北浜街で機械商に従事していたが、今春から大阪市東成区猪飼野の朝鮮市場内に資本金五万余円を投資し、朝鮮食料品卸売商を開設し、元山をはじめとして朝鮮各地はもちろん、北海道にも出張所を設置して、特産優良品を仕入れ、倉庫と商店に泰山のように積み置いている。これは氏が多年間、あらゆる精力と誠意を集中して立ててきた計画が、実践期に入ったということであり、鍛錬された商略と商術で仕入れ、販売の両方に、氏の独特な手腕を発揮して、斯業に大成していることを確認するだけでなく、今後、氏の実業家としての期待が大きい。（写真は金昌植氏）〔略〕

勇進不退の猛将
松山金属製作所主　李浩烈氏

氏は全南務安智島面生まれ。それほど豊かでない朝鮮の農村で生まれ、普校を終えると、並々ならぬ希望を持って、悲壮な決心で故郷を後にし、一〇年前大阪に渡って来た方である。もともと、勇進不退で、志を立ててそれを堅く守るがゆえに、一介の職工であった氏は現在、大阪市東成区深江町中五丁目で金属工場を経営し、職工数十名を雇い、年額数万円を生産している。氏の今日の地位を獲得させたのは、専ら徒手空拳で孤軍奮闘した血と汗の結晶だ。（写真は李浩烈氏）〔略〕

布施市の徳望家
山田眼鏡輸出商主　李漢明氏

布施市の実業家として、または社会事業家として貢献した人物が李漢明氏である。この李氏は、布施全市民の信望と期待を一身に受けている。氏は全□□郡□□面生まれで、漢文□□において厳格な東洋道徳を涵養した後、大正一三年頃、来阪して工場の一介の職工として従事したが、昭和五年頃に、現在経営中であるセルロイド眼鏡輸出業を独立経営した。多年間、苫痛に苦痛を重ねて、実際に体得した技術と手腕を現業に発揮したため、経営してわずか二年間で斯界では相当な地位に昇ったが、氏は事業が進展すればするほど沈着と慎重を期し、切磋琢磨しつつ現業に専心した結果、今は天変地異があっても、氏の経済的基礎は微動だにしないほどの礎石を築いた。このような氏は、実業方面で有能なだけでなく、社会事業方面でも並々ならぬ関心を持っており、二万円余りを喜捨して感化園を設立させたのは、おそらく内地に来ている朝鮮人の中で、社会事業にこれほどの巨財を喜捨した者は氏が最初であろう。現在氏は、啓明会理事、教化委員、長堂区会議員、同業組合査定委員等の名誉職に就いていることを見ても、氏に対する一般の信望がどうであるかが容易にわかる。金城鉄壁のような、地盤に囲まれている氏が、今後、如何なる抱負を持って、如何なる巨弾を発射するのか、実に注目されている。

錠前工場経営

斎藤金属製作所主　蔡甲龍氏

円熟した手腕を持ち、事業に勤勉実直な青年工業家に蔡甲龍氏がいる。氏は現在、大阪市東成区鶴橋北之町二丁目で「錠前」工場を経営しており、分工場が三ヵ所もあり、年産額数十万円の生産品を、南洋、印度、支那等の地に直接輸出しており、彼が経営している工業の規模がどれほど大きいかをよく知ることができる。氏が二〇歳にならない、弱冠の身で玄海灘を渡って来て、今日の成功に至るまでには、波乱に富んだ成敗得失と逆境に浮沈したが、氏の固い初志で勇往邁進した結果、よって挫折することなく、ついに今日の地位を獲得するようになった。氏は特に斯界において、並外れた特別な才能があり、工場経営の妙策においては他者の追随を許さないであろう。〔写真は蔡甲龍氏〕〔略〕

製棉業界第一人者　金章炫氏

氏は全南霊厳〔霊岩〕郡西湖面長川里生まれ。疲弊した朝鮮農村を後にして、生き生きとした商工都市大阪に渡航した彼は製棉業を経営して、夜も昼も絶えず努力した結果、今では一〇余人の職工を使用し、製棉業界での第一人者となった。氏は当年三五歳の青年で、町内において信望が厚く、現住所は大阪府下中河内郡八尾駅前である。〔写真は金章炫氏〕〔略〕

意気溌剌な青年
羅山セルロイド主　羅斗七氏

氏は済州島摹瑟浦生まれ。現在、布施市足代北二丁目の「セルロイド」生地製造業家である。一六歳の時に大阪に渡って来た当年二八歳の意気溌剌な青年工業家として、まれに見る人格と教養を具備した者である。氏が経営する生産品は自転車のハンドル、万年筆、玩具、螺旋〔不明〕、眼鏡などに使用する物品であるが、そのほとんどが関西地方で消費されるというが、氏の技術は巧妙であり、他人が真似できない優良品を生産するため、斯界に名声が広がっていて、これからの大成が約束されている。〔写真は羅斗七氏〕〔略〕

製紙原料界の巨商　金年豊氏

氏は大阪府中河内郡龍華町大字植松に住んでいるが、昭和四年に出生地である全南務安郡海際面鶴松里を後にし、産業界の中心地である大阪に渡って来て色々な事業に従事した。昭和一〇年に製紙原料業を経営し、一心努力で活動した結果、現在では製紙原料界における巨商となり、勤勉家として大衆の模範となる人物であるという。

（写真は金年豊氏）〔略〕

製綿業界の重鎮
立志伝中の人　金淑斗氏

氏は慶南咸安郡伽倻面舌谷里生まれで、府下中河内郡龍華町に住んでいる。昭和三年に大阪に渡って来て、七年間も職工生活をしながら、勤倹貯蓄した僅少な資金で製綿業を経営し、不断の努力で、今では十余人の職工を使用し、金氏の工場製品であれば、業界から歓迎され、使用されるようになった。金氏は勤労家として大衆の模範となる立志伝中の一人であるという。（写真は金淑斗氏）〔略〕

レンズ界の技術家
眼鏡レンズ製造業　鄭安根氏

氏は慶南南海郡南海邑生まれ。昭和五年に大阪に渡って来て、三年間、職工生活をしながら貯蓄した僅少な資本で、府下八尾駅前でレンズ工場を経営し、不断の努力で、今では十余人の職工を使用し、鄭氏の工場の製品なら、業界において歓迎され使用されるようになった。鄭氏は勤労家の一人であるという。〔写真は鄭安根氏〕〔略〕

漢医薬界の明星
保命商会主　曺守奎氏

氏は慶南金海生まれ。性格が温厚であるだけでなく、沈着な研究家である。幼時から家業伝来の漢方医学を修め、弱冠〔二〇歳〕で朝鮮総督府医生免許を受けて約二年間医業に従事した。昭和八年に来阪して、高等鍼灸学校を卒業後、数年間新旧医学に関する研究を重ねて、三年前に本店を大阪市東成区中川町に、支店を大正区小林町に置いて薬種商保命商会を開設して以来、門前市を成すの盛況を博している。一方では、氏は独特な技術で醸造場を設置して真甘味の優良醤油を製造し、奉仕的な廉価で直接消費層に供給している。

〔写真は曺守奎氏〕〔略〕

闘志満々の経綸家
布施市　申奉燮氏

氏は布施市在住朝鮮人の唯一の相談役であり、また厳然たる存在である。全南霊岩生まれで、早くから東京で学業を修め、現在、布施市高井田において裁縫機と自転車を製造販売している。氏は快活胆大で、寛厚篤実なる性格を持って、実業方面はもちろん、社会方面でも積極的に努力し、さらに朝鮮人の生活向上のためには寝食を忘れて奉仕的活動をしている。昨年、布施市会議員選挙の時に出馬して残念ながら落選はしたが、朝鮮人立候補者の中では、氏は〔その得票数において〕最高点であった。現在、国税調査委員、古物商組合長、内閣産業統計調査委員等、名誉職に就き、並々ならぬ手腕と経綸を発揮しており、一般の信任と期待は日進月歩して集まっている。このように氏に対する声望が集中すればするほど、その手腕と功績は燦然たるものになろうことを信じて疑わない。

眼鏡輸出界の明星

吉岡眼鏡製作所主　金厚教氏

眠れる獅子のように沈重な態度で、自分の業務に専心する金厚教氏がいる。氏は真の人格を持っている、信ずるに足る人物である。慶北善山郡桃開面生まれで、早く学業を終え、郷里で五、六年、育英事業に全力を尽くしていた。一〇年前に神戸に来て、今後、工業界の有望なることを察知した氏は、神戸で文化ゴム工業所という工場の経営をし、一方では、社会的に多角的な活動をされている方である。五年前にゴム工業界から堺業のセルロイド眼鏡製造業に転業し、現在、布施市北蛇草一二八六で職工五〇人余りを使用し、年産額一〇万円近くを生産している。生産品の大半が米国、印度等の地への輸出品であるため、神戸では同地の商館と直接輸出を行っている。多角的な方面に発揮する氏の全ての精力を、今後、事業に集中し、氏の将来に光栄があることを信じる。

ゴム工業界の一人者

二和ゴム工業所主　高行珍氏

氏は済州島新村生まれ。そこの普通学校を終えた後、労働のために、一三年前に大阪に来てゴム工場の一職工となったが、五年前にゴム工場を独立経営するようになった。現在は工場を布施市永和町に、支店を大阪市東成区大今里七六八に置き、職工を数十余人を使用している。生産品がノーパンクタイヤ、各種三輪車のタイヤ、乳母車のタイヤなど、特殊品であるため、全般的にゴム工業界が不景気中にも、氏の工場だけは夜間操業を続けている状況にある。氏は明朗な性格に、巧みな技術を兼ね備えているため、将来を嘱望されている。

製縄業の信望家　宋占成氏

氏は慶南陜川郡大併面坪峰里生まれで、現在、大阪府下中河内郡龍華町に居住している。八年前に大阪に渡って来て土木に従事して生活を続けつつ、諸事を倹約して貯蓄した少資金をもとに製縄業を経営し、現在では数名の職工を使用し、氏の製品なら業界では喜んで使用されるようになった。氏は赤手成家〔無一文から財を成した〕の勤労家として模範となる人物である。〔写真は宋占成氏〕〔略〕

朝鮮仏教禪教布教所
布教師　邊知豊氏

氏は全南長城郡北条面の生まれ。代々、仏教を篤く信じる家に生まれ、氏もまた弱冠の年に仏教に志を抱き、早くから京城青年学舘〔での学業〕を終えて、長城にある本山白羊寺講院に入山、一〇年間仏経を研究し、済州法華寺布教師をしていた。昭和六年に大阪に渡って来た氏は、異郷で苦しんでいる朝鮮人の喜悲哀楽を、仏教を通じて解決しようという情熱的な宗教家である。三年前、中河内郡巽村大字西足代に敷地一〇〇余坪を取り、仏

殿を建立して、現在信徒二〇〇人余りを抱えている。〔写真は邊知豊氏〕〔略〕

堅忍不抜の努力家

三木金属製作所主　張長東氏

氏は全南康津郡蝺川面生まれ。貧しい農家に生まれて、人並みの教育も受けられなかったが、並々ならぬ強い意志と希望を持った氏は、今から一三年前に勇躍離郷して大阪に来て、時には失業、病魔などで自己一身の衣食住さえも危ういほどであったが、氏の堅忍不抜の、鏑□のような意志は、このような難関を排除し、前進してきた結果、今は布施市足代一丁目で金属工場を経営し、年額数万円を生産している。氏は自己の職業のためには生命まで捧げようとする、職業に忠実に臨む〔数文字不明〕者であるため、氏の所営事業が今後発展することを疑わない。〔写真は張長東氏〕〔略〕

工業家として有名な

金城ゴム工業所　金正成　姜萬善□〔不明〕氏

実行が難しい共同経営で発展に発展を重ね、人の羨望の的となっている青年工業家に金正成氏、姜萬善氏がいる。両氏は済州島新村生まれで、当年二七歳の同じ年齢である。相互扶助という真の精神を持ち、少しずつ集めた僅少な資金を合資し、ゴム工場を始めた。そして、短時日でこの業界において目立つ存在になっただけでなく、日進月歩で発展を成し遂げている。このように共同経営が発展したのは専ら、両氏共に円満な性格と充分な理解力を有していることにある。現在、大阪市東成区猪飼野東四丁目で工場を拡張し、年産数万円を生産しており、生産品はノーパンク三輪車タイヤを中心に各種タイヤである。特に製品が優良で斯界に名声が広がっているという。

宗教従事三余年
天理教布教師　鄭仲禮氏

大阪で朝鮮人宗教家として歴史が最も長い人を挙げる時は、まず鄭仲禮氏を指摘する。氏は平壌府東町生まれで、大成中学を経て東京の慶應義塾で学業を修めた有為な人格の持ち主であり、意志が剛直で、物事に対して大胆さと推進力があるという。氏は早くから天理教を通してこの世の苦海における本当の真理を感得するため、天理教に一身を投じ、過去三〇余年、この道に忠実に臨む使徒であるという。氏は自己を犠牲にして他人を助ける宗教家である。信望が厚く、一般に多くの信任を受けている。現在、東亜聯盟総裁であり、今後、氏の多角的活動を一般は期待している。（写真は鄭仲禮氏）〔略〕

製綿業界の巨星　安性中氏

中河内郡龍華町で製綿業を経営している氏は、慶南咸安郡伽倻面舌谷里生まれ。故郷で農業に従事したが、昭和元年に大阪に渡って来て製油所職工として過ごし、一〇年間蓄積したものを資本に、前の奉公主の岡村氏の後援のもとで製綿業を経営するところ、業績が日進月歩であるので、これから大成功の日は遠くないと思う。

（写真は安性中氏）〔略〕

工業界の巨弾
村田製作所主　金南出氏

ナット工業界において村田製作所といえばきわめて有名である。氏は全南康津兵営面生まれで、大正七年、紅顔の少年として大阪に渡って来て、これまで一六年間をナット工場で成長しただけに、広い大阪においても、ナットに関する技術で氏に追従する者はいないという。昭和八年に工場を独立経営し始め、現在は布施市大蓮一五八六ノ一において工場を拡張して生産能率を上げている。氏は技術も巧みであるが、信用が厚く、他の工場ではできない特殊品を製作するため、専属の注文だけでも処理しきれない現状であるということで、熟練した手腕と技術を備えた彼は、将来どのような巨弾を投げるのか、実に注目されている。〔写真は金南出氏〕〔略〕

ゴム工業界の大物
安全ゴム工業所主　安康生氏

大阪でゴム工業界の重鎮といえば、まず氏を指摘しなければならない。済州島法還里生まれ。赤貧の家庭に生まれ、幼時から世の苦しみを受けていた氏は、この苦しみから免れようとして、一六歳の時、大阪に来た。ゴム職工の生活に四、五年従事して、そこで習得した技術を土台に、五分の利子で二〇円を借りて家内工業を始めた。一一年たった今日では、府下中河内郡巽村西足代で職工八〇余名で、年産数十万円を生産している。氏が今日の地位を獲得するまでの間には、ほかの人が想像も付かないほどに起状が激しく、自己の事業のために悲嘆の涙を流したことが一度や二度ではないということで、氏の今日の地位はまさに血と汗で築いた金子〔字？〕塔といえ

るだろう。〔写真は安氏の工場全景〕〔略〕

朝鮮食料品巨商
二和商会　韓哲道・李鎬九両氏

大阪で朝鮮食料品商界において最も経験が豊富で、手腕がある者を挙げるならば、二和商会の韓哲道氏と李鎬九氏であろう。両氏は済州島の生まれで、幼時から水産業界に素養があった関係上、現在、大阪市東成区猪飼野の朝鮮市場において共同経営で二和商会を設置し、原産地である清津、元山、馬山、北海道などから直輸入し、京阪神を舞台に相当な巨額の商取引をしている。商略と手腕を兼備した両氏が二心同体となり、斯界において力を尽くすことで、近い将来に大成功が期待されるであろう。

堅実な工業家
富田金属製作所主　鄭宗文氏

氏は全南順天邑生まれ。早く普学校を終え、胸の中で波打つ向学熱に引かれて一五歳の時に東京に来たが、学資の関係で学業の実を結ぶことができなかった氏は、人間生活の先決問題は経済条件にあると思い、大阪に来て工業に留意した結果、現在、布施市荒川二丁目で金属品工場を経営し、年産額数万円を生産している。氏は内剛外柔の性格を持ち、事業に犠牲的な努力をしているため、氏の将来に大成功があることを嘱望する。
〔写真は鄭宗文氏〕〔略〕

製綿業の技術者
敏活な手腕家　尹廣夏氏

氏は全南康津郡道岩面生まれ。当年三〇歳の青年であるため、敏活な活動と忠実な努力の結晶として、現在、製棉界の尊敬と信望を占めて、相当な地位を獲得している。教化事業を目的とした八尾内鮮共愛会班長として、多年の間努力しているが、一般大衆からも有為な青年だとして、前途が期待されているという。（写真は尹廣夏氏）〔略〕

大阪市旭区蒲生町二丁目九五
朝鮮日報大阪総販売所
振替大阪七二二六六番
大阪市東成区猪飼野町西三丁目
朝鮮日報東大阪販売所
大阪市西淀川区浦江北二丁目一四〇
朝鮮日報西大阪販売所
大阪市西成区長橋通七丁目四
朝鮮日報南大阪販売所
大阪市東淀川区中浦吉通四丁目四一
朝鮮日報北大阪販売所

大阪市港区石田元町二丁目六三
朝鮮日報港正区販売所
大阪市旭区蒲生町四三九
朝鮮日報旭区販売所
布施市荒川町 一丁目三五
朝鮮日報布施市販売所
（布施市商工会議所前）

大阪府中河内郡八尾駅前
朝鮮日報八尾販売所

大阪府北河内郡諸堤村大字横堤七八
朝鮮日報徳庵販売所

本紙掲載名刺広告

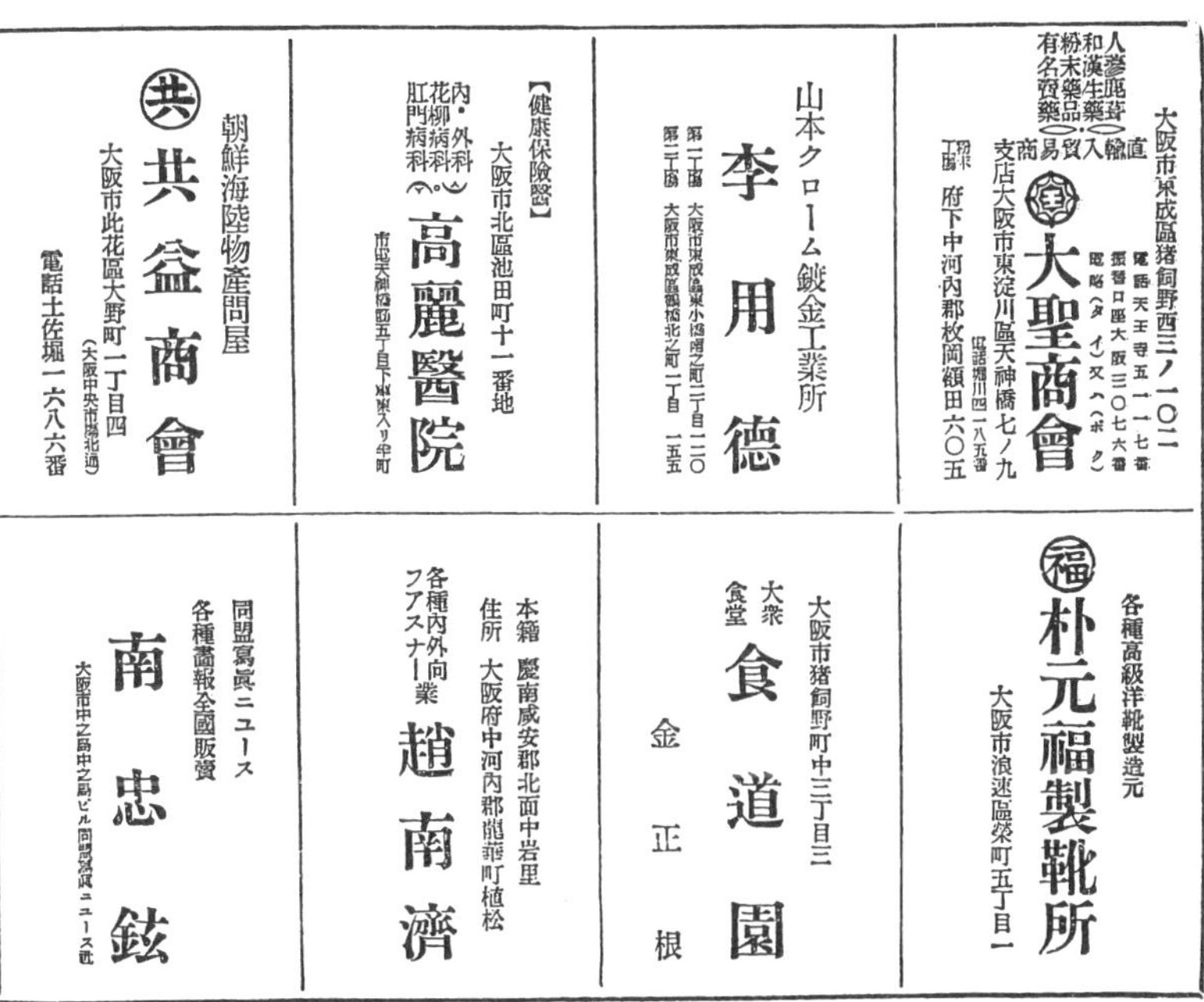

朝鮮文印刷
活版石版百般印刷
精文社印刷所
大阪市東成區南中濱町二ノ八一
電話南大〇〇九番

太平レコード朝鮮版總販賣元
各社朝鮮소리판特約店
朝鮮各種
雜貨其他
新舊書籍
都散賣業
時昌商會
大阪市西成區北開町三丁目一
振替口座 大阪七〇七五五番

海陸食料品
都賣兼散賣商
車鉄
大阪市東成區猪飼野町中三丁目八
(猪飼野朝鮮市場)

内外薬種直
輸入都散賣
普生堂大薬房
大阪市東成區中道本通一丁目一三
電話東四五二九番
振替大阪一二三六七番
取引銀行三和銀行中道支店

尼崎三共商會専屬扱店
金秉訓
營業所
自宅 大阪市此花區

大阪府布施市高井田九五三ノ二
各種錠前
製造元
金田製作所

大阪市東淀川區本庄中通一丁目一九
丸丹製造販賣 丸海産物輸出入商
丸京大阪支店
電話北六一五一番
振替大阪二八九九八番
略(〇キョ)又ハ(キョ)
本店 咸北城津港旭町六一一

大阪府中河内郡龍華町大字安中
海陸物産
酒醬販賣
李致慶

大阪府中河内郡龍華町植松
古物商
尹有萬

［『朝鮮日報』一九三八年六月一〇日］

玄海灘密航夜話(1)

漫然渡航阻止の所産　港都釜山の新たな犯罪

厳しい取締りにもかかわらず違反者漸増

密航！　海港都市釜山ならではの名詞である。渡航阻止という制度の新設後、このような密航事件が生まれ、農村民をだます密航ブローカーの跋扈は、釜山で特殊犯罪を形成し、釜山の犯罪史の数字の記録を数多く更新している。十数年前、渡航阻止制度が制定された当時は、このように数多くの密航犯罪が発生するということに考えが及ばなかった。のみならず、一部労働者の「漫然渡航」にだけ適用され、当局の取締りはそう厳しくなかったものが、時間が経つにつれ、その数は激増し、今では密航ブローカーの警戒、取締りは厳重となり、釜山の二つの陸上の警察署では密航係を特設して密航専門事務を担当させ、水上署では別室を設置、三人の係員がその事務に務めている。これこそ、密航釜山の実状を表している一面であろう。密航釜山！　ここには、心に残る、涙ぐましい様々な物語、「エピソード」が一つ、二つではない。農村の生活にうんざりした彼らは、農地関係、借金の高利の重圧、時には天災の傷によって、朝鮮ではどうにも生きていけるか不安な状態となり、生活の道を求めて結局は密航ブローカーの巧妙な手段に騙され、かくして密航を選んだのである。このような事情に置かれている農民の心理をよく知るブローカーは、日本内地に行ったら何かと生活の道があるといって、農村を歩き回り、あらゆる手段をつくして誘うことによって、彼ら〔農民たち〕は、その難しい〔日本内地への〕渡航を、密航によって実現させ、玄海灘を渡りさえすれば、金もうけができるだろうと、漠然と考え、古いぼろぼろの服であってもそれを全部売り、質にでも入れて〔密航のためのお金を準備して〕、ブローカーの機嫌をとるようになる。

この密航ブローカーは、釜山と地方に潜在し、互いに連絡を取り、地方から密航者を募集し、釜山に送ると、釜山では日本内地と連絡を取り、発動機船で一人当たり一七〜一八円くらいを受け取る。これが最近の釜山での〔密航の〕相場である。ところで、この密航者の検挙者数は、例年、八〇〇余人であるが、これは密航を実行する前に検挙された数であり、当局の警戒網を巧妙に突破して〔日本内地側に渡って〕、ふたたび送還された者が今年三月統計で、もう二〇〇余人にもなっている。このことから、密航警戒網を突破する、その裏面の手段がどれほど巧妙なことであるかが推測できる。密航者を故郷の別で見れば、慶北道民が最多数として約九割を占めており、ブローカーもやはり慶北人である。これは取締りが大きく関係しているようである。密航を企図する理由としては、前記したように、災害などによる生活難、そして密航の時期別の数字では、農閑期である一一月から増え始め、一、二、三、四月が多く、五月ごろからは減る。今年は例年より警戒が厳重にもかかわらず、その数が倍近く増え続けている。この現象は一度考えるべき重大な社会問題である。

そして、密航に成功したといっても、日本内地の警察当局の厳重な警戒は、釜山のそれに負けないものであり、頻繁に送還されて来る者がいる。〔送還される者の送出し先の〕地方別では、福岡県をはじめ山口、佐賀など西日本地方である。（継続）（写真は釜山埠頭から乗船する旅客たち　鎮要検閲済）〔略〕

（慶南支社　一記者記）

〔『朝鮮日報』一九三八年四月一四日〕

玄海灘密航夜話(2)

荒波上で繰り広げられるブローカーの奸計千態

監禁や偽刑事登場も

次に、釜山埠頭を中心に出没する密航ブローカーの策略とその密航について見ると、私たちが想像できないほどの、彼ら独特の策略と手段が隠されている。地方には出張員を置き、密航者を募集し、募集された密航者をひとまとめにして送ると警察に見つかる恐れがあるため、四、五人ずつ群れを作って釜山駅や釜山鎮駅に向かわせ、釜山ブローカーたちは、地方から届いた電報に従って、約束した駅で彼らを迎え、深夜に、どこかの家の片隅の部屋に彼らを隠し、〔密航船に乗せる〕集団をまとめる。

彼らは、外出はおろか、トイレに行く際にも見張りを立てられ、それこそ監禁状態の地獄生活である。一部屋四、五人しか寝られない部屋に、一〇人余りが寝ることになり、気楽に寝られるはずもない。「おい主人！これは何ですか！犬や牛でもないのに。せめてぐっすり寝られるようにしてください。」「このやろう、生意気なこと言うな！なかなか行けない日本内地に送ってやるというから嬉しくてそんなに生意気を言うのか。」一言でも何かいうとすぐにその場で叱り飛ばされることを分った上で密航をしに来たため、揉めごとでも起して警察に発覚すると、その結果がよくないということを恐れた愚かな考えで、声も上げられず、ただ頭を下げたまま、その生き地獄の監禁生活を仕方なくするようになる。

しかし、彼らは無料で泊まり、無料で食べるわけではない。一回の食事に二〇銭から二五銭の食事代が取られており、この密航者が予定していた人数に達すると、ようやく発動機船を準備するということになるが、発動機船が準備できるまでは、仕方なく、そこで食事をし、寝泊りをせざるを得ず、発動機船の準備が遅れたら、密航費以外にも多額の食事代も払わなければならないようになる。

発動機船が準備され、密航船に乗る方法は、夜間、予め考えておいた海岸付近に密航者を潜伏させておいて、日が暮れて密航船に乗せるという形で、夕食を食べたのち、それぞれが、隣の家に遊びに行くかのように、帽子もかぶらず、外衣も着ず、一人、二人と、約束の場所に集まるようにして進める。彼らは、夜露に濡れつつ、山のふもとに集まって暗くなるのを待ち、いよいよ迎えに来た発動機船に乗ることとなる。

しかし、あまり乗船できない、わずか一〇〇～二〇〇トンしかならない発動機船に四、五〇人の密航者は全員、荷物を入れる底に隠れて、外の出入りができないように蓋をして、出発するのである。

ここに巧妙に潜伏していた刑事たちが、密航者たちと一緒に監禁され、船が出発した後、トイレに行くといって外に出て、呼び子を鳴らし〔関係者を検挙しようとして〕、ブローカーたちとの間で波打つ海上で大格闘が起きることもある。そのため、底に監禁されている密航者たちは呼び子の音をきいて、数十人の刑事が来たと思い、身動きもできず、ただ隠れていることになる。このような格闘で、犠牲になった者もたまにおり、最近では、刑事と格闘して、海に飛び込んで逃げようとしたが、〔溺れ死んでしまい〕何日が経過した後、死体となって漂着されたという事件もある。

いずれにせよ、これらの厳しい警戒網を突破し、密航するといっても、わずか一〇〇～二〇〇トンの発動機船で玄海灘の荒波を押し分けて進むというのは、実に危険な航海であるし、監禁生活もあって、二重の苦しみとなっている。五年前には六〇人を乗せた密航船が玄海灘の荒波を越えられず、沈没して、六〇人の生命がそのまま、水葬になったこともある。前に述べたブローカーたちの中には、比較的良心的で密航を成功させようと誠意を持つ者もいてありがたいが、中には悪質なブローカーもある。ある発動機船船長と共謀し、前記のような手段で密航者各人に一七円、あるいは一八円ずつ取ってポケットに入れて、密航者を乗せた後、外に出ることを禁止し、日本内地に行くといって、〔実際には〕釜山港内を一晩中廻り、夜が明けようとする頃になって、牧島の後ろにある海岸、あるいは西面戡湾海岸などに降ろさせ、「ここが日本内地だから、他人の目につかないように早く降りて」といって〔密航者をおろして〕、そのまま逃げることもあり、もっとひどい場合は発動機船が出発する付近に偽刑事を潜伏させて、前記の手段で密航者から密航費用を受け取った上で、密航者を発動機船に乗せる際に、潜伏していた偽刑事を出動させて、刑事が来たといって密航者を逃がし、密航船を捕えて水上署に行くそぶりを見せるなど奇妙な芝居を行う例もある。

このように、農村農民が血と汗を流して儲けたお金を狙い、以上のような罪悪を犯す者の処置こそ徹底すべきことであろう。（継続）〔写真は渡航証の検閲を受ける光景　鎮要検閲済〕〔略〕

（慶南支社　李錫柱記）〔『朝鮮日報』一九三八年四月一五日〕

玄海灘密航夜話(3)

憧れの航海であるはずだったが、乗船してみたら生き地獄

一つの難関通過もまた難関

前回は、密航ブローカーが密航者を密航船に乗せるまでの手段と方法について概ね述べた。ブローカーが密航者から受け取る一七円ないし一八円の手数料の分配状況を見ると、三つに分配する方式を取っている。すなわち、地方に出張して募集を行う者が旅費を除した上で、残ったお金を釜山の本来のブローカーと発動機船の船長との三人で分配する。

しかし、ここには、ブローカーの約束によって別な方法で分配を行うこともある。すなわち、地方に募集しに行くブローカーの費用がどれほどかかったのかは関係なしに、釜山ブローカーたちが一人当たり四円ないし五円をもらい、発動機船船長は三円ないし四円を受け取るということもある。

最近は、これが一番合理的だとしてその方法が取られるが、出張ブローカーが密航費を受け取り、それを分配するまでの責任を負わなければならない。出張ブローカーたちは釜山ブローカーたちに一人当たり七、八円を思い切って渡すと、釜山ブローカーたちは発動機船船長にまた三、四円ずつ渡すという形式であるため、彼らは事務分担上のそれぞれの責任だけを果たせば良い。しかし、ブローカーたちの道徳ではそうならないようで、密航船が釜山を離れるまでは、互いの助け合うことを厭わない。

さらに、募集してきた密航者を隠す方法では、前にも述べたように、監禁することもあり、警察の目の届かない釜山府外の飲食店や、田舎の一軒家に隠し、数日待って、夜中に約束の場所に集まるようにする。

このように、玄海灘さえ渡ればと、辛く悲しくてもこれくらいの苦労は我慢しようと、漠然として考えて来た密航者は、ブローカーたちにだまされ、目的を遂げられないことがわかった瞬間、改めて鬱憤と嘆きが爆発させる。「お元気で！　いっていらっしゃい！」といいながら、故郷を離れた時のことを思い出し、旅費が無く、古い服も全部売り、あるいは質に入れ、やっと準備をしたのに、玄海灘もまだ渡らないままに、残ったのは苦労と旅費の損害だけである。そのまま、再び、故郷に戻るということには、なかなか気が進まないという。その狭い部屋に監禁されていたこと！　他人の目につかないようにしながら、釜山の見物もできず、夜露に濡れながら森の中に差し込む月光の下で故郷を思ったこと！　—密航船に乗ってもう目の前の玄海灘を渡るといって、たとえ、発動機船の底で苦労をしても、志を遂げられると思った嬉しさなど、さまざまな思いで、彼らは呪詛の涙を流すのである。

陸上のブローカーたちの策略と活動は前記と同様だが、海のブローカーはどのような策略で彼らを弄んでいるか。これもまた読者の方では気になるところであろう。

海のブローカーというのは、発動機船船長をはじめ、機関長と火夫たちで、彼らは大体日本内地に船籍を置いた漁船関係者であり、船はおおむね約三、四〇トンしかならない発動機船である。

彼らの中には、他人の発動機船を月決めで借りて、運搬業または漁船として使うよりも、収入の面において有利であるということで、彼らは機関長と協議のうえ、利益の分配をすることにし、釜山のブローカーと連絡を取り、陸上ブローカーが連れてくる密航者を引き受け、そのように密航をさせるのである。密航者を乗せて、前にも述べたように、釜山港内を一晩中廻って、途中、牧島の後の海岸に降ろした上で、ここが日本内地だといって、そのまま逃げるか、本当に玄海灘を渡るといっても、わずか三、四〇トンしかならない発動機船で荒波の玄海灘を渡るため、発動機船の底で荷物のようにむやみに押し込められた彼らは、荒波に耐えられず、船酔いというより、むしろ半分死んだような苦行をしつつ、吐き出した汚物は船の底に流れ、腸が腐るような、まさに生き地獄である。しかし、彼らがこのような生き地獄で苦労をしても、一口の水を勧めてくれる人すらおらず、すぐにでも飛び降りたいと思っても、荒い海の真ん中でそんなことができるわけではない。ますます険しく波打つ海の中に進む密航船は、三、四〇人の命を乗せていても、薬の準備すらも、また水の用意もないという、ただ金儲けに汲汲とする、非人間的な彼らの罪状こそ言語道断である。

かろうじて玄海灘の荒波を渡り、日本内地に到着しても、現地の警察の目を逸らすということで、〔密航者たちは〕そのまま船の底で苦労をし続け、夜中になって降ろされるが、船酔いで立ち上がることすらできない身を持って官憲の目につくのではないか恐れながら、再び森の中に隠れるという、まさに険しい難関はまた来るのである。〔継続〕〔写真は密航者を送還する光景　鎮要検閲済〕〔略〕

〔慶南支社　李錫柱記〕

〔『朝鮮日報』一九三八年四月一七日〕

玄海灘密航夜話(4)

緊密な連絡の下に完全な地下運動
ブローカーの大部分は密航失敗者

以上、一般的なブローカーたちの策略の輪郭をおおむね述べたが、延いては、海と陸上のブローカーたちはどのような連絡を取っているのか。その活動と連絡の内情を暴露して、彼らの姦計百態を明らかにしたい。

海のブローカーというのは、前にも述べたように、陸地ブローカーの指揮に従って彼らの活動計画が立てられるため、いわゆる元締めブローカーの策略がその根源になるのである。したがって、ブローカーの本営である元締めブローカーの策略の裏面を調べてみよう。

陸地ブローカーたちから、密航者一人当たり三、四円の密航費を受け取ることが海のブローカーたちの収入であるということはすでに述べたが、元締めブローカーは日本内地にいる発動機船所有者と協議の上で約束し、電報を打つと釜山にやってくる一方、直属のブローカーを一名雇って、自分の存在は絶対秘密として、地方で募集してきたブローカーたちに募集された密航者がどのくらいか、その数を調査させるため、密航する発動機船がどこにあるのか、あるいはどれなのか、他のブローカーたちは全く知らない。

ただ、元締めブローカーと船長との約束で、彼らをどこに集めるかを、直属部下に指令をすると、彼はブローカーたちが潜伏している所に行き、指定の場所に集まれと命令を下す。

それゆえに、元締めブローカーの顔は、密航者はもちろん、一般のブローカーたちも知らず、ただ、盲目的にいわれた通りに、集まれという場所に、自分のところにいる密航者を集めることである。元締めブローカーが発動機船を三、四百円の前金を払って船長と契約をするか、または、今回の航海は、品物（密航のブローカーたちが密航者をそのように呼ぶ）を三〇人とか四〇人とか言って、ガソリン代として、三〇円か四〇円を支払うなどとして、取り引きをする。

一般ブローカー、すなわち、地方ブローカーたちは、地方から募集してきた人数だけを元締めブローカーの直属人に報告するだけで、ブローカーとブローカーの間にも互いの手段と方法は異なり、互いの連絡もないため、かりに甲というブローカーが警察に捕まっても、［それを］知らない場合が多い。

元締めブローカーの指令を受けて、ブローカーたちが指定の場所に行ったら、実に多数の密航者がいるため、ようやくブローカーたちも元締めブローカーの計策が巧妙であることを知り、彼らが集まった後、他の発動機船に乗った元締めブローカーは、約束の場所に入り（発動機船はもちろん消灯している）、電灯で彼らが集まっている所に向かってサインを送る。このサインに従って、直属ブローカーも応答するため、警察がいるかどうか、しばらくはサインのやりとりをし、もし警察がいれば、そのサインに従って船を引き返すようになる。

また、密航費を受け取る方法においても、直属の者が、ブローカーたちに約束の場所に行く際に「おい、あれを持ってきたか」「じゃあ、持ってこなかったのか？」と確認した後、たとえば約束の場所に行っては、ブローカーと直属ブローカーとが、人数をもとにして会計処理を行う。

では、このようなブローカーたちは如何なる理由でその数が増えているのか、記者の調査によれば、もちろん渡航阻止の制度が始まってから新しくできたことではあるが、元締めブローカーたちに関しては筆を取るのを避け、地方または細胞的なブローカーの数が増えていることについて触れておきたい。

これら悪徳ブローカーたちも、ブローカーになった原因には生活問題があるが、彼らの生活問題はさておき、彼らが増えていく原因をいうならば、彼らも元々は密航者のなかの一人であったが、日本内地から送還させられ、故郷に帰るにも帰れず、釜山駅付近で徘徊していた。その際、ブローカーたちにつかまって「おい、密航者を募集して来ると、一人当たり、五円ずつやるから」といわれ、釜山駅付近で歩き廻っている田舎者を再び騙すということが今日の結果になったという。（継続）（写真は警備船　鎮要検閲済）〔略〕

（慶南支社　李錫柱記）

〔『朝鮮日報』一九三八年四月一九日〕

玄海灘密航夜話(5)

さまざまな侮辱はわれわれの愚かさゆえである

送還者の涙ぐましい失敗談

千里の苦行荒海が結局は、涙の海であり、嘆息の波であることは、簡単ではあれ、これまでに記した事実から十分にわかるであろう。

陸地のブローカーの間で二重三重の受け渡し、駆け引きの対象となった身の上がさらに海のブローカーに転売されながらも、彼ら密航者は、ブローカーの裏面のさまざまな姦計を知らずに、市場の商品のように取り引きされ、渡し渡された身の上で、玄海灘の荒い海を、なんとか厳重な警戒を避けて渡ったとしても、その気苦労を癒す前に、かの地〔日本内地〕の警察によって発見されてしまって、故郷に帰らなければならないのである。

向こうの山の下に夕日が傾くなか、カモメの群れが舞う釜山港に入ってくる阪釜連絡船によって送還される者の数も、これら密航者の未然に検挙される数の三分の一くらいにはなるということから、ブローカーたちの跋扈を十分に推測でき、昨年と今年で一千余人の密航者を捕えた水上署の活動ぶりもまた見当がつくものである。

ここでは、彼ら送還者に密航した際の苦労とブローカーの騙す手段方法に関する体験談を聞いて見よう！数日前、福岡県警察部の手によって送還された密航者二六名のうち、全羅北道淳昌郡赤城面支北里の梁某（二二歳）という青年の話を紹介すれば、次のとおりである。

「密航ブローカーに騙され、このような苦労をしているのは、専ら我々が愚かなせいですよ。故郷で彼らに誘い出され、大きな事業でもやりに行くかのように騒がし、無い金を借り出そうと苦しんだことを思い出すと、そいつらをすぐにでも殺したくなります。故郷を離れる時、父母兄弟と別れ、お金を稼いで来てまた会おうと堅い決心を持って約束したのですが、この道（密航）がこんなに甚だしくて険しい苦労をする、生き地獄であるとは思いもしませんでした。

今晩出発するから皆お金を出せといわれ、母親が家ごとに廻りながら、まるで物乞いするように借りてきたお金と、日本内地に行くということで別れを惜しんだ友だちから少しずつ得たお金の一七円を差し出したものの、今晩、今晩といって、五日が経過したその晩に、ようやく、どこか分からない島（牧島）に連れていかれ、ある飲み屋で待つようにいわれました。

私と一緒に行った三人は、全員慶尚北道出身の者で、われわれ四人だけが渡ることになるのかと、互いに顔を見つめ、故郷ではわれわれのことを心配しているだろうと話し合いながら、夜を過ごしていたところ、零時になってわれわれを連れてきた者ではない別の人が付いてこいというので、慌てて走っていくと、そこにはわれわれ以外にも三〇余人の密航者の集団がいました。」

ここまでの話を聞いて、一緒に送還されてきた彼らは憤慨しつつ、「あの方はそれでも殴られてはいないようですね」といって、ジョン・ギヤン君を押しのけて、「私が話します」といいながら、目に涙を浮かべる人は慶北に住んでいる金某という人物である。

「いわゆる密航船は、発動機船に乗るとき、ただ一人ずつ、急がずにこっそり乗ると、それほど混雑はしないのに、捕まえられるかと心配して性急に慌てて、海に落ちる人もいました。また、船の底に入れられた後は、蓋をするから息苦しくなり、横にもなれずに座ったままで出発しました。船がどこまで行ったかわからず、荒波が船の脇にぶつかって出る音は、いくら考えてもこのままでは命が危ないように思われて、蓋を開けてみると、荒波は船の甲板までうねっていました。

奴らは何の話もせずに船を漕ぎ、仲間たちはあちこちで吐き出し、船の中は豚の餌容器のような、本当に臭い匂いと吐瀉物が、船の揺れによって転がり廻ります。その中にいる人たちは、果して人間でしょうか。ただの地獄ではなく生き地獄にいるようなもので、こんな苦労を一昼夜過ごした後、船の揺れがなくなったので、外の空気でも吸ってみようとしたら、もし外に出たら皆つかまるから絶対動くなといわれ、本当にいやでした。その時に捕えられてもいいから、とにかく生きなければと思って出ようとすると、今度は殴られました。」(継続)

(写真は取締りの本営釜山水上署　鎮要検閲済)〔略〕

〔『朝鮮日報』一九三八年四月二〇日〕

(慶南支社　李錫柱記)

玄海灘密航夜話(完)

二〇〇円以下の罰金はブローカーにとっては軽微な負担
法網を巧妙にくぐって職業化

このように、田舎の農民をだまし、あらゆる策略、手段を講じることを仕事とするブローカーたちは、一年の間に一〇〇人位も捕まえられており、これら一〇〇人が犯す犯罪が一年に約一千人の密航者を生み出している。

一千余人の密航者を生み出す彼らの犯罪は、何度かにわたってその事実について述べてきたので、あらためて説明する必要はないだろう。では、警察当局が彼らをどのように取り締まっているのか、その取り締りの方法は秘密とされるためになかなか知ることができないが、その概略を述べると、密航係の刑事がスパイを使ってブローカーたちが隠れている所を知らせてもらう一方と、さらに、刑事自身の活動により、彼らが潜んでいる所を調査するのである。

また、密航者が密航を試みる前に発覚した場合、捕らえられたブローカーがもし密航費として受け取ったお金をそのまま所持していれば、それをそのまま密航者たちに渡して、〔彼らが〕故郷に帰るための旅費とする。そうではなく、故郷に帰る旅費が無ければ、日本から送還されてくる密航者たちと共に〔釜山府の〕社会課に行って、故郷に戻る旅費を用意してくれるという。

ブローカーたちに対しては罰金二〇〇円以下の直決処分を下すことになるため、二〇〇円以下のお金が無ければ、そのまま留置場に入れられる。

しかし、罰金を払えば無事ということで、二〇〇円があれば、そのような犯罪を敢行しても、単に二〇〇円以下の罰金だけで済むという考えが、ブローカーたちの頭の中に無いとは断言できないだろう。

罪というのは、その法を利用して犯す場合と、仕方ない時に犯す場合では、その根本精神から異なり、法の適用においても異なるはずである。

この密航者たちを見ると、初犯より二犯・三犯の者が多いのは、捕えられても二〇〇円以下の罰金しかならないためであり、〔見つかったら〕払えばよいという考えを持っていることが容易に推測できる。

ここから、ブローカーが一種の職業的な常習者となってしまうのであるが、彼らに対する取締りと警戒がより厳重になる必要があり、また取り締まりの方法もさらに厳しくしなければならない。

最初に捕まったら二〇円、次に捕まったら三〇円など、ブローカーたちの頭の中には、そのような法令が常識化され、安易な考えでそのような罪を犯すような傾向があるのではないか、と思われる。

最後に、密航者たちが警察の厳重な警戒と取り締まりにもかかわらず、その数が年々増えているのは、法を巧妙に利用しようとするブローカーたちの考えが原因の一端であると同時に、密航者とブローカーのほとんどが農村の人々であること、すなわち、犯罪者のほとんどが農村の人々であるということが、大きな理由である。

なぜなら、彼らがどのようにしてこのような犯罪者となったのかというと、それは、すでに述べたように、朝鮮の農村を見ると、彼らの唯一の生活財源となっている農地が、大農場の出現や、その他の農場施設へと資本化されることによって、狭小となるだけでなく、農村の資本化が年々、強力に進む反面、〔農民たちの多くは〕災害などでその生活が極度の危険にさらされ、破産・流離を余儀なくされている。いわゆる朝鮮の都市というのは、都市工業の発展が見込まれる社会であれば、彼らを産業予備軍とし、都市に集めさせることができるが、朝鮮の中には彼らを収容できる工業・産業の発達が見られない関係で、彼らはみな資本化がまだ進んでいない満洲に行くか、日本内地の工業地帯に行かざるを得なくなった。このように、〔農民たちは〕農村で生活できず、やむを得ずに都市に寄り集まるようになるが、前述のように、都市には彼らを収容できるような事業がなく、結局、悪徳ブローカーになるか、そうでなければ、密航者になる。彼らの事情を聞くと、皆、暮しの手立てを探せずに足掻いているという。

ここで、釜山の特殊犯罪を形成している人々の足跡を無くすためには、まず、彼らに安定した生活を保障し、さらには、渡航阻止制度が多少緩和される必要があるだろう。

（慶南支社　李錫柱記）

〔『朝鮮日報』一九二八年四月二一日〕

東京の品川埋立地

金　龍済

東京といえば、ここの青年たちの若い心臓に憧憬の火を灯す文化都市であり、失業浮浪者たちがうまく金儲けする「黄金園」であろう。

しかし、現代都市文明の裏道には、あらゆる悲劇が黒煙の中で呻いていることを私たちはよく知っている。私が帰郷してから、すでに満一年になったので、今日の東京の雰囲気や、その裏通りで一粒の麦のように縮こまって生活する朝鮮人部落民たちの現状については、残念ながら報告できない。しかし、忘れられない記憶は、常に新鮮であるのか、異郷で苦楽をともにした兄弟たちのことを故郷に戻って考えてみると、彼らの運命に、ますます同情しないわけにはいかない。

今年の新聞には、毎日のように玄海灘の喜悲劇が報道されている。密航者たちの検挙送還がそれである。しかし、密航の成功者たちは、いったい日本内地でいかなる生活を送っているのか。勿論、一般的に、彼らの生活は安定したものではなく、多少メッキを塗った、うわべの華やかな面もなくはない。

東京には留学生だけでも五千人以上を数え、労働者の数は一〇万人をはるかに上回るという。

東京の朝鮮人部落は市外のあちこちに散在し、小集団を形成している。本所区、深川区は東京でも所謂□□貧民地帯だが、朝鮮人部落はやはりそのようなところに作られている。

その中でも、私がよく知っているところは、品川埋立地の朝鮮村と天香園と寺島の大小部落である。ここでは、品川埋立地の彼らの部落の話を紹介するにとどめよう。ここは東京でも有名な、問題の朝鮮人部落であるので、文学者の関心と興味を引いたことも少なくない模様だ。村山知義の「あるコロニーの歴史」や金承久君の「流民」は全部ここを舞台に描いた作品である。

昨年夏、私は久しぶりに故郷を訪ねるがごとき思いをいだいて、そこを密かに訪問した。その時、感じたことが「海風」という詩であったのだ。ここは大震災以後、行くところない彼らの〔住み着いた?〕、本当に荒れ果てていた荒蕪地の川辺だった。燃え残りの松の板切れでいくつかの家を建て、雨露をしのいでいたものが、近来になって月見橋両側に、二つの集落はほとんど一〇〇戸を数え、人口も三、四百人を超えているのだ。

昨年にはもう何回も市当局から撤去命令があったが、彼らは、現実問題としてどうすることもできない事情から陳情に行って、そのままそこにいたが、最近はどうなっているかわからない。市当局の理由はもちろん公明正大なものであった。近く五輪大会が東京で開催される予定で、海外からやってくる人たちの目に、このような汚らしい貧民窟を見せることは、文明国として屈辱であり、都市美観上も衛生上も、看過できないというのだ。ここで生活する彼らも、そうした文明的見地にはもちろん少しも異議はないが、ここで生活できないとすれば、生活するところはないという現実もまた存在するのであった。この問題をテーマにして私が書いたものが「流浪哀曲」であった。

彼らは、工場に通うのは良いほうで、その次に良いのは、下水修繕のような日雇い労働、所謂自由な商業というものの大概はクズやである。

家といっても海の風が強かったり、地震が少しでもあったりすると、すぐ飛ばされたり、倒されたりして、空が見えるような代物である。彼らは狭い「三畳」部屋に（もちろん畳が敷いている部屋はほとんどない）留置場の中のようなところで寝食をし、「押入れ」の上にも下にも、重なって入って、かろうじて寝ているのだ。

その中でも、さらに我らの関心を引くのは、そこで出生し、そこで育つ第二世の子どもである。この子らは朝鮮語を知らない者が大半であり、朝鮮といったら懐かしい故郷というより「虎がいる怖いところ」というような、漠然とした認識を持っているようだ。

昨年頃までは、そのような厳しい世界において、若い女性たちの色鮮やかなチマチョゴリの装いが美しく見えたが、最近はそのような服も着ることができるかどうかわからない。

ちょうど、私が帰郷する一ヵ月前、その品川朝鮮人部落に大火災が起こって、それさえも〔確かでない〕生活基盤が〔水泡に〕帰した。ちょうど、梅雨時であり、一ヵ月くらいにわたって天幕生活を続けた彼らの惨状は、口では言い尽くせなかった。在留有志らと留学生社会で多大な救援運動をしたが、苦境に陥った彼らを充分に慰労することはできなかった。

彼らの生活について書くとなると、まずこのような哀愁が先にたち、悲しいことである。異郷の彼らの健在だけでも読者とともに祈ろう。〔「世界の朝鮮人部落」『四海公論』四海公論社　一九三八年六月号　八三～八五頁〕

在東京朝鮮人活躍全貌

三百余年前に武蔵野へ　朝鮮人が高麗村を建設
昭和二、三年以後、累進的に増加　現在、六万余人口が在住

武蔵野の一隅である武蔵野鉄道沿線には、今から三百年前より、「高麗人」が移住して村落を形成しており、彼らはその村落を「高麗村」と命名し、彼らが祀る氏神を「高麗神社」と称して、彼らの姓までも「高麗」としている。これを見ても、交通機関が発達していなかった三、四百年という昔から朝鮮人と武蔵野が無縁の地ではなかった、という事実を推測することができる。

また、武蔵野の大部分を占めている東京、その中でも最も人口が密集し、さらに、最も大衆的な歓楽境である浅草公園、その公園の「地主」である浅草観音堂の「観音像」は、百済から渡来したという説がある。これもおそらく事実であろう。しかし、東京に朝鮮人の集団部落が形成されて、社会的にその存在が知られるようになったのは、最近、一〇数年前からである。大正年間には、〔朝鮮人の存在は〕問題にもならなかったが、昭和二、三年以後には、実に累進的に増加し、現在、六万余名が在住しているという。そのうち、約一割程度＝五、六千名が学生であり、それ以外は、商工業者、労働者、文化事業関係者に大別することができるだろう。

六万人の人口だとすると、中堅都市を形成するほどの人口ではないか。現在、日本の「市」制は、人口三万人から成立するといわれており、最少の市人口の倍の数であることがわかるだろう。

また、六万人の人口は、この広い武蔵野の津々浦々に散在しているため、彼らは互いに会う機会が少ない。現在、東京府下で百戸以上が密集して暮らすところは一一ヵ所あり、それもすべてが四方に散在している。その中で、いくつかの所について、彼らの生活状況を見ると、水久保、城東砂町、深川、浜園町、芝浦埋立地等々は、「朝鮮村」のようなものを形成している。

住民のほとんどは労働者であり、したがって、生活は不安定な状態にある。一方、委員〔方面委員＝現在の民生委員にあたる存在〕と救護の恩恵で生活を扶持する者も少なくない。

しかし、他方では、空から星を取ることよりも難しい「成功」を自分のものにした幸運者もいなくはない。その数は少なく、〔多くの朝鮮人たちは〕異境のなかで、言い表せぬほどの苦難の道を歩んでいる。〔そのような中で〕少数の模範となるような人物たちの事業を紹介することもまた少なからぬ意義を持つことであろう。

〔写真は深川塩崎町朝鮮人部落〕〔略〕

在東京朝鮮学生累年比較表

年次	学生数
大正一二年	一九四
〃 一三年	五八三
〃 一四年	一、四四二
〃 一五年	二、四二五

昭和　二年	二、三一三
〃　三年	二、七〇二
〃　四年	二、七〇七
〃　五年	二、五九〇
〃　六年	二、四一九
〃　七年	二、二四二
〃　八年	二、七八二
〃　九年	三、三一八
〃　一〇年	三、五四二
〃　一一年	四、七七〇
〃　一二年	五、七三四

在東京朝鮮学生出身道別表

出身道別	男	女	計
京畿道	五八〇	七四	六五四
忠清北道	九八	三	一〇一
忠清南道	二五〇	九	二五九

全羅北道	二六〇	一一	二七一
全羅南道	七一四	一二	七二六
慶尚北道	六九一	一五	七〇六
慶尚南道	八二一	三五	八五六
黄海道	一二一	三五	一五六
平安南道	五五八	五〇	六〇八
平安北道	四一一	三四	四四五
江原道	一一五	六	一二一
咸鏡南道	五八四	三五	六一九
咸鏡北道	二〇五	七	二一二
計	五、四〇八	三二六	五、七三四

在東京在学者学部学科別表（昭和一二年一〇月一日現在）

部科別	男	女	計
法学	一、二六九	七	一、二七六
文学	二四九	八	二五八
医学	二九	六六	九五

工学	九	〇	九
農林学	五二	〇	五二
経済学	四九〇	〇	四九〇
商学	三八一	三	三八四
理学	一	〇	一
水産	三	〇	三
薬学	二	四六	四八
高等師範	九四	二二	一一六
音楽	一〇	〇	一〇
美術	一一	二六	三七
家政	〇	八〇	八〇
計	二、六〇一	二五八	二、七五九

〔数字が合わない所があるが原文のママ〕

大学及び専門校卒業生学科別表

学部別（ママ）	男	女	計
法学	四二九	〇	四二九
文学	八一	一	八二
医学	三	五	八
工学	一九	〇	一九
理学	一	〇	一
農林学	一五	〇	一五
経済学	一〇三	〇	一〇三
商学	八八	〇	八八
薬学	二	七	九
高等師範	一四	一	一五
音楽	一二	六	一八
美術	二	六	八
家政	〇	一七	一七
体育	一四	九	二三
計	七八四	五二	八三四

〔数字が合わない所があるが原文のママ〕

各界人士のプロフィール

朝鮮が生んだ天才　科学界の彗星！
工学士　金東一氏

氏は平安南道江西郡城岩面南陽里生まれ。大正一五年に平壌高等普通学校第四学年を修了した後、佐賀高等学校を無難にパスして、昭和四年度に同校を優秀な成績で卒業。その後、東京帝国大学工学部応用化学科に入学し、以来、三年間、落ち着いた態度で研鑽・研究して明晰な頭脳で切磋琢磨して、昭和八年度に順調に帝大を卒業した後、一年間を同科の研究室で研鑽を重ねてから、現在、勤務中の岩城硝子株式会社に入社し、化学部主任をしている。氏は入社後間もなく、これまで国産品としてなかった最高の優良品である飛行機や自動〔車の〕窓硝子に使用する安全硝子を発明し、また、酢酸繊維素の人造羊毛（高級人絹原料）も発明しており、これらは飛行機の塗料、不燃性セルロイド及び、その他の各種工業用材料として使用されている。これだけでも、わが科学界においては、彼の貢献が多大であるが、他にも発明したものが多く、一つ一つすべてを枚挙することはできないものの、その中で重要な特許番号は一二二二五六六六号、一二二二四四二号、一二二三六二二号の他、出願件数六件〔がある〕。

朝鮮青年界の重鎮

在東京朝鮮ＹＭＣＡ総幹事　尹槿氏

氏は咸鏡南道永興生まれ。一八年前に海外を経由して京城に戻った後、女子教育家の金美理士女史と共に、現在の槿花女子実業学校の前身である槿花女学校と槿花幼稚園を設立した。以来一〇余年、をあらゆる苦難を経験しつつ、着実にわが女子教育界のために多大な努力をして、その後、中央基督教青年会教育部の幹事に就任し、わが実業教育界に及ぼした貢献が少なくない。

しかし、氏は、不安於小成〔小さな達成に安住せず〕ということで、遠大な志を抱いて六年前に渡東した。一年間は、氏の専攻である地理、歴史を研究したが、東京朝鮮基督教青年会の総幹事に就任した後は、会務に専心努力を尽くして、青年会のその複雑で多岐にわたる問題を円満に解決すると同時に、寄宿舎の経営方針も革新し、積滞した負債をすべて清算し、特に今年は一千余円の寄付金を募集し、会館の様子を一新して、青年会は実に目を見張るほどになった。以上の事実を見ても、氏の手腕がどれほど敏活であり、氏の性格がいかに事務的であるかをうかがうことができる。さらに、氏は、事ごとに周到綿密であるために失敗をすることが少なく、人に対して厳正剛直であるために一般の信望が次第に高まっている。

教育舞踊界の彗星

大日本教育舞踊研究所理事長　咸貴奉氏

氏は清州生まれ。早く清州高等普通学校を優秀な成績で卒業した後、渡東し、東洋音楽学校に学籍を置き、不眠不休の功を積んで文部省教員検定試験に無難にパス。世界的な舞踊家である崔承喜女史と共に石井漠の門下で古典バレエを、また江口研究所で新興舞踊を学んだ後、島田豊氏に師事。主に児童舞踊に全力を注いで研究したが、これまでは「島田雄二」という名義で一般に知られている。氏は、現在、大日本教育舞踊会の理事長であり、また、研究所の本部を東京ＹＭＣＡに置きつつ、支部を五、六ヵ所置いて舞踊界のために尽瘁している最中で、この分野における氏への嘱望が多大である。

東京朝鮮基督青年会舘〔写真略〕

今から三二年前に創立され、キリスト教精神を基に、朝鮮青年の指導及び教化に尽力して今日に至った。

堅忍不抜の意志で　鞏固たる地盤を確保
朝日蓄針製作所主　呉晩乭君

蓄針〔蓄音機の針〕工場といえば、日本で全国的にもその数がきわめて少数であるが、それにもかかわらず、その少数の中でも最も有力な地位を占めている朝日蓄針製作所は、当年三一歳の有為の青年である呉晩乭君が、昭和九年に自分の手で設立したものである。君は忠清南道大徳郡柳川面柳川里の生まれ。家庭の事情により普通学校を卒業もできずに、ほかの人には見られないような困難を経験しつつ、一時は、雑貨の行商人やキセル商売までしたという。今から一〇年前の三月に、君は悲壮な決意のもと、新しく生きていく道を開拓するために玄海灘を渡るようになった。一人孤独な身で渡東した君は、はじめの段階では期待していた成功ではなく、言葉で表せない困苦の試練を味わうことになった。

昭和蓄針工場で満五ヵ年間、着実に努力し、四年前に、独力で荒川区南千住町六ノ一三八番地に五〇余坪の工場を建設した。あらゆる困難を突破し、ひたすら熱と誠で一貫し、業績はますます活況を呈し、信用も次第に高くなり、取引関係は昼夜銀行と結んでいる。

万人共賛の商業家
金泰烈氏

氏は全羅北道南原生まれ。大正一五年に日本のキリスト教界において有名な賀川豊彦氏の神戸中央部〔神〕学校を卒業した後、平壌光城高等普通学校で七年間も教鞭をとっていたが、方向を急に転換して渡東し、渋谷区千駄ヶ谷三ノ四九一番地で現在の事業を開始した。天〔久〕布白落実氏ほか諸氏の後援下で、その事業はますます隆盛で、氏は商業的手腕が巧みで、ミシン販売界をまさに独占しているかのようである。しかし、氏は常に約束断行、時間厳守主義を履行すると同時に、キリスト教的な友愛主義を信奉するため、商業も順調で、一般の信望も厚く、家庭団欒も実現している。

徒手空拳で成功　鉄物商界の重鎮
青年事業家　李炫範氏

李炫範君こそ立志伝中の一人であるだろう。君は郷里である慶尚南道昌寧郡吉谷面馬川里の貧しい家庭で生まれ、学校もろくに通えなかったが、自分の活路は自分が開拓していこうということを心に決め、それだけは少年時代から守ってきたという。そのため、大正一五年、すなわち一四歳になった春、悲壮な決心と遠大な抱負を持って日本内地に渡来した後、愛知県や長野県信州を転々とする中、ある時は工場、ある時は農家、その他さまざまな所で仕事をしたが、すべてのことに涙ぐましい話があった。昭和三年に親戚とともに来東した後、江東一帯の一流の鉄物商である高橋商店に入ったのが今日の成功の基礎となるとは、誰が予想しただろう！　高橋商店にいた五年間、氏は誠実な態度と敏活な手腕で常に抜群の成績を示し、主人の信任を独占した。昭和八年に、本所菊川町二ノ一四番地に独立して鉄物商を開店した後は、ひたすら正直さと誠意で顧客に接し、機敏な商略的手腕で物品を処置し、一般に信任も得て、評判が次第に高まっていくにつれて事業は盛況を呈した。現在では、非常に多くの資産と数百余坪の店舗を所有しており、従業員十数名とバイク五、六台を使用している。町内の信望が高く、現在、家庭防火群長であるという。君はその業績から見て、江東一帯における数十名の古物商の中で第一位を占めると同時に、東京在住の六万同胞の中で、年少な成功者として第一人者でもあるだろう。

勤倹徳望の人物
銅鉄商　朱敬燮氏

向島区寺島町七ノ八番地にある銅鉄商の朱敬燮氏は、慶尚北道義城郡義城面中里の生まれ。大きな夢を抱き、大正一二年の春に渡東し、大震災を経て、某鉄物工場で若干の技術を習得し、自主的に工場を経営したが、失敗し続けて、一時は浪人生活をし、昭和六年からは現在の事業に着手したところ、氏の独特な手腕と勤倹によってわずか数年で数万円を貯蓄した。現在では、納税額が年に六、七百円にも達し、数台のトラックを持ち、八〇余坪の倉庫も所有しており、向島古銅鉄商組合の創設者の一人として、その人望に対する賛辞が広まっている。

百折不屈の意志で　始終如一に邁進

実業家　眘又億萬氏

氏は慶尚南道固城郡固城面水南里の生まれ。大邱啓聖中学校に通っていたが、大志を抱いて、渡東の後、日本大学経済科に入学し、卒業まであと一年を残して家庭の事情によって退学してしまった。その後、あれこれ転業を繰り返し、「カステラ」製造業を〔行って〕、一時は相当なものであったが、年少である関係で損をし、数年間は非常な困難を経験したり、〔二文字不明〕にも直面したりした。そのようにしていた中で、昭和九年に、「グリコ」会社に入社した後、小石川区江戸川一〇番地で、グリコのほか、森永、明治などの一流製菓会社の製品を鉄道局、軍隊、官庁、各会社や劇場などの購買組合に納入しているのであるが、熟練した氏の商業的手腕と巧みな社交術は、他人が真似できるものではないという。現在、自家用でダットサン〔日産自動車の製品の当時の呼称〕、電話や倉庫などがあり、取引関係を持つ銀行は昭和銀行であり、今後、氏の事業の発進性は最も大きいという。

レコード商の巨頭

三千里蓄音機商会　朴齊星氏

氏は開城大和町生まれ。京城で成長し、大正一五年に大志を抱いて渡東した後、それ以来、数年間にわたって学窓生活を送る。昭和五年からは下谷区金杉二ノ五番地で三千里蓄音機商会を開業したが、朝鮮人として東京蓄音機商業組合に加入した者は、唯一、朴氏だけである。氏は多情多才な方で、商業的才能が豊かで社交的手腕が円滑で、その販路を北は樺太から南は台湾まで得て猛活動中である。その取扱い商品は、朝鮮レコード全国□、世界第一純鋼鉄針、トリオ針、東郷針であり、他にも、朝鮮の特産品を日本内地に移入・紹介して多大な売上高を出している。

弊店の特価品一部　ポリドール一六五、コロンビア一六五、ビクター青盤一一〇、太平一一〇、リーガル九〇、オーケー盤に限って特に八〇。

私財を惜しまず　社会事業に献身
青年篤志家　李南植氏

氏は全州多佳町生まれ。頭脳が明晰で、学歴は小学校卒業に過ぎないが、速記術を修得して、長年にわたって通信社の記者生活をしたこともあり、現在は株式会社竹内組に勤務中である。また、氏は荏原山瀧原町会理事長、荏原防護団第二分団体本部主任、荏原区少年団教務部長、荏原選挙粛正実行員、震災共基金会評議（会長　有馬農相）、国民総動員部荏原実行員など、荏原区社会団体の役員の中で、氏の名前が記載されていないところがないという。

信仰生活から出発　公益事業にも尽力
洋服問屋金田商店　金鳳俊氏

氏は平壌生まれ。早くから平壌西門通りで共済洋服店を大規模で経営したが、この共済洋服店が平壌における洋服店の嚆矢であるという。洋服商業の政策上、朝鮮では不便な点が少なからず、昭和六年に洋服問屋の総本拠地である神田区岩本町七番地一〇号に金田商店の看板を掲げた。長年にわたって朝鮮で得た経験と明晰な頭脳で朝鮮人の心理をよく看破し、その需要に対する供給に的確に符合するように機敏に動き、神田にある四～五百の洋服問屋の中でも、その信用が最も高く、鮮満各地に対する販売高が第一位を占めているという。しかし、氏は商業のみに多忙であるというわけではなく、信仰にも篤く、現在、東京中央教会の長老で、同教会を通して某種の学校設置運動にも休むことなく歩き回っているという。

卓越した識見家
実業家　金琮鎬氏

氏は平安南道江西郡咸従市〔面〕生まれ。大正一二年に横浜に来たが、関東大震災当時に普通ではない困難を経験し、その後、横浜商船に就職した。昭和六年に日本大学経商科を卒業し、翌年には遠大な抱負を抱いて雄飛する胸算をもって南洋に進出したが、客観的な情勢から思うようにいかず、再び渡東。その後、清浦伯ほか諸氏の後援を得て、某種の商業で海軍部に納品をしているが、氏の誠実な態度と耐え忍ぶ意志は、一般からの信頼を一身に受けると同時に、業績良好で、家庭もきわめて平和で和気に満ちているという。

実践躬行が一五年
白十字会主事　韓晛相氏

氏は全羅南道霊岩生まれ。大正八年に中央中学校を卒業した後、渡東して日本大学に学籍を置いたが、中途退学し、大正一四年から肺結核予防治療所で全国的に有名な神田区小川区(ママ)二ノ一番地にある白十字会に就職して以来、一五年間、着実に仕事を遂行しており、現在は、同会の主事で、同会の支配人格として管理している。

裵龜子楽劇研究所

特色　朝鮮芸術家の養成が根本的目的。
特典　義務教育、衣食住、全学費、貯金等まで全部負担。
新築　今年内に落成予定。

裵龜子女史談　吉本専属の一座として、長年、各地での出演時に皆様から歓迎され、何と感謝のお言葉を申し上げげれば良いのか分かりません。私は理想として、朝鮮芸術を特色とする歌・舞・劇の三調和を主唱します。そのため、小規模ながらも研究所を持って実際に努力中でございますので、皆様のご指導を賜り、より一層使命を果たしたいと思います。今回、研究所を新築する動機も、優秀な人材を多数養成して、一般の要求と先輩諸氏の厚意に報いたいという思いにあります。

朝鮮固有の舞踊は、芸術的な価値が豊富である。その踊りの高雅で悠長な情趣は、おそらく誰もが認めるものではないか？　過去には朝鮮内だけでこの舞踊が演じられたが、現在は、朝鮮舞踊は世界的に好評を博しているのである。舞踊も一芸術であるため、この芸術の極致に到達しようとすることで、朝鮮舞踊の進歩があり、未開拓の芸術境に到ることができるのである。

朝鮮舞踊、いや、一歩さらに進んで、歌・舞・劇の調和に精力を注ぎ、その向上に努力する者は誰だろうか？

思うに、この分野の先達である裵龜子女史を最初に挙げざるを得ないだろう。

裵女史は、朝鮮固有の歌・舞・劇を研究するのに寝食を忘れて取り組む努力家であることは周知の事実である。朝鮮舞踊界の至宝である裵女史を誰もが大切にする。さらに、舞踊界の後進は、彼女を尊敬し、慕うのである。では、彼女の幼年時代から現在までの、終始一貫した朝鮮舞踊研究に対する苦心談の一端を聞いてみることにしよう。

占いによれば舞踊が天職だという裵龜子女史は、幼い頃から舞踊が好きで、自宅や学校を問わず、暇さえあれば、踊ることを日課の一つとしていた。九歳の時に、運命の導きによって、天勝という劇団〔松旭斎天勝一座〕に身を投じるようになり、在団していた一〇余年の間、幼い身で休まずに各地を回って出演し、至る所で大歓迎を受け、劇団界で一躍名声を高めるようになった。裵龜子女史が一六歳の時に、天勝劇団が裵女史を連れて米州まで行って興行するようになり、一九歳の時までの三年間、ニューヨークをはじめ、米州各地で興行したのである。はじめに予定していた〔アメリカでの〕学校教育は、都合上、受けられなくなり、〔代わりに〕至る所で個人教授を受けるようになった。女史の技術はますます発揮され、彼女は全米にその名をとどろかせた。偶然、ある日、「シカゴ」で朴某という朝鮮人牧師に出会い、新しい考えを持つようになった。また、朝鮮の踊りを現代の舞踊化させ、全世界に誇るべきことだと決心した。そのため、天勝劇団を辞し、直ちに朝鮮に戻って朝鮮舞踊の研究に第一歩を踏み出したのである。裵女史の帰郷の所感はどうだったのだろうか？　夢の中で懐かしんだ故郷！　舞踊朝鮮に新しい花を咲かせたい大決心！　その時の裵女史の胸には理想の炎がめらめらと燃えただろう。

裵女史は、それ以来、奮起してアリランを舞踊化してみたり、朝鮮の踊りを舞踊化してみたりもした。六ヵ月経って、石井漠の門下にいた崔承喜女史も帰鮮するようになり、何度も来訪して互いの胸の内を披瀝したことも一度や二度ではないという。このようにして八ヵ月ぶりに、朝鮮舞踊に自信を持つに至り、即時、朝鮮楽劇団を組織し、京城の団成社で最初の公演を行うことになった。その後、約一年間を京城で芸術研究所の看板を掲げて研究する中、諸事情により、三〇人一行の劇団を組織し、各地を巡回するようになった。そのころ、舞踊というものがよく理解されていなかった朝鮮ではあまり芳しい成果を得られず、九州に行くようになった。最初、博多市〔福岡市〕の帝国館で館主である江藤氏の厚意で特別出演するようになったことを機に、約五ヵ月間、各地巡演を行った。そして大阪で、吉本女社長の特別な同情と後援で吉本専属団になり、多大な人気を各地で得るようになった。

その数年後、再び京城に戻ってきて、東洋劇場のほか、いくつかの新事業を立て、その後、日本燃料株式会社の副社長である金桂祚氏と華燭の宴を挙行した。現在、東京市目黒区自由緑丘町二二七六に居住している一方、朝鮮の舞踊芸術を永遠に生かすことを考え、朝鮮舞踊を歌楽劇の三調和で完成してみたいという遠大な希望を持って、朝鮮の一流の家庭から選出された児童約二五人を連れて、朝な夕なに（朝六時から夜定刻まで）軍隊的な規律生活で訓育している。衣食住一切を研究所が負担し、芸術家養成に献身的な努力をしているのである。入所資格を持つ児童の年齢は七歳から一五歳の女子に限るが、裵女史が子供たちを養成しているのを見ると、裵龜子女史はただ単に舞踊家ではなく、立派な保育家の裵女史ではないか、と思わざるを得ない。慈愛に満ちる子供たちの母親、そしてまた師匠！

現在の研究所は、その建築が狭く、敷地五百坪を買収して現代的な設備の校舎を新築中であるという。家庭主婦になった龜子女史は後援だけをして、全責任を後継者である裵龍子嬢に任せ、最後の結実を見ようと献身的な尽力を果たしている。裵龍子嬢に詳細なことを聞いてみると、楽器という楽器は（朝鮮のもの）すべてが備わっており、団員たちの生活はいうまでもなく家族的であり、罰則という条文を見ると〔罰則を規定した条文に抵触することがあれば〕、練習を中止させるというそれだけである。

改めて驚いたことは、家庭にいる裵龜子女史の質素な生活そのものである。謙遜〔する態度〕に素朴さを加えたため、裵女史は家庭主婦としても模範的人物といえよう。〔写真は裵龜子楽劇団〕〔略〕

住宅が第一に難関
学齢児童の就学も大きな心配
六万朝鮮人の難問題

六万人の朝鮮人が在住する所に、困難な問題がないはずがあろうか。日常生活において、指を折って数えられないほど問題が多い。その問題について、何からまず取り上げたらよいだろうか、よくわからない。目下の急務となっている問題は、住宅問題、学齢児童の就学問題、生活向上の改善問題など、どれを取り上げても、憂慮しないでよい問題は一つもないのである。その中でも、最も至急かつ重大な問題は、住宅問題であると信じる。これは、結局はわれわれの困境であろうが、その原因は、家屋の使用法が粗雑なことと家賃滞納にあるのである。このような問題だけは、われわれがより一層自覚し、地に落ちた信用を一日も早く回復させるべきであると考えるのである。

その他、在住朝鮮人の教化問題、生活向上改善問題など、どれを取り上げても頭痛の種ばかりである。結局、われわれが解決すべき問題である。自らが自発的に覚醒しなければならないと考える。

在東京朝鮮人の職業と分布状況

	昭和二年一二月末	昭和五年六月末	昭和九年六月末
官公吏	一三	一〇	二〇
軍人	三	三	一
諸学校教師	—	—	三
医師・薬剤師	六	八	八
弁護士・記者	七	三	六
僧侶・牧師	三	六	四〇
事務員	三〇	七四	八〇
学生	二、四八四	二、八〇二	二、七四七
小学・児童	—	四七九	一、五七九
商業	二九	一七三	二、七四六
農業	—	—	二五
雇人	八四	二三九	四九二
水上就労者	—	—	三五
職工・雑工	二、〇二一	三、〇二一	一三、八七六
鉱坑夫	—	—	—

日傭人夫	八、九〇七	一七、〇九四	三、六四六
交通運輸	―	―	一、三三八
接客業者・芸娼妓	二六	―	二三四
在監者	五八	一二五	二一六
その他の労働者	二五二	四五四	一、四八三
計	一六、〇四八	三〇、二六〇	三九、五二二

〔各年の合計に誤りがあるが原文のまま掲載〕

備考　昭和二年の小学校児童数は無職者数の中に含まれる。昭和九年の職工、日傭人夫、その他の労働者は、その業態が複雑であるために多少の相違がある。

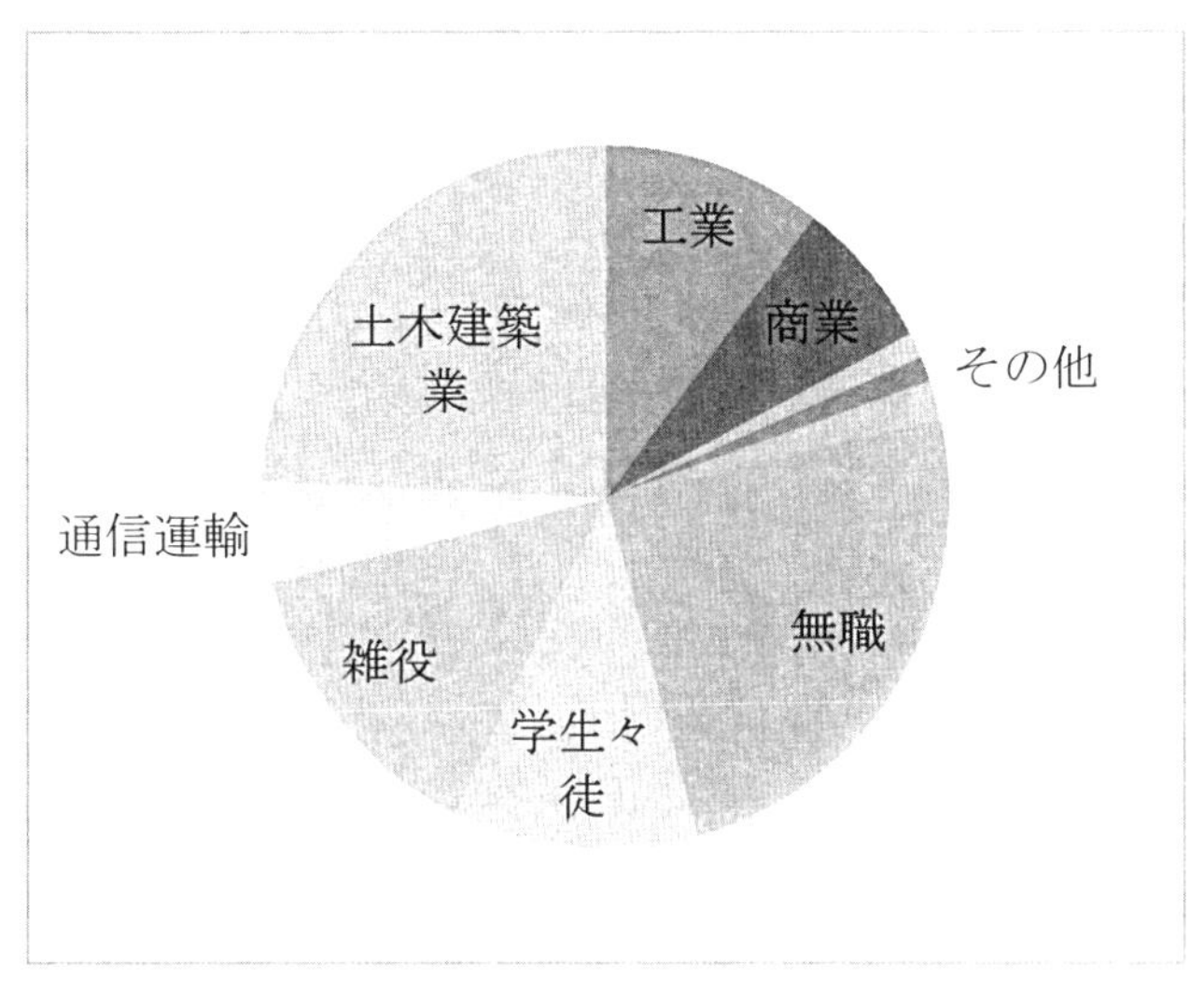

在東京朝鮮人職業比較

また、朝鮮人の分布状況は、次の通りである。

（昭和九年三月末、警視庁調査）

地区別	戸数及世帯数	男	女	計
麹町区	六九	二〇三	六六	二六九
神田区	一二九	六一三	六八	六八一
日本橋区	三五	八二	六	八八
京橋区	一六一	五四六	一六二	七〇八
芝　区	四三六	八七三	三六〇	一、二三三
麻布区	七九	一六三	三三	一九六
赤坂区	一五	四五	六	五一
四谷区	三七	一三〇	三八	一六八
牛込区	一五三	四六九	九九	五六八
小石川区	一六五	五一三	一九七	七一〇
本郷区	二八〇	三八二	七七	四五九
下谷区	一九〇	四八三	九一	五七四
浅草区	二八九	七四一	一九三	九三四
本所区	一、二〇〇	二、八五一	五八七	三、四三八
深川区	八七二	二、七九七	一、一五八	三、九五五
品川区	四二二	一、四二四	八五四	二、〇七八
荏原区	四〇五	八五三	一九二	一、〇四五

大森区	一一七	六〇二	一三〇	七三二
蒲田区	一六〇	五四八	二〇〇	七四八
世田谷区	二三〇	七六八	一九八	九六六
目黒区	三五九	一、二八七	五八三	八七〇
渋谷区	二八五	九四六	二六八	一、一五四
淀橋区	三二六	七四一	一三二	八七三
杉並区	一一九	五六三	一九六	七五九
中野区	三三三	九五一	二六八	一、二一九
豊島区	四一一	一、五一九	四三三	一、九五二
瀧野川区	一一五	三六四	一一一	四七五
王子区	一七六	五四六	二三四	七八〇
板橋区	一〇六	一二八	一四	一五二
荒川区	一、五五四	二、六四六	七三一	三、三七六
足立区	二六三	四三四	一七八	六一二
向島区	三三九	一、一五四	三六八	一、五二二
葛飾区	八三	五六〇	九七	六五七
江戸川区	一〇三	三四一	一六八	五〇九
城東区	五六四	一、五六四	五九九	二、一六三

水上生活者	五	九	一	九
市部小計	一〇、五九五	二八、八四八	八、八三五	三七、六八三
八王子市	八六	一八四	九五	二七九
南多摩郡	一九	三二	二〇	五二
北多摩郡	一九九	八四三	三九七	一、二四〇
西多摩郡	四三	五八	三七	九五
郡部小計	二六一	九三三	四五四	一、三八七
島　嶼	三三	九八	七五	一三七
総　計	一〇、九七五	三、〇〇六	九、四五九	三九、五二二

〔品川区、渋谷区、荒川区、島嶼の計及び各総計に誤りがあるが原文のまま掲載〕

在東京朝鮮人現勢調査

（昭和一三年五月末日現在）

合　計　六二、三一一

男　四二、〇四二

女　二〇、二六九

各界人士のプロフィール

「ネームプレート」界の第一人者　名実相伴うのが特徴
東洋ネームプレート社　金永根氏

芝区本芝二ノ三八番地にある東洋ネームプレートという大きな看板の下で、写真〔略〕のような雄大な数百坪の工場と五〇人の従業員と二台の自家用自動車及び電話を置き、何不自由なく活動もし、対外的には、合資会社安崎製所の監査役であり、また、東京で朝鮮人として猟銃の免許まで受け、私財が数十万円であり、一流会社の株券と年二、五〇〇余円も得る〔家賃収入がある〕貸家五軒と数百坪の土地を所有しており、一般社会の徳望と商界の信任が次第に高まる当年二九歳の金永根氏は、どのような人であるのか？

氏は全羅南道長城郡長城面壽山里の生まれ。一四歳の時の大正一四年に渡東し、某ネームプレート工場で約一年間従事し、大きな考えを抱いて、故郷にいる自分の長兄を来東させた後、金杉にある四ヵ月貸室〔四ヵ月だけの契約で借りた部屋?〕の二階四畳半でネームプレート工場を始めたという。この貸室工場が十数年後の今日、これほどに盛況となり、納品先は、軍部をはじめ、三菱電機、池貝鉄工所、東京計器、田中計器、北辰電機など、その他、東京の一流会社だけで一五〇ヵ所余りとなるらしい。このように、十数年のうちに大成功を収めた氏は、性質が冷静かつ誠実で、温厚剛直であり、外交的手腕が敏活で、商略的才能が豊富であるため、これまで失敗をしたことがなく、このところは第二次事業として、朝鮮にパルプ工場を設置するために多忙中であるが、この事

業さえ順調に行けば、製紙工業界は多大な活気を呈するだろうと、一般ではその期待が大きいという。〔会社の写真略〕

才徳兼ね備えた人格　実業界の信望満点
王子製紙本社　方煥龜氏

前大蔵大臣で現在の日本銀行総裁である結城豊太郎氏が、朝鮮青年として最も信任している人物であり、自信を持って一生を保証するとして王子製紙に推薦した方氏は、平安南道孟山生まれで、性格が穏やかで、写真のように〔写真は略〕、四柱推命に恵まれたところが多く、どこへ行っても信任が厚いという。また、日本で有名な、生命と全財産を惜しまずに教育界に献身している大倉邦彦氏からも絶大な信望を得て、渋谷区桜丘町五四に明世寮という我々〔朝鮮人〕の学生寄宿舎を経営しているが、家賃や下女費までも大倉氏が出し、成績が優秀な学生には学費の一部さえも補助し、我々〔朝鮮人〕の人材育成に献身的な努力をしているという。方氏は、ここの創立時の貢献者であるため、寮長の要務を帯びているが、ここの創設はちょうど昭和三年であるため、今日で一〇年の歴史を持つようになり、この寮の出身で世の中に出て多くの活動をしている青年が約六〇人いるが、朝鮮、満洲、各銀行員をはじめ、中学校教諭にまで、出世をした方が数多くいるという。

方氏の現住所は中野区新井町四四九であるが、家庭は開城の好壽敦女学校を終えた、元開城郡守である朴宇鉉氏の姪の金仙氏と結婚して一男一女をもうけているという。

深川幼稚園

東亜・朝鮮両新聞社の支局や、モダン日本社社長の馬海松氏、他の一般有志の固定的な援助を得て、昭和一一年一〇月に、奮闘する青年方洙源君が設立した、〔東京在留朝鮮人〕社会に欠かせない幼稚園として、今日まで着実に運営されているものの、一時はやむ得ない事情により開園できなかった時もしばらくの間にあったという。幸いなことに、昨年一二月からはフィンランドの宣教師の援助を積極的に得るようになり、現在では盛況で、児童保育に大尽力を果たしており、園長は方洙源、主事中祐徹、保母尹善好の諸氏が献身的に働いており、保母の尹善好氏は現代女性には見られない勤勉な女子で、智、徳、才、愛を兼ね備えて、東京では人望が非常に高く、将来が大いに嘱望されているという。〔幼稚園の写真略〕

理化学界の彗星

理化学研究所　金良瑕氏

氏は咸鏡南道定平邑生まれ。咸興高等普通学校を優秀な成績で卒業した後、第六高等学校を経て、引き続き、東京帝国大学理学部化学科に入学。卓越した天才的学究心は年を重ねるごとに新しくなり、優秀な研鑽力は日増しに精進を重ね、この分野において実に他人の追随を許さないほど、造詣が深いという。昭和二年に東大を卒業し、大学院で満二ヵ年間も研究を専門とした後、社団法人理化学研究所に入所して現在に至っている。氏は性質が温厚かつ純朴であり、一度研究に熱中すると、時間が経つのはおろか、寝食まで全く忘却し、夫人に多大な苦労を時々させることがあるという。氏は現在、領木枝太郎〔鈴木梅太郎の誤り〕研究室で「米糠の成分」、また「ビタミンE」に関する研究を専門にしている関係で、十数回も世界的な論文を発表しており、特に化学においては造詣がきわめて深いという。

勤倹貯蓄で一貫
鉄物界の巨星　池源達氏

蒲田区糀谷町に一万円余の大金で雄大な住宅を建設し、二〇〇余坪の作業場を持ち、三〇余人の従業員を使い、三台の荷物自動車と二台の電話を所有し、名実共に、すべてのことが順調に進んでいる池源達氏は、どのような人であるのか？　氏は慶尚北道達城論工面本里洞の生まれ。当時二二歳の青年で、未来の大きな抱負を抱いて怒涛がよどみなく押し寄せる玄海灘を渡って、愛知県で陶器工として無聊な日々を送った後、昭和五年に東京にやって来て、約一年間、三河島方面で土木請負業をおこなった。この時の苦労はきわめて大変であった。五、六人の家族が欠食したことが一度や二度ではなく、厳しいときは、幼い子供たちがご飯を食べられず、登校できないことも日常茶飯事であるという。しかし、蒲田方面に来て、現在の事業を経営するようになった後、一心精力をそれに傾注すると同時に、勤倹貯蓄して今日の大成功を収めたという。氏は表で接する時には柔順な感がないように見えるが、実はそうではなく、一度接してみると、柔和さを感じさせ、さらには感受性が鋭敏である反面、反発的な性格もなくはないという。他人に同情する時には、金銭も与え、自分が着ていた服も脱いで与えるが、反対に、少しも同情すべきでない無頼な輩のような奴には二、三日の労役をさせるという。さらに、氏の信望は日増しに高まり、日生会の副会長になっているという。

運輸界の覇者

和田運送店　禹漢龍氏

君は、慶尚南道咸陽郡安義面堂本里の生まれ。昭和三年に渡東し、早稲田大学に入学して学業に熱中したが、不幸にも、昭和四年の夏期に家庭上の事情により、やむを得ず学業を中途でやめて、和田運送店を始めるようになった。寛大で仁慈な君は、常に主従の関係を超越して従業〔員〕によい指導と待遇を与えるため、人望が高くなるにつれて仕事も盛況を呈し、従業員が約六、七〇人に達し、トラックが三台で、自家用職場と電話も所有している。君は、このような環境に置かれていながらも、社交に留意し、社大党首〔社会大衆党党首＝安部磯雄〕や長谷川伯爵、その他の一流名士たちの信任が厚いため、現在、社大党中央青年隊分隊長と在東京花林会監査役、または在東京白友庭球倶楽部顧問をしている。いわゆる社交界の花形であると同時に、われわれの嘱望が多い有力な青年である。

鮮・満・支・新聞広告制作販売企画

同聲社　辛石然

図案部　銀座西五ノ二〔興業ビル〕

印刷部　淀橋区柏木一ノ一一九

商業界に尽力
金錫浩氏

昭和四年から朝鮮の特産品である平壌甘栗を大々的に移入し、比較的広範囲な販路を得て事業進出を進める金錫浩氏は、本籍を平壌府新陽里五九番地に置いて、現在は、淀橋区淀橋五七五番地で大規模に甘栗販売をしている。一方、清涼菓製造業も兼ねており、その成績が良好であるため、今夏には特に平壌、宣川等地に大門式氷菓製造機及び、その他、最新の各種冷凍機の特約店を置く予定で、現在、大々的に活躍中である。

声楽家　金永吉氏

わが楽壇においてその名声が広まっており、その期待が最も多い、朝鮮が生んだ天才的声楽家の金永吉氏は、平安南道中和郡唐井面間里の生まれで、昭和三年に優秀な成績で平高を卒業した後、母校の将校と有志の推薦で陸軍戸山学校に入学した。一年の修業を終え、五年の義務を楽士として服務中、私淑する某氏の勧奨で、昭和六年に時事新報社主催のコンクール大会に出演することを出願したところ、楽長は全く許可しなかったが、審査員の中で伊庭孝氏などの計らいによって偽名で出演することとなり、その偽名を永田絃次郎に定めたが、永田は当時の市長である永田秀次郎の永田で、絃次郎は詩人の吉田絃次郎の絃次郎であるという。これが永田絃次郎の由来である。いずれにせよ、コンクール大会では断然優秀な成績で入賞したが、この事実が一般に知られて、写真まで新聞に掲載された関係上、本試験を受けられなくなったことは、実に遺憾千万である。しかし、氏はこの分野に造詣が深く、名声が高く、研鑽に不眠不休の功を積んでおり、今後の氏の大成功は近い将来に目にすることができよう。

隠忍自重一〇余年で　今日の大成功を実現
信川セルロイド　康豊年氏

氏は本来、定州生まれで、済州島に移って、大正一五年、一八歳の時に、弟と共に父親がいる大阪に来たが、知識欲が強く、昼間は父親を手伝って、夜間には夜間小学校に通学した。一心精力で一年間通って知識欲への渇きは免れたが、家庭の事業が思う通りに行かず、製紙玩具業を営んでみたり、人造真珠工場をやってみたりもしたが、すべてが将来性もなく、成功の可能性もなかったため、最後に選択したのが自転車ハンドルの製作であるが、これも内情を知ると、実に複雑で容易な事業ではない。さらに、粗雑に製作した大阪の品では、到底、優秀な東京の品に追い付けないことを知るようになって、すべてのことを整理して東京に来たという。

来東の当時は、勤勉と辛苦で一貫し、今振り返ってみると、思い出すのも嫌な粗末な衣食で三年間を送ったという。決意の下で、そのように勤倹節約して、それから一〇年も経たない今日には、三兄弟の名義で合名会社を組織し、五〇〇余坪の工場に特許済みの機械が整然と置かれ、約一〇〇人の従業員を使い、二台のダットサンと電話を所有している。日本全国の同業者四千三人の中で第一人者であることを、日本自転車輸出協会と日本自動車工業組合から指定され、その納品先は、主に三井、三菱両物産で、その輸出先は欧州各国と印度南洋等の地であり、取引き関係を持つ銀行は安田銀行であるが、無担保で一〇万円まではいつでも使えるほどの信用を持つようになったという。氏は厳しい世の荒波の中で辛い経験を持ったため、今後、社会的事業としてどのような方面を取るのか、皆は注目しているという。

朝鮮料理界の覇者
朝鮮料理　春香房

大東京市内の各処に散在している朝鮮料理店は、実に三七ヵ所もあるが、それぞれの営業政策上、店ごとに一長一短があるのは、商売の関係で避けられないこととして考えるほかない。その中でも最も設備が完全で、料理が美味しく、サービスが良いのは、京橋区港町一ノ五にある春香房である。室内の装飾からすべての設備が朝鮮的であるということが第一の特色である。

この春香房を経営する主人は、東京でも有名な合資会社の金澤組自動車部の尹順彈、尹仁錫両氏であるが、早くに渡東して運輸業を開業し、現在では、トラックを一三台も有し、自家用車庫や電話まで兼ね備えており、業界でその信用はきわめて高い。氏らの本籍は、全羅南道康津郡鵲川面坪基里であるが、最初の渡東時は土木工事に多く注力したというが、弟の尹仁錫氏が兄の尹順彈氏よりも先に来て、現在の事業の土台を作っておいたという。

社会的信望が集中
荒川区の有力者　金得溶氏

本籍を〔平安北道〕義州広坪面清城洞に置く氏は、大正一四年に渡東して、いくつかの事業を経営してみたもののすべて失敗した。昭和五年に日暮里、三沙島〔三河島〕、南千住町が連合して東部下水道役所を設立する当時、氏は多くの努力をし、また、昭和七年に郡と市が合併した時〔北豊島郡日暮里町、三河島町、南千住町および尾久町が東京市に編入された時〕、氏は市に入るようになり、昭和一一年、区会議員選挙の時には町内有志の推薦を受けて出馬したこともあるという。朝鮮人として出馬したため、その信望が如何に厚かったかを容易にうかがうことができる。また、氏は誠実で、研究性が強く、帰宅すると必ず家事を手伝い、暇さえあれば、土木工業に関する研究を怠らない。その夫人も、荒川区南千住町五ノ一〇〇番地の住宅で副業として某種の商業をつつましくしっかりとやっているという。

生命保険界の権威
姜錬氏

氏は〔慶尚北道〕尚州郡沙伐面近〔?〕里の生まれ。大正一二年に渡東し、六、七年間も無聊な日々を過ごしていたが、昭和六年に三井生命の外交員として入社した。最初の一年間は多大な苦労をしたが、ある日、日本橋付近でお腹が空いた上にさらに腹痛がひどくて途方に暮れていたときに、ある乾物店に行って便所を借りようとしたが、快く対応してもらえず、やむなく全財産の一〇銭を出して〔その店で〕卵を買うと、その急を救ってくれたという。これが縁となり、その乾物店から、ある砂糖問屋の主人の紹介をもらい、また、奇妙な縁で山脇氏から一万余円の契約を受けて、さらに、山脇氏の紹介で東京公衆浴場組合会長の一万余円の契約をまた受けることになったのが氏の成功の基礎という。これを見ても、氏が如何に大胆であり、どれほど熱心であるかがわかる。その後、氏の成績は飛躍的で、良好であり、三井会社の最高機関である重役倶楽部の賞まで受けて、現在では、代理店を二〇余ヵ所も管理する市内外交部長の椅子を占めており、社の信望が多大であるため、これからさらに前進していくだろうという。

電球材料製造界の巨星

実業家　羅興烈氏

京城東氷庫町生まれの氏は、大正一三年、当時二三歳の青年の身で渡東した後、一時は印刷業を営んだが、再び考えることがあって、昭和二年からは荏原区小山町一〇二番地で電球材料の製造業を始めた。その製品の優秀さゆえに、東京では主に東京とその他の一流会社に、阪神等地では松下、ナショナル本社及び、その他の一流会社に納入し、海外には欧米各国に輸出するのみならず、上海細谷貿易会社のような所は特約店になっている。現在、営業員は約一〇〇人もいて、五〇坪の工場が三ヵ所もあり、銀行取引は第百銀行である。一万余円の経費を掛けて自宅を建てて住んでいる人は、朝鮮人の中で氏が第一〔唯一？〕であろう。氏は対外的にも信任が厚く、日本導入線組合の幹事であり、内閣労働調査員の一人である。それだけでなく、朝鮮から渡来した男女職工のために自宅で夜間教育を行っているという。

孤独な身で成功

金山工業所　金正雲氏

品川区東大崎一ノ四番地にある金山工業所は、約三〇〇坪の工場に大きな旋盤機や各種機械の数十台が整然と設置されており、七〇余人の従業員たちは休まずに奔走している。しかし、この工業所の創設時を回顧してみると、実に涙ぐましい話が多いという。本籍を全羅南道光陽面牛山里に置いた金正雲氏は、大正一二年の秋に初めて神戸に来て、物質的な苦痛を多く受けた。それだけでなく、北海道に行ってもほかの人はしなかったような苦難を経験し、再び東京に来てからは、某鉄工所に転職して長い間、非常な困苦を顧みずに職工生活をし、昭和九年からは前記の住所で一金五円を資本として本工業所を開始したという。五円の資本で、わずか四、五年でこのように盛んになり、現在は、東京鉄工組合員として帝国災難救済会の正会員となり、大崎信用組合員として第一、第百銀行と取り引き関係を持っている。これを見ても、氏は苦労しつつも、百折不屈の意志と不眠不休の勤勉で今日の地盤を築いたと考えられる。

額椽製造界の巨星
金玉堂　金玉律氏

氏は海産物貿易商の先駆者である金玉南氏の令弟で、郷里で小学校を卒業した後、大きな希望を持って玄海灘を渡り、名古屋で椅子屋と時計店を転々としてから、某額縁製造店で四、五年間の経験を積み、技術を習得するのに没頭したという。昭和四年には、東京に来て、すぐに神田区元佐久間町五番地で額縁製造業を開始したが、氏の非凡な技術は、東京の額縁商の間で人気を集め、蓄えてきた技術や経験は他人の追随を許さないため、その業績は躍進に躍進を重ねた。氏は現在、一五〇余坪の店舗及び木工場、三〇余人の従業員とその他の分工場、ダットサン、電話などを所有しており、その製品は日本のみに限って有名というのではなく、印度にまで輸出されている。さらに氏は、現在、東京額縁製造従業組合の幹事であり、納税年額も約三〇〇円に達し、誰もが氏の優れた技術と百怜百悧〔非常に聡明なこと〕の手腕に感服しない人はいない。

信用、技術を本位に

実業家　徐學祚氏

本所区厩橋一ノ四〇番地に現住所を置く氏は、現在、東京の一流の製菓業者として約一〇〇坪の工場と三〇人の従業員及び電話を所有し、市内を主に、大連に支店まで設置し、第百銀行と取引き関係を持っているため、その業務が繁栄したのは贅言を要しない。しかし、氏は元々、慶尚南道昌原郡龜山面水晶里の生まれで、まだ弱冠にすぎない昭和二年に渡東して某製菓工場に就職して以来、四年間をひたすら技術を習得するのに没頭したという。このような技術を得て帰郷したが、ある日本内地人の某製菓工場を買収することになった。しかし、この契約の裏には、氏がその契約を履行できなくなる場合は、氏はその某日本内地人の手によって左右されるという条件が付けられていたという。しかし、その商業的手腕は、わずか四ヵ月でその契約をきれいにすべて履行し、その工場が自分の所有となった後は、自分の所信を一般の人々に知らせ、その後の仕事が順調に進むようになり、氏に対する信望はさらに高まったという。

苦学生界の「オアシス」

力行社

我々〔朝鮮人〕苦学生たちに自主的精神を喚起させ、勤倹力行の美徳を涵養させるため、大正一三年の秋に姜昌基氏の尽力によって、力行社の創立を見た。力行社は、苦学生のために豊島区長崎仲町一ノ二四九六番地に鵬海寮という寄宿舎を経営する一方、隣保事業として聖徳学園まで経営し、貧者に与える影響は少なくない。

鵬海寮の規則は厳密で、いわゆる「スパルタ」式である。寮生たちは、相互の親睦を図り、溌剌な青年の気魄を涵養するという寮の目的を厳守している。鵬海寮は寄宿舎としての諸般施設を完備しているだけでなく、時には著名な人士を招聘して、精神修養と思想善導に関する講演も開催し、学資補助と就職斡旋の事業もおこなう。

豊島区維司が谷〔雑司が谷〕四ノ六三三番地にある聖徳学園は、主に婦女子の助産と児童の学習及び託児事業を営んでいる。

海産物界の先駆
金玉堂　金玉南氏

氏は全羅南道康津郡康津面南浦里の生まれ。温順かつ謙虚で、商業的手腕が卓越しているだけでなく、キリスト教の信者として東京神田朝鮮教会に対する貢献も少なくない。氏は大正一四年に渡東して法政大学に学籍を置いたが、家庭上の都合で中退した後、一時は外交員の生活をし、昭和五年から咸鏡南北道の特産であるウニの貿易商を神川〔神田〕区猿楽町一ノ五番地で始めた。氏の商略的手腕はここから発揮され、その販路を東京の一流百貨店である三越、松坂屋、高島屋、伊勢丹などや、三菱物産にまで広げているだけでなく、日本の重要都市で行かないところがないという。これによって信望が厚くなり、咸鏡南道漁業組合のような所から、多量の物品を委託販売しており、その他の地方からの委託物品も多数集まってきており、氏の業務はますます盛況である。

情熱的、義侠的な人物
李海山（海炯）氏

氏は〔京畿道〕水原西屯の生まれ。大正九年、弱冠の時に渡東して早稲田大学に学籍を置くと同時に、日本大学にも学籍を置き、当時は学生運動界の花形であった。また、氏は義侠心に溢れて、人の悲惨な事情を見ると、自分のことを顧みず、その人を助けてあげるという。いくつかの仕事をしたが、失敗を重ね、三河島で幼稚園を経営したこともあったという。しかし、現在は深川区で「ハワイ」、日本橋区に「エリントン」を経営するが、その設備の充実さと装飾の巧みさに誰もが驚かされ、これによって事業がますます隆盛する中、最近では、神田にある東莱荘を買収してその設備に奔走中であるという。

製菓業界の第一人者
宮本製菓合資会社　黄周東氏

本籍を慶尚南道昌寧郡霊山面西里に置き、現在、本所区錦糸町三ノ一番地にいる氏は、大正一三年に渡東して以来、五ヵ年を森永第一支店で勤務したが、常に勤倹力行を信条とし、自分が従事するその業務に忠実に臨んできたという。昭和五年からは、わずか五〇円の小資本をもって、製菓業者の総本営である本所菓子町に開業したが、製品は品質も良く帝都で人気を博したため、その販路は東京を中心にまさに全国的である。氏は現在、五〇余坪の工場とダットサン及び電話を所有している。従業員は約四〇人もいて、東京菓子販売組合の□事であるだけでなく、われわれ青年たちに製菓に関する技術を教えることに努力中であるという。

刻苦勉励に終始一貫

英雄工業所長　韓雄東氏

氏は忠清南道唐津郡新平面金川里の生まれ。上京してドイツ人が経営する崇工学校で第三学年まで修業していたところ、欧州大戦の余波で同校が廃校することになって、一時は帰郷して無聊な日々を過ごしたが、遠大な抱負を抱いて玄海灘を渡り、大阪の某銃機製作所で、あるいは東京栄進社で八年間も刻苦の努力をし、昭和九年から、荒川区尾久町二ノ五四八番地で電気及び酸素鎔接業を始めた。氏は本来、技術家であって、鎔接についてはできないことはなく、顧客がますます増えて行っているなかで、最近では、京城に某種の事業を経営する予定で、諸般準備に多忙中である。氏は優れた技術家であるだけでなく、篤実なカトリック信者で、現在、三河島カトリック教会の役員としてその信望が多大であるという。

実践一路に邁進

京城商店　李進氏

東京市内に朝鮮の特産物を備えた商店は、深川区住吉町二にある京城商店のみである。日用品から結婚喪祭用品まで陳列し、物品〔販売〕には薄利多売と現金主義を用いて、顧客には親切丁寧であるため、人気を集めると同時に、一般の間でも好評が広まっているという。この商店の主人である李進氏は、大正八年に父親に伴われて大阪に来て、朝鮮布木商を始めたが、これが大阪では朝鮮布木商の嚆矢であるという。大阪でも巨額の資産を儲け、昭和五年に再び東京に進出したのである。氏は穏やかで勤勉な実業家で、士魂商才を兼ね備えて、将来にその寄与されるところが大きい。また、彼の厳父の指導の下で実践一路に邁進する氏の事業こそ、実に多大な発展の可能性があろう。

三河島幼稚園

昭和二年末、有志数人の努力で四谷宣教会の補助によって創設された幼稚園である。その間、補助が続く同五年までは着実に運営されてきたが、その補助が中断された後からは、いわゆる七転び八起きのように開園と閉園を幾度も繰り返すようになった。そうするなか、昨年九月になって、再び四谷宣教会と交渉して若干の補助を安定的に得るようになり、その他は、一般教会の有志の援助を得て維持経営している。地域関係、また歴史的に見ても、最も古く、最も多くの朝鮮人が居留する地帯であるため、一般社会の期待は非常に大きい。人格者の李元均園長の努力と、慈愛あふれる保母の崔薋哲氏などの尽力は、東京で誰もが認めるものである。名誉園長「シムエリ」氏の厚意も、我々皆がありがたく思っているところである。

紹介に際して　東亜日報東京総販売所　丁元根

東京に朝鮮文新聞支局が設置されてから一八年にもなるこれまで、紹介版が全くなかったということは実に遺憾千万である。しかし、その間、紹介板を経営〔企画〕してみた人も一人、二人ではなく、〔にもかかわらず〕これまでそれを断行できなかったのは、東京があまりにも地理的に広く、我々〔朝鮮人の〕人士たちすべてを知ることができないことも原因の一つと考えられる。しかし、浅学非才の私が、本報と関係を持ったのが浅く、社会的経験が薄弱であるにもかかわらず、あえて、このような重大なことを遂行したのは、あまりにも唐突な感がないわけでないが、涓人が死馬の骨を買ったという故事にならって、今後の賢明な人士を期待する意味で、僭越ながらこの紹介版の発行を計画したのである。そして、東京にいるわが〔朝鮮の〕人士たちの動向と事業の現状を、一刻も速く一般に知らせようと、万難を排して全力を傾注し試みたが、結局は、最初の計画の半分も実現できなかった感がなくはない。それゆえ、材料を蒐集することも、時局が非常時だけに全部が思う通りに行かず、紹介の範囲があまりにも一部に限定され、叱責を免れなくなった。この点については深く謝罪してやまない。しかし、このささやかな試みが、東京の事情と人物に対する認識を改めるのに万分の一でも助けになれば、この上ない栄光であると考えるものである。

そして、特に諸賢に申し上げたいこととして、紙面とその他のいくつかの関係で、諸賢のすべての紹介を充実できなかったことがあり、実に罪悚千万〔至って恐縮〕であるが、この点は、寛大な雅量をもって了承して頂くことを願い、今後、さらなる愛護と指導と鞭撻を下さることを願うと同時に、最後に、本紹介版の発行に際し、直接、間接的に大いに努力してくださった二人の金兄と、その他の何人かの方に衷心より謝意を表するところである。

本紙掲載名刺広告

祝東京紹介版

東京神田區仲町二ノ十四
海外通信社

桂珖淳

中央大學
全奎弘

東京
姜永德

朝鮮基督教
東京地方傳道牧師
吳澤寬
住所東京市中野區昭和通二ノ一三
原籍京城府[illegible]町一一七

다이아몬드 金銀時計 及附屬品
文化堂商店
店主 鄭洪[illegible]
品川區大井倉田町三三五七
本籍[illegible]

銅鐵、金銀、白金、다이아 時計
南商會
川崎市渡田三三〇九番地
電話川崎四一五五番
工場 川崎市大島千六百拾五番地

銅鐵地金商 林茂夫商店
朴順平
横濱市鶴見區小野町五〇
電話鶴見二六二九番

金原巖
東京市品川區大井坂下町二六九七

銅鐵[illegible] 製紙原料問屋
李正桂
（[illegible] 東京市荏原區中延町二二九）

古銅鐵 古機械
吉川商店
店主 姜達文
東京市荏原區戸越町九五六番地
本籍 慶南[illegible]

李重烈
向島區吾嬬町東三ノ七

鄭浩成
深川區古石場四ノ七

銅鐵商
全碩鎭
澁谷區千駄ヶ谷町四ノ八一

銅鐵[illegible] 白金物[illegible] 物材料
地金商
車善熙
東京市荒川區日暮里町六丁目五四〇番地
電話下谷(83)一九五一九番(呼)
本籍[illegible]

東京發明通信社
東京美術寫真[illegible]社
金奉根
[illegible]一切取扱
東京市神田區[illegible]
電話神田[illegible]二六六番

製鋼原料商
山田商店
店主 李[illegible]
東京市[illegible]
電話[illegible]

銅鐵商
趙昌實
淀橋區柏木町四ノ八八四

銅 諸機械 製紙原料
中島文吉商店
店主 崔宗烈
東京市京橋區築地三ノ一六
置場 京橋區明石町四八番地
電話京橋56〇五一九番

祝 東京紹介版

財成商會支店
朝鮮物産 毛織物 [illegible]
金才鎬
東京市深川區牡丹町四丁目二番地

硝子原料商
店主 張德岩
深川區[illegible]町一ノ一三

朝鮮料理 南鮮館
崔二今
東京市城東區砂町一丁目九七三番地
全南 光陽郡 光陽面 本城里

銅鐵商
福田商店
朴福伊
東京市荒川區南千住町六丁目一五五番地

金山商會
金奉春
[illegible]
荒川區三河島町三ノ二七三
電話根岸四三六一番（呼）

自動車業
河尙壽
營業所 東京市江戶川區小岩町七丁目 [illegible]
自宅 江戶川區小岩町 [illegible]

安英俊
荒川區尾久町三ノ二二〇九
本籍 忠北 忠州郡 [illegible] 三淸里

吉本運送店
引越及各種荷物 自動車運送部
店主 姜聖俊
品川區大井鈴ケ森町一九三四
電話大森五二六〇番（呼出）

千住鍍金工場
曺長達
荒川區南千住町二ノ二二

金銀銅鐵類材料 [illegible]
範鍾商店
東京市深川區白河町三丁目三番地
江原道 江陵郡 玉溪面 縣內里

李恩受
東京市深川區千石町一丁目九番地
電話本所（73）六二九三番（呼）

馬鎬永
現住所 東京市本所區[illegible]川二ノ二
原籍 慶北 義城郡 義城面 中里洞

[illegible] 喫茶店
店主 鄭元好
深川區森下町一ノ四
本籍 忠南 [illegible]

古物 銅鐵 金銀
東京[illegible]
李文善商店
東京市淀橋區上落合二丁目七番地
電話大塚三九〇九番（呼）

江南食堂
姜聲南
神田區神保町二ノ二四

日用雜貨 各種織物 布帛物産
泰興商會
東京市深川區千田町十番地
振替 東京 [illegible]
電話 [illegible] 六九〇五番（タイコウ）

蘇比亞書院
中野驛北口前

銅鐵商
銅鐵 鉛 亞鉛 真鍮 金田 其他材料
任亨宰
東京市下谷區三ノ輪町一一八
電話浅草（八七）三六〇三番（呼）
本籍 江西郡 [illegible]

伊豫橋醫院
醫師 李簡媛
深川區森下町二ノ一〇

［『東亜日報』一九三八年八月二七日］

東京在留朝鮮人活躍相（1）

東京市芝区神谷町一八　朝鮮日報東京総販売所
東京市向島区吾妻町東三丁目一六　朝鮮日報向島販売所
東京市深川区利倉町四七　朝鮮日報深川販売所
東京市芝区三田豊岡町二　朝鮮日報芝区販売所主任金用根
東京市板橋区五丁目一〇四九　朝鮮日報板橋販売所

移住朝鮮人逐年増　六万五千の多数（昨年末現在）
赤手からの成功者も少なくない一方、大部分は現状維持に汲々

東京は平安朝時代にその当時権勢家であり、大富豪である江戸氏がここに居住したというので、江戸という名称があるそうである。長禄年間には太田道灌がここに築城し、その後、徳川家康が道灌の古城を修築し、幕府を置くと、政治の中心地となり、明治大帝の御遷都によって帝国の首府となり、名実共に日本の中心地として発展してきた。大正一二年九月には万古に未曾有である大震災に遭遇し、大部分は焼土と化したが、その後、一五年を経た今日、その様子は一変し近代的都市として更生し、まさに世界的大都市となった。南に神奈川県、西に埼

玉県、北に茨城県を境とし、一望際なき武蔵野の大平野は、東に太平洋に面して広がり、荒川は秩父の西から発して東京市の中央を貫流し、東京湾に流入するが、下流を隅田川と称し、武蔵野の大動脈となり、自然、人文に、多大な影響を与えている。緯度からみると、北緯三〇度三九分、東経は一三九度四六分にあり、北方と西方には高峻な山脈があって、冬の季節の雪、寒風をさえぎっており、海岸には日本海流が流れ、気候は一年を通じて概ね温和である。雨量は充分で、年間降雨量は一、五七四ミリとなっている。

東京は実に政治、経済、軍事、学術、交通上の一大中心地であり、旧市区域は行政区画が一五区、人口が二〇〇余万人に過ぎなかったが、昭和七年一〇月一日に隣接都市を併合して三五区になり、面積が五五三平方キロであり、人口は五六六万人を擁する大東京市が実現した。米国ニューヨーク市に次ぐ世界第二の都市として屈指のものになった。

このような世界的大都市下に朝鮮人の人口動態と生活現状、活躍状況を略記すると、人口が六万五、四〇〇余人（昭和一二年末現在）、その居住を各地区別にみると、深川区の五千余人がもっとも多く、ついで本所区、荒川区、城東区等の順に〔朝鮮人が多数〕居住している。そのうち、学生、生徒、小学校児童一万三千余人と工業者の五千余人を除く、残りの約四万七千余名、即ち全人口の約七割は労働者およびその世帯主に属する無職者である。居住関係はやはり住宅難と借家難のため、労働者の大部分は数戸乃至数十戸式で密集して居住している。大阪地方にある朝鮮市場のようなものが皆無であるため、彼らの日常生活において少なからず不便を感じている。

朝鮮人の内、工場主、商業家、或いは運輸業者として、天賦の才覚と手腕を発揮して、飛躍的に活動し、素手から一家を成した人が少なくないが、大部分の労働者階級は現状維持に汲々としている状態である。

東京地域に朝鮮人が居住し始めた史的考察は参考にすべき記録が見当たらず、記述できないが、大震災当時を新しい紀元にすると、大震災前の大正一〇年には居住者が三、四〇〇〇余人に過ぎなかったが、一〇年後の昭和五年には三万三千余人と約九倍の増加を見せており、その後、年々増加して昭和一二年末には六万五千余人の数に達し、将来的には自然増加率とともに渡航政策緩和等によって、その数は年々、多少の増加を示している。

次に教育部門と団体状況をみると、震災前の大正一〇年末現在の朝鮮人学生、生徒、小学校児童数は一、六〇〇余人（専門学校以上は約六〇〇余人）であったのが、昭和一二年末現在はその数が一万六千人（専門学校以上は約三、六〇〇余人）に達し、その内、苦学生が相当な数に達する。朝鮮児童のみを主に教育する機関は耶蘇教団が経営する幼稚園が二ヵ所あり、主に未就学児童を収容して「ハングル」まで教える夜間部学校が新明学校の外に一ヵ所があるが、児童数は両校を合わせて百数十名となっている。

団体運動においては数年前には新幹会支部、槿友会支部、消費組合、学友会、各地方人親睦団体等の数十団体があったが、時代が変わってしまって解散、解消等でほとんどなくなり、現在は各大学内に朝鮮人学生で組織された同窓会、同人学徒をもって組織された映画協会、学生芸術座等があり、体育団体としては学生蹴球倶楽部と白友庭球団があり、荒川区に労働者と商工業者を網羅した荒門親睦会、朝鮮人工業者のみで組織された東京工業家協会がある。東京府協和会の統轄下に朝鮮人が多数居住する地帯には矯風会があり、教化事業に努めている。宗教団体としては、基督教会が一二ヵ所あって信者が七〇〇余人で、各教会内には男女勉励青年会があるが、天道教宗理院は一ヵ所でその教徒が百余名あり、仏教には大正大学内に朝鮮人学生で構成された仏教団体があるが、最近は日本真宗、真言宗等に改宗し、その数が日々に増えている現状である。

各地域別の人口分布と人口年別増加表と職業別統計表は別項の通りであり、各部門にわたってもう少し計画的に、具体的に詳記しようと意図したものの、紙面の関係のため意のごとくならなかったのは甚だ遺憾であるが、今後第二版発行の際に再び紹介することとして、ここに擱筆するが、今回の紹介版発行にあたっての愛読者諸賢の積極的支持と絶対の声援に対して、衷心から深謝してやまないものである。

各区別朝鮮人数表（昭和一〇年末現在）

区別	男	女	総数
淀橋区	八九九	二八九	一、一八八
京橋区	五六一	二四六	八〇七
麹町区	一九七	六八	二六五
日本橋区	一五八	四一	一八九
麻布区	三二三	一三三	四五六
板橋区	六七五	四〇三	一、〇七八
芝区	一、四二五	六三五	二、〇六〇
荒川区	二、四九七	一、四五九	三、九五六
中野区	八九〇	三八六	一、二七六
本郷区	三七七	七一	四四八
小石川区	六三六	三七六	一、〇一二
大森区	九三四	五五二	一、四八六
滝野川区	三四二	一七七	五一九

本所区	二、八三〇	一、一〇九	四、〇三九
浅草区	六二〇	一九七	八一七
深川区	三、一四五	一、九二六	五、〇六七（ママ）
下谷区	四九四	一七六	六七〇
渋谷区	一、〇九八	五一八	一、六一六
品川区	一、五三四	八一八	二、三五二
四谷区	一八一	八四	二六五
牛込区	五七〇	一七一	七四一
豊島区	一、六〇三	八五一	二、四五四
江戸川区	四九二	三二〇	八一二
蒲田区	八四七	五四六	一、三九三
世田谷区	一、〇七〇	六三〇	一、七〇〇
荏原区	一、〇九二	六三五	一、七二七
杉並区	六三八	二四二	八八〇
目黒区	一、〇一三	五九五	一、六〇八
足立区	五九二	三九一	九八三
城東区	二、一六八	一、四五四	三、六二二
向島区	一、八二七	一、〇五〇	二、八七七

神田区	七一一	一一九	八三〇
赤坂区	五二	七	五九
王子区	六七五	四二五	一、一〇〇
葛飾区	六四三	四七九	一、一二二

朝鮮人職業別（昭和十三年六月末現在）

職業別				男	女	計
官公吏其他自由業	官公吏			三五	｜	三五
	通譯人			三	｜	三
	諸學校教師			一一	一	一二
	牧師、僧侶			一二	四	一六
	醫師、辯護士			一八	一	一九
	記者、著述家、藝術家			六三	｜	六三
	事務員			一六三	｜	一六三
	其他			二一〇	一〇	二二〇
	小計			五二一	一六	五三七
商業	普通商人			五八五	六	五九一
	露店商人及行商人	人蔘販賣		八八	一	八九
		菓子類販賣		六五	一	六六
		雜品販賣		二六四	一八	二八二
		府貸其他雜業		四三一一	一五四	四四六五
		小計		四七二八	一七四	四九〇二
	小計			五三一三	一七九	五四九二
農業	小作			一二	三	一五
	小計			一二	三	一五
漁業				一四	｜	｜
勞働者	工業	纖維工業	紡績業職工	六一	九	七〇
			紡績業雜役	一二	一	一三
			織物業職工	一四九	一五	一六四
			織物業雜役	四〇	二	四二
			製絲業職工	四	二	六
			製絲業雜役	一	一	二
			染色工務職工	二一九	六	二二五
			染色工務雜役	二〇三	一三	二一六
			其他纖維工業職工	二一五	二一	二三六
			其他纖維工業雜役	九二	二八	一二〇
			小計	九五五	九八	一九五三
		金屬及機械工業職工		一五〇一	三一	一五三二
		金屬及機械工業雜役		四五八	一	四五九
		化學工業	護謨工業職工	二六八	一四	二八二
			護謨工業雜役	一一三	三九	一五二
			硝子工業職工	一〇一三	一〇〇	一一一三
			硝子工業雜役	三四二	二四	三六六
			其他化學工業職工	五二九	二六	五五五
			其他化學工業雜役	一七一	四五	二一六
			小計	二四三七	二四九	二六八六
		電氣工業職工		二一三	一二	二二五
		電氣工業雜役		六二	二	六四
		出版工業職工		二〇六	九	二一五
		出版工業雜役		三五	二	三七
		食料品製造工業職工		一五六	二〇	一七六
		食料品製造工業雜役		七九	一八	九七
	土木建築業	土工夫		五九四二	一六三	六一〇五
		其他		一六五一	八五	一七四六
		小計		七六九三	二四八	七九四一
	通信交通運輸業	通信勞働者		一八二	｜	一八二
		鐵道軌道從業者		四〇	一	四一
		自動車運輸者及助手		一三七二	六	一三七八
		其他		四五〇	六	四五六
		小計		二〇四三	六	二〇五五
	仲仕業			三三一	｜	三三一
	一般使用人	店員丁稚		七三八	一七	七五五
		農夫		一八	｜	一八
		漁夫		八	｜	八
		家事其他使用人		一〇六六	一五七	一二二三
		小計		一八四九	一七四	二〇二三
	其他勞働者			一八七八	五四	一九三二
接客業者				一九六	一〇五	三〇一
其他有職者				八七七	一四三	一〇二〇
學生生徒				五一四七	五八〇	五七二七
小學兒童				三一七三	二四七八	五六五一
無職	世帶主			二七一	九〇	三六一
	世帶從屬者			七五八〇	六五三四	一四一一四
	小計			七八五一	六六二四	一四四七五
合計				四四四〇六	二一〇五七	六五四六三

年別増減比較表（昭和一三年六月末現在）

年別	学生生徒 小学児童	其他	総数
大正一〇年末	一、五一六	一、〇七六	三、二三四
一一	一、九一二	一、八二二	四、六三二
一二	六六七	二、五七二	五、三四七
一三	九九〇	六、六六三	八、三八五
一四	一、五七六	八、一六三	一〇、八一六
昭和 元年末	二、二五六	九、一四九	一三、二五一
二	二、四八二	八、九〇七	一六、〇八三
三	二、九八四	一八、三三〇	二八、六八三
四	三、一一六	二一、六四七	三一、一五三
五	三、二五九	一九、四四八	二九、六六九
六	三、三三二	一九、二〇八	三一、〇〇二
七	三、六四四	二一、〇□□	三六、一七五
八	四、二七二	二一、〇□一	三九、三一三

五、二二七	二〇、八三一	四四、四〇六	九
八、〇六六	二〇、一五五	五三、五五六	一〇
八、六一〇	二〇、七七九	五四、六□一	一一
一〇、四三四	一九、九三〇	五九、五一二	一二
一二、九八六	二一、四九六	六五、四六三	昭和一三年末

激烈な競争に打ち勝つ　断然斯界の王者

丸金運輸部　金英兒氏

東洋文化の中心地であり、六〇〇万人口の生存競争が甚だしい東京において、朝鮮人が各界を網羅する活動はその努力がどれほど大きいかを考える時、われわれは感泣するが、その中にはとりわけ困難な運輸事業界の金英兒氏がいる。氏は郷里において早くから漢文を勉強し、考えるところがあり、大正一二年にその兄に当たる貴兒氏といっしょに来東し、東京市電気局に就職勤務した。翌一三年に若干の貯蓄をもって兄弟で力をあわせ、京橋区南飯田町一番地に丸金運輸部を創設して、運輸業を開業し、特に大資本を持っていても運輸業界で地盤の獲得が困難な東京において、況んや少ない資本ではじめた時のその胆力を知り、涙ぐましい努力を想像することができる。無言強直である彼は、成功のために、昼夜を問わず猛烈な活動すること一〇年余を一日のごとく過ごして、今日の地盤を築いた。数多いライバルに打ち勝ち、今日を築いたその功績はたいへん大きいであろう。現在、三井物産株式会社直属の三四石炭株式会社の専属になって、日増しに勢いを増し、繁盛して、深川区東陽町三丁目一番地に、住宅及び巨大な車庫を建築し、トラックも七、八台所有して躍進中、不幸にも苦楽をともにしてきた実兄の貴兒氏がこの世を去り、氏も多大なる精神的な苦悩をしたが、不撓不屈の氏はさらに熱誠を尽くして今日を築いた。現在は相談役として、氏の実弟淳兒氏が来東して活動中であるというので、今後も一層奮闘してこれまで以上の成功を祈る。不言実行主義の氏は、氏を知らない人からは誤解されやすいが、そうしたことは気にせずに、不言強直実行主義でさらに活動したならば、氏の将来は多くの福がもたらされるであろう。氏は全南済州島済州邑禾北里生まれで、現在三四歳の前途洋々たる活動期にある。〔写真は金英兒氏〕〔略〕

壮年実業家　姜信永氏

大資本を使って銅鉄と地金仲介業を主に経営する一方、和洋家具一式製造と土木事業方面で活動して大金持となった氏は、本籍を全南谷城郡三岐面院嶝里に置く。大正時代に玄海灘を越えて東京に入り、前記の方面に着眼して全力を尽くして健闘していた。時代の急変によっていろいろと波乱が迫ってきたが、氏は不屈の精神を持って、再び誠意と熱々たる努力を尽くした結果、今日では蒲田区東蒲田五丁目三番地に木村商店を設立して、家具の販売を副業で経営して、第一、第二の支店を所有している壮年実業家である。さらに氏の事業が大きく発展することが期待される。〔写真は姜信永氏〕〔略〕

唯一の郷土物産品商
平壌商店主　金在植氏

平壌商店主、金在植氏は三七歳の青年実業家である。

東京で家庭を持つ朝鮮人であれば、三尺童子であっても小石川区久堅町の平壌商店を知らないものはいないであろう。氏が取り扱う郷土物産は、朝鮮家庭で行事がある時に故郷の色合いを加えようと〔いう需要に応えるもので、その際には〕、誰もが彼の商店を訪ねることになる。仮住まいの者もまた、故郷の産物を翫賞し感銘し慰安は実に大きいといえよう。氏が扱う商路は広範囲であるが、重要な商品としては日用品の郷土物産であり、その中でも朝鮮織物が特に有名だといえよう。氏は大正一一年三月、故郷の慶南金海邑江倉から、考えるところがあって発起して渡東。大正一五年三月に明治大学専門部法科を卒業後、東京に在留する故郷の人びとが、切実に求める郷土物産〔の販売〕が充実していないことを見て、朝鮮各地と連絡をとり、よい物資を安く取り扱う一方、新しい経営方法で、この商業を始めて今日の繁栄を成し遂げたという。郷土物産販路の発展は実に意義深いものであり、今後もこれまで通りにとどまるのではなく、さらに発展と繁昌があると信じられているという。

（写真は金在植氏）〔略〕

鉄物商の第一人者　黄東昌氏

黄東昌氏！　氏は一見して、非常に温順かつ慈愛に満ちた感がある。しかし、氏の過去を振り返ってみると、一〇余年前には社会運動にも関係したが、時勢の変遷によって商道へと一直線に猛進し、現在は、在留東京朝鮮人の中で有数の鉄物商を築くようになった。氏は早く故郷で慶北新寧公立普通学校を卒業し、大正一二年三月に渡東して今日に至っているが、今も忙しい中でも時間があれば、黙々と一人で何かを考えている様子を見ると、波瀾に富んだ過去を思い出して泣いているようで、氏に対する信頼を置かずにはいられない感がある。

〔写真は黄東昌氏〕〔略〕

銅鉄商界の権威　金百默氏

三〇人の店員と壮大な店舗を所有して、大規模の銅鉄地金商、金本百之助商店を経営する氏は、当年二五歳という意気揚々たる青年で、慶北金泉郡鳳山面新岩洞生まれ。当地の小学校を優秀な成績で卒業して、単身渡東して、銅鉄の地金販売業を始めた後、わずか五年もたたずに、氏の奮闘努力の結果として現在のような大きな商店を築いた。それだけでなく、氏は絶対的な活動力の持ち主として、朝鮮人のために各方面で活動して、愛隣会の庶務、幹事の重職にあり、青年としての前途を各方面から嘱望されている。〔写真は金百默氏〕〔略〕

代表的実業家　李鐘昌氏

本籍を京畿道水原郡松山面鳳頭里に置き、現在、東京板橋区板橋五丁目一〇四九番地に居住する李鐘昌氏は、在東京朝鮮人の中で力量があり、有数の手腕家として名声が高い。氏は郷里の普通学校を卒業し、大正一四年に修学の大志をもって渡東し、中等学校に通学し、牧畜場に就職し、昼耕夜読六年で学校を卒業すると同時に、牧畜場で習得した技術をもとに独立して、牛乳店を開設するようになった。もともと手腕がある氏は牛乳店三年で相当な資本を累成して、板橋東亜化学工業株式会社を創設(ママ)して、同倉庫主任に就任し〔五文字不明〕三年後に事情〔数文字不明〕会社を辞任して、〔数文字不明〕板橋警察署の後援で、資本金一〇万円の清掃株式会社を創設して、専務務取締役に就任し、現在に至っている。また傍系の運送店を経営する手腕家として、氏が渡東時に抱いていた大志を着実に実行して、堅実な歩調で躍進しているのを見るとき、万人の注目を引かずにはいられない。以後さらに、〔三行不明〕以後、〔三行不明〕。（写真は李鐘昌氏）〔略〕

声楽学院設立者　方一氏

方一氏は江原道出身で多年声学を研究し、東京朝鮮音楽家協会でも幹事として多くの活動をしてきた。数年前に東京声楽専門学院（中野区小亀町）を創設して、斯界の権威者を教職員として招聘して学生数も日ごとに増え、現在は相当な数に達して隆盛をみているという。天賦の才幹と手腕を持つ氏の将来は大変期待されるものである。

銅鉄製紙原料仲介商　崔應千氏

銅鉄と製紙等の工業原料仲買業の巨商として、現在莫大な資本を獲得している。氏は慶北道永川郡新寧面新徳里生まれで、とても大きな抱負を抱いて一〇年前、慣れ親しんだ故郷を後にして渡東し、川崎市鶴見方面に住みつつ、土木事業その他工業方面に着手し、力を尽くしたが、遺憾ながら成就せず失敗に終わった。しかし氏は堅忍不抜の意志を少しも捨てることなく、旺盛な奮闘活動の結果、現在は川崎市唯一の工業原料仲介業として多大な信望を得て、今後の大成功を目標として活動を継続中である。（写真は崔應千氏）〔略〕

前途洋々たる
青年工業家　崔成珍氏

氏は慶北永川郡邑内生まれで、当年二五歳の意気溌剌とした青年工業家である。郷里の小学校を卒業した後、高邁な理想を抱いて渡東したのが昭和六年、氏が一八歳の時である。某会社の職工として就職した氏は、いまだ少年の身であったが、思い抱いた決心を少しの時も忘れず、もともとの技術に対する特別な才能を利用して技術を習得する一方、生活費の一部を貯蓄して、東京市荏原区中延町に野本電機製作所を設立した。技術と信用を本位として巧みな手腕を発揮して、工場は長足の発展を成し遂げ、現在は四〇余人の職工を使用して、工場も第二、第三工場まで創設するようになった。一〇余万円の巨資を築き、東京工場協会評議員の要職にあるが、以後一層努力し、自重自発して大成功を祈らずにはいられない。（写真は崔成珍氏）〔略〕

鉄物商として成功
宋鳳憲氏

氏は忠南公州郡灘川面安永里生まれで、昭和二年に渡東して、苦学生活をした。中学を卒業し、志が堅固な青年として学校を卒業すると、昭和八年に茨城県久慈郡太田町山下一一八六番地で鉄物商を始めて、勤倹貯蓄して数年、今日に至り、現在では、絶対的努力をつみかさね、堂々たる鉄物卸売商として、多大なる資産を集める人物として、前途が大変期待される。

藤椅子界の元老　元容乾氏

氏は咸南端川郡端川面東上里に生まれて、郷里において漢学を学んだ後、さまざまな事業を経営活動していた中で、大志を抱いて、大正一五年四月に渡東した。昭和二年に、東京市深川区海辺町一一番地に藤椅子商を創設して、大活躍中であり、特に政治に大きな関心と興味を持ち、区会議員にも立候補したことがある。将来、出馬すれば必ず当選するだろうというが、深川区には朝鮮人が特に多いので、氏に対する期待が大きいのは勿論で、在東京朝鮮人社会の一異彩となっている。近く京城にも支店を設置して、積極的に進出する計画であるという。

〔写真は元容乾氏〕〔略〕

手腕才能を兼備する
青年実業家　金鐘煥氏

本籍を慶南統営郡長木面矢方里に置き、茨城県水戸市西原町三二〇九番地に居住する金鐘煥氏は、大正一三年七月に遠大なる抱負を持って渡来した。一〇余年間、あらゆる苦難を乗り越えて、現在は株式会社東亜商会社長と東亜更正会総本部会長の要職につくようになった。もともと手腕と力量が豊富である氏は、教育事業にも大きな努力を払っており、特に朝鮮人社会で活動中〔数文字不明〕茨城県内の水害時にも救済事業で大活躍をしたという。〔写真は金鐘煥氏〕〔略〕

天井板加工工場　趙龍文氏

趙龍文氏は深川区木場町で、四〇名の職工を使用して天井板加工工場を経営している人物。大正九年渡東以来、天井板加工工場の職工生活をして、技術と経営方法を習得する一方、いろいろな苦難の中で、自力で現在の工場を独立経営し、繁昌させている立志伝中の人物である。本籍は全南唐津郡道岩面で、今年三三歳の青年実業家である。氏は常々新味がある製品の製造と品格の向上に尽力する者として、将来を嘱望された人物である。

〔写真は趙龍文氏〕〔略〕

患難相助を行う
運転手同友会

東京自動車運転手同友会は、在住朝鮮人自動車運転手諸氏の相互親睦を図り、患難を相救し品格向上を目的とする団体として、昭和八年三月、金生基、金龍基、申徳洙、崔鍾喆等諸氏の発起によって創立されて以来、会館を豊島区池袋四ノ一七四二、林淳石氏宅に置いたという。役員は下記の諸氏である。

会長　金生基、会計　李光徳、庶務　林淳石、会計監査　趙今龍・趙杜龍、役員　権潤逢・崔元國

朝鮮人社会の重鎮　名望家　姜永徳氏

氏は忠南保寧郡青所面井田里生まれ。大正一四年一月に考えるところがあって東京に来て、今日まで一〇年余り、朝鮮人社会の為に粘り強い活動をしてきた。当年三九歳の青年活動家として、東京在留朝鮮人において、どんな階級でも、氏の名を知らない人がいないくらい、氏は朝鮮人団体のために常に努力をしてきた、東京〔在住朝鮮人〕社会になくてはならない人物である。氏は性格が堅直で頭脳明敏、事理に分明ある判断ができる強大な実行力を備えているので、いかなる難事であっても前後事理を一つ一つ分解して正常に処理し、過去は勿論であるが、将来においてもさらに一層、東京〔在住朝鮮人〕社会になくてはならない人物になったのである。氏は過去十有余年、あまりにも働きすぎたのか、近頃は健康を害しているようであり、氏に会った人は誰もが心配せずにはいられないという。三九歳の青年として将来を期待するものが大きい。健康に注意してさらに活動してくれることを皆が祈っている。〔写真は姜永徳氏〕〔略〕

天井板加工業　金龍在氏

金龍在氏は全南康津道岩面出身で四一歳の壮年。深川区冬木町で天井板加工工場を経営している人物である。郷里において多年、漢学を修業して、土木建築業に従事したが、大正一三年に出郷、渡東した。常に新しい住宅によく合う天井板加工の研究、製造に努力し徳望がある。今後、さらに繁昌して斯界に、より以上の貢献がある

ことが期待される。〔写真は金龍在氏〕〔略〕

立志伝中の人物
財布製造業　金在元氏

東京朝鮮人実業家の重鎮である金在元氏は本籍を慶北安東郡豊山面下里洞に置き、現在、東京市向島区吾嬬町東三ノ一六番地において、財布（蟇口）工場を経営している。氏は安東啓明学校を卒業して、郷里において事業を行い、故郷の基督教会で執事の職分をもって、宗教に身を投じて活動していた中、本来早くに父母を亡し、貧しい生活はさらにひどくなり、彼をして慣れ親しんだ故郷と、献身していた教会を後にして、生きる道を求めなければならなくなった。昭和二年、訪ねて来たのがすなわち東京であり、無一文の徒手でやって来た氏に、東京だからといって温かいはずはなかったが、彼は堅い決心をしてあらゆる憂患を切り抜け、蟇口製造工場の職工生活をするようになった。もともと勤勉で正直であり温順な氏は、職工生活二年で向島に自営工場を創設するようになり、その間、その努力と奮闘は語らずともわかることであり、数多い家族をつれてその日の糊口の困難もあったわけであるが、これを克服して自営工場を創設するにいたるまでの彼の努力に感嘆せざるをえない。現在は職工四〇余人を使用し、全東京〔在住朝鮮人〕製造業界において一、二を争う地盤を築いた今日にいたっても、その質素な生活様式は一〇余年前の渡東時と異なることがないのを見るとき、実に模範とすべき人物であり、東京の自慢すべき人士である。現在、東京朝鮮人工業協会の会長であり、そのほかにも実業方面のいろいろな事業を傍らで経営している。〔写真は金在元氏〕〔略〕

宗教教育の重鎮

東京朝鮮基青総幹事　尹槿氏

氏は咸南永興出身で、京城の槿花女学校と槿花幼稚園において一〇余年間、教鞭生活を送っていたが、同校を辞めた後、約二年間、朝鮮中央基督教青年会教育部の一般実業教育で活躍した。一九二二年九月に、再び遠大な抱負と勇敢な決心を持って東京に来て、長い間、地理学を研究しつつ、東〔京〕朝鮮基督教青年会評議委員であったが、一九三四年一月に同青年会幹事に任命された。氏は長老数人と京城勝洞教会の執事であり、一九三五年四月に朝鮮基督教青年会連合大会幹事に選ばれ、東京朝鮮基督教青年会幹事として服務中である。とくに今年には、懸案となっていた、同会館建築後一〇年ぶりの会館修理〔を実現し〕、その他水道工事まで全部新調して面目を一新した。青年会機関紙『青年時代』を、去る三月から毎月発行し、最近では英語講習部を新設して、宗教及文化運動に猛烈に活躍している。氏の熱誠に対する敬意を表するとともに、健康と将来を祝福してやまない。

（写真は尹槿氏）〔略〕

三河島朝鮮幼園

園長李氏の努力多大

朝鮮児童のために設立された育英機関である東京の荒川区三河島の朝鮮幼稚園は実に貴重な存在である。現在、四〇余人の園児を収容しているのであるが、園長の李元均氏と保母の崔薞哲嬢（京保出身）の熱誠に溢れた尽力によって隆盛を見ているという。いろいろな意味でその功労は大きいといえるだろうが、今後、さらに保育の発展が期待されている。

信用ある洋服店

金田商店主　金鳳俊氏

既成洋服販売商として、信用本位の金田商店は、市内の数多い洋服商の中でも人気が高い。店主の金鳳俊氏は平南江西甑山の生まれで、平壌で洋服店を手広く経営していて、昭和九年一〇月に渡東したという。氏は朝鮮において洋服商は新たに発展するであろうと斯業界に通達した。洋服仕入れと経営に関しては、絶対に安全で共存共栄の為に自分で指示して尽力中であるという。現在の住所は東京氏神田区豊島町である。〔写真は金鳳俊氏〕〔略〕

布木〔朝鮮服地〕商界の巨星

京城商店　李進氏

旧韓国時代に語学の天才として外国語によく通じ、米国桑港〔サンフランシスコ〕、露国などの地を旅行した李奉雲氏の長男である李進氏は京城生まれで、現在、深川区住吉町二丁目六番地で緋緞布木商京城商店を経営している。もともと厳父が経営していたものを厳父が帰郷後、氏が引き継いで経営するようになったものである。氏は天才的気質があるその父親の血をうけているだけに、俊敏活発であり、事理に勇断な人物であり、京城商店を引きついで、一層躍進して絶対にその追従を許さない堅固な地盤を築いて飛躍中である。また、われわれ朝鮮人社会になくてはならない商品であるだけに、さらに一般の関心と期待が大きいので、一層の飛躍が期待されるという。〔写真は李進氏〕〔略〕

貴金属商の第一人者
鄭洪錫氏

氏は忠南唐津生まれで、現在、東京市品川区大井倉田町三三五七番地において、文化堂商店という看板を掲げて、ダイヤ、時計、その他貴金属商を経営する、まだ三〇歳にしかならない独身青年実業家である。氏は京城養正高普を卒業して、昭和四年に渡東し、日本大学経済科に入学し、同七年に同大学を卒業すると同時に、貴金属商を開業して活動中。現在は内鮮人を問わず、絶大な信任をうけ、その沈着温健な性格で粘り強く努力したならば、遠からず、他の追従を許さない巨商になることであろう。もし時計その他貴金属について相談ことがあったらならば、右記の住所〔略〕に問い合わせれば親切に答えるという。（写真は鄭洪錫氏）〔略〕

運転手として成功した
權閏逢氏

氏は慶北安東郡豊山面竹田里生まれで、現在、東京板橋区板橋町二丁目六六三番地に車庫を置き、自動車四、五台を購入して、タクシー業を経営する青年実業家である。氏は安東で学校を卒業した後、大正一三年七月大志を抱いて玄海灘を渡って来て、今日の成功をするまでの苦心と努力は、言葉に言い表せないほどである。数多い青少年がひたすら成功を目標として渡東したものの、有名無実で帰郷するのに反して、徒手空拳で〔渡って来て〕今日の成功を見るようになった氏に感激せざるを得ない。さらにさらに将来の努力を祈らずにはいられない。

（写真は權閏逢氏）〔略〕

燦然たる功績を残した朝鮮基督青年会
現在会館は三層洋屋の偉観

東京朝鮮基督青年会〔東京朝鮮YMCA〕は、一九〇六年創立以来、三二年間同じように、東京朝鮮在学生の指導統一に便宜を与える機関として、在東京朝鮮人の親睦を図る機関として、燦然たる功績があることは、自他が認める通りである。かつて、神田の日本青年会館の一室を「会館」として看板をかけたが、その後、市内数処に会館を転移した。今日の堂々とした会館を建立するまで歴代の総務と幹事諸氏は、数百会員からの基青の使命達成と在留朝鮮人のために、学術講演会、音楽会、演芸会、各地見学会、卒業生祝賀会、新渡学生歓迎会、関東震災被害追悼会、弁論会、討論会、労働夜学などの多くの仕事をしてきており、新年相賀会、擲柶〔双六に似た朝鮮の遊び〕大会、内外各国名士招待会、監獄及び病院慰問会、遠足会、懇親会、救済会、慰安会などを主催していつも盛況である。機関誌として月刊『新青年』を発行している。神田区猿楽町にある同会の会館は、東京朝鮮人社会の唯一の建築物であって、鉄筋コンクリート三階建て、敷地二六一坪七勺に建物延坪数三一九坪である。この会館の建築の由来は一九二四年、崔承萬氏が総務の時代に北米基青〔米国のYMCA本部〕から、会館建築費として金五万ドルの寄付を受け、工事を起こすや、在留朝鮮人と、朝鮮各地の寄付金も集まり、総建築費一四万一、九〇〇円余りをかけて、一九三九年四月に落成したという。同館の二階と三階は学生寄宿舎になったのであるが、現在、二〇余人の寄宿生を収容している。在留朝鮮人と歩みを共にする同会は、これから飛躍的発展があることを信じると同時に、多くの功績を表すことを望み、且つ、同会の委員諸氏の健闘を皆が祝福するものである。

〔写真はYMCA会館〕〔略〕

役員

一、評議会　李元均（長）、チョゲンセン、金鳳俊、朴永昌、趙得聖

一、徳育部　金瀅観（長）、方洙源、金徳現、李禎烈、金昌一

一、智育部　金鳳俊（長）、李ジン浩、丁元根、金澤旻、李想春

一、体育部　李東壽（長）、朴永昌、李昌麟、朴孝相、朴濟煥

一、編輯部　李元均（長）、金瀅観、金浩永、金斗煥、尹槿

一、職　員　総幹事　尹槿、書記　金斗煥、尹義燮

印刷業界の権威
金山印刷所主　金鎭玉氏

金山印刷所（芝区新橋町六）は、東京の印刷界において歴然とした存在である。整備した印刷機、鋳字機の設置、卓越した技術などを見れば、実に斯界の一流である。主人、金鎭玉氏は、四七歳の壮年であり、慶南金海郡大老面徳斗里の出生である。東洋第一の文化の中心地である東京においても、最も繁華な地帯で、朝鮮人として、斯界に堂々たる地位を占めるようになった今日があるのは、これまでの氏の涙ぐましい血闘の所産であるといえよう。氏は、立志伝中の人物である。幼くして父母を失い、故郷山川のあちこちをさまよい、生きる道を探して九州の八幡に渡って来て、印刷技術を修得したという。大正一二年一月に旅装を解き、印刷業で身を立てることを決意して、爾来、熱誠を尽くし、寝食を忘れて尽力して確固たる商業の地盤を得るや、京城の名門に生まれた婦人と結婚して、涙ぐましい内助の功もあり、今日の成果を得るようになったという。文化と印刷業は不可分の

関係があるので、氏の誠実な努力と常に新時代に合わせた経営方針を見れば、さらに繁昌するであろう。氏の事業の将来の嘱望は大きいという。（写真は金鎭玉氏）〔略〕

天才的発明家　鄭用貴氏

発明家・鄭用貴氏の故郷は、慶南固城郡固城面城内洞である。石鹸容器付洗濯刷子を発明し、昭和八年四月に新案特許を得る。一一年五月には飯櫃懸吊乾燥用具を、一二年一〇月には蟇口の口金の形状模様の結合の発明特許を得て、実用品の発明に努力しつつ、発明品の製作経営も兼ね、大活躍をしているという。氏は昭和元年一〇月、渡東以来、毎年新しい発明品を出しており、これからさらに期待が大きいといえよう。

（写真は鄭用貴氏）〔略〕

新聞販売に非凡
東日碑衾出張所主任　朴賛鳳氏

朝鮮人として市内にたった二人しかいない東京日日新聞碑衾出張所主任である朴賛鳳氏は、三〇歳の中年新聞人である。氏は平北博川郡徳安面南五洞出身で、青雲の志を抱き、満洲国に入り、綏芬河国境警備隊に奉職勤務中、大陸に沈む赤い太陽を見て、考えを変えて、昭和八年一〇月渡東した。獣医学校を卒業した後、在学当時、学資の為に配達に従事していた東京日日新聞が、氏の卓越した手腕と人格の非凡さを見て、現在の職分を任せることになったという。この新聞の販売担任者は、絶対的に人間本位で選択することが特徴であるので、多言を要さず

とも、氏〔の人物〕を知ることができるのであり、氏の将来は期待が大きいといえる。〔写真は朴賛鳳〕〔略〕

新聞販売に特才
東日出張所主任　車瑢學氏

車瑢學氏は、東京日日新聞の深川区森下町出張所と荒川区尾久町出張所の主任であり、当年三五歳の青年である。故郷は全南莞島郡外面大也里であり、現住所は、深川区森下町一の一である。大正一四年初春、愛知県碧海郡に渡り、製造業に従事していたが、大正一五年に上京して、東京日日新聞の配達であらゆる苦難と闘っていきつつ、誠心を尽くしたものであり、なにしろ円満で温厚である氏の人格を、同社において信任するとともに、卓越した新聞販売人としての手腕を信じて、前記の両所の主任を兼任させたという。東京日日新聞出張所主任では、朝鮮人としてはたった二人の内の一人であるため、抜きん出た存在である。これからも誠実な努力の成果が大きく期待される。〔写真は車瑢學氏〕〔略〕

製鉄原料巨商
李殷聖氏

製鉄原料商として朝鮮人の間に名声が高い、蒲田区南六郷三番地の山田商店主李殷聖氏は、慶北達城郡玉浦面能田洞に本籍を置いて六年前に渡東した。現住所で製鉄原料商を開業したのち、破竹の勢いで飛躍的進展を見て、満一周年を迎えて、数十人の店員と莫大な資本を獲得するようになった。したがって、現在は製鉄原料商の中心的地位にあって、また同業者間の信望が厚く、今後の大成が嘱望されている。〔写真は李殷聖氏〕〔略〕

製鉄原料都売商
慶北出身　池光全氏

氏は慶北達城郡論工面本里洞生まれ。郷里の小学校を卒業し、高等普通学校を三年修業ののち、悲壮なる決心を抱いて、昭和五年に来東し、某製鉄会社に入社した。在勤中、もともと勇進不退の堅固な意志の持ち主であるだけに、短期間に製鉄に対する技術を習得して、自営製鉄卸売商を開業。その後、悪戦苦闘八年、今に至り、工場を第一、第二分店まで拡張して一四〇余人の職工を使用し、二〇万円余りの資産を築いた成功者として、現在、日鮮会副会長を勤める三四歳の青年事業家であり、将来をたいへん嘱望されている。（写真は池光全氏）〔略〕

白十字理事　韓峴相氏

韓峴相氏は、社会事業団体である白十字社の理事である。中央普高を大正六年に卒業した。大正八年六月に渡東し東洋大学、明治学院大学、日本大学等に就学していたが、幼時から深い信仰を持ち、宗教方面に思いがあり、新公同神学院に入り、神学を研究し、昭和五年、修行した後に、白十字社に入社して、今日の地位に立ったという。氏の郷里は、全南霊岩邑内である。

洋服界の権威

李璡浩氏

氏は咸南安辺郡培花面桃山〔松山〕里生まれ。元山公立商業学校を卒業し、小学校教員として教育学業に身を投じて四年後、故郷の培花に消費組合を創設、その理事として活動する一方、元山で農具店豊農社を経営していたが、昭和八年に来東し、東京神田区三崎町二の一番地において、高級洋服店高松屋を創設した。数多くの競争者に打ち勝って、ただ誠実と技術を本位として、斯界に君臨して、日ごとに躍進し、各団体はもちろん、各大学同窓会および基督教青年会指定を受け、大繁昌中である。朝鮮内でも出張員が七、八人ずつ、朝鮮全土の各地を巡回して、年に数千着を販売している。そのほかにも、朝鮮物産部と簡易レコード吹込機部を設置して活動中であるが、事業、企業に天才的手腕を持った氏の将来は大きく期待され嘱望される。〔写真は李璡浩氏〕〔略〕

運転手として出発成功

李光德氏

東京朝鮮人タクシー界を見てみると、まず〔注目される人物として〕李光德氏を挙げることができるであろう。氏は慶北安東郡豊山面下里洞に生まれた。当地公立普通学校を卒業して、大正一五年三月に渡東し、自動車運転手として悪戦苦闘一〇余年の結果、現在は東京板橋区板橋町四丁目一二四四に、巨大な車庫を持って自動車一〇余台を購入。全東京タクシー界の有数なる成功者として、氏の波乱多い半生を、変りなく固い決心で初心を貫徹した意志を讃揚しないわけにはいかない。〔写真は李光德氏〕〔略〕

確固たる地盤を持つ

蟇口口金製作所主　李重烈氏

李重烈氏は豊田蟇口口金製作所主で四五歳の壮年実業家である。慶北安東郡豊山面下里洞から大正一〇年四月に渡東して、蟇口工場で数年間職工として仕事を学び、現住所である向島区吾嬬町東三ノ七で、体得した事業を独立経営する一方、赤貧の暮らしの家庭のあらゆる困難を克服して進み出て、信用本位で斯界の既成地盤を持つ人たちの間で着実なる手腕を発揮して、多大なる信望を得ている。現在は蟇口口金工場経営に加えて蟇口工場も経営中であるが、二〇数人の職工を使用して大繁昌中であり、彼も立志伝中の一人として将来を嘱望される人物である。（写真は李重烈氏）〔略〕

タクシー業成功者　李木聖氏

東京自動車業界の成功者として李木聖氏がいる。氏は現在、東京板橋区板橋町四丁目一一二六番地に広大な車庫を置き、自動車七、八台を購入して大活動中である。本籍を慶北安東郡豊山面下里洞に置き、大正一四年一一月に素手で渡東した。今日の大地盤を築いたことだけを見ても、氏が固い決心をもって故郷を離れ、東京の業界の心情を知ることができ、安東郡豊山面出身として、東京においても同じ板橋町で営業する李光徳氏と権允鳳氏を加えた皆は、徒手空拳で自動車業に成功し活動することで、東京社会に異彩を放つようになった。三人とも皆、今後もさらに奮闘努力することを願う。（写真は李木聖氏）〔略〕

先が期待される深川幼稚園

朝鮮人無産者児童の唯一の育英機関として、深川区平河町の深川幼稚園は、園長方洙源氏と保母尹善好嬢の涙ぐましい努力によって、現在六〇余人の児童を収容しており、実に貴重な存在である。朝鮮幼稚園とともにその功が大きいといえるが、これからさらに関係諸氏の健闘とともに同園の発展が期待される。

青年手腕家　李鍾萬氏

李鍾萬氏は、本籍を慶南密陽に置き、大正一三年に渡来して、苦学生活で中学を卒業して、現在は茨城県助川に居住する実業家である。もともと手腕があり活動的な氏は、東奔西走、いろいろな事業を経営して、現在は数十万円の巨資を成したというが、次の大成功を目標として活躍中である。〔写真は李鍾萬氏〕〔略〕

製鉄原料卸売商
情熱的実業家　金龍植氏

本籍を慶南咸陽郡咸陽面下洞に置き、現在は東京市蒲田区南六郷二丁目一六番地で、製鉄原料卸売商を経営する金龍植氏は、郷里の小学校を卒業して昭和二年に来京。一〇年余常に変わらず奮闘努力し、現在の確固たる地盤を築くまでの苦心は、明らかな結果を見ても知ることができる。そのほかにも土木請負業を傍らご経営し、一二〇人の人夫を使用して活動中であり、町内に徳望が高い、当年三七歳の事業熱旺盛期の青年活動家である。

（写真は金龍植氏）〔略〕

紹介版を発行しながら

今回、紹介版発行において、愛読者諸賢の積極的支持と絶対的な声援をしてくださったことについては、衷心より深謝してやまない。もう少し計画的に具体的に詳記しようと意図したが、紙面関係で思うようにはいかなかったことは甚だ遺憾に考えるが、今後、第二版発行に際して再び紹介することにし、ここに擱筆するのであるが、さらに芝販売所主任金用根氏に感謝するばかりである。

朝鮮日報社東京販売所　李　昌　麟

本紙掲載名刺広告

急告!

日本內地는勿論이요 멀니 臺灣、滿洲、朝鮮等地로부터 만은註文을 주시옵기 諸位에게紙上으로 謝禮하나이다 特히仰告하옵는바 各社레코ー드朝鮮盤을 具備하엿싸오니 葉書로 下命해주시면 迅速配達하오려다

朝鮮物産
毛織物類
綿布羅紗
人造絹各種
各社레코ー드
食料品並
雜貨書籍

合名會社 財成商會

東京市荏原區戶越町七〇九
(戶越銀座通)

支店 東京市深川區牡丹町四ノ二

洗濯業
種目 (最高級和洋服ドライクリーニング)

東京市深川區平井町二ノ二八

主 金光國

本籍 慶北[illegible]

各工場特約店

銅鐵地金商 太田商店

東京市蒲田區羽田町一丁目一一八〇

主 金振鉉
李應祿

電話羽田(04)六〇八番
本籍 慶北永川邑

輸出織物商 金井商店

群馬縣桐生市本町四ノ三二一
電話三一六八番

朝鮮料理元祖 江南食堂

東京市神田區神保町二ノ二七

主 姜聲南

電話九段(33)四七三四番

古物都賣商

宋銀錫

茨城縣久慈郡太田町金井町
本籍 全南高興郡豆原面[illegible]

朝鮮料理 南鮮館

主 崔二今

東京市城東區南砂町一ノ九三

和洋料理カフーエ 日新館

主 趙龍述

川崎市大島一三九五

右寫眞은春香房開店紀念全景

東京市京橋區湊町一丁目五

純朝鮮料理元祖 春香房

(市電은新榮町或은八丁堀市バス는넵보즈ト車)

銅鐵地金問屋 金本仁吉商店

主 金仁浩

川崎市中丸子六二七
本籍 釜山府[illegible]町

有志 金昌樂

東京市深川區平久町

東京 金斗植

妓生 徐山玉
桃花、花子、信子
花子、萬子

本籍 慶北慶州邑

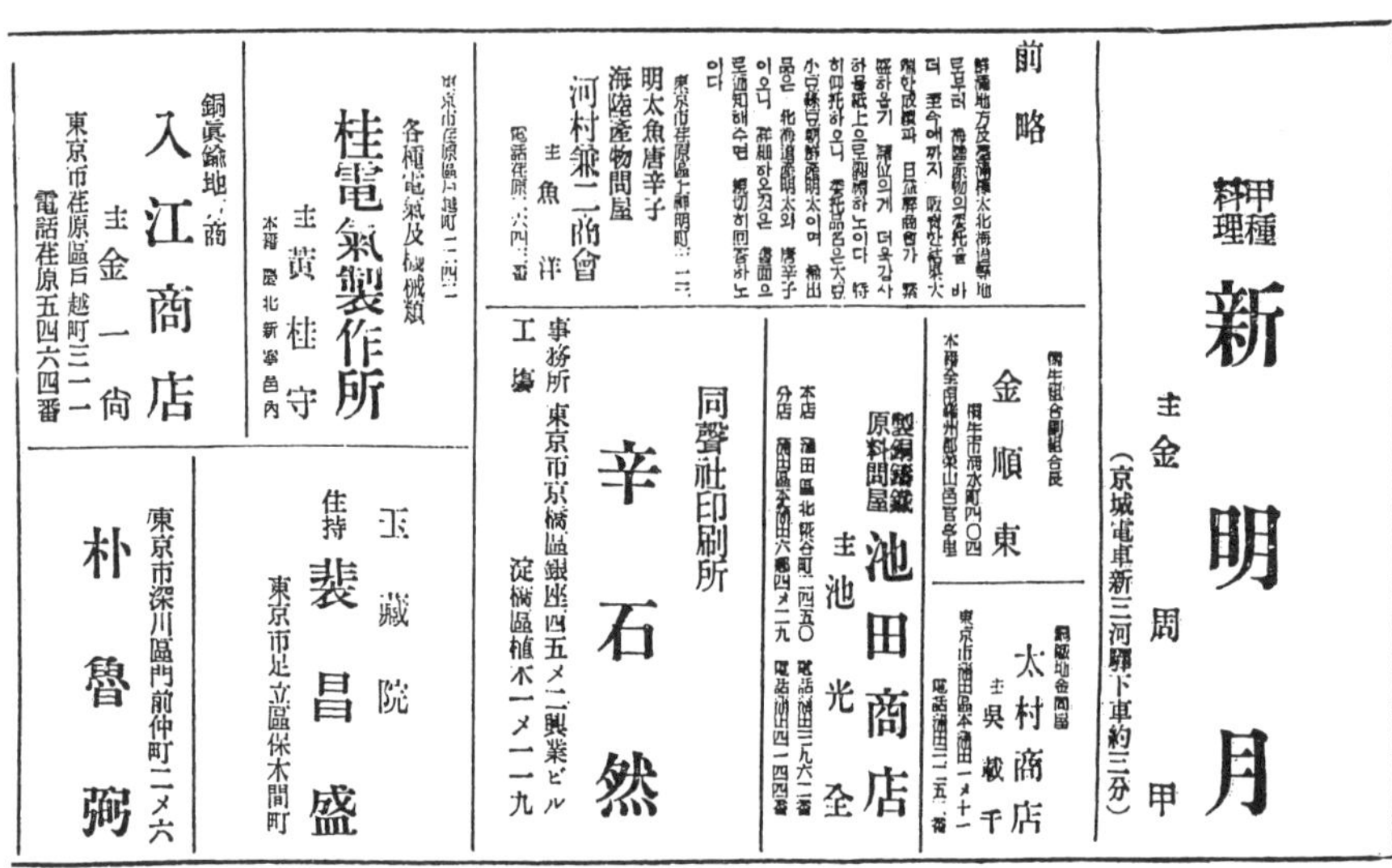
甲種料理
新明月
主 金周甲
(京城電車新三河驛下車約三分)

前略

東京市荏原區上神明町
明太魚唐辛子
海陸產物問屋
河村雜一商會
主 魚洋

牛皮組合副組合長
金順東
桐生市稲水町四〇四
本籍全南錦州郡榮山邑

銅鐵地金商屋
太村商店
主 吳萩千
東京市蒲田區本蒲田一ノ十一

製鋼鑄鐵原料問屋
池田商店
主 池光全
本店 蒲田區北糀谷町一四五〇
分店 蒲田區本蒲田六鄕四ノ二九

同聲社印刷所
辛石然
事務所 東京市京橋區銀座四五ノ二 興業ビル
工場 淀橋區植木一ノ一一九

東京市荏原區戸越町
各種電氣及機械類
桂電氣製作所
主 黃桂守
本籍 慶北 新寧邑內

玉藏院
住持 裵昌盛
東京市足立區保木間町

銅眞鍮地金商
入江商店
主 金一尙
東京市荏原區戸越町三二一
電話荏原五四六四番

東京市深川區門前仲町二ノ六
朴魯弼

和洋料理
朝鮮料理
玉泉亭
東京市蒲田區羽田町一ノ一三七五
主 吳載千
電話羽田五四四番
妓生 朴金玉
初江 繁子 京子 君子 正子 花子

川崎市神明町一ノ五三三
諸機械
銅鐵地金原料問屋
河上商店
主 河在孝
本籍 慶南昌原

東京市麻布區新廣屋町一ノ三三
諸機械
銅鐵地金問屋
西村商店
主 河季不
電話三田(45)一三七九番
本籍 慶北新寧邑

東京市荒川區尾久町六ノ六〇五
金銀銅器道具時計製造販賣
松島政雄商店
申昰均

地金眞鍮
各種材料商
小林商店
主 金龍植
本店 東京市蒲田區
出張所 東京市蒲田區羽田本町

自動車飛行機並發動機各部分品製造
野本電機製作所
主 崔成珍
電話 荏原(08)四九二一番
第一工場 荏原區中延町九三
第二工場 荏原小山町五八二
第三工場 荏原區中延町五八八

特約店大募集
朝鮮盤
洋樂盤
三千里蓄音器商會
朴齊星
全國朝鮮盤チェーン
東京市下谷區金杉二丁目五番地四
電話浅草(84)七三〇六番
電略(サンゼ)又ハ(ミチリ)

『朝鮮日報』一九三八年九月一日

〈在内地朝鮮人生活〉

在東京朝鮮人の現状

金浩永

一、まえがき

「東京の朝鮮人の状態を報告しろ」というのが編輯者の注文のようだが、筆者は決して「適任者」ではないと思います。それは筆者が東京で生活し始めたのがすでに近二〇年もなるので、東京の裏道という裏道、特に「朝鮮人」たちの生活根拠となっている裏通りは大概見当はつきますが、筆者自身がまたこの裏通りの住人の一人なので自分の家のことを天下にすべて発表するというのは、ちょっとうまみがないと思われる点がその理由の一つです。また第二の理由は、自分の故郷で出生し、その地で一生を暮らすという「幸せな」方にとっては、我らのような他郷の裏道の住人の生活が非常に奇異に思われたり、興味ぐさになったりするかも知りませんが、東京の裏面という裏面を知ってからは、奇異とか興味というのがなくなりました。なので、一時的な旅行者は、直感的に東京にいる朝鮮人の特異な生活状態を把握することができるかも知りませんが、筆者のように「東京番」になってからは、その特異な点を把握することができません。故に、以下記録する数項目が読者諸氏の興味ぐさになるかどうかは疑問ですが、名文が書けないといっても、筆者も「売文業者」の一人なので、編輯者の註文を拒否するということは商業道徳に反しているので、とにかく、注文には応じることにします。

二、武蔵野文化の開拓者——朝鮮人の昔日

あの有名な野史家白石実三氏は、数年前に「武蔵から東京へ」という一書を評したが、同氏は「昔日の武蔵野を開拓した者は朝鮮人」であると様々な考証をした。事実現在、武蔵野一隅には「高麗村」というところがあり、彼らの氏神を「高麗神社」と称し、また彼らの姓を「高麗」氏と呼んでいる。

仔細な年代を計算してみたことはないが、たぶん今をへだつ三、四百年前からここに朝鮮人が移住して来たということは事実であるようだ。

今日の朝鮮の状況を報告することに三、四百年前の話を切り出すのは、実は今日は昨日の連続であり、明日はまた今日の発展という、いわゆる流転するものごとの正当な把握はこの史観に依拠すべきと称する者もいる所以である。

武蔵野——今日の東京に、すでに三、四百年という昔から朝鮮人が移住して来たということは、つまり、荒蕪地であった東京を開拓し、今日の世界的な大都市東京をつくった功労の一半が、朝鮮人にもあったということを証明することである。

それはそうだろうが、明治以前の東京は、いわゆる朝鮮人問題を惹起させるほど渡来していないようだ。だから、明治以後を一瞥することにしよう。

併合以前には、冠かぶって周衣〔トゥルマギ、朝鮮の外套〕を着ている留学生たちが渡来して勉強していたので、彼らを監督するために「韓国留学生監督部」というものがあり、その後、併合と同時に、総督府の手でそれを経営

するようになって、名称は監督部、督学部、奨学部、学生部、金剛洞などがあり、麹町区近くの旧韓国公使館跡に寄宿舎と会堂があるという。

しかし、東京の朝鮮人なら、学生はさほど重要ではない。それは学生諸君は定住者ではないので、移住民とは異なる所以である。また、いわゆる移住民というものは大正初年にはその数は問題にならなかったが、結局、大正一二年、震災前後から量的に激増するにつれ、多様な形態の運動があって問題が起った。だから、学生社会の話は後回し、移住民の状況を記述することにする。

三、移住者の激増——在住者の総数と階層別

東京府発表の統計によると、東京朝鮮人の移住状況は左の通り。

年次	人員
大正二年一二月末	五七二
同　五年　同	六四七
同一〇年　同	三、二三四
同一五年　六月末	一三、二三一
昭和二年一二月末	一六、〇八三
同　五年　六月末	三〇、二六〇
同　九年　三月末	三九、五二二

また、以上の統計中、昭和九年三月末現在の職業別を見ると次の通り。

在京朝鮮人職業調

職業別	人員
官公吏及軍人	二一
学校教師	三
医師・薬剤師・弁護士	八
記者	六
僧侶・牧師	四〇
事務員	八〇
学生	二、七四七
小学児童	一、五七九
商業	二、七四六
農業	二五
雇人	四九二
水上就労者	三五
職工・雑工	一三、八七六
人夫	三、六四六
交通運輸	一、三三八

接客業者・芸娼妓	二三四
無　職	一〇、九四七
在監者	二一六
其他労働者	一、四八三
計	三九、五二二

これが、昭和九年当時の朝鮮人の「プロフィール」である。官庁で発表した統計でも大体推測できると思われる。参考までに網羅しておいた。現在〔昭和一四年〕は約七万人だという。次に行く。

四、密集地域の状況——俗称「太陽ない街」其他

東京に一〇〇世帯以上の朝鮮人が密集して暮らしているところが一一ヵ所あるが、その中で代表的なところは深川区洲崎遊郭近くにある赤心団バラック、天照園バラック、浜園バラック等と豊島区日出町、東京拘置所近くの俗称「水久保」部落、小石川区久堅町、共同印刷株式会社近くにある俗称「太陽ない街」、芝区西芝浦東京屠殺場近くにある朝鮮村等々が、一番壮観であり、世界的に著名なところなので、徳永直、張赫宙、村山知義、三波和夫等の作家の手ですでに小説化され、さらに昭和六年七月号の中央公論誌、昭和九年一〇月号の日本産業誌等に筆者がその一部を紹介しており、昭和一二年六月号改造誌に作家張赫宙氏が紹介した。

上記した各部落以外、一番緻密に集合して生活しているところは、多分城東区大島町であるだろう。この大島町の戸別調査表を発表しておく。これは東京朝鮮村何処を問わず、共通する数字と考えてもかまわない。

一、人員

世帯数	男	女	計
二四七	五一九	三九〇	九〇九

二、世帯主の職業別

雑役人夫	一五〇
土工	八七
屑拾	一〇

三、収入の程度

最高	二〇円
最低	六円
平均	一三円

四、住宅

「朝鮮人の住居する家屋は全部借家で、朝鮮人の建設したものは一つもない。「バラック」とトンネル（墜道！）長屋が多い」と府官吏が報告書に記入。

五、家賃支払状況

家賃六畳一室五円程度であるが、不払者が多い、その中には長期滞在者がある。

一ヵ月一戸主の総収入が一金六円也。

一家族が平均五人なら（これは日本帝国内閣統計局の公認数字也）一人当り一ヵ月生活費一金一円二〇銭也、

一日四銭、一食一銭三厘余。借家税の「長期滞納」も力及ばずであり、栄養不良と幼児の死亡率激増も不可避である。欠食児童が学校に行くことを嫌がる理由も見当がつき、人間の末路のようなのも、しょうがないことであり、汚い衣服を着ている根拠も一目瞭然なことではないかと私は考える。

五、偕に老いる連れ合いもない！

陳腐（国語でいうと）な言葉であるが、「偕老同穴」という言葉がある辞典にあったことを記憶する。孔子曰く孟子曰くという儒教輩等は「夫婦有別」という。しかし「玄海灘があだである」と嘆息だけをしている東京の朝鮮子孫たちは偕に老いる連れ合いがない。

東京府調査の前掲昭和九年の統計によると、

在京朝鮮人の性別表

男	女	計
三〇、〇六三	九、四五九	三九、五二二

等である。

「有別」であれ「同穴」であれ、問題とならない。男子三万人に女子九千人なので、三対一にもならないところである。

六、文化的領域

劇団で張赫宙作の『春香伝』を上演し、日本劇場でそれをレビュー化し、また淑香伝というにせ物件を『朝鮮レビュー』と僭称して上演に至り、俄然、東京は「朝鮮文化」の再生地のような感を与える。

しかし、それらのすべてが多少の良心的――芸術に対する――なものがあるといっても、結局は興行業者のふざけた真似に過ぎない。これと朝鮮人の文化的生活とは縁遠いことだ。

文化的なのか、反文化的なのかという理論的検討は別問題にしておいて、東京朝鮮人社会で、もっともらしく活動をしている者が基督教青年会、民間新聞支局、各大学同窓会、学生芸術座群雄を輩出している声楽舞踊界、氷上拳闘のスポーツ界等であるだろう。しかし、この中には別生活もできなく、冬眠を継続している者もあり、また最近になってきて一八〇度以上に目的を転換したような者もある。

出版物としては、青年会機関紙『青年時代』、基督教会機関紙『基督世界』が月刊でどうにか出版し、明治大学同窓会『同窓会報』、早稲田大学同窓会『会報』、学生芸術座の『幕』、仏教留学生会の『金剛村』等が一年に一、二回出版したり、しなかったりしており、「百万大衆の輿論機関」と自称し、昭和九年に創刊された『東京朝鮮新報』（旧民報）は昨年九月に廃刊となり、往年の猛将たちの新聞『朝鮮新聞』は七号まで発行したが、やむを得ず廃刊となった。紳士諸氏の社交団体で待ち望まれた一五日会と全東京のあの誰々とする人たちの集い『私たち倶楽部』は設立したばかりで、どこの路地にも一つはある、むさくるしい「ブローカー」連中の表札も形跡がなくなり、それだけ！

上記以外に学生たちの団体として注目されるのは、庭球、野球、拳闘、武道等々があるが、時期が時期であるので、度々動いている。

七、活動した人物　活動している人物——行った人といる人の点検

流水の如き歳月を回顧すると、感慨無量である。最近に開催した某氏の送別会席上で某氏曰く、「朝鮮社会は人を迎えるときは暖かいが、人を送るときは冷たい」と！

しかし、東京の私たちはそうではない。なぜなら、私たちは寂しい人間である。親故を迎えるときは冷たくても、送るときは暖かくするしかない。その意味から東京から故土に帰られた先輩たちの消息を、何等の機関紙もない東京の人たちに伝え、そして私たちの消息を故土の皆に報告することが多分順序であるだろう。

×　×

過去一〇年間に東京で一般朝鮮人のために一番活発に活動をした申浩均氏は東亜日報社広告部長をしており、趙漢用氏は中央日報停刊後、柳韓洋行広告部長に、惜しむべき龍も飛べなくなり、金東進氏は二宮中将の鮮満拓殖会社の参事を務められているようで、支局長となってから新聞も見られず、停刊となった中央日報の南廷麟氏はどう過ごしているか消息皆無で、東京の一言居士であった。東京朝鮮新報の働き盛りのとき、常務理事白南斗氏は活字と絶縁し、某航空会社の支配人に、東亜支局にいる呉南基氏は近代戦に対する造詣が深いようで、同社政治部員だとか。俗称「チャプリン」の申應植画伯は京城鍾紡で働いている。順序として次に玄海灘のこっちを描いてみます。しかし、ここに列記するのは順序不同なので、そのように承知され、抗議しないでください。

東京の私たち社会の消息を伝えようとしたら、第一に思い出す方は金海松氏であるが、氏はモダン日本誌の社長として、多分在留者の元老（昨年に結婚した青年を老というなんて！）格となるでしょう。この頃は雑誌も大きくなり、大阪ビル事務所も約三倍くらい拡張したところをみると、事業が思い通りになっているようで、令夫人朴外仙女史の内助かも知れないが、身体も元気になっており、万年主事韓晛相氏は重役タイプで腹だけ出ているのをみると、体は元気なようで、四〇歳の青年（?）会主人尹権氏は音楽界準備で右往左往しており、同盟通信の邊成列先生は顔も見られず、三菱鉱業の姜錫天先生は傾耳会以後、拝顔もできず、三井生命の姜錬先生は筆者に入社を勧めてくださり、金享燦先生は日本読書新聞社長を止めて、主婦之友社顧問だとか相談役だという業をなさっており、評論家と称する李北満先生は、昔の巣窟（?）であった中央線近くでどうにか暮らしており、順天堂病院の金澤旻氏は何の会をしても出てこないし、理化学研究科（ママ）の金字瑕氏はビタミンだとか何かを発見して博士になるという話もあり、農学博士林浩植氏は栄養研究所で奔走し、「半島の舞姫」という崔承喜女史は米国に行って、ある人からとんだ目にあったという手紙が来たし、趙澤元先生は踊りに京城にいらっしゃり、作家張赫宙氏は春香伝で儲けておられる。

八、終列車――結論にかえて

東京の朝鮮人の状態に関する報告としてはとても断片的で、俗悪的だということは筆者自らも認める。

しかし、冷静に考えてみて、こういう形態以外にどういう形で書くことができるか私としては見出せない。

したがって、筆者の以上の記述が報告の意図と合わないと思われたら、それは「見解の相違」だというしかない。

東京の朝鮮人が当面している最大の課題が何かというと、私は少しの躊躇もなしに、それは所謂「徹底保護法」による協和会、矯風会運動——同化運動と答える。これがどのように進展するのか、またどのように処すべきかという点はただ歴史が解決するだろうと私は考える。だから、私はこの最大の課題については一言半句も記録する必要を感じなかった。

最後に、故郷の皆の健在を祈り、私たちもまた健在でいることを願いながら、ここまでとする。（終）

［『朝光』朝鮮日報社出版部　一九三九年二月　一八八～一九四頁］

〈在内地朝鮮人生活〉

在大阪朝鮮人の生活相

宋之文

今から二〇年余り前には、朝鮮人で、日本内地に渡って職を探し、そこで暮らそうと考える人は珍しかっただろう。言葉も通じない、風俗も違う、技術もない、いくら考えても自分の故郷で農業をやりながら、一生を過ごす以外には、別に妙策などあろうはずがないからである。しかし、時間の魔術師は約二〇年間の歳月の間、大阪府下だけでも三〇万人に近い朝鮮人をそこに追いやり、京都・兵庫・東京・山口・広島などの各府県と、北のほうでは樺太などにまで散在している朝鮮人を数えると、的確な統計が手の中にないので断言できないが、六、七〇万人になるだろう。そして、密航をはかったものの、失敗した者がどれほど多いか、また密航したい気持ちでたまらない人が、何人いるかわからないくらいであろう。労働力以外には何も持っていない人たちにとっては、その労働力が売れるところだけが彼らの理想郷であるからだ。玄海灘の波濤と東方の空の悠々たる白雲を眺め、憧憬のため息をつくのも無理ではないだろう。

内地にいる朝鮮人の生活は、工都大阪を中心にして暮らしている朝鮮人の生活がもっとも代表的である。また特色があり、さらにいつも物議をかもし、騒がしいのも、結局は大阪にいる朝鮮人についての問題である。だから、ここでは大阪にいる朝鮮人の生活相を書く事にする。最近の統計ではないが、大阪府に居住している朝鮮人数の過去二〇余年間の集計を記録して参考にしてみよう。

在大阪朝鮮人数累年表

年次	男	女	計
大正元年	二四六	二	二四八
大正二年	三一四	二四	三三八
大正三年	二一二	二四	二三六
大正四年	三九七	二	三九九
大正五年	七四九	一三	七六二
大正六年	二、〇三〇	二〇五	二、二三五
大正七年	三、〇五二	二四五	三、二九七
大正八年	三、五二八	四二三	三、九五一
大正九年	三、八七三	六一八	四、四九四
大正一〇年	六、一六八	一、二五三	七、四二一
大正一一年	一一、二三七	二、一〇〇	一三、三三七
大正一二年	一九、五四九	四、〇八六	二三、六三五
大正一三年	三〇、一〇二	六、九四四	三七、〇四六
大正一四年	二五、七九五	六、〇六五	三一、八六〇
大正一五年	二六、九四四	八、二三五	三五、二二九

昭和二年	三一、二五九	九、七〇一	四〇、九六〇
昭和三年	四〇、一八七	一〇、〇二一	五〇、二〇八（ママ）
昭和四年	四八、五一〇	一九、四二六	六七、九三六
昭和五年	六一、五七五	二七、四六二	八九、〇三七
昭和六年	六五、五七五	三二、四六二	九八、〇三七
昭和七年	七六、七五五	三五、四七一	一一二、二二六
昭和八年	九一、五八七	四八、六九〇	一四〇、二七七
昭和九年	一〇六、五二四	六四、六三六	一七一、一六〇
昭和一〇年	一二一、四〇〇	八〇、九一一	二〇二、三一一
昭和一一年	一三三、八〇六	九〇、九四三	二二四、七四九

以上の統計から、朝鮮人の渡航の歴史がうかがい知ることができる。大正元年から同五年まではだいたい学生が中心になっているだろうと推測され、本格的に日雇い労働に就こうとする人が渡航し始めるのは大正六、七年からである。そのころから年々増加していき、大正一三年には一躍、三万七千余人を超過した。この年は多分、旅行証明も何もなしに、玄海灘を自由に往来出来たためであろう。一四年には、漫然と渡航するものを取締り、渡航証明がなければ渡航ができないようにし、そのほかに毎名現金一〇円を所持しなければ渡航が許されなくなり、少々減少した。このような影響もあったが、大正一五年からは再び増加を見せ、ずっと増え続けて現在に至った。そして、大正一四年までが朝鮮人の生活に一番余裕があったのだ。この余裕ある生活、それはもっとも

大きな宣伝となり、皆が先を争って渡航するようになった。朝鮮人労働者をこのようにたくさん受け入れるようになった一番大きな原因は、欧州大戦直後の活発な景気のためである。需要と供給に隔たりがあるなかで、安い賃金で使用できる朝鮮人労働者こそは、大阪の工業者にとって大福音にほかならなかった。そして、朝鮮人労働者にとっては大阪の職場は、甘露が流れるカナンの土地であった。そうした状況にあった何年間は、大阪には米穀商と下宿経営者のなかから、何人かのにわか成金が生まれた。賃金も仕事によっては相当な額に達したので、労働者の内にも、固い決意で貯蓄した者は、年末に帰省するときは百円を持参し、またお金が入ると毎月一〇円、あるいは二〇円を送金する者も生まれるようになった。狭い農山漁村では夢でしかないこのような事実が、広く知れ渡ることになった。自分の労働力を売る者が、少しばかりのお金を集めようとするのは当たり前であるが、そうした労働者を相手に私欲をむさぼろうとする者があり、現実ではそうした人たちがにわか成金となった。いまでは、夢にすら見られないことであろうが、かつて（一五、六年前のことではあるが）、下宿として家一軒を借り、六畳部屋に一五、六人を入れて、一つの下宿に少なくとも五、六〇人が住み、少し規模を拡大すると、一〇〇余人を止宿させ、食事を提供することがあった。食費は月一二円以上、さらにお米は安南米を半分以上混ぜている。そして、食費だけから利益を出すかといえばそうではない。新規の渡航者には職場を紹介し、頭金で五円ないし一〇円ずつを最初の月に差し引き、また毎月一人につき五〇銭のお金を取る。さらに、酒は酒で、肉は肉として、別に〔下宿人に〕売るので、二、三年経過しただけでも、相当な財を儲け、蓄えることとなる。

ところで、このような下宿業者たちは、自分の資本でコメやそのほかの物品を買い取って商売するのではなしに、いくらかは米穀商に納める。しかし、これは一時の過渡期的な現象であった。決してこのようなことが長く持続するはずがない。はじめは労働者も事情に疎かったが、だんだんと大阪の事情を知るようになり、知っていながらもだまされるのではなく、利巧さを身に着けた。仲間と部屋一つを借りて、自炊をするか、そうではなければ、故郷にいる父母妻子を連れて来て家庭生活を送るようになる。大阪はこのような人々が集まって暮らすにはもっとも適当な場所である。母親は家事と子どもの面倒を見て、暇を見つけて、大百貨店の仕事を請け負った洋服商より衣服類をもらい、ボタン穴、襟、裾などの針仕事をして（これを「下針」という）、月四、五円は稼ぐ。妻はゴム工場、セルロイド工場──現在、支那事変以後、平和産業の没落でそうではないが──洋傘工場、紡績工場、そのほかいろんな工場で働き、月二、三〇円、景気が良くて夜業でも継続すると五、六〇円を稼ぐ。幼い子どもであっても、一二、三歳となると何でもできる。老人でもじっと座っていることが嫌で、くず拾いでもするると、皆それぞれ、生活費は問題なく稼ぐ。こうしてみると、朝鮮内で一人の収入約一〇〇円で家族全員が生活するよりずっとましだ。そうなると、家族を全部大阪に連れて行こうということになる。このような傾向は、しばらく上向きであった景気が下降したことで、仕事先もどうかするとなくなってしまい、思い通りにできなくなった。さらに、昭和五、六年からの渡航制限によって〔一時的な稼ぎ場所の〕職場としての大阪ではなく、永住地として大阪を改めて認識するようになった。実際、大阪の朝鮮人は、〔大阪で〕お金だけ儲けて、故郷に戻り、安楽に余生を過ごしたいと考えている人々がたくさんいた。話がちょっと抽象的になったので、これもまた少し古い統計であるが、大阪にいる朝鮮人の職業的分布を掲げることにする。

在大阪朝鮮人職業別

――(昭和十年末現在)――

職業別			男	女	計
官公吏			五	—	五
有識的職業	軍人		—	—	—
	諸學校教師		四	三	七
	牧師僧侶		八	三	一一
	醫師辯護士		三	—	三
	記者著述家藝術家		一三	—	一三
	事務員		一五	七	二二
	其他有識的職業		一五三	一二	一六五
	小計		三二一	二五	三四六
商業(露店商人及行商人)	普通商人		一、九〇一	四三二	二、三三三
	人蔘販賣		三六〇	二四	三八四
	菓子類販賣		五一〇	二一〇	七二〇
	雜品販賣		一、一七四	四六〇	一、六三四
	屑買其他雜業		三、二三八	八三二	四、〇七〇
	小計		五、二八三	一、五二六	六、八〇八
	小計		七、一八三	一、九七八	九、一六一
農業	自作農		一	—	一
	小作農		六四	二五	八九
	小計		六五	二五	九〇
漁業			一	—	一
鑛業	坑內勞働者				
	坑外勞働者				
	小計				
勞働 纖維工業	紡績業	職工	三六八	一、三五五	一、七二三
		雜役	一九二	二〇五	三五七
	織物業	職工	九一〇	二〇五	三五七
		雜役	二〇二	三〇四	五〇六
	製絲業	職工	一六二	二八四	四四八
		雜役	九七	二七六	三七三
	染色加工業	職工	二、一一三	八五九	二、九七〇
		雜役	六〇二	四五五	一、〇五八
	其他纖維職工	職工	一、八一〇	一、三七六	三、一九六
		雜役	八二四	一、一一七	二、〇四一
	小計		七、三三九	七、七三三	一五、〇七二

職業				
労働 金屬及機械工業	職工	八、七五四	一、一四九	九、九〇三
	雜役	四、七一六	八四六	五、五六二
護謨工業	職工	五、一〇二	一、三〇六	六、四〇七
	雜役	一、五四六	五九一	二、一三七
硝子工業	職工	五、一〇二	一、三〇六	六、四〇七
	雜役	一、五四六	五九一	二、一三七
其他化學工業	職工	三、八八九	一、二八一	五、一七〇
	雜役	九五九	三四五	一、三〇四
小計		一六、〇八一	六、八二九	二二、九一〇
電氣工業	職工	四一七	一一二	五二九
	雜役	三五〇	一六一	五一一
出版工業	職工	一、〇四三	一五七	一、一九一
	雜役	三二八	二六三	六〇一
食料品製造工業	職工	四六六	二八七	七五三
	雜役	二七四	二三〇	五〇四
土木建築業	土工夫	一三、六二〇	一、四三七	一五、〇五七
	其他	三、八七五	一六五	四、〇四〇
	小計	一七、五〇五	一、六〇二	一九、一〇七
通信勞働者		八七	二	八九
通信運輸業	鐵道軌道從業員	三〇	—	三〇
	自動車運轉手助手	一、三六九	—	一、三六九
	其他	八三五	三七	八七二
	小計	二、二三一	三九	二、二七〇
仲介業		三、八〇一	—	三、八〇一
一般使用人	店員丁稚	二、〇七八	二三	二、一〇一
	農夫	九〇〇	七二	九七二
	漁夫	八四	二二	一〇六
	家事其他使用人	三、五三二	一、〇四六	四、五六七
	小計	一〇、三六四	一、一六三	一一、五四七
其他勞働者		八、〇八一	四、一四八	一二、二二九
接客業者		一、〇一八	一、二九三	二、三一一
其他有業者		三、四五五	一、二九三	四、七四八
學生生徒		七三四	三五	七六九
小學兒童		八、三八七	四、三五七	一二、七四四
在監者		四一三	—	四一三
無職	世帯主	二、三六九	一、六二五	三、九九四
	世帯主從屬者	一五、四九三	四五、五五一	六一、〇四四
	小計	一七、八六二	四七、一七六	六五、〇三八
合計		一二一、四〇〇	八〇、九一一	二〇二、三一一

◎注意：学生生徒及小学児童は無職の中に含まれてない。

以上は昭和一〇年末現在の調査で、この間、相当な変化もあるだろうが、ここから現状をだいたい推し量ることができるだろう。総人口二〇万人のうち無職が六万五千人にもなるというのは、労働の都市、大阪においては少々多すぎる数字のように見えるが、女子が五万人くらいであることを考えれば、ほとんど家庭にいる者のことであることがわかる。そして、その中には乳幼児などが含まれていることを考えれば、二人が仕事をし、一人は仕事をしていないという比率となる。大阪でなければ到底見られない現象であることがわかる。

支那事変以後、繊維工の内、紡績業と織物業等の女工は減少し、ゴム工業とセルロイド工業の男女職工はほとんど全滅といえる。ゴム工業はゴム靴の工場で、朝鮮人経営が相当数あり、セルロイド工業は、多年にわたって習得した技術をもってする自営の朝鮮人業者が二〇〇余人にもなっているが、純全たる輸出品の製造工場であるので、その打撃が甚だしいようであり、今後、工場主と問屋、工場主と材料商の間の清算問題が大きな注目を集めることになろう。したがって、この方面の職工の一部はどうしようもない状況である。

しかし、彼らの大部分はどのような方面であっても、転職の道を求めて仕事をするし、どのような道であっても力強くつとめる労働力を持っている。これ以外に、大阪における職業で特徴があるものは、漢薬種商、綿布商、朝鮮料理業者等である。

漢薬種商は、当初は方薬合編〔漢方医の臨床、薬などについて解説した書籍〕一冊を前にして、処方箋一枚すら書けなかった連中が看板を出していたときもあったようだが、昭和七、八年頃、大阪府において朝鮮人漢薬商組合が組織され、漢薬商は必ずここに加入しなければ営業できないようになり、また薬種についての速成講習を実施して、大阪府知事の免許を取得した者でないと、漢薬種商になれないようにした。その後は彼らの素質も向上し、数も現在組合員の一七〇余人に制限され、多くの朝鮮人住民を助けている。

綿布商もこれまたその数が、八〇余人であり、街ごとに立派な店舗を出して営業する者がいるほか、行商人も相当多い。これもまた、最初は暴利をむさぼっていたようだが、今はそのようなことはなく、内地人でも純朝鮮衣服に転業する商人が出てきたが、現在は不振となり、その売上高は以前の三分の一にもならないという。このような傾向は支那事変以後、一般の節約ムードが影響したものだとも考えられるが、もっと大きな直接的原因の一つとしては、大阪府の指導下にある矯風会が、朝鮮婦人の衣服は和服や洋服を着用するように、奨励しているためであるという。大阪の朝鮮人の密集地帯である東成区では近頃、不慣れな洋装した朝鮮美人たちが街を闊歩している。

朝鮮料理屋もあちこち相当あったが、これもまた、当局の取締りが厳しくて、息も絶えといった状態で、当局は新しく営業許可を行わないだけでなく、その整理に着手して、少しでも法に触れれば閉鎖を命ずるという。実は、朝鮮料理屋というものの、いろいろ悪弊がたくさんあるようだ。料理屋主人の酌婦に対する処遇問題とか、また酌婦等の私娼的行動とか、さらにこのようなところを温床にして、うまく金を稼げないでいた朝鮮人がうごめくといったことなどがあり、早急な整理は当然と見られている。

教育問題

大阪の朝鮮人、いや内地の朝鮮人は、義務教育という朝鮮では受けられない大きな恩恵を受けている。朝鮮人が、当局の目を避けて、子女教育をなおざりにしたら、それは別の問題である〔行政当局の制度の問題ではなく朝鮮人父母の問題である〕。実際のところ、まだ夢の中にいる〔子どもの教育の必要性について目覚めていない〕父兄たちがいる。日給二、三〇銭の労賃が欲しくて、七、八歳の少年・少女を一日中工場で仕事をさせる者たちが時々いる。七、八歳の子どもたちに何の労働ができるかと疑う方もあるかもしれない。しかし、事実をいうならば、婦人たちよりも幼い少女たちの方がより能率を上げられる仕事がいくらかある。母親や父親の仕事の手助けもできるし、また「ファスナー」(fastener)工場のようなところは、ファスナーの左右にある細い鉄線を並べる工程がある。これは子どもたちが行う方がより能率が上がるようだ。それで、このようなところに子どもを送り、子どもが、月二回、賃金を持ってくるのを喜び、しかも、隣の人にもそれを自慢する父母がいる。このような類の父兄は別として、子どもの将来のために教育に励む父母にとっては、義務教育の恩寵はどれほど大きなものかわからない。居住証明さえあれば、入学は拒絶されない。年前(ママ)に、入学生超過のために、ある小学校が朝鮮人児童の入学を非公式的に(いや脱法的に)制限しようとしたことがあったが、警察当局の注意もあって〔制限は行われず〕、尋常小学校の六年までは、父兄のそうしようとする意志があれば、何も心配なしに卒業させることができる。私たちとしては、右のように、学齢に達した児童については、強制的に小学教育を受けるように警察当局の努力があることを期待するものである。

小学教育が終わったら、たいていの人は、職場で実経験を積むことになるが、中学以上の学校に志望する者もあり、その才能と意欲の如何によっては、勉学の道を行くのはそれほど困難ではない。他の地域についてはよくわからないが、大阪では昼に仕事をして、夜に学校に通う人が多い。苦学生の仕事では新聞配達がしばしば行われており、大阪のほとんどの新聞配達夫は朝鮮人学生である。そして、その収入も相当な金額になるようで、いったんこの道に足を踏み入れると、何年も続けたまま、専門あるいは大学を卒業する人がたくさんいる。もちろんこれは朝鮮から渡航して来てすぐ見つけられるわけではないが、勉強を続ける上で有利な点が多い。

朝鮮市場

朝鮮市場は大阪名物の一つである。ここに来ると、完全に朝鮮にいる感じである。朝、昼、夜に、おかずの材料を買いに集まって来る朝鮮婦人たちで大変な混雑となっている。生活道具としては、砧の台、洗濯棒が二つ、甚だしくは、ヨガン〔尿瓶〕までもって来て売っているし、初めて渡って来た人がいついた場所は、町の名前も朝鮮町とか、忠清道町とか朝天町とかに改名してしまう〔それぞれ朝鮮人が住んでいるところ、忠清道の人が最初に行って住むところ、済州道朝天の人が最初に行って住み始めた町という意味である〕。そんなわけで、毎日の生活に直接必要な食料品と日用雑貨を売買する市場は当然できている。もちろん、町ごとに公設市場がある。しかしそこでは朝鮮人が好む食料品がなく〔朝鮮市場が別に形成される〕、そして、〔朝鮮市場が出来ることには〕ほかにも理由があるが、この問題はそのまま伏せておくことにする。

ところで、この朝鮮市場というものがいろいろと問題となっている。大阪市東成区猪飼野にある一番代表的な朝鮮市場に行くと、少々見苦しい光景を誰もが眼にすることになる。複雑で、狭い路地で魚物、野菜、塩辛などを売る商人がずらりと並んで座っていて、通行する人たちがお互いにもみ合い、大騒ぎである。雨でも降ったら、道路はぬかるんで大変であり、匂いまでもする。ところが、その中でも一番店舗が大きく、たくさん数があるのは獣肉商である。獣肉とは精肉ではなく、牛豚の頭、足、内臓等のことである。しかも、陳列場のようなところに整然に置くならば、身苦しくはないが、片隅に並べておくか、軒下にぶら下げておく。その様子は見苦しく、大大阪の面目問題だと物議を起こしていることも怪しむべきことではない。

しかし、これは一種の広告術である。多分、このように直接、消費者の食欲に働きかけることで、売り上げを増やそうとする広告術は、中国から渡って来たのかもしれない。羊頭狗肉という語句があるように、羊頭だと宣伝して狗肉を売っていた悪徳商人がいたらしい。だが、朝鮮市場のそれは単純に広告術ということではない。実のところ、施設が足りないからである。平日も売上は相当な額になり、商品の処置が困難な状態である。特に陰暦の元旦、寒食、端午、秋夕などの前日には、一店で一日七、八百円の売上で、毎月一日、一五日などの給料支払日にも相当、巨額の商品取引がある。だから、その設備を完全にしようとすれば、巨額の資本が必要で、こんな場所で商売をしている者に、その時期を待つのは、木に縁って魚を求むようなものである。

ところが、人間の食の好みは様々であり、神経が太い労働者たちは牛豚の頭や足、あるいは内臓を眼にすると食欲を催すようであるが、繊細で、鋭敏な現代文化人の神経には、このような光景は非常に強烈な刺激となり、食欲よりまず吐き気がする。しかし今から二〇余年前には、このようなものを食べ物として考えずに捨てていた内地人たちが、この食べ物を食べ始めたので、牛豚の内臓の値段は話にならないほど高くなっている。内地人でその商売を始め、多少お金を儲けた人もいくらかいる。このような現象は朝鮮人の御蔭であると取られるかもしれないが、それは問題にならない。朝鮮人商人には内地人の同業者に学ぶべき点が多くある。同じ商品を売っても〔日本人は〕本当に清潔で見た目も良くする。だから、客が集まり、繁盛する。生肝、牛の胃でも彼らが扱って並べるものは何だか美味しそうに見える。見栄えのよい餅は食べても美味しいという古い言葉は、現代の科学では理解できない言葉である。栄養素の含有量で考えると、厚切りと細切りでは別に変わりはないだろう。しかし、同じご飯でも大きい器に山盛りに盛るものと、茶碗にきれいに盛ったものとでは味が違う。見栄えがよければ口当たりもよくなる。

今は、朝鮮人業者の側もある程度良くなったが、これからも改善すべき点は多い。また一般の人びとの生活が向上し、洗練されていくと、前記のようなどぎつい宣伝方法も自然になくなるだろう。だから、当局でも朝鮮市場の閉鎖や無用をいうのではなく、このような業者たちの覚醒を促し、その営業方法を改善するように指導すべきであろう。

屑拾い

朝鮮市場問題の次に、屑拾いも相当に問題となっている。その数は、たぶん、京阪神地方を中心に二万人近くになるだろう。支那事変以後の現在、彼らの存在意義を少々、認識しなければならない。物資節約の前線には彼らの活動があるからである。しかし、いろいろと問題はある。この屑拾いの構成をみると、大概四五歳以上の男女である。妨げるものなしに毎月、収入が得られるために、その生活も比較的余裕があるという。〔この人たちは〕技術もなく、歳もとっているので、どこに行っても仕事がない。故郷を離れ数万里の他郷に来て、じっと座っていることもできないので、時間を争い、雨でも、雪でも、風が吹いても朝早く起き、世間はぐっすり眠っているとき、縄袋を背負って街に向かう。屑を拾いに行く人なので、髪を整え、化粧をし、晴れ着を着て出かけることはできないだろう。だから、頭にかぶるものや体にかけるものはめちゃくちゃでみっともなくなる。朝から晩までほこりだらけで闘っているので、その顔はどうなっているのか、想像以上に酷くなる。このような怪物みたいな人たちが一人、二人ではなく、力を数えるのは憂慮すべきことであり、頭が痛くなる。朝鮮市場みたいなところは見苦しいが、町の片隅にあって動き回るわけではなく、それが汚いと思ったら、行かなければそれでいい。だが、この屑拾いは、どこにでも行き、歩き回っているので〔それを眼にすることになり〕気の毒に思わざるを得ない。これもまた大大阪の体面をひどく汚す存在である。そうであるとしたら、昼間は出歩かないようにして、夜間のみ歩き回るようにすればよいが、それはそれで問題だという。そうでなくても窃盗が多い大都会では、屑拾いがよくない行動をしなくても、屑拾いのように変装した夜道の紳士が横行して、結局、一つの面倒な問題が別の面倒な問題に変わるだけにしかならない。

それで、一時はこの人たちを一掃して、それぞれに職業を斡旋してはどうかという考えが出たこともあるようだ。しかし、それこそ美しい空想で、まったく現実性がない。年もとって技術もない者たちに仕事を与える工場主はいないだろう。

ところが、この屑で儲けるお金がかなりの金額だという。あらゆる手段方法を講じて屑を取り扱おうとする人たちがたくさんいる。とにかく、都会で屑がなくならなければこの屑拾いの存在もなくならないだろう。尻の穴が臭いからといって人体から取り除くことはできないように、都会の美観や面目だけのために、その存在を無きものとするべきか、考えて見なければならない。そして、その存在はこれからも増えていくだろうが、減りもしないだろう。平和産業の没落につれて転落する失業者群はこの方面に転じる素質を十分持っているからである。

結局、彼らをいなくするのではなく、何らかの機関をつくって統制し、制服着用はもちろん、会員証のようなものを所持させて、夜間にだけ従業させるならば、問題はなくなるだろう。その数はある程度まで制限して、彼らの利益を図る団体でも組織するのが、穏当な方策ではないかと思う。

借家難

現代都市において住宅難は必ずついてまわる問題である。〔したがってとりたてて〕大阪の住宅難を挙げて、論難する必要はない。しかし大阪の朝鮮人の場合、空家を発見しても借りることができず、住宅難、いや借家難であるという苦情がある。一体、建物を持っている金持ちがそれをそのまま放置するはずはないのに、家を探している者に貸してくれないということには、そこに何か原因が隠れているのだろう。

まず、朝鮮人に家を貸すと、彼らは自分たちの生活様式に合わせて家の構造を変えてしまう。次は家賃と生活費の均衡を取るため、一家に三、四世帯が群居することとなり、近所迷惑でうるさくなり、家が損なわれやすくなる。また、家賃をきちんと支払わない。これが主要な原因であり、その中でも家賃をきちんと払ってないことが、借家難をかもしだす根本的な理由であろう。

ところが、いつも問題を起こす者は少数の者である。この人たちが蒔いた種の報いは、罪なき多数の朝鮮人住民が被る。最初内地に渡っていった人の中には、労働をしようとしても、仕事が立派にできるわけでなく、〔だからといって〕じっと座っていようとしても口腹が許さず、他の人がお金を儲けているのを見ると、羨ましく思うより妬ましくて堪らなくなる人がいた。それで、妙案を考えたのが、借家ブローカーである。最初は家を借りることがそんなに難しくなかったので、どこか家を借りて中間でお金をとって又貸しする。ここまでなら問題が複雑になるはずがないが、欲を起こして借家法を利用する計略をめぐらし、家主の弱点を狙ったのである。

家主の弱点とは特別なものではない。前に述べたように生活様式が違う朝鮮人がある一区画に入ると、他の借家人たちが嫌がる。このうるさくて、汚い人たちを追い出さなければ自分たちが出て行くと家主に迫る。しかし、家主としてはもう契約が成立しており、また家なき者をその場で追い出そうとしてもそれはできない。それで、人情深い家主は自分が受け取った積立金はもちろん、それに二、三百円を加えて頼みに頼んで出て行かせる場合がある。このような弱点を悪用する者が増えて、家主たちを泣かせた悪いブローカーが相当あったという。だから、家主たちも一、二度はだまされるが、何度もだまされない。家主たちだけの間で、表向きに発表はできないけれど、互いに密約みたいに、朝鮮人には家を貸さないという防御戦術を取るようにならないと誰が保証できるだろう。借家難は益々激しくなり、人口は増え、四畳半の部屋なら四、五人の世帯が一部屋で住むようになる。さらに、家賃は七、八円を出さなければならない。一度家を借りると権利金が三〇〇円ずつ付く。

家を借りる方法は内地人に姓名を変えるか、あるいは内地人の名義で家を借りて〔朝鮮人が〕住むということが可能であった。しかし、このような方法も紆余曲折を経て、昭和七、八年頃には悪いブローカーに痛撃が加えられ、同時に朝鮮人への転貸は厳しく禁じられた。数人の誤りのために、一般の人びとの受けた苦痛はどれほどのものだったか。もちろん以前から問題なしに家賃をちゃんと払い、すべての条件をよく守る善良な借家人たちと家主との間には何の問題もなかった。のみならず、家主側から同情を受けている者もいる。その後、一般借家人の素質が向上して、家主の理解も増え、支那事変を契機に朝鮮人に対する認識が新しくなったので、借家がありながら家を貸してくれないことはなくなったと見られるが、相変わらず借家難はそのまま残っている。この問題を解決するには何か有志の投資によって住宅組合のようなものを組織することが鍵になるのではないかと思う。

渡航問題

この問題は内地にいる朝鮮人全体が大きな関心を持っている問題である。最近も度々密航事件が引き起こされている。この問題をめぐっては喜悲劇と、歴史的には、企業同盟、通航組合など朝鮮人の手で傭船し、荷客を取り扱ったことなど、興味深い事実があるが、又の機会に述べることにして、ここでは紙面関係もあり、論難しないようにする。

団体

朝鮮人団体は往年には各社会団体と、その他、地方的な〔出身地別の〕親睦団体が数え切れないほどたくさんあったが、現在はただ一つ大阪府の指導下の矯風会だけがある。この矯風会以外の団体は存在が認められず、その他諸団体はすべて解散させられた。矯風会の任務は朝鮮人の生活改善が根本目的である。朝鮮婦人に和服や洋服を着用することを奨励し、その成果を上げている。ところで、矯風会には朝鮮人常任指導員が二人、その他各区に朝鮮人指導員がいるが、一般の朝鮮人住民の信任を得ておらず、その素質問題があれこれと議論されており、近いうちに改めて全員選び直して任命するという噂がある。　―（以上）―

〔『朝光』朝鮮日報社出版部　一九三九年二月　一九五～三〇七頁〕

百万渡航同胞生活報告1

渡航が生活の前哨戦
今年すでに一〇万人が玄海を渡る

関釜連絡船において　本社特派員　郭福山

南に北に移動する同胞たちの生活戦線、ここには、数多くの社会的問題が内に含まれており、その解決策が切実に要求されている。南へ、内地では、現在の労働力不足に起因する朝鮮労働者の大量移入が計画されており、内地各地に散在する渡航同胞の人口は、年々増加し続け、おおよそ一〇〇万人台という。常々そうであったわけではなく、いまさらのようにではあるが、彼らの生活がどうなっているか気になる。当局では内地在住同胞の生活向上に新しい方針を樹立するというこの時にあたって、この地〔朝鮮半島〕では、渡航同胞の安否についての関心が向けられている。南に南に、移動している渡航同胞たちは今、どのような生活をしているのか。将来の希望と抱負はどのようなものなのだろうか。同胞が一番多く在住する大阪をはじめ、京都、名古屋、東京など主要地域を歴訪し、同胞たちの生活実情を実際調査したものである。

〇

この地の南端、釜山から出発する孤帆一隻、これが関釜六〇〇里をつなぐ連絡船で、内地に向かう同胞たちの生活戦線は渡航から始まる。

トゥー、出発を知らせる汽笛の音に、出立する人、見送る人、誰もがどうにも抑えられない感情の高まりを覚え、ただ、切迫した生活から抜け出し、その先の生きる道を展望し、遥かに遠い、漠然たる夢に、玄海の波も恐れないまま、船中の一晩が過ぎ、風土の違う異郷に向かう。確たる計画もなしに出て行ってはならないと、様々に言葉を尽くして抑制を行う当局の渡航阻止も甚だしいが、この難関を突破して玄海を渡る同胞が、今年だけでも、約一〇万人にもなるのを見ると、確実に、故郷を後にして、離れなければならない理由は、〔朝鮮を出て日本内地に向かう人の〕心の中に密かにあり、内地の主要生産都市は彼らがもっともあこがれる生活の開拓地であるらしい。

○

このようなわけで、最近の渡航同胞の移動を見ると、朝鮮に戻る人より、かの地〔日本内地〕に向かう人が日増しに多くなっている。釜山にある総督府社会課出張所による、去る五月の一ヵ月間の関釜往来者に関する調査によると、かの地に渡った人が一万三二三人、朝鮮に戻った人が一万四〇五人である。内地人は四万五、四二〇人が向こうに行き、五万九、四九一人がこちら〔朝鮮〕に来る。つまり、こちらに来る人が多く、この数字は特異な現象を見せている。この傾向がいつまで続くかはわからないが、昨〔昭和〕一三年中、朝鮮人渡航者総数は九万五千人、今年一月以来、五月末現在まででは、七万二、七四〇余人で、すでに昨年同期の倍近くの増加となっている。最近の大陸進出も〔影響が〕あるが、このように往来が頻繁な関釜交通は、従来の輸送だけでは到底、円滑にさばけないので、関釜間は臨時連絡船を増発するようになり、記者が釜山を離れる日も、興安丸は満員のため、臨時増発の景福丸に乗ることとなった。今も、連絡船一隻を建造しているので、これが〔昭和〕一六年頃に完成予定で、定期的な増発の準備を進めているという。

○

渡航についてのことが、朝鮮では一つの社会問題になっているなかで、このたび、総督府当局において渡航緩和策が発布されて以来、その実質的な効果に対して一般の関心が集まっている。今回、目撃したところによると、労働者は別として、一般の商人、紳士旅客、学生については、渡航取締りと、以前に問題となっていたような侮辱的取扱いも大大的に緩和されたようだ。しかし、一般労働者の渡航については、依然、取締りが厳重で、相当な決心をした後に、故郷を離れて、生活の道を求め、釜山まで来たのに、当局の制止のため玄海を渡れない労働者が極めて多い。去年、渡航阻止された者は六四〇余人に上り、今年は、三〇〇余人に上る。これらの中には、大体、故郷に帰る旅費すらなくて、総督府社会課では渡航阻止者と送還者について、付近の鉄道工事場に就業を斡旋しているが、成績はさほどあがっているわけではないらしい。行かなければならない道がこのように制止されれば、自然と無理が生じるので、それで密航が絶えないのだ。今、船は黒い波を押しのけて玄海灘を渡ろうとする。しかし、海の向こう釜山の方では、密航を企てる人びとがあらゆる計画を練っているだろう。聞くところによれば、釜山港を囲み、さまざまなブローカーたちがうごめいている。一〇円、ないし、一一円で、発動機船、あるいは、機帆船に乗せて、付近の島や、せいぜい、対馬に上陸をさせて、日本内地に着いたと騙すことがほとんどだ。それさえも、大体は途中で検挙されてしまうという。

〇

南に伸びている生活戦線を望み移動するこの地の労働者、これらの八、九割は南朝鮮地方の零細農から転落し、生活の新しい道を求めたものであるだけに、今後もこの現象は続くものであるとして、ではこの難関を突破して行くところはどのような生活を彼らに与えるだろうか。

〔写真は同胞を載せた関釜連絡船〕〔略〕

〔『東亜日報』一九三九年年七月五日〕

百万渡航同胞生活報告2

汗の結晶である第二の故郷
大阪で活躍している二五万余人

本社特派員　郭福山

大阪に降りると、すぐに目につくのが、朝鮮服を着た同胞の姿である。工場のサイレンが鳴ると、あらゆる職場で準備が始まる大阪の夜明けの街頭では、あちこちに朝鮮服を着ている同胞の大部隊が行進している。ここ、市当局関係者の説明によれば、数百名使用の朝鮮同胞の工場も、相当の数があり、男たちは工場に行っても、大体、労働服を着ているため、あまり区別できないが、婦女については、故郷にいるのと同じ装いで、唐木の白いチョゴリにコムシンを履き、脇に弁当を挟み、夜露にぬれた夜明けの街頭に列をつくって歩く。高度に発達した産業都市の高いビルの間で見られるこの光景は、何度見ても、私たちには、奇妙な感じを抱かせる。しかし、〔現実のこととして〕故郷を後にし、夫の後を追って、生活の道を求めてここまで来た朝鮮の婦女たちは、想像もできないくらい働いている。現在、大阪に居住している二五万人の同胞の内、約一〇万人は婦女子であり、その八割五分が工場、或いは、手工業に従事し、そうでなければ夫が引く〝クルマ〟〔車、当時、在日朝鮮人が多く営んでいた廃品回収業などに用いる荷車を指す〕を後ろから押す。実に、ここの婦女たちは、なりふりかまわず、活動している。このように手足が擦り切れるようにして、大阪の広い天地を東奔西走していかなければ生きていくのが難しいのだ。手工業に属する、雨傘・メガネのフレーム・その他裁縫機使用の仕事など〔文字不鮮明で数文字不明〕朝鮮婦女が従事する大阪家内工業の生産額の約五割は朝鮮同胞が占めているという。大阪の大小工業はもちろん、家内手工業に至るまで、生産機構のすみずみまで同胞の手足が関係していることがわかる。

○

昨今のように、軍需品関係工業の景気が上向きになってから、大阪の労働市場は「失業者のいない都市」を作り出すことになった。以前まで大阪は工業が多いといっても、朝鮮労働者たちはほとんどが日雇い自由労働者であり、三、四割が工場労働者であった。以前であれば、日雇労働者は四日か五日に一度、当局の救済土木事業が比較的に多く行われるならば二日に一度、就業ができるような状況で、大多数の失業者は飢餓線上にあえいでいたものである。ところが、最近、軍需工業の好景気を受けて、内地人である程度の技術工なら、軍需品工場に転職するし、あるいは壮年たちの移動もあって、各方面で人手が不足し、今まで、〔仕事があまりなくて〕滞留していた朝鮮人の労働力が総動員され、この景気を通して金を儲けた同胞も生まれただけではなく、全体的に以前より収入増加を見るようになった。そのような理由で、以前なら、朝鮮人は「家賃」や「掛け金」を踏み倒すとしてここ内地側の感情がさほど良くなかったものが、最近では、失業の根絶、収入の漸次増加で、このような問題がなくなって、ここにいる同胞も顔を上げることができるようになった。

○

実に、大阪、神戸の軍需景気は大変なもので、労働力不足のため事業主はとても困っているそうだ。事変以来、厚生省では全国を六地域に区分し、労働者募集に制限を加えており、去る三月末からは、労務者雇入制限令が発布・実施され、露骨的な職工争奪戦はないというが、最近の大阪府内の工場労働者の移動・転職は以前には見られなかったほどであり、朝鮮労働者に対する待遇は、物質的にも精神面でも、たいそう改善されたのである。しかし、もともと朝鮮労働者は自由労働者が多く、技術保持者はわずかなので、軍需工場の職工たちの得る月給三、四百円という額はとうてい、望めない。だが、全般的な状況を見れば、一日一円五〇銭、ないしは二円の収入は確保できるのが、昨今の大阪の景気であり、この景気が続く限り、同胞の生活に大きな脅威はないと推測される。

食にありついていても飢えていても、身なりを整えてもぼろを着ていても、大阪は明らかに、ここにいる二五万人の同胞たちの「第二の故郷」であるようだ。紡糸工場の「少女工」として連れて来られて、今はここで母となり、その息子がすでに「少年工」となって一つの家庭を築き、移住三〇年、同胞の生活基盤を見れば経済的に恵まれているわけではないが、社会的集団としては形成されているのである。あちこちの「朝鮮人村落」は一朝にして作られたわけではない。大阪には、いわゆる朝鮮人村落は、東成区をはじめ、大正区南□□島町〔南恩加島町か〕など、六、七ヵ所に大集団の村を成している。

それ〔このように朝鮮人独自の集団を形成していること〕は、彼らが一日の仕事を終え、家に戻った時、「タクアン」より、唐辛子で混ぜ合わされた「キムチ」を食べなければならないし、キムチを食べてこそご飯を食べた気持ちになるのである。

それで、記者が実際に歴訪した御成区〔東成区の誤り、なおこの当時の大阪市東成区には現在の生野区が含まれている〕猪飼野町の朝鮮人市場は、朝鮮人生活必需品を販売する店が二〇〇軒、ここには、明太、唐辛子など、食料品だけでなく、かんざし、指輪、さらに、婚礼具の冠もある。漢方薬局もあちこちにあり、ある若い婦女は「毛紗」〔毛で縫った薄い布地〕の取引をやっている。いくら見ても、間違いなく故郷生活の延長である。

人口二〇万人といえば、平壌府の総人口より多い。のみならず、〔この時点の在日朝鮮人人口の〕総計一〇〇万人の四〔五〕分の一である。移住三〇年、渡航同胞は年々増加しており、ここの〔朝鮮人の〕生活根拠は、次第に地域的拡大を見せている。〔写真は大阪御成区〔東成区〕猪飼野町の朝鮮人市場〕〔略〕

〔『東亜日報』一九三九年七月六日〕

百万渡航同胞生活報告3

時局風で職工に急転
京都では現状維持・名古屋では自営業進出

本社特派員　郭福山

下関から列車に乗り、山陽線を経て東海道線を過ぎると、三等客の中でも「ボッチン（ふろしきづつみ）」を持った渡航同胞たちは、大体、大阪か、京都、或いは名古屋で下車し、そうでなければ、東京で最後の部隊〔グループ〕が降りる姿が見られる。

関係当局は、渡航同胞生活についての統計の公表を、出来る限り避けているので、最近の数はよくわからないが、下関から北海道に至るまでの内地各地に散在している。渡航同胞の総人口は、昨〔昭和〕一三年末現在、七九万九千人で、大阪の二五万人を筆頭に、兵庫七万八〇人、東京七万人、京都四万人、名古屋四万人、このように、主に大都市に集中していて、農村方面にはわずかな数しか住んでいない。関係当局の話を聞いても、同胞についての正確な統計数字は把握できず、各方面から収拾した数字としては、〔昭和〕一三年末に、七九万九千人という人数らしく、精密に調査をするならば、総数一〇〇万人を超えるだろうというのが、関係当局者の間で一致している結論である。厚生省が集計した統計によると、昨一三年末現在で、自由労働者三六万五千人、工場労働約三六万人、商業六万人、学生一万二、五〇〇人、その他、知識階級はわずかであり、数百人を超えないという。

以上の統計から考えれば、自然に、渡航同胞がある地帯に集中していることの見当がつく。

〇

京都は産業のうち、染色と織物産業が非常に独占的な地位を確保していることが、ほかの都市にはない特徴である。それ以外の産業はあまりなく、あちこちで軍需品景気の中で、ああだこうだとしながら一儲けしているのに対して、京都は遺跡の都市であり〔工場はあまりないので〕、ここで生活をしている四万人の同胞も工場ではなく、ほとんどは自由労働で一日一日を延命している。以前は失業者が非常に多かったが、やはりほかの工業都市の軍需景気から生じた労働力移動も関係し、現在の都市計画の諸事土木工事場の労力不足のために、朝鮮人労働者に対する待遇も以前とは異なり、ここでも失業者はいないようだ。労働力不足を受けて、賃金も大体内地人労働者と同一金額をもらうようになり、収入は多少良くなったという。大阪、京都、名古屋、東京などの同胞居住地帯にはすべて、府当局の交歓団体〔教化団体の誤りか〕である協和会があって朝鮮人の村落を一単位にし、各種教化事業、生活改善に活動していることが目に付く。数日前、東京において、地方協和会が網羅された中央協和会が正式に創立され、今後、活動を強化することになったという。

〇

名古屋には、最初、あらゆることが飛躍的だという印象を得た。整然な市街と並々ならぬ工業の発展。名古屋の工場地帯といえば、有名な名古屋城の北から北東にかけての大曽根一帯と、都心の南の熱田□港一帯で、ここに三菱電機、大隈鋳工(ママ)、日本車両など、各種重工業が陣を張り、殷賑産業の気勢を上げている。このように、突然の飛躍を遂げた工業地帯は、労働力の大不足を招いて、職業紹介所は世の中の人の不在を嘆息している。このような殷賑産業の景気は、労力唯一の資本にしてやって来た同胞に恵みとならないはずがない。名古屋市社会課の朝鮮人状況調査によると、在住約四万人の内、商人が三、六六一人、繊維工業四、六一〇人と軍需産業三、九一二人を合わせて八千人余りの人が工場労働で、自動車業の自営が三一人いる。ここで注目に値する存在としては、工場経営者が約三〇〇人にもなり、約二〇〇人使用の大工場も数十ヵ所を数える。商店といっても、数十万円の資本で堂堂と名古屋市街に大きな看板を掲げ、名古屋市民はもちろん、近郊にまで販売網を広げており、朝鮮同胞が頭角を現し活躍している。

在住人口の比例で見たら、大阪の五分の一にもならず、京都とほぼ同じ程度であるが、この名古屋の在住同胞生活は相当〔生活の〕根拠を築いており、今後、何かの変動がなく、同胞たちが現在の信念を持って突進を続けるならば、名古屋の飛躍的発展とともに同胞の生活にも堅実な将来が約束されているのではないかと観測するところである。〔写真は名古屋の朝鮮人商店〕〔略〕

〔『東亜日報』一九三九年七月七日〕

百万渡航同胞生活報告4

知識層の刮目すべき活躍
東京の六万勤労者の生活苦は未だ無くならず

本社特派員　郭福山記

東京に行って学生たちに会おうとすると、たいてい神田附近に行き、各種文化機関で活動する知識層であれば銀座附近、また勤労層なら深川、本所などに寄るのが普通だ。

このように、東京では、大阪や名古屋などと違い、約七万人の在住同胞は明らかに知識層、学生層、勤労層、この三つの階級に区分されている。東京は全国の首都として、政治、経済、産業の中枢で、あらゆる文化の中心地として、他の都市に比べ、明らかに独特の姿をもっている。東京の朝鮮同胞の分布状況を見ると、市内在住者は約六万二千人で、深川区六千人が一番多い、次は荒川区、本所区、または城東、豊島、向島、品川など、すなわち、貧民層が多く住む地帯に集中して集団的生活をしており、赤坂とか、日本橋、四谷、麹町などは、約五〇〇人に過ぎない。勤労層の職業は、土木、建築に従事する自由労働者が約五〇％、その次が商業で、ほとんどが古物商である。

近頃は、相当な変動があるはずだが、昨一三年度三月中、東京府社会課で家族を有する九二〇世帯について、職業を調査したところによると、土木建築従事が五五％、商業一九・九％、工業一八・五％、通信運輸二・三％、雑業二・四%、無職一・八%である。

○

このように、半数以上が自由労働者として、大部分は東京市立労働紹介所に登録を行い、いわゆる労働手帳を所持し、日雇いで延命しているのだ。最近、軍需工業の景気は労力不足で、工場労働でも、一定の職業に就いたとしても、収入は以前に比べて多いようであるが、生活は相変わらず、安定していないようだ。再び東京府社会課の調査を見れば、勤労層の収入では、一戸主の月収入三五円以上四〇円以下が約一六%で最も多数であり、一ヵ月の生活費の金額は、四〇円以上四五円以下が（約一七%）一番多く、四五円以上五〇円以下はその次に多い。このように生活費の収支の均衡が取れていない理由はよくわからないが、同じ労働をしても内地人に比べて一般的に少ない収入しか得られず、生活においては、他の都市より家賃も高く、交通費も嵩み、その他の支出が多いためである。

大阪のようなところでは、長い間、居住している同胞が多いので、家庭を持っている者も多いが、東京では、男性が女性より多く、男性約四万人に対して、女性は約二万人に過ぎない。独身の渡航者が多くて、一家を構える一戸数あたりの家族構成を見ると、子供は五、六人が普通であり、他にも親や兄弟の扶養者が二、三人ずついるので、彼らの生活がどんなに苦しいかがうかがわれる。深川、本所などの特有な生活の様子については、そこに住む者以外には、理解できないことがいまだにたくさん存在する。

○

東京は文化都市であるので、朝鮮学生が他都市より多く、東京だけで、中等、専門、大学に約七千人が在学中であり、これと関連した問題も少なくない。これについては、別項で記述することとしよう。以前にも述べたように、銀座を中心に東京には知識層が非常に活躍をしている。当局の統計によると、朝鮮同胞で、教員、牧師、医者をはじめ、新聞人、官吏、会社員など、知識階級に属する職業を持っている者は約五五〇人に上るという。内地の他のどの都市よりも知識層が多く、或いは専門、大学で教鞭を取り、学界で重鎮として活躍するだけではなく、大雑誌社の経営、新聞社・通信社で活躍し、音楽、舞踊、文壇など芸術各部門を通して名声を博している人もいる。もちろん、そこでもいろいろ困難な点がないわけではないが、今日の活動と鍛錬は、これからの良い結果を約束してくれるだろうと期待している。

〔写真は東京の朝鮮人分布状況の図〕〔略〕

〔『東亜日報』一九三九年七月九日〕

百万渡航同胞生活報告5

軽視出来ない教育の実情　子女の婚姻問題も頭痛の種

本社特派員　郭福山記

渡航同胞たちの居住地域を歴訪する内、行く先々で、記者に感激を与えてくれたのは、学生カバンを背負った朝鮮の幼い学童たちの可愛い姿である。「こっちへおいで…」といい、抱き上げてやると、何を話しているか、よくわからないようだが、にこにこと笑っている童顔は、苦労を知らない天真爛漫なものである。たぶん、〔大人たちが〕見知らぬこの地に来て、苦楽を省みないでいるのも、この子どもたちのためであり、将来の希望も、ここにあるようだ。たとえその日にいくら苦しいことがあっても、「お母さん、ご飯」と学校から帰って来て、ご飯をくれと飛びついてくるのを思い、家で待っている子どもたちを鮮やかに目に浮かべれば、たいしたことではない〔辛さを忘れる〕と、ある同胞は話した。

○

大阪はどこよりも渡航同胞が多く居住しているところであって、現在、大阪市内の各小学校に就学中の学童だけでも約一万三千人だという。そんなわけで、大阪市内二五八ヵ所の小学校の内、朝鮮学童がいないところはない。多数の同胞たちが居住している御成区〔東成区の誤り〕の鶴橋小学校は全校生徒約二千人中、朝鮮児童が約一、五〇〇人で、内地人児童より多い数になっている。大阪市当局によると、学齢児童の九二%が就学しており、京都も同様であり、名古屋では小学生四、八〇〇人で就学率は九八%、〔これに対して〕東京では学齢児童約六千人で就学率は夜学まで含めても、約八五%に過ぎない。東京が他の在住地より児童就学率がよくない原因がどこにあるかは簡単には断じることはできないが、東京府社会課による不就学理由調査では、家庭の貧困六三・三%、不健康二・五%、母親死亡五・〇%、父親不在六・五%、親の反対や勉強嫌いなので学校には行かない児童が約〇・五%である。

以上から、内地各地に散在している第二世の教育は、大体想像ができる。割合に経済的、文化政策か優れている大阪、東京などと比べて、他の地域が勝るはずはない。東京、大阪などの就学率八五%、九二%といった数字は、朝鮮での児童就学状況に比べ、恵まれているとも見なすことができる。しかし、そもそも在住同胞に子女を教育する余裕があるわけではなく、単に内地では義務教育が実施され、必然的に就学率が良好となるという推断を下しても大きな間違いはないだろう。

○

自分の無学を嘆く彼らは、いくら生活が苦しいといっても、〔自分の子どもは〕小学校だけは行かせるが、小学校を一応卒業すると、上級学校には送れないのが、彼らにとっての悲哀となっている。小学校を卒業すると、子女たちの年齢は一五、六歳くらいであり、こうなると、自営業の家なら、家業の手伝い、そうでない場合は、少年職工として他の職場にでて、「金稼ぎ」をするのが、彼らの「進む道」である。

正確な数字はわからないが、渡航一〇〇万人同胞の子女の内、学齢児童は一〇万人ほどになるというのが識者間で一致した推計であり、彼らがようやく小学校教育を終えて、それ以上の高等教育の機会を得ず、職場に動員されているこの現状は、現在においては特に問題はないようだが、これから各種の社会的問題を起こすのではないだろうか。これについては当局でも特別に研究をしているようだ。東京府社会課の調査によると、朝鮮児童の中等就学率はわずか〇・九％に過ぎない。渡航同胞のほとんどが労働者であり、彼らの第二世となる子女教育がこういうわけだから、これは勤労階級の共通する一つの運命であるとして、簡単にほうっていくわけにはいかない、非常に大きな問題であり、渡航同胞の生活と将来を見据えて、慎重に考慮すべき問題である。

○

大部分の渡航同胞たちは、当面差し迫った問題に対処し、ただ生活維持を目標に奮闘し、子女教育その他に余念がないものの、同胞たちの胸には密かに心配していることがある。それは子女たちの婚姻問題だ。移住三〇年、この地で成長し、ここで初等教育を受けて結婚の時期を迎えている青年男女は数万人いるという。彼らのほとんどは、朝鮮語ができず、親とも「国語」〔日本語〕で話している。このため、いろいろ困ったことがあり、親たちの考えでは、故郷の親戚であるとか知り合いを通して〔相手を見つけて〕婚姻させたいと思っているが、貧しい生活をしている彼らに故郷から娘を送ったり、内地の異なる慣習のなかで育った女性を嫁に迎えようとしたりという人はいないという。

だからといって、内地にいる同胞同士にうまく結婚できるかといえば、そうでもなく、だんだんと結婚の時期を迎えている子どもたちをもつ親は、たいへん苦労して心を痛めていることが、ここに来て聞いてみるとわかる。

移住同胞がますます増加するにつれて、子女たちも増加するだろうが、この教育問題、婚姻問題は、何らかの対策を考えるべき重要な課題に違いない。

〔写真　大阪で朝鮮人学童がもっとも多数である鶴橋小学校〕〔略〕

〔『東亜日報』一九三九年七月一〇日〕

百万渡航同胞生活報告6

ますます深刻化する住宅難 医療の温かい手も欠如

本社特派員　郭福山記

労働者の激増と至るところでの住宅難

朝鮮から〔日本内地に〕多数の労働者を連れて行くという労力移入の議論が現在、〔朝鮮と日本内地の〕両当局の間で慎重に討議されており、事変下における経済機構はすべて、実に事変の目的達成に総力を注ぎ、なかんずく、直接物資の供給にあたる軍需工業は、至る所で活況を呈し、労働者不足は深刻な状態である。これまで平和産業に属する工場で働いていた職工は殷賑産業の方に転職し、頻繁な労働移動のため、労力不足は必然的に労賃の騰貴を招き、以前に比べてとても景気は良くなり、実のところ、朝鮮労働者の収入も全体的に見て増加した。しかし、これが従来からの生活状態に大きな変化を与えるほどには、言い換えれば、内地人職工のように、たくさん収入を得て娯楽街や花柳街で威張るくらいの水準には至らず、ただ失業が全く無くなった程度である。しかし、その一方で、明らかにいちばん問題となっているのは住宅難だ。事変以来、大阪府には約一〇万人の職工が増加したといい、名古屋・東京など殷賑産業地帯は、いずれも労働者が激増、鋳物の王国である川口付近では事変以来、職工数が六割増加し、人口六万人の川口市が昼間には四〇万人に膨張するという。こうして、至る所で住宅難はもう深刻というレベルを超え、当局もこの問題を重視し、対策を考究中だという。もともと住宅難で苦しんでいた渡航同胞たちにとっては、問題はもっと深刻である。

みじめな密住生活、自家所有は皆無

渡航同胞の住宅難はいまになって始まったことではない。あちこちに集団的な居住地を形成しており、彼らが居住している地区の位置や住宅構造や密住状況は実際、目で見なければ想像もできないくらい〔ひどい状態〕だ。学生と知識層を除く、勤労層の住宅は、ほとんど貧民の居住がもっとも多い地区、あるいは埋め立地などで、家とはいえない家を建て、ところどころで集団生活をしている。大阪に朝鮮人村落が七、八ヵ所あり、東京には朝鮮人密集地帯が六、七ヵ所ある。みんながそのように〔朝鮮人村落と〕呼んでいる。東京には自家所有者が一〇〇人にもならず、名古屋では三四〇人だというが、移住三〇年、四万人なり、六、七万人が居住しているところで、自家所有がこのように少ないのは何を意味しているのか。

彼らの一ヵ月生活費の内、約一割六分は家賃の支払いにあてなければならない状況で、これまで長い間、朝鮮人は家賃の支払いが悪いというウワサをよく聞いて来た。

一ヵ月生活費調査

	種別	毎戸当平均額	百分比
A	家賃、部屋代	八・〇八円	一五・九
B	食費	三二・九四円	六四・三
C	薪炭、増火費	二・一三円	四・〇
D	衣服費	三・八七円	六・一
E	水道及び供水料	〇・五四円	〇・一
F	雑費	四・八四円	九・六
	合計	五二・四〇円	一〇〇・〇

（家庭を持つ九二四戸の一ヵ月総支出額四万七、三九二円九七銭の一戸当平均額――東京府社会課調査）

以上の家計の表をみると、一ヵ月平均五〇余円の収入がなければ、生活ができず、一戸当たりの家族が四人～六人が六八・四％、七人～一〇人が一六・四％で、ここに同居者まで加えると、四畳半の部屋に五、六人～七、八人が寝床を一緒にしなければならない状況だ。彼らの生活に大きな変化がなければ、この住宅問題は解決できないのではないか。

住宅政策が必要、保健に少なからず影響

彼らの居住地区は、保健上、あまり良くない所に存在し、家の構造もまったく非衛生的で、そこに密居しているので、彼らの保健にも影響が少なくない。大阪御成区〔東成区〕にある朝鮮人村では二階にトイレまで造って、家一軒に四、五家庭が生活しているのを見た。こんな状態で、生活上、保健に少しでも気を使う余裕もないだけではなく、医療について見ても、全く診療を受ける機会がない。あちこちの朝鮮人村落では、朝鮮人の漢方薬局があり、これが医院の代わりとなっている。大阪では漢方薬局が三〇〇ヵ所というが、これでおおよそ見当がつくであろうが、正直なところ、全体的に見て、その生活様態は近代的な文化生活からとても離れた状態にあるといえるだろう。

東京市当局では都市美観と社会事業の観点から、朝鮮人密住地域である深川の方面に約二四万八千円の予算を以って今年度に共同住宅を新築し、また来年度には芝浦付近に共同住宅を建設して、朝鮮人を収容する計画を立てているという。今、彼らの生活状態を見ても、非衛生的な生活から脱することは、極めて難しいだろう。名古屋市当局でもこのような計画を立てたことがあるが、ほかの関係当局から〔朝鮮人を集住させないという〕分散主義実行方針のもとで反対意思が表明され、挫折してしまったという。しかし、朝鮮人が集団生活を送っているからといって、別に問題を引き起こしているようには思えず、もっぱら単純に社会政策見地から各都市当局も共同住宅のようなものを建て、朝鮮人の生活向上を目指さなければならないということだろうというのが渡航同胞の一致した意見のようである。

大阪市人口、住宅数

	昭和五年	昭和一〇年	昭和一二年
人口	二、四五三	二、九九五	三、二一三
世帯数	五四一	六三〇	六七九
住宅数	五一〇	五六三	五九八
空家数	二七・〇	一九・五	一八・七
世帯百に対する住宅数	九四・二%	八九・四%	八八・三%
世帯百に対する空家数	五・三%	三・五%	三・一%

〔大阪市統計〕

以上、大阪市の昭和一二年の住宅状況はすでに空家も無い状況であり、労働人口が急増している今日で、住宅数は相対的に減少の一途をたどっている。

この現象は大阪だけではなく、東京、名古屋など殷賑産業地帯の全般にわたる共通する現象で、今後、〔全般的な〕住宅問題は、〔個別の〕朝鮮人住宅問題ともそうとう関係しつつ、解決を切に求めていくべき重大な問題となっている。

〔『東亜日報』一九三九年七月一一日〕

百万渡航同胞生活報告7

活気の無い学生部隊
渡航学生に各種問題潜在

本社特派員　郭福山記

玄海を渡る二つの部隊は、一つは生活を求め、もう一つは学問を求めている。同じ渡航であるが、二つは異なる現象となっている。生活を求めて日本内地へ、内地へと、次々と渡って来る労働者。一方、朝鮮内では志望している教育を受ける機会を得られずに東京などに滞在する、いわゆる渡航学生が年々増加し、数多い東京の学校には朝鮮人学生がいないところはない。

遠くまで来て、「キムチ」「カクテキ」を食べたがる学生のために、あちこちに朝鮮食堂がある。ここは我ら学生たちにとって唯一の食道園〔当時、ソウルにあった著名な朝鮮料理店〕であり、集会場所である。今年だけでも数千人の学生が増加した。東京だけでも、中等、専門、大学に約七千人、各地方に約五、五〇〇人、合計一万二、五〇〇人余りがいる。これは大変な数だといわざるを得ない。東京に七千人学生といえば、七万人渡航同胞のうちの約一割として、これを学校別に見ると、中央大学が約九〇〇人で一番多く、次が明治大学、早稲田大学、日本大学、法政大学の約四〇〇人だ。中等学校では研数学館が最多数で四〇〇人をはるかに超え、錦城中学が二四五人、大成中学が一〇九人、帝国商業が一六二人で至るところで朝鮮学生と出会う。

○

渡航する朝鮮学生の最近の増加現状を見ると、五年前、つまり、昭和一〇年度に各地に散在していた学生は、合計四、九五四人で五千人に満たなかった。最近は、専門、大学卒業生だけで毎年七〇〇人余りが帰還している。にもかかわらず、渡航学生数は年々増加、五年間で三倍の激増を見せ、一万二、五〇〇人という数となっている。しかし、専門、大学生たちの専攻する学科は依然として法科中心で、いまだに新しい道を切り開く傾向はあまりないようだ。この間、私たち〔朝鮮人の〕社会の風潮がそうさせてきたこともあるが、いまは自然科学方面にも特に意を注ぐべき時期になったのではないか。今回、日本内地主要都市を歴訪する間、学生層と多く接触する機会を特に持てなかった関係でそうかも知れないが、一部ではまだ、下宿に迷惑をかけ、学園より娯楽街への出入りが多い傾向が濃厚に見え、胸が痛かった。

○

最近、内地の関係当局と総督府当局では、頭脳明晰な学生は思想方面に偏り、そうでない学生は遊蕩に流れるといって、内地在住の学生の指導と保護に各般の対策を立てているという。このような雰囲気が学生たちの明朗性を損なっているのかどうかはわからないが、全体的に活気が見えない。以前だったら、東京朝鮮基督教青年会館を中心に当局の色眼鏡の下でも、多かれ少なかれ、精神的な目標と連絡が存在していたものである。これも時勢のせいか。学生は学生のままで、青年会館は寂寥を感じさせるだけである。

○

当局では学生問題について、協和会を通して今後指導を担当させるというが、現在、協和会の学生たちに対する事業は、思想対策を中心にしているようである。しかし、ここだけに問題が潜在しているわけではなく、中学生の保護にも私達は大きな関心を払わなければならない。

昨〔昭和〕一三年度の統計によると、九、〇八六人の在学生の内、専門、大学生が二、七四七人であり、中等学校在学生が四、六〇三人で、中等学生の数が多くなっているのが現状である。もちろん、朝鮮内において一〇対一〔志願者一〇に対して定員一〕という中等学校入学難のため、入学できず、自然に学校施設が多い日本内地主要都市に渡航している〔ためである〕。まだ、若い年齢で物事をよく弁(わきま)えず、いろいろなことを判断できない彼らが、父母の保護なしに異郷で一人放任されていることは、教育上でも、社会的にも、考慮を要する問題にほかならない。渡航労働者と一緒に渡航学生が年々増加していき、学生問題は尋常ではない状況にあるのだ。

〔写真は東京朝鮮基督教青年館〕〔略〕

〔『東亜日報』一九三九年七月一二日〕

百万渡航同胞生活報告8

大体は永住を目的
生活戦線では苦杯を重ねる

本社特派員　郭福山記

移住三〇年！　いつの間にか白髪交じりに

風呂敷包みを持って慣れ親しんだ故郷山川を離れた時は、皆若かったのに、今や彼らの顔にはしわが寄り、髪まで白くなった者もいる。同胞百万が日本内地に移住する間、三〇年という時間が過ぎた。

たいていの場合、最初に旅立った時は、単身で渡航し、あちこちで仕事を探して、ひと儲けしたら、故郷に戻って来て、父母や妻、幼い子どもといっしょに暮らそうと考えて、ある者は工場で、ある者は土木工事場に、あるいは鉱山などに、ほんとうに苦労を厭わず、ほとんど皆が、将来の帰郷を望んでいたのがその人生であった。しかし、金を儲けることはそんなに容易ではなかった。内地にも労働者が多いし、その上に職に就くことができない失業者が街頭に氾濫する都市で、労働力しか持たない彼らがすぐに職業を得られるはずはない。近頃は軍需工業の景気の影響で、大分、職業が得られるようになったものの、失業という苦杯は何度もなめたこともある。

金儲けも容易ではなく、だんだん妻子まで

運が良く（―彼らはこのように話す）ひと儲けできればと思って、今年だけは、今年だけはと思って、一年、また一年と過ごすうちに、故郷の妻子たちからは、〔故郷での〕生活が困難だからむしろ〔日本に〕呼寄せてくださいといわれ、安定した職業を得る前に、やむを得ず、妻子まで連れて来て、慣習の違う異郷で一つの家庭をなして暮らすようになるという展開が、彼らの共通の運命であるかのようになっている。このように一時的に、生活難打開のため、いわゆる「金儲け」をしようと〔故郷を〕離れた彼らが、次第に内地を居住地と定めて生活の根拠としようとする傾向は、戸数の増加に如実に現れている。

昭和元年に渡航同胞人口は約一四万人、その戸数一万三千で、大正八年頃と比べて、約四倍強であり、昭和九年の人口は五千三〔五三〕万人、戸数は八万八千で、約七倍の増加である。すなわち、この数字からは、独身生活者〔を中心としていた状況〕から、妻子と一緒に家庭生活をする者が増加した状況がよくわかる。

これだけではなく、男女増加の比率を見れば、

大正一〇年　女一〇〇―男六〇〇

昭和　六年　女一〇〇―男二五〇

昭和一二年　女一〇〇―男一五六

以上のように、男子と女子の比率がほとんど同じくらいになってきたので、渡航は〔単身者の〕単なる金儲けではなく、生活の新しい根拠地を求める生活戦線の延長となっていることがわかる。

一〇年以上の在住、生活はここで

幼い頃、少女工として選ばれ、内地に来てそのまま成長した少女は、すでにこの間、一つの過程を進んで、もうその長男が少年工になり、移住三〇年、第二世たちはこの土地で新しい未来を望み、成長していく。東京府社会課の調査によると、家庭を持っている九二四戸の内、彼らの〔世帯主の〕年齢は三六歳以上四〇歳までが二七%でもっとも多く、次に四一歳以上四五歳までが二一・三%、三一歳から三五歳までが一九・八%、四六歳以上五〇歳までが一二・〇%であり、ざっと見ても、三〇歳から五〇歳までがほとんどだ。したがって、彼らは、ひとたび渡航して、五年、一〇年、或は二〇年余りを暮らし続け、なつかしい故郷を夢見ながら、生活の土台作りに尽力し、結果として、今はほとんどが永住を覚悟しているようだ。

渡航年月（?）

渡航年月	戸数	百分比

一年以内	一	〇・一
五年以内	五五	五・七
一〇年以内	四七九	五一・九
一五年以内	三二三	三五・〇
二〇年以内	六三	六・八
二五年以上	一	〇・一
不明	一	〇・一

東京府社会課の調査を見ると、九二四戸（ママ）の渡航〔してから居住を続けている〕年月は、五年以上一〇年以内の五一・九%と一〇年以上一五年以内の三五・〇%が一番多く、大体、一〇年余りの年月、居住を続けていることがわかる。

生活戦線は複雑、八割が労働者

いつから〔日本内地への〕渡航が始まったかはわからないが、生活の道を求めて同胞たちが玄海を渡ることは併合以後、約三〇年間のことだ。それで、〔併合〕以前では、いわば渡航の原因は政治的もしくは社会的理由であったが、併合以後の渡航、つまり、我々がいうところの〝渡航同胞〟はもっぱら経済的事情によっている者であり、このことが理由となって必然的に永住目的となっているのである。しかし、これらの約六割は文盲であり、有業者中、約八割が労働者である。これまでの苦難も一つ二つではなく、またこれからの生活戦線にも数多くの難関が待っているだろう。

［『東亜日報』一九三九年七月一三日］

百万渡航同胞生活報告9

恒久的施設を要望
明日の建設を描く彼ら

本社特派員　郭福山記

胸の中の一抹の不安

渡航百万同胞の生活は、以前に比べれば明らかに潤っているのは事実である。多少とも収入が増え、失業で悩んでいた労働者はすべて職場に動員され、精神面でも物質的にも処遇が若干改善されたためだ。目前の生活の脅威からは逃れたが、不良住宅の不潔な生活は依然として続けられている。とはいっても、以前のように、その日の糧の心配はなくなっているようだ。

しかし、彼らの頭の中には一抹の不安がある。それは失職である。いま持っている唯一の資本は労働力であり、加えて文盲という暗い影を帯びているので、産業市場で労働力が不足している条件下では、何の変動もなく就業が続けられるが、これが平時に転換されたならば、労働力の過剰に起因する失業の波が押し寄せないとは断定できないのだ。

労働過剰時にはどうするか

渡航初期には、ほとんどは産業が盛んな主要都市の工場に職工として募集されて来たので、失業はなかった。しかし、渡航者が増加するにつれ、失業者は増えて行き、昭和六年には全渡航労働者の内、四万二千人を突破し、翌年末には六万二千人余りと激増、当時の渡航人口全体の四三万二千人の約一三%が失業の苦境に陥っていた。また、昭和一二年九月には四万二千人余りで全人口一五・二%の失業率となっていた。事変以来、生産力拡充と労力の不足で今まで街頭にさまよっていた失業した渡航者は、全面的に職場へ動員され、失業問題は解消されているようであるが、これからの景気変動にともなって労働過剰にならないとは誰が保証できるだろうか。最近二、三年、渡航者は〔一年間に〕七、八万人を数え、今年はすでに一〇万人にもなっている。また、内地の労力不足から朝鮮労働者大量移入もほぼ実行される模様である。現在、〔日本内地に〕来ている渡航者の約八割が労働者であり、将来移入予定の対象となっているのも労働者であり、生活戦線を求めて移動する渡航者も、漸増の一途をたどっているので、朝鮮労働者の就業は重大な問題であると見るほかないだろう。

渡航者は漸増、緊密な生活改善

渡航者はすでに一〇〇万人となり、生活を求め、学問のために渡航する同胞は、何百年後のことはわからないにせよ、しばらくの間はこの現状が続くであろうから、それにともなう生活全般の諸種問題は慎重な検討が必要であるし、対策を立てなければならない段階に入った。内地関係当局と総督府当局でも、最近はこの問題に特別な関心を注ぎ、協和会を中心に生活改善に着手しているが、もともと渡航者の生活問題は広い範囲にわたっており、その改善は容易に解決が付く性質のことではなく、適切な対策が必要だ。行く所どころで〔そこで出会った〕同胞たちは内地永住の考えを披瀝していた。

しばらくの間、滞在しようとするのであれば別であるが、ここに住み、ここで子どもを育て、教育を受けさせ、諸般の社会的な生活の様式を整えようとするのであれば、それは決して容易なことではない。永続的な就業がまずもっとも急いで必要とされることであるが、現在において、一番差し迫っているのは住宅問題である。個人生活の根拠は住宅を中心として営まれるものであり、今日、一〇〇万人同胞の住宅解決は緊要な問題でないはずがなく、また子供の教育に対策を立てなければならないことも〔日本内地にいる朝鮮人によって〕語られた。彼らの生活は、単に生活様式改善を以って向上を見るわけではない。子どもの教育問題が解決できない限り、何の希望もないのではないか。あちこちにおいて、彼ら〔日本内地にいる朝鮮人〕は、このことを心配している状況にある。中等以上、専門、大学にも就学できるよう、特別な方策が必要である。

建設的な意図、当局の対策必要

今回、同胞たちと直接出会い、彼らの生活や将来の抱負を聞いたなかで、もっとも強い感銘を受けたのは、彼らが将来の発展と建設的な意図を持っていることだ。生活の道を求めて来た以上、ここで生活の根拠を築き、生活できるように活動しなければならないと語るのである。そうであるからには、当局においても、彼らの生活問題に対してもっと恒久的な建設〔対策の樹立〕がなければならない。

厚生省の武田生活課長によると、渡航者について〔時期区分をすれば次のようで〕、

一、放任時代（併合―大正一一年）

二、融合時代（大正一二年―昭和八年）

三、同化時代（昭和九年以後）

当局ではこのような政策で臨んで来たという。これも一定の観点から過去を振り返ったものであり、過去の内地在住の渡航同胞問題を、ややもすれば警察権の取締りのみに委ねて来た感はなくもない。今、渡航者全体が要望しているのは、建設的な対策の樹立と社会的保護施設だ。これは現地にいる同胞たち皆叫んでいることだ。

文化、経済的に明日への発展

もう移住してきて一〇年、二〇年。この間、相当な生活の根拠を築いた同胞もあちこちにいる。その地方では誰もがみんな知っているくらいの存在となっている。地域的に見て東京などには文化部門で特に活躍をし、大阪、名古屋などでは経済的活動が著しい。ここに来ている人たちの言葉を借りれば、移住三〇年、一〇〇万人同胞がここに来て住んでいるのであり、したがって、自分たちの力で学校も建て、社会事業も行い、会社も作って、各方面で活動したいということだ。かくのごとくして、いま、彼らは現在の生活を、単なる就業戦線の延長だけ考えるのではなく、文化的、経済的な発展を皆願い、明日の飛躍を心に描いているのである。（終）

〔『東亜日報』一九三九年七月一四日〕

大阪特輯号

特輯号発行に際して

浅学非才の身でありながらも、我が文化運動の一助になるかと考えて、わたしが大阪で本紙販売を始めてから、去る七月を以って一〇周年を迎えることになった。これはもっぱら、愛読者諸氏が精神的物質的両面で積極的に支持してくださったおかげであり、深く感謝する次第である。重ねて今般の特輯号発行に際して、再び物心両面から援助いただいた方々には紙面を以って謝意を表すものである。次に記載する街頭の輿論は、記者が我々朝鮮人の居住する大阪各地区を回りながら、各層人士から聞き取った意見を綜合して記録したものである。我々の生活水準が半島内民衆に劣る点があるのではないか、また我々が直面している重要問題がつみかさなっているが、とりあえず、輿論となっている住宅問題、商工資金融通問題、一時帰郷証問題、生活改善問題、迷信打破問題、冠婚葬祭に対する問題、職業変更問題等に関してすべて再検討する機会となり、生活改善に微力ながらも資することができると思い、ここに紹介するものである。観察不足、時間の制約、紙面の制限などから不備な点が多く恐縮だが、足らないものは今後に回し、苦しい事情を諒解していただきたい。最後に愛読者諸氏の健康を祈り、以後も絶えることない支持と鞭撻を願う。

朝鮮日報関西総販売支局
朴　永　壽　白

生活改善の重点

甲　全く地域や風俗が異なり、我々よりも生活水準が高いここ〔大阪〕で、どのように生活を改善すれば内地人とも近づきやすくなり、同時に我々もやはり生活水準を向上することができるのでしょうか。

乙　古い言葉で順風従俗〔郷に入りては郷に従え〕というように、行った先の風習に倣うべきでしょう。ところが、朝鮮でも見られないような、婦女たちが乳房をさらけ出し、襤褸を着て大通りを歩く姿をたまに見かけ、甚だ困ったことです。

丙　そうですね、生存競争の最も激しい大都市に、朝鮮での生活をそのままにして、ここで過ごそうとするのは理にかなっていません。本当に、もっと簡便な生活をしていくべきです。

丁　婦女たちが市場に行くと、食料品を買うにも栄養分だとか重量がどれくらいだとか、そういうところを考えて買わなければならないのに、同じものを買うのにも大きさだけを考えて、より大きいものを争って買っています。「綿千斤鉄千斤」といいますが、大きければよいというのではいけません。

戊　ありもしないのに、いつも新しいものばかり着ろというのは無理ですが、そこにある服を洗って着るということは、勤勉であればできることです。まず知らない人が多く集まるところに行く際には、〔身だしなみを〕綺麗にしてから行くようにすべきです。いつでもそうとばかりはいきませんが、公衆浴場や市場に行くときには必ず綺麗な服を着て行くようにしたほうがいいと思います。

節約するべき婚喪際費

甲　この問題については、誰もが節約をしたいと思いながらも、いざ節約しようとすると実践できておらず、実に難しいところがあります。

乙　古くから婚姻の時は事情を考えて、貧しければ上下衣服の生地を交換する礼式をとってきましたが、大した貯蓄もないのに、三、四百円あるいは六、七百円ずつを婚姻する際に使い切ってしまうから、何年もの間お金を貯めて漸く結婚しても、借金が増え、遂には身を棒に振る者も少なくありません。新婦の家が新郎の家にお金を出して売り込もうとするのは悪い習慣であり、少しでも虚栄心を捨て簡略化された結婚式をし、そこで節約した分を生活費にまわすべきだと思います。

丙　それでは、葬式はどうでしょうか。これに関しては、簡略化して、〔居住地である大阪で〕火葬をして、遺骨だけ故郷に持って帰って埋めればよさそうですが、死体を運んでいこうとする方は少なくないようです。また、たいして重要な冠婚葬祭でもなく、それほど親しい付き合いの家でもないのに、祭祀の際にお金を包んで飲み食いしたり、場合によっては供物までもらってきたりするという朝鮮内にはない風習が一部で流行っており、兎にも角にも経済的な損失が大きいのです。祝儀のやり取りが自然とされていますが、これは時間的にも大きな損失であり、互いにやりたくないことを仕方なくやっているのです。このような弊習は至急直すべきだと思います。

丁　何はともあれ、我々は非常時に際して、第一に生活改善と節約をしなければなりませんが、各層指導者階級の家庭が率先して、婚姻〔の費用〕は一、二百円くらいにすることにし、また亡くなった人は火葬をすることにして葬式費用を節約し、普通の祭祀ではお金を受け取らないことにしたほうがよろしいかと思います。

緊急な低資融通

甲　商工業者の間では、資金難が一番の悩みです。商工業発展には、銀行から資金融通を受けて倉庫業者と輸送業者との緊密な連絡を図る必要があります。数万人いる〔大阪在住朝鮮人の〕商工業者のなかで、銀行から低利融通資金を借りられる人はどれくらいいるでしょうか。このままでは、将来大きな事業を起こすというのは空想のようなものです。

乙　ここに来ている人は、移動が頻繁であるため土着性が低く、我々〔朝鮮人〕同士でも信用取引が難しいところがあります。また互いに融通しながらやっていくとしても利息が五分もしくは六分くらいとなり、これでは事業をしていく術がありません。

丙　今我々には協和会信用組合がありますが、ここでは最高千円までは融通がききますが、それもまた手続きが難しい故、一〇万円くらいしかできません。これでは融資の円満を図ることは甚だ難しいです。もうちょっと、有益になるように、大阪在住の実業家と当局の斡旋でなんとか便宜を図って、我々に対して低金利で資金を貸してしてくれる機関があってほしいものです。

丁　他機関でも資金を貸してくれるのならいいのですが、まず我々同士で資金を集める方策を考えるべきです。二五万人以上〔の朝鮮人〕が住みながら株式会社一つもないのは、我々が、お互いに理解が不足しているところに因るものではないでしょうか。また無尽会社〔信用組合〕のようなものを建てて事態の解決策を図るのがよろしいかと思います。

迷信を打破しよう

甲　我々〔朝鮮人〕は皆教養の足りない人が多く、迷信で恥をかく人が少なくないようです。迷信の誘惑を受けないようにするには、どのような方法をとればいいのでしょうか。

乙　白々教を思い出すと鳥肌が立ちます。第一に、自分自身が迷信に騙されるという問題もありますが、計画的に誘惑して民衆を眩ます連中を駆逐しなければなりません。

丙　数年前、東区に火事が発生し、罹災者が一〇〇余名出ました。その時、罹災者のために各方面で蓄えていたものを出して多くの救済の手を差し伸べたのですが、罹災者や火事の被害を受けた家庭では「クッ〔ムーダン＝シャーマンが行う祭祀〕」を行い他所へ移住し、家財道具の寄付があっても、また火事が起きるといい、その救済品で火事に対する「クッ」を催し、とても見るに耐えない様子がありました。そして、しばしば、故郷から蛇の鬼神が来て病にかかるとか、他人の家の鬼神がついて来て不吉だから「クッ」をやるとか、さらに自分は何者かの物の怪に取りつかれているから占いができる、自分の〔仕えている〕神霊は優れているなどといって、婦女たちを口車に乗せて「クッ」や悪鬼払いをやらせ、何かの神霊だといいながら何十円ずつ使わせ、祈祷を行い、医薬治療も受けさせないというような弊が少なくありません。

丁　迷信打破策は自身の教養を高め、そのような饒舌に迷わされないこと、宗教的信仰を持つならば神道や仏教もしくは耶蘇教か、現代国家で認定する宗教を信じ、信念を得るのも一策ですが、当局でも妖魔輩を徹底的に取り締まることを願います。

不便な「一時帰鮮証」

甲　我々が皆不便を感じるのは、渡航証明ですが、一旦内地に渡り生活の基盤を築き、児童たちに義務教育を受けさせつつ、納税もし、代議士、府県市議員の選挙、被選挙権や堂々名市町村民権を持っていたとしても、一時帰郷する時や、商用で朝鮮に行く時は決まって「一時帰鮮証明」が必要で、それなしには二度と内地の居留居住者として渡って来ることができなくなりました。内地にいる朝鮮人の重大な問題であり、まさに「帰鮮証明」こそ我々の問題としてあります。

乙　「一時帰鮮証明」というのは、本当にいつ廃止になるのでしょうか。一日でも早くなくなるべきです。証明があってこそ往来が可能になるわけですから、まるで外国へ出入りするような感じがします。

丙　どこかで「一時帰鮮証明」は迅速に発給されるなどといっていますが、警察署によってその所要日数が異なるようですし、いったいここに居住する人間が一度、朝鮮を往来しようとすれば、二、三日ないし一週前から警察署に出向いて交渉をすることになり、普通でも二、三回は警察署に出向くことになります。それでも全部通るわけではないのです。これは本当に困ります。ここに住んでいる人間なのだから、一時帰郷の際には所管警察署に行って申請したら即時出して欲しいのです。

丁　同感です。工場に雇われている人は、工場主を連れて来なければならないと警察はいいますが、工場主で快く出かける人はほとんどいないし、一回行ったものの証明を出してもらえなかった時には、〔申請者の朝鮮人労働者が工場主から〕小言をいわれるのです。したがって工場主がいないとか警察署が忙しいとかいって事が延ばされると、父母の重病時だとか冠婚葬祭の日が決まっているのに、「一時帰鮮証明」を得られないまま、日時が過ぎていくこともありました。警察署の仕事は証明発給ばかりではないですから、忙しいでしょうけど、交番や矯風会〔朝鮮人統制団体、のちの協和会〕を通じて居住・非居住如何は確実に調査されているはずですから、もっと敏速に証明を出すようにすべきでしょう。

職業変更問題

甲　ここに来て数十年居住した人はまだ少なく、また技術がないせいか、職業の変動があまりにもはなはだしいようにみえます。

乙　職業の変動が酷いことはもちろん、他人が少し利益を得ると、他人への影響の有無は気にせずに、同じところで同じ商売を始めているので、共存共栄ではなく、共衰共倒になってしまうのです。

丙　朝鮮服地商売がそうであり食料品商売もまた繁盛しています。漢薬局をすると収入が少し多いといい、薬が何なのかも知らない者が薬局を始めるので、薬調商免許を取得しており、経験も豊富でよくできる人にまで影響を与えてしまい、誠に残念なことです。

丁　他人が「塗料業」をしているから、私もするというのではだめで、一つの職業に就いて、その職業で特別な何かを打ち出して継続してはじめて成功することができます。そして少ない資本であってもそれを得てから〔自分で仕事を〕すべきです。

戊　もっともなお話です。一攫千金を夢みていても未経験の事業をするのは失敗しやすく、利益を見込めません。一つの職業をしっかり続けていけば働き甲斐も生まれるでしょう。成功は少し遅くても間違いはないだろうと思われます。

己　職工生活をする方々が反省すべき点は、今日は甲の工場で働いて、賃金が少し多いという理由から乙の工場に移る方が多いとの評判が〔朝鮮人に対して〕あります。これは大きな過ちです。まず生活に困っているので、一銭でも収入が多い方をとるしかありませんが、それでも少々困難があってもそれに耐え、前途有望な職業ならその職業を離れずに〔働き続けるべきであり〕、とりあえず収入が多いからといって技術なしに「土方」の仕事、つまり、土木方面にのみ従事してあっちこっち移動生活を繰り返すというのは、考えものというべき問題の一つです。

住宅難も大きい問題

甲　未だに我々にとって住宅難は大きな問題です。ここ数年、たいてい家賃はしっかり払うようになりました。ところで、家にしばしば傷がつくといって、同じ金を払うのに〔朝鮮人には家を〕貸してくれないのを見ると、あきれます。思うように家を借りられないものだから、自然と一つの家に複数の世帯が住むようになります。よって、広くもない一つの家に多くの世帯が住むようになるので、非衛生的で家も汚くなってしまいます。

乙　その通りです。もちろん一〇余年前に家商売輩たちの一部の過ちが、今日まで全朝鮮人に影響を与えています。我々も一人の過ちが多くの人に影響を与えるという共同生活についての観念を忘れずに、家を綺麗にすべきだし、家主の承諾なしに家の修繕もやってはいけません。

丙　我々の行いが第一の条件だというのはもちろんですが、家主の反省もあってよいはずです。朝鮮人であるというだけで、絶対に家を貸そうとしない人に対しては、もっと矯風会のようなところがわからせるべきだと思います。そして朝鮮の人々のなかでも数万円以上持っている人々は多いわけで、〔借家について〕利益が比較的に少ないことだとしても、他の事業に乗り出す前に、我々のために、二、三棟ずつ建てたり、または〔家を〕買って貸家として貸したりして、便宜を図ってくれたら良いのです。

内外藥種直輸入卸小賣

人蔘　鹿茸

和漢藥賣藥原料
各種紛末藥
毎月商報發行
請求次第無代進呈

大阪市東成區中道本通一丁目十三

普生堂大藥房

主　金丙龍

電話東四五二九番
振替大阪二三六七番
取引銀行　三和銀行中道支店

（健康保險醫）（入院室完備）

外科・内科・小兒科・整形外科・性病科

江南醫院

院長　醫學士　九州　崔亨澤

大阪市東成區猪飼野中五丁目一八
（但一條本通大毎共榮館跡）

大阪府布施市高井田九五三ノ一

高級工作機械
製作各種錠前
製造販賣

金田製作所

金秉鉉

電話東一五〇九番

大阪市東成區猪飼野西三丁目一〇二

各種護謨製
地下足袋
帆布豆靴
輸出向袋物
總護謨靴一式

三益護謨工業所

康興玉
康慶玉

電話天王寺一六八二番
振替大阪一四六六四番
取引銀行（安田銀行今里支店 野村銀行鶴橋支店）

李善洪

自宅　大阪市住吉區阪南町中三丁目
電話天下茶屋五一八五番
事務所　大阪市東區[illegible]一ノ四[illegible]ビル三階
電話北濱（四）三六九番 九八一番 五一一六番

[illegible]　各種[illegible]

近藤製作所

高永豪

工場　大阪市東成區中島本通一丁目四七
電話南八七六〇番
自宅　大阪市東成區[illegible]中道二丁目三四

海陸物產
明太魚
直輸入

食料品專門店

大阪商店

金昌植

營業所　大阪市東成區猪飼野西三ノ一〇六
電話天王寺六九八二番
（本籍　慶尚北道[illegible]）

大阪市東成區東小橋南之町三丁目

東西醫藥合資會社

金弼遠

大阪市東成區中川町六二七

三倉ミシン製造元

三倉製作所

權斗龍

工場　布施市北蛇草三四三
取引銀行　三和銀行今里支店

古銅鐵
古ゴム・ウエス

小山商店

吳宜煥

大阪市西淀川區[illegible]町二三五
電話福島五七三九番
振替口座大阪九三四〇七番

大阪市此花區上福島南二丁目

丸夫印刷合名會社

代表社員　天南熙

電話福島 六九三八 四四〇番

唐草和漢藥問屋
（朝鮮產地直輸入）

東一乾材藥局

劉東翼

大阪市東成區猪飼野中二丁目二七

全南康津郡道岩面永波里

大阪府下八尾驛前

絹綿人絹各種麻再製業

伊藤製綿所

主　尹廣夏

電話八尾七〇九番

大阪府中河内郡加美村大字[illegible]八丁目一九二四

眼鏡製造

山内セルロイド工業所

鄭起和

電話平野一三一五番
（本籍　慶北永川郡古鏡面[illegible]）

大阪府中河内郡龍華町大字植松

製紙原料商

金年豐

[illegible]蓄音器大賣捌店

浩聲商會

李洙浩

布施市長堂二丁目七九

大阪府中河内郡龍華町竹淵

古物商

吳根伯

大阪府中河内郡龍華町安中四七三

製綿工業

金淑斗

大阪府中河内郡龍華町大字太子

製繩工場主

宋占成

古代秘方家傳[illegible]
和漢藥專門
物理的治療[illegible]光線放射、カイロプラクテック、一般[illegible]

保命堂物療院

閔丙燮

大阪市東成區猪飼野中八丁目六
（但シ大池橋西詰北入半丁）

内外海陸物産問屋
二和商會
本店 大阪市東成區猪飼野中三ノ八
電話天王寺六三八五番
支店 大阪市此花區下福島三ノ五七
但中央市場北通北側

第一工場 大阪市東成區鶴橋北之町三丁目二六
第二工場 大阪市東成區猪飼野西二丁目一三
輸出向 金屬雜貨 製造卸
齊藤商店
蔡甲龍
營業所 大阪市東成區猪飼野西二丁目一三
電話天王寺六〇八五番
取引銀行 三和銀行鶴橋支店 野村銀行鶴橋支店

大阪市西成區北開町三丁目四
(本町會館前漢藥局隣)
人蔘鹿茸 和漢藥種 貿易商
延壽堂乾材局
朴泰淳
電話櫻川一〇二八番
電略(エン)又ハ(ボク)

布施市長堂二丁目二三
内地向及 海外輸出 品製造元
山田眼鏡工業所
李漢明
電話布施八二〇番

産地貿易直買
和漢藥種 蔘茸商
大聖商會
請求次第詳細 小賣商報進呈
本店 大阪市東成區猪飼野[illegible]
電話天王寺[illegible] 振替大阪[illegible]
支店 神戸市林田區[illegible]
[illegible] 大阪府中河内郡[illegible]
[illegible] 大阪市東成區猪飼野[illegible]

布施高井田一〇二〇
平山自轉車店
申奉燮
電話東一三三五番

營業所 大阪市[illegible]
工場 大阪市東成區中川町一八四
金城ゴム工業所
金正成
電話天王寺五三三七番
取引銀行 三和銀行鶴橋支店 安田銀行今里支店

大阪市中央市場北通(食料品專門)
朝鮮、北海道、海陸物産、問屋並委托買賣
共益商會
電話土佐堀一六八六番
振替大阪八二一〇四番

大衆理髪館
林鍾律
大阪市東淀川區中津浜通五丁目五三

自働車、諸機械用
各種スプリング製作專門
中央スプリング製作所
大阪市此花區西九條下通一ノ一二
代表電話土佐堀一六一二番 四九七九番
振替口座大阪四八一四〇番

大阪市西成區北開三ノ五
([illegible])
阪本製靴工業所
尹琪夏

大阪府中河内郡龍華町安中
木村精米所
主 洪鍾逵

大阪府中河内郡八尾町大字穴太三四三
小倉セルロイド工業所
主 尹相吉

大阪府中河内郡八尾町大字西郷
飯田セルロイド工業所
主 李慶德

日本銑屑統制株式會社指定商
合資會社 北川治商店特約店
古銅鐵商
吉川商店
趙丁世
兵庫縣尼崎市難波通一丁目
電話尼崎二七三五番

大阪市東成區中川町八二ノ一
鋲製造元
山本製作所
宋基八

内科 小兒科 外科 (健康保險醫)
朱翼淳醫院
京城醫學士 朱翼淳
大阪市東成區猪飼野大通一丁目三六
(但 市電猪飼野停留所前)
電話南七八五一番

大阪府中河内郡龍華町龜井一六〇
古銅鐵商
金琦鳳

大阪市西淀川區浦江北二丁目一三
各種王冠 製造販賣
興明王冠商會
金文圭

大阪市浪速區榮町二ノ三
靈壽堂大藥房
崔奉用

大阪府中河内郡龍華町竹渕
各國 白米商
都屋
都在恪

大阪府中河内郡龍華町安中
製綿業
金北炫

[『朝鮮日報』一九三九年八月二七日]

三　一九四〇年代の在日朝鮮人

済州島出身成功者は語る

御挨拶

世界的産業都市！　大大阪の勇しい跫音のうち呼吸する半島の同胞は、その数三〇万を超え、彼等の日日伸び行く躍進発展は実に素晴しいものである。赤手空拳玄海灘を渡つた彼等が困苦と闘ひ、孜々営々として今は相当な生活的条件を獲得してゐる。これは同地方の社会的環境に負ふところ至大なるが、所詮半島同胞の旺盛なる生活力の賜と云へよう。記者は今春、帰省の成功者諸氏と語り、躍動する同胞の力強い叫びに接し、痛く感ずるところあつて、茲に我が郷土出身一部有志の面影を描き、広く天下に紹介する光栄を持つ。その間、都合に依り遅延せられたのを重ねてお詫びすると同時に、今後の健闘と幸多きを切に祈つてやまない。（京城日報済州支局　一記者）

共存共栄を説く

齋　藤　政　義　氏

覇気に富む幸運児

大阪の錠前王、実業界の巨星として抜群の異彩を放つてる人、齋藤製作所の主人齋藤政義（蔡甲龍）氏は、実に幸運児で羨望の的である。氏の率ゐる幾多の事業システイム一として好成績を現はさないものはない。小身大胆な線の太い豪腹とその明快なる頭脳と決断力は、流石に斯界を双肩に荷ふ豪将に価する。氏の存在は余りにも有名で、天衣無縫、人に接して明朗闊達、犀利な観察力、清濁併せて呑む抱擁力は、覇気に富む氏をして今日を成らしめた賜物であらう。尊ぶ可し氏の相互扶助、共存共栄の精神―氏に在阪半島人の発展策を聞く。

「我が在阪同胞は時局に順応して聖業の達成に協力し、小利を捨て、大同に着目し、相扶けて共存共栄の策を取らなければならないだらうと思ふ」

〔顔写真略〕

希望に燃ゆる
梁　尚　林　氏
底力のある事業家

闇夜に瞬く惑星の如く在阪半島人中に俄然異彩を放つて現はれた梁尚林氏は、渾身理智と精力の魂である。黙々と語らない所に活きた計画と実践が並行されてゐる氏は儒林出身で、渡阪以来孜々営々として巨万の富を築いたが、今日の栄誉は決して偶然の出来事ではない。氏は一見村夫自然たる観があるが、保守的でなく進歩的であり義侠心に富んで、社会事業には進んで最善の犠牲を啬まない実に尊敬すべき人格者である。三男四女何れも現代的教育を享け、その前程大に期待されるものである。希望と熱意に燃ゆる氏は斯く語る。

「在阪半島人の今後の発展策は、各自の職域に忠実精励して自己子孫に新文化を吸収させる所にある」

鉄物業界の重鎮

松本二郎氏

職域奉公実践の人

山陽ナット製作所長松本二郎（文子花）氏は、二〇年前渡阪以来、製鉄厚料商を営み、巨万の富を築き上げた立志伝的人物である。鉄の如き意志と旺盛なる事業熱と幸運に恵まれ、三拍子揃つて行く処可ならざるない程、氏の事業は前途洋々である。儒林出生で重厚な中年紳士だが、至つて円満なる性格を有し、大阪浪速区方面では島民を代表すべき有力者で、この事変に際しては多額の国防献金をなしてゐる。在阪同胞の発展策に対いて氏は斯く語る。

「興亜聖戦の真際中において、我等半島人は上下一致協力して国難に当り、各自の職域に忠実する所において、我等の無言の権利を主唱すべきである」

徳望家

金守京氏

百折不屈の事業家

よき中年紳商として、在阪半島人織物商界に幅を利かす氏は、今を距る一六年前、難波の土を踏んだものだが、その性格頗る円満にして徳望あり、兄弟愛の強い人で、三人兄弟が協力して織物商を営んで居る次第。金晋京氏亦社交家で、同業毎日新報社大阪総販売所長である。氏等三人兄弟の旺盛なる活動力と兄弟愛を持つて行けば、一騎当白、無敵であらう。〔顔写真略〕

『我等の幸福』を語る

山　本　吉　雄　氏

進取的気分横溢

殷賑産業進展により大飛躍をなし、確固不動の基礎を築き上げた山本吉雄（全鳳南）氏は、青年工業家として進取的気分全身に横溢してゐる。活動的で資性活発にして緻密一糸不乱の事業の統制ぶりは、見るからに汗を□らしめる程である。大正一三年渡航、日用荒物雑貨を製造し、亦一昨年よりバルブ並南京錠前を製作してゐる。氏は兄弟愛強く、三人兄弟協力して事業を営んでゐる。氏の長兄全泰松氏は円満な人格者で、弟とは名コンビである。氏に感想談を聞けば、

「我等は排他的心理を清算し、世紀的大聖業に挺身報国する所に我等半島人の幸福は発見せらる」〔顔写真略〕

バルブ界の巨人

菊　池　謙　一　氏

温厚にして高邁なる人格者

東洋精密製作所主人菊池謙一（金元武）氏はバルブ製造界の権威である。温厚篤実な青年で高満なる人格と柔和な感性の持主で、人に好印象を与へる人である。大正九年渡航、旋盤業より身を起し、六年前に現業バルブ製作に従事してゐる。美麗なる住宅と工場を構へて、不動の基礎を築き上げてゐる氏も兄弟愛の強い人で、兄弟四人、元栄（英二）、元文（弘）、元国（寅）氏等が協力して合資会社を作り、現在の地位を成し遂げた。氏は子福家で四男無女、長男は大鉄工業学校に在学中で秀才で前途を期待されて居る。氏に感想談を聞けば、「大阪は我等の理想の工業都市で私を育てくれた所である。私は其の恩に報ゆるために一生懸命に働いて職域報国の途以外はない」

〔顔写真略〕

信用本位を標語とする
呉本圭造氏
ヘヤーピン界の権威

高藤製作所主呉本圭造（呉東□）氏は、体重二〇貫に達する巨躯中年紳士――一見千金の重みが有る如く、氏の経営せる事業も確実なもので、主に輸出品の「ヘアーピン」を製造して居る。家庭には賢夫人と二男一女、長男は同氏の事業を継ぐべく工業学校に笈を負ひ実に和気藹々たるものである。軍需品関係の金属品製造にも辣腕を奮ひ、氏の高潔円満なる性格と共に、大阪工業界に大なる嘱望を得て居る。氏は在阪半島工業人の発展策に対して語る所によれば、製造元、問屋、需要者との共存共栄を図ると共に、信用本位を絶大なるモットとすべきであると、近き将来に半島に進出したいのが、氏の偽らぬ所信である。

〔顔写真略〕

熱情的青年実業家

安田緊〔繁〕雄氏

永続的事業として子々孫々に伝へる

中央バルブ製作所の主人安田繁雄（安佳全）氏の存在は、大阪バルブ工業界において、輝く彗星的な存在である。大正一二年度に青雲の志を立て渡阪、中学校を卒業後、燃ゆる希望と決意を抱いて、工業界に投身、用意周到なる綿密さと若い熱情は、今日の成功を可能ならしめた。温厚なる性格と緻密なる組織力は、在阪半島人青年実業家の中で稀に見る所である。氏の明日の発展を祈る氏の火を吐く様な感想談を耳を傾ければ、「我等は内地に居住する半島人実業家は、此処を永住の地と定め、永続的事業と定めて子々孫々に伝へて行けば、必ず三井三菱に匹適する大きな存在も現はれ、大なる発展があると思ふ。少し成功すれば帰郷するなんて余りも短見である」と。

〔顔写真略〕

楽天家フアスナー王

河致崑氏

河本金属製造所主人

河本金属製造所の主人河本崑（河致崑）氏は、夙に済州農業学校と師範学校を卒へ、第二国民教育に精進してゐたが、感する所あつて、昭和八年、突然職を離れて大阪に雄飛、凡ゆる辛酸を嘗めた尊い賜物として、今は「フアスナー」界の寵児として、自他共に認めるに成つた氏は、元来性質頗る明朗率直「ユーモア」たつぷりて、誰も氏の一言に破顔の笑みを帯びない者はない程である。よき中年紳士であり、親孝行で有名である。一男一女を有するが、何んだか家庭には恵まれて居ない。筆者多年の竹友冀くは春風、氏のホームにそよ吹けや。

綢緞布木界の巨星
朝日商会
顧客本位がモットー

大阪における半島人向綢緞綿布商の最高峰に君臨して、絶大なる人気を博する日鮮商会主鄭道文氏は、昭和七年渡阪、刻苦精励の結果、今日の如き屈指の大商となつてゐる。氏は、円満なる性格の持主で義侠心に富み、事業欲に燃えて、専ら信用と顧客本位を「モツト」としてゐるから、近き将来に一躍大器を成すものと嘱望されてゐる。家庭には働き盛りの四〇歳の賢夫人と二男二女。長男は今春、商業学校卒業、上の学校に就学予定である。何といつても氏の如き青年実業家の存在は我等の誇りである。

熱血的快男児
呉　永　憲　司　氏
〝発展策は各自最善の努力にある〟

高藤金属製作所の主人高藤延治（創氏名呉永憲治、呉東允）氏は、過去において東亜通航組合の中堅としてその名を鳴らし、熱血の闘志と事業欲の持主である。氏は生れつき正を愛し、邪を憎み、郷土愛に燃え、同僚間の信頼厚く、熱情と気魄の中年紳士である。今は金属ヘヤピン製造界の独歩的存在である。大正七年渡阪以来、氏の敢闘史は自他共に認め、大阪半島人社会においては欠くべからざる人物である。家庭には四男五女が伸々と氏の薫陶を受けつゝある。長女は文化洋裁、次女は泉尾高女に在学中である。凡ゆる点において氏は一般の羨望的である。在阪半島人発展策に対して熱意をもつて語る。

「在阪同胞は大阪を永住の地と定め、凡ゆる事業をゆつたりした気分で、最善の努力を尽し、興亜共栄圏の建設に邁進すべきである」

〔顔写真略〕

ゴム工業界の覇王

金　城　正　成　氏

『あく迄やり通す気力』を説く

東大阪に空高く聳ゆる煙突。その煙突には白い文字で「金城ゴム工業所」と一目瞭然に書いてある。その若い主人金城正成（金正成）氏は、三〇未満の我等のホープの青年工業家である。昭和三年渡阪以来、ゴム工業に従事し、ゴム配合に対しては、独特なる技術と才能を有し、そのタイヤの耐久性には他の追随を許さないといはれて居る。ゴム工業以外に金属工業方面の錠前製造にも手を出して居る。六尺長身の好男子で性質至つて柔和にして緻密である。見るからにいゝ印象を与へる人で、氏の事業の前途を象徴するようである。氏に語らしめば、

「我等青年は一つの仕事に目をつければ、あく迄もやり通すといふ気力を持たなければならない。此処に成功もあれば完成もあると思ふ」

スプリング界第一人者
松　本　平　吉　氏
〝視野を広くせよ〟

大阪日新スプリング製作所主人松本平吉（文基十）氏は、二四年前に渡阪、あらゆる職業部門に豊富なる経歴を有する工業家にして、昭和一〇年より現業を経営してゐる。事業は日就月□して確乎不動の基礎を築き上げ、在阪半島人スプリング界の王者を占めてゐる。氏は温厚篤実なる中年紳士にして、一見大工業家の印象を与へる。高邁なる人格と柔和な稟性の持主で、各層に好評を博してゐる。氏の片腕である武田□夫氏の商業上の辣腕の補助あり、順風に帆を掛けた如く、氏の事業は前途洋々であり名コンビである。氏の説く所によれば、「在阪半島工業者は視野を広くして、未啓拓地に着目すべきである」

〔顔写真略〕

時勢の動きに着眼せよ
金　田　正　三　氏
ドッシリした青年実業家

一七年前に青雲の志を立て、渡阪、あらゆる苦難と闘ひ幾多の荒波を越えて喜望峰に辿り着いた青年実業家金田正三（金致培）氏は、錠前製造業界において屈指の地位を獲得、斯界のホープ的存在で氏の経営する金田製作所は、前途洋々である。氏は実に気前の好い男で稀に見るどつしりした実業家タイプである。明朗闊達な性格と高潔なる人格は、氏の明日の大成を予想される氏の感想談によれば、

「我等は時勢の動きに着目して視角を広め、時局に順応して各自中小工業者は、職別合同して職域報国すべきである」

錠前界の雄

金　森　信　吉　氏

勤労報国の途以外にない

大阪の錠前製造工業界の一雄金森信吉（金潤鉉）氏は勤倹率直な人で、凡ゆる苦難を克服して安堵の道に入つた成功者の一人である。多くの人は氏あるを余り知らないが、隠れた実力派の一人である。大正一二年渡阪、職工よりたゝき上げた模範的人物で、すつと錠前でやり通してゐる氏に感想談を聞けば、

「勤労報国の途以外はない」

刀圭界の名星
李　圭　洪　氏
第一医院長

在阪半島出身杏林界の第一人者！　第一医院長李圭洪氏は九州医専を卒業。六年前、大阪で開業した氏の性格と医術は、半島人側の絶大なる信頼と尊敬を浴び、名実共に我等のよき先生として業務日々隆昌の一路を辿つてゐる。各科中特に耳鼻科、産婦人科に卓越なる技術を有し、青年医師李圭洪氏の前途は幸多きものである。氏は在阪半島人の健康増進の為めに大なる決意を有し将来を期待される。

ハサミ界の巨星
山　田　兄　弟　鋳　造　所
団結と合同を語る

二〇余年前に渡阪、あらゆる辛酸と闘ひ一路勤労の道を辿つて、今日の山田兄弟鋳造所の基礎を築き上げた。青年工業家、山田巌（李丙生）氏は元気溌剌とした精力的な人である。氏の無限の活動力と緻密な組織力は在阪ハサミ業界において無比の存在であり、一般金属鋳造業界においても異彩を放ちてゐる。氏の三兄弟は仲よく一致協力して営々と働き、一般の模範を示してゐる氏に、半島人発展策を聞けば、

「我等小資本の在阪半島人中小企業者の唯一の活路は団結と合同以外にない」

情熱的事業家

洪　聖　允　氏

終始一貫せる奮闘史

過去において東亜通航組合の闘士として華々しい経歴を持つ熱血児であり、郷土吐坪里水道架設に必死的努力を捧げた洪聖允氏は、大阪綢緞布木界の重鎮であるばかりでなく、半島人側のよき世話役として、衆望を一身に集めてゐる。性質至つて快活、全身魂の結晶である。大正一二年渡阪以来今日迄、氏の終始貫徹せる奮闘史は活ける教材として輝しいものである。

〔顔写真略〕

布木界の彗星

武　田　整　之　介　氏

親切な商人

大阪東成区の在阪半島人の織物商界において燦として異彩を放ち、大なる好評を得て居る青年商業家武田整之介（裵仁平）氏は、貴公子然として柔和な性格の持主で、今日の大を成した本は其の性格の賜物であらう。至つて親切で物の理解力の豊富な人物である。氏は昭和三年渡阪、綿布を専門に取扱つて居る氏に感想談を聞けば、「我が半島固有の衣裳美を発揮して、その真価を一般に認識させたい」

〔顔写真略〕

花形的存在
平山公造氏
荒波を越えた鋳造業家

波瀾重畳な氏の半生。在郷時代には巨商で一時商界を風靡した風雲児で、運つたなく立身の余地なかつたが、初老の衰躯を□つて、昭和一三年渡阪、捲土重来の決意報ひられ、巨万の富を築き上げた成功者平山公造（申柄淳）氏は、銅合金鋳造業界における花形的存在で、温厚篤実な人格者である。氏の今日を成したのは、氏の善良な徳義心の賜物である。明日の大成を祈る。

立志伝中の人
金田政吉氏
錠前業界の功労者

在大阪錠前業者において金田政吉氏（金秉炫）の存在は、赫々たる者である。氏は在阪生活二三、四年、熱意と勤勉の結果、今日の大を成し、半島人成功者中では古顔であり、立志伝的人物である。社交的で物事の判断力の鋭利な人である。「金田政吉」は渡阪即後適用せる氏名で創氏の先駆者である。二男二女何れも中等教育を受け、其の住宅は半島人中の一流である氏は、在阪半島人発展策に対し斯く語る。

「戦時経済体制下における半島人の中小工業者は、職別に合同して大企業化する事と内鮮渡航制限の緩和策は最緊急事である」

捲土重来の

中　董　湜　氏

〝遠大なる目的に進め〟

中董湜（平山院一）氏は漢学者はだの温健有実の士である。夙に釜山、三陟方面で海産物を営んだ巨商であったが、その商業利あらすして、昭和八年奮然渡阪、工業方面に転向、最大の精力を発散したところ、その功空しからずして、今は東洋合金鋳造所の主人として、時局産業の一翼的役割に精進して居る氏は斯く語る。

「在阪半島同胞の発展策としては、目前の小利に惑はずして遠大なる目的のために砕身努力することである」

〔顔写真略〕

勤倹篤実な人

岩　本　三　郎　氏

銅合金鋳造業界の一雄、岩本三郎（李榮厚）氏は、勤倹篤実な青年工業家にして、多年苦難の道を辿つてよく克服し、今日の功を得た。大正八年渡阪、各方面に豊富なる経験を有する人士である。

海産物界の王座

二 和 商 会

大阪海産物業界における屈指の大商、二和商会は李鎬九、李佐九兄弟の経営に係るもので、在阪半島人食料品の台所の役を成してゐる。兄弟共、高□なる人格と徳望を有し、明朗闊達な人士である。仲良い兄弟の明日の飛躍を期待される。

社交的敏腕家

齋 藤 博 之 氏

才気煥発の炯眼

齋藤博之（蔡雲能）氏は、在阪錠前王齋藤政義（蔡甲龍）氏の弟である。氏も兄には及ばないけれとも、巨万の富を築き上げた青年実業家で、緻密なる思考力と社交的手腕家で、氏は実に達弁家である。内地人とじ（ママ）つとも変らない語学力を有し、円満なる性格と才気煥発する烱眼は、未来の実業界を背負つて立つべき充分なる底力を有する人士である。

洋傘界総元締

朝日兄弟商会

粒揃ひ三人兄弟

洋傘手元製造及総問屋朝日兄弟商会―其の名だけでも一種頼母しい感じを与へるが、成程粒揃ひの三人兄弟が相睦しく相扶けて、関西斯業界に燦として業名をならしたものである。大沢亀太郎（金源現）氏は今年三九歳の達腕家、二男五女の子宝である。次弟亀次郎（金源成）、三弟亀三郎（金源堯）。何れも明朗な手腕家である此の兄弟商会は、世人羨望の的と成つて居る。亦其の事業の堅実性から前途実に洋々たるものである。

河本景圭氏

温厚篤実な商人

綢緞布木商業界に一異彩を放つ広信商会の主人河本景圭氏は、昭和二年度に渡阪、此の方面に一意邁進した青年実業家である。氏は温健重厚な性格の持主で、何事にも屈せず勇往邁進する中年紳士で、明日の飛躍に大なる期待を有する人士である。

ゴム工業界の重鎮

康 興 玉 氏

兄弟愛の模範人物

大阪三益ゴム工業所主人康興玉氏は、約二〇年前に燃ゆる決意と希望を抱いて渡阪、某ゴム工場の職長としてゴム工業界に「トップ」を切り、昭和四年、現在の工業所を経営して以来成績よく、今日確固不抜の基礎を築き上げた。氏は兄弟愛の強い義理の男で、如何なる困難の時と云へ共屈せずして、弟三人、中学以上大学を卒業せしめた。次弟慶玉氏は関大卒業後、東亜土地建物株式会社長外二、三の要職にあり、三弟明玉氏は天才で、東大法科在学中行政司法の高文パスした秀才。現在、軍威郡守の要職にある。何れも康興玉氏の高潔円満なる性格の反映である。

織物商業界の一雄

韓 桂 鳳 氏

実力本位の人

織物商業界の一雄、大同商会の主人韓桂鳳氏は、勤倹篤実な商人で、至つて親切な人である。人に接するに明朗闊達にして底力のある商業家である。昭和七年渡阪以来、一路綢緞布木の方面に専門従事して、人に余り知られて居ない実力のある人である。氏の底力ある商業術は、明日の大成を期待される。

〔顔写真略〕

〔『京城日報』一九四一年二月四日〕

故郷を想ふ

金　史　良

　内地へ來て以來かれこれ十年近くなるけれど、殆んど毎年二三度は歸つてゐる。高校から大學へと續く學生生活の時分は、休暇の始まる最初の日の中に大抵愴惶として歸つて行つた。われながらをかしいと思ふ程、試驗を終へると飛んで宿に歸り、急いで荷物を整へてはあたふたと驛へ向つた。それも間に合ふ一番早い時間の汽車で歸らうとするのである。

　故郷はそれ程までにいいものだらうかと、時々不思議になることがある。成程郷里の平壤には愛する老母が殆んど獨りきりで佗住居してゐる。母はむろん、方々へ嫁いだ心美しい姉達や妹達、それから親族の人々も私の歸りを非常に悦んでくれる。庭は廣くないが百坪程の前庭と裏庭がある。それが又老母の心遣ひから、歸る度に新しい粧をして私を驚きの中に迎へるのだ。昨年の夏歸つた時には、庭一杯に色とりどりの花が咲き亂れ、塀のぐるりには母の植ゑたといふ林檎の苗木や山葡萄（モルグ）の蔓がひとしほ可憐だつた。それに玄關際の壁といふ壁にはこれから背伸びしようとするつたが這ひ廻つてゐた。秋に入りかけ花盛りが過ぎ出した頃、コスモスをもう少し咲かせればよかつたのに、それが氣付かなかつたのだと、母や妹は濟まなさうに云つてゐた。私がそれ程の花好きといふのでもないのに。母ももう年を取つたものだと思ふ。そして歸る度毎に、氣力や精神が衰へてゐるやうに思はれて悲しい。六十をこえると老い方も一層早いのだらうか。

　殊に昨年はコスモスの咲き出す頃、すぐ上の姉特實（トクシリ）が亡くなつた。三十といふ若い身空で、子供を三人も殘してはどうしても死にきれないと云ひながら、基督聯合病院の靜かな部屋で息を引取つた。その死は今思ふだに悲痛なものに感じられてならない。それを書くには今尚ほ私の心の痛みがたへられさうもない氣がする。彼女は私のはらからの中では一等器量がよくて、心も細やかであり明朗でもあつた。父が母と違つて絶壁のやうに保守的で頑固なために、幾度母に責め諫められながらもつひにあの姉を小學校にさへ出さなかつた。女に新敎育は許せないといふのである。いくら泣き喚いても、それは無駄であつた。でも彼女は無智の中にあきらめてゐようとはしないで、七八の頃から千字文で一通り漢字を習ひ、朝鮮假名はもう既に自在に讀み書きが出來、小學校へ上つたばかりの私を先生としてそれ以來ずつと諸學科の知識をかじり、それから雜誌を取り寄せ新聞を讀むなどして、その識見や思慮は私が中學にはいつた頃はもう尊敬すべき程だつた。

　かういふところからして、私と彼女の間に於る姉弟の情にも又特別なものがあつたと云へる。私が歸る頃を聞き知つて眞先に母の許へやつて來て待つてくれたのもこの姉だつた。そして私が林檎好きだと彼女は勝手にきめて、いつも國光に紅玉など水々しくて色のよい甘さうなのを一抱へづつ買つて來てくれた。彼女の死が老母に與へた精神的な打擊といふものは餘りにひどい。正にその次は自分位であらうとひとりよがりに考へて、少しでも餘計に悲しまうとする私である。その姉が今度歸ればもうゐないのだと思ふと、丈夫な齒が拔けたやうに心の一隅が空ろである。

それでもやはり故鄕への歸心は抑へ難くはげしい。これは一體どうしたものだらうか。左程に故鄕を戀しく思はない友人達を見る度に、私はむしろ羨しくなり又自分をはかなく思ふのである。此頃も私の家では母と京城の專門學校から戻つて來たばかりの妹が二人きりで佗しく暮してゐることであらう。先日の妹の手紙には、私の歸つて來るといふ四月は平壤の花植時だからその時揃つて庭いぢりをしませうと書いてあつた。私は丁度その先便で母や妹宛に、今度歸つて行くことにしたから、裏庭にはあきれる程までにトマトを植ゑ、井戸の上には藤棚をしつらへ、私のささやかな書齋の前にはヘチマを上げるやうに、そして前庭には繪屛風となるまでに朝鮮朝顏とを書いて送つたのだ。私は悲しみに打ち沈んでゐる老母を、そんな仕事からでも氣をまぎらはせたかつたからである。それで妹の返事を見て重ねて手紙を出したところ、つい五六日前の手紙には母が着々用意を整へ、トマトの方もあきれる程までに澤山註文したし方々から花種も取寄せてゐるといふことだつた。その上この文を草してゐる今日は又奇しくも母が愈々掘り返しをはじめましたと云つて來た。それがどれ位の出來榮えか、今度歸つたら殊更私も仰々しくそれをほめそやさねばなるまいと考へたりする。

とはいふものの故鄕に歸りたいといふ思ひは、ひとへに母や姉や妹、それから親族の人々に會ひたいといふ氣持からだけではない。やはり私は自分を育んでくれた朝鮮が一等好きであり、そして憂欝さうでありながら仲々にユーモラスで心のびやかな朝鮮の人達ど好きでたまらないのだ。東京でいつもせせこましい窮屈な思ひで暮してゐる私は、故鄕に歸れば人が變はつたやうに困る程冗談を云ふ。友達にはむろん先輩にさへ、氣がどうかしてゐると思はれる位に實のない冗談を持ちかける。もともと人一倍さういつたところが好きで、深刻さうに眞面目ぶるのが苦手の性分でもあるが。だから歸れば家でも毎日を冗談と笑ひ話で暮してゐるやうなものである。さういへば又思ひ出すが死んだ姉などは殊に私とは調子が合つて、何事にも聲を出して笑ひ、笑つてはつひに腰が折れるまでに笑ひこけたものだ。だが時々急にこの地で致し方ない程の鄕愁にかられると、大概は神田の朝鮮食堂にでも行つて元氣な學生達の顏を嬉しさうに眺めたり、朝鮮歌謠の夕だとか野談や踊りの催しなどをさがしては出掛ける。それも今は少くなつたが。——そこで移住同胞達の笑顏を見たりはしやぐ聲を聞いたりすると、時には思はず微笑ましくなり、又淚ぐましくも悅に入つたりするのだ。あの朝鮮語のふざけた彌次を聞くのが又大好きと來てゐる。思はず吹き出してしまふ。これはどうにか一種のセンチメンタリズムと云へたものかも知れない。

朝鮮の空は世界のどこにもないと云はれる程、靑くからりと澄んでゐる。早くその下を歩きたいと此頃思ひ出したので、どうにもしやうがなくなつて來た。かうして私はいつも朝鮮と內地の間を渡鳥のやうに行つたり來たりすることにならう。何しろ母も年が年なので、あの澄み渡つた靑空の下、どこか好きな大同江の流れでも見下ろされる丘の上に住みたいものと心では考へてゐる。

〔『知性』河出書房　一九四一年五月号　四二一～四二三頁〕

翼賛の半島人たち①　東京山手篇

和服一色の集会　今は立派な皇国女性

東京協和会の会員は一〇万を算へ、二六支会から出来てゐる。そして帝都在住半島人の赤誠ぶりは全く涙ぐましいものがある。皇軍の慰問恤兵派遣はもとより勤労奉仕、神社参拝、傷病兵慰問など話題にのぼる美談佳話は数多い。さきに中央協和会の提唱で、紀元二千六百年事業として企てられた愛国飛行機献納運動で、東京在住半島人から集まつた愛国の結晶は一〇万一千円に達し、これは割当額二万円の数倍に及んでゐる。会員数では絶対優勢を誇る大阪、福岡、山口、愛知の各地を断然抜いて第一の栄誉をかち得て、さすがは帝都のお膝元といふ面目を発揮した。こんな気勢であるから翼賛運動の展開に伴ふ半島人の活躍は、目立つてきび〳〵して隣組に常会に麗はしい銃後風景を見せてゐる。特に半島における総力運動が、内地でも好評を呼んでゐるので、我がことのやうに誇らかにその好評を傷つけまいといふ自信をたつぷり漲らしてゐる。いま山ノ手方面に目を転じて、半島人部隊の状況を見よう。それには去る三月一七日から三日間、東京女子会館で催された東京協和会の生活改善講習会における半島婦人の感想文を紹介することが手取早い。同講習会には半島人中堅婦人七八名が出席したが、殆ど全部が和服姿で畳の上にきちんと坐つて礼儀作法を心得て、寸分内地婦人と異なるところなく、これまで徹底すると、内鮮一体の言葉も自然解消といふ感じだつた。目黒支会に属する下目黒二ノ二七一番地菊地武雄氏（慶南河東郡良甫面雲岩里出身、旧姓金万日）夫人達子さん（旧姓崔直矣）（五〇）の感想文は次の如くである。

今日は心待ちに待つた講習会の日だ。午前五時起床。前夜身の廻りの支度を整へて置きましたが、今一度忘れものなきやと調べて見た程です。踊る胸を抑へて女子青年会館の玄関に立ちました。お友達が皆んな勇んで来られますが、会館に出入される婦人方が多いので、どの方が私たちと同じ講習を受けられる方かちよつと見当がつきません。親切な案内者に会場を教へられ定められたる自分の席につきまして、ほつと安堵しました。御話は聞きますと、この女子青年会館は畏くも皇后陛下の恩賜金により建てられたといふことであります。草莽の私も親しくその鴻大無辺なる御仁慈に浴し、この会館に楽しい二日を過せるのかと思ふと、光栄身に余り、この催しをして下さつた当局に対して感謝致しました。講習は皇国臣民として、人として踏むべき事や行儀作法に至るまで、親切なる先生方の御指導のもとに、二日間とはいひながら、我が身のためになる御教へに励みましたことは、会員一同この上もなく有難く思ふ所でありました。かうまで生活が改善されて参りますと、内地にをつても、どこへ行つても決して恥しいことはないだらうと、心の中で嬉しくてたまりません。興亜の聖戦未だその終結を告げず、国際情勢は又混沌として逆睹を許さない。今日一億国民は益々一致団結して困難に当らなければならないと存じます。我等半島のものもいよ〳〵内鮮一体の実を挙げ、滅私奉公をする秋に際して、この講習会の如何に有意義であつたかを体得しました。教へられたことは実行を必要とするのであります。如何に良き教へでもその教へられたことを実行しない時は、無意義に帰するのであります。私は今日ここで習ひましたことはすぐ吾々の実生活に役立つことでありますから、必ず未だ知らない同胞にも教へ相共に実行に励みたいと思ひます。

【写真＝同講習会員（全部半島婦人）】〔略〕

〔『京城日報』一九四一年五月二日〕

翼賛の半島人たち② 東京下町篇

遺家族の慰問行 見事な砂町の隣組

興亜翼賛運動に半島人部隊はどこもかしこも総起ちだ。在鮮全民衆の総力総立ちの応勢に負けじと、東亜共栄圏内に居住する我らの同胞は、今や立派な皇国臣民となり切つて翼賛街道を驀らである。北は北海道から南は九州までの全内地並に満洲、蒙疆、北支、中支等の新大陸にその真剣なる姿をわれ〳〵は直視できる。所変れど翼賛の街道は唯一つ、そこにわれ〳〵は東亜新秩序建設と高度国防国家建設に凛たる総力を捧げつゝある内鮮一体顕現の兄弟を見出すのである。さあわれら在鮮同胞も在外の兄弟に負けてはならない。素晴らしきこの現実を把握して、新時代の息吹きに内鮮一体、鉄の団結を固めよう。隅田川の流れは都会独得の臭気を帯びて渋つてゐる。

水面から四、五尺も低い所に東京市城東区砂町がある。

「おい皆んな、今日もこの町から兵隊さんが二人応召されたんだ。俺たちや、今まで何遍も〳〵兵隊さんをお見送りした。そのたんびに俺ら泣けて〳〵仕方がないだ。俺らたち、かうして毎日〳〵のん気に暮しの出来るのも皆んな兵隊さんのお蔭なんだ」

忠北清州邑錦町二九二出身の勝田國夫氏（旧姓朴勝國）は熱し切つた真心を晒け出した。「俺らも前からさう思つてゐたんだよ」と田中三郎（趙奉甲）、竹村一郎（金用斗）両氏も相槌を打つて起ち上つた。

「よし一緒にやらう。お国への御奉公は俺たちのお膝元にちやんとあるんだ。まづこの町内の出征軍人遺家族の方々を安心さして上げることだ」

そして、砂町に住む三、八〇〇人の半島人は総起ちとなつたのが昨年の春のことだつた。鶴嘴を握り、ハンマーを揮ふ意気もぐつと力が入つた来た。

身には教養こそないが、お国を思ふ至情に変りがない。

〝おい、冬の夜番は俺たちで交代にやらうぢやないか〟〝道端の普請もこちとらの得意ぢやないか〟〝興亜奉公日の常会に出たら、やつぱりいゝことを教せて下さるぜ。今度からは一人の欠席なしに出席しよう〟

このやうな会話が南北砂町の街を流れた。親父は煙草を節約すれば、婦人は見廻品を節約し、子供達はお小遣ひを節約し、それからまる一年、春浅きこの四月、協和会城東支会に四五九円一二銭の出征遺家族慰問金がこの半島人翼賛部隊によつて献納されたのだつた。

☆　☆

さて、同町の半島人隣組はどんな活動を展開してゐるだらうか。北砂町五丁目町会第一部第七組の組長さん、慶北義城郡出身豊野亀吉氏夫人千代さん（三五）の日誌を拝借する。これこそ常会の勝利を示す輝かしい戦陣日誌である。日誌の中には難しい字は見栄を張らずに平気で仮名を用ひてゐる所など、半島婦人班長さんの気性がよく窺へる（原文のまゝ）。

〇月〇日　前組長死亡の時から始める。その時花環を送る。非常によいことだと町会の人々からおほめの言葉をいたゞく。皆んなも常会をよくニンシキして下さる。私も一生懸命やらねばならないと思ふ。国民貯蓄をこの日から、オカズを節約して毎日二銭、三銭と積む。

〇月〇日　今日は先月より出席者が一人少い。どうしたかしら、組員の人の出産祝を知らせ、当番にお祝ひをもつて行つて貰ふ。今月から一〇銭づつ集め、それで組内の祝儀、不祝儀にあてる。

○月○日　常会の方法についてみんなで話し合ふ。シンミツをはかるためには各戸廻り持ちがよいとのことで廻すことにした。しかし外の方はあまりよい顔はしなかつた。

○月○日　先月は大変時間が遅れたので、今月から遅れないやうにみんなにお願ひする。また、隣組内の出征兵士の方へイモン文を出す相談をしたら、みんな心地よく承知して下さつた。今月は防空エンシユー。他の人に負けないやうガンバリませうと打合を行なつた。

○月○日　お正月でも非常時。だからゼイタクはいはないやうにと相談。今月は一番いやがつた○○さんも大変よく進んで常会をして下さる。よかつたと思う。

○月○日　市民調査報告。いよいよ節米実施の方を入れて貰ふ。またニイガタにスパイ事件がやかましくなつた。女は互に口をつゝしみ合ひませうと進め合ふ。

○月○日　今日から米も切符。お互に不心得を起さないやうにし、節米をすることを申合せた。

【写真＝本年二月一〇日、東京協和会の明治神宮社前における文会旗授与式】〔略〕

〔『京城日報』一九四一年五月三日〕

翼賛の半島人たち③　静岡、山梨篇

隣組で生拡農園　組長は朴永壽老（全南出身）

安倍川の筏夫で名高い静岡県静岡市の西側郊外静岡県農学校に近く土筆、すみれ、たんぽゝなどの草花が美しく咲き生温い春の風が心を揺さぶる堤を背に建つてゐる六戸の一部落がある。その中やゝ群を抜いて大きい一戸が、静岡市田町七丁目町内会第十隣組長朴永壽さん（六〇）の円らかな住家がある。朴さんは全羅南道和順郡南面南渓里の郷土を後に内地へ渡つてからも二〇年近く、家庭は妻の丁申順さん（五〇）との間に連栄（一七）、洪栄（一四）、台栄（一二）君の五人暮しで、四男は郷里の兄の許へ預けられてある。商売は古物商で言葉、物腰など内地人と変りなく、長男は某鉄工場へ通ひ、次男、三男は国民学校に入り、内地の子供達に伍し同等遜色のない勉学を続け、小金も貯めて余裕がある。好人物の朴さんは昨年一一月、静岡市に隣組組織の運動が起るや、仲間から推されて組長の光栄を担つたのであるが、早速常会を開いて決定したのは、日頃から仲間の間で等閑に過ぎて来たし、自分も心懸けながらも実行に移さなかつた「国旗」の製作であつた。翼賛日和の同月二三日、新嘗祭には真新らしい日の丸が、六戸の家々へ一斉に立てられ、内鮮一体の旗風ははた〳〵と揺れて仰ぐ隣組一同の顔は、自づと綻びるのだつた。

次に計画したのが掘抜井戸二箇を設けることで、これも昨年一二月一杯までに完成した。従来、安倍川の河水を飲料水に供したため、河水の媒介で数年前に伝染病患者を出し苦しい経験をなめたことがあり、それ以来怖しかつた夏も、本年からはその心配も一掃され、同時に患者を出し市民に迷惑をかけるやうなこともなくなり、□の重荷が下りた気持だと沁々□□する朴さんである。〝自治〟を通じ共同精神の偉大な効果がしみ〴〵身を以て感じられる一□である。次に目下計画を進めつゝあるのは、一部市民の糞尿無料汲取と関連して現在住んでゐる国有地に、蔬菜園開発の仕事であるが、これも他の区域に住む半島出身者その他に、自家用以上に余る蔬菜を販売して、その収入は隣組の積立金とし、将来の活動資金に備へたいと朴さんは明るい希望に燃えてゐる。

目下、六家庭は祝祭日の休業日を利用し、着々この蔬菜園完成に向つて邁進してゐるが、蔬菜の出来不出来は組合員の努力如何にかゝるのだと、生活の再出発に大いに張り切つてゐる。よもや期待するだけの収獲は得られなくとも、休業の一日、子供、大人の全家族連れが、暖かい春の陽射を浴びて開墾に汗を流す風景は、その□に〝隣保協和〟の尊い姿であり、速く海を渡り異郷に住む人の憂ひは微塵もない和やかな風景である。

× ×

山梨全県民と堅く腕を組んで翼賛に突進する県下在住半島人は、昨年の夏、内地在住半島人全部で愛国機献納運動が開始されたとき、一〇円、二〇円と進んで大口献金する人々が意外に多く、当初の目標額三、五〇〇円に達し、約六〇〇〇円を超ゆる四、一五〇〇円といふ素晴らしい赤誠であつた。

恰度その頃、山梨県出身の護国の英霊を祀る県護国神社建立の工事が開始されるや、慶尚南道蔚山郡三南面荷岑里出身の曹伐祚氏（四八）が先頭に立つて、半島人部隊の勤労奉仕隊を組織し、尊い汗の奉公を実施、その延人員は五千人の多きに達してゐる。

県下には内鮮一体の建前から隣組の組織に於ても格別半島人のみの隣組は全然なく、内地人の間に渾然となつて節米、国民貯蓄、物資受渡又は食糧畜産等に力瘤を入れて、非常な好感を持たれ、半島人諸君も「これから大いにやるぞ」と皇国臣民としての職域奉公、臣道実践に固き決意を示してゐる。

〔『京城日報』一九四一年五月四日〕

翼賛の半島人たち④　名古屋・豊橋篇

〝靴磨き〟の坊や　陸軍病院で奉仕作業

豊橋陸軍病院の白衣の勇士達に「靴磨きの坊や」と可愛がられてゐる一少年がある―日曜祭日にはきつと早朝から病院を訪れて、兵隊さんたちの靴を磨いたり、病室のお掃除の手伝ひをしたり、白衣の勇士達は自分達の弟や子供のやうにお相手してゐるが、この感激を呼ぶ少年は豊橋市内松山国民学校六年生、半島出身の佐々木高雄氏次男澄夫君（一三）であつた。

澄夫少年は幼き頃不幸にして小児麻痺を患ひ右脚の自由を失つたゝめ不具の身を喞ち「今度志願兵制度が出来たといつても、僕は足が跛のため兵隊さんになれないんだ」と涙ぐむのだつた。しかし兵隊さんへの憧憬は日が経つと共に募るのみだつた。やがて少年の心にも諦めの日が来た。その代り「兵隊さんになれなくとも内地少年に負けないやうに白衣の勇士達を慰めてあげるんだ」と聊かなお小遣ひを貯へ、それで赤心こもる慰問袋を作つては毎月欠さず現地に送る一方、日曜や祭日には必ず陸軍病院に姿を現はし、勇士達の靴を磨いたり、肩を揉んだりなどして、可愛い慰問使となつて、感激をそゝつてゐるのだつた。

或る日、勇士達が「この少年のお礼に……」と礼状を添へて金一〇円を贈つたことがあるが、この半島少年は「これは僕が頂く金ぢやないんだ」とお父さんと相談の上、全額を市役所を通じて国防献金したのだ。この感激佳話を聞いた市内の某有力者は佐々木少年を自邸に招いて、

「不具の身でも決して落胆しないでうんと勉強して偉くなるんだ。野口英世博士だつて努力次第でなれたんだ」

と激励するなど、目下豊橋市の佳話をこの半島一少年が背負つてゐる形である。

× ×

名古屋市西区辻町字□辻栄さん（七〇）＝半島出身金祈素＝は事変勃発以来、付近在住の半島出身者五〇余名の赤心に呼びかけ、「我々が毎日かうして安泰に暮せるのも皆皇軍将士のおかげです。皆で醵金して恤兵金に充てませう」と一人当り一〇銭から一円程度を醵金し、合計五円を、去る昭和一二年九月一五日をトップに、陸軍省恤兵部宛献金、爾来、引続き実施し、今日までの献金総額は二〇〇円を突破するに至つた。

同地方の半島居住者は、何れも生計豊かならざる労働者が大部分を占めてゐるにも拘らず、逞しい国家意識に燃えさかり、この赤心溢れる美挙は□市当局を初め同町民の感激の的となつてゐる。金祈素さんは「事変解決まではどんなことがあつても続ける覚悟です」と逞しい赤誠を誓つてゐた。

〔『京城日報』一九四一年五月五日〕

翼賛の半島人たち㊄　北海道・北陸篇

雪の炭坑に敢闘　毎朝『皇民の誓ひ』斉唱

北の国、雪の北海道に勃興する時局産業の逞しき進軍譜は、猫の手も借りたい程の繁忙さである。その時局産業の舞台に雄々しく動員に応じたのが、半島人労務者の大挙来道であつた。事変以前の北海道には半島人の散在も極めて少く、従つて実業界に成功した人を見出す訳にはいかなかつたのだけれども、時局産業勃興以来の半島人労務者の大群も加へて、今では全道に約二万人の半島人が住んでゐる。その大部分は坑夫、土工夫等筋肉労働者であつて、釧路、滝川の各一、三〇〇人、札幌の一、二〇〇人を最として夕張、美唄等が約八〇〇といつた順序であるが、これらはいづれも聚落をなしてゐないので、特に半島人常会といふことなしに、内地人労務者と共に起居し、坑夫長屋に内鮮差別なしのなごやかな□□の□□を固めてゐる。それは来道して以来、日も浅いためでもあるのだがしかし、能率の増進を目途とした釧路雄別炭山では、最近半島人部隊を結成して相当の好成績を挙げてゐる。

こゝの半島人労務者一、二〇〇名の大部分は南鮮地方出身者で、一昨年秋田から北の地平線開墾に来道、逞しき筋肉を踊らして就業前の毎朝、彼等は故郷で教はつた皇国臣民の誓詞を斉唱する。毎月一日と一五日の夜は、炭山当局の好意によつて映画やお芝居の健全な娯楽に浸りながら見事な常会申合せを行ふ。この頃では班長さんが土地の事情にもよく精通して来たので、隣組を結成し□い出稼の報いは国民貯蓄へと振り向ける。今年の秋、半島人部隊第三班が入坑すると、この班長さんが「日本の機械化部隊をうんと強くして行かなければならぬ」と皆なに呼びかけて、一〇銭、二〇銭と毎月国防献金を申合せ、なほ継続してゐる。かういふ時局認識ぶりであるから、鶴嘴を握り、シヤベルを取る意気込みも大いしたもの。生産拡充に鉱業の戦士として力強き発足を遂げてゐる。今の所は大政翼賛会の下部組織の役職員中には一名の半島人も発見されないが、在住早々のことであり、専ら今後の銃後活動に期待がかけられてゐる。

×　×

石川県金沢市に在住する半島人四五〇名が一丸となつて隣組を結成し、それ〴〵最寄の神社に盛大な結成式を挙げたのは、本年一月中旬であつた。中でも四二戸の密集部落を作る市内犀川郷と一一戸をもつ十一屋町がともにその先駆であり、後者の十一屋町会は吉岡金岩氏（慶南生れ、旧姓鄭金岩）は本年四一歳の働き盛りで熱心な指導者である。彼は売薬業を営む余暇には隣人に時局を説き廻り遂に隣組を結成したのであるが、これに倣つて犀川郷も起ち上つて、現在では三カ所に共同炊事場を設け、月に二、三回宛これを実施してゐる。この秋からは毎日行ふといふ計画である。彼等は節米報国或は食糧増産の一翼を買つて空閑地利用や畑地を借用して□、豆、白菜等の疎菜類を栽培し、混食重点主義をとり、傍ら共同炊事の自給自足をはかつてゐる。特に注目を惹くのは半島婦人の働きぶりで、内地農民の如き軽装でモンペ式の野袴をつけ、遠く野山に出ては薪炭材料を蒐集し家計を補ひ、一方面、豚など夥しい飼育に当つてゐる。智育方面では一週に一回は常会を開き、修養に努め、隣町の有志や学識者、招いて内地の風習の教示を請ひ、国語の習学にもいそしんでゐる。

冠婚葬祭にも華麗虚栄を廃し自粛一点張りである。さらに銃後国民の一員として、各自は皇軍将兵の労苦を偲び、昨年石川県忠霊塔建設地の開墾や地均し等にも進んで勤労奉仕の汗を流し、感激の的となつた。隣人の不幸は勿論、隣町の火災等発生した際は、逸早く駈つけ救済に奔走する。昨年一一月、金沢市三口新町に火災発生し、五戸を全焼したが、同情金として彼等は数百円を醵出し見舞つたほか、本年一月市内川端町某家より出火した折、直ちに見舞金を贈つたが、これに感動した川端町町会では、更に感謝金として半島人隣組へ寄附してきたなど、美談佳話を枚挙するに暇がない。こんな調子で防空演習にも参加し、家庭防空群を組織し国土防衛の先陣を承つてゐる。

かうした協和会隣組をリードしてゐる人々には、幹事の前記吉岡金岩氏（慶尚南道居昌郡高梯面）初め、指導員今村一郎（慶尚北道清道郡梅田面下坪洞一八六）、同青木□三郎（慶尚南道晋州郡井村面玉山里二九六、土木請負業）、同田中信吉（慶北永川郡古鏡面三山洞二七〇、土工）、同秋田徳一（慶北善山郡山東面仁徳里三二一、砂利掘業）の諸氏があり、常にゆるがぬ隣人愛の精神で結ばれてゐる。この異色ある半島人隣組は、挙つて一億一心の大庇のもとに、翼賛精神の尖兵となつて推進して行くのである。

〔『京城日報』一九四一年五月六日〕

翼賛の半島人たち⑥　神奈川県

公債で仲間に垂範　四四人の隣組長

ミナト横浜を中心に神奈川県下に在住する半島人は二万四千人に上つてゐる。一人残らず協和会員であり、翼賛運動の展開とともに、一人残らず隣組に合一されてゐる集団の場所に、半島人の隣組々長さんが四四人を数へてゐるが、内地人と一緒に居住してゐる場所でも半島人の組長さんが三〇人もゐる。これらの組長さんは内地人の組員から推薦されたのだから如何に彼等の教養も進み、時局下銃後の第一線に活発な働きをしてゐるかが窺知できるといふものだ。昨年の秋、第二次東部防空訓練が華々しく展開された際、県下の警防団員の活動は土地柄だけに最も真剣なものがあつた。その活動の中に半島人青壮年の団員の活動は特に人目を惹いた。足柄上郡吉田島村二六四五に、古物商を営んでゐる井春桂氏（三六）（慶南慶山郡南山面尤倹洞出身）は、協和会が結成されると、率先会員の指導者となつて、同僚に時局を説き廻つたのだが、この防空演習には同地の警防団員として目覚しい活動をした。

ところが彼の五男炷福ちやん（二つ）は、演習中に急性肺炎で危篤の状態に陥つてゐた。彼はこれを秘して活動してゐたのである。隣組の人々が彼の可愛い坊やの看護に努め、団員達もこの事情を知つて、「帰宅して看護せよ」と勧めたが、彼は「自分が帰つたとて子供の病気が治る訳ぢやない。隣組の方々があれ程御親切に看護して下さるのに、若い者が何んでじつと家にをられませうか。私には日本の国土を防衛する大切な任務がある。その任務を疎かにすることは出来ない」といつて活動を続け、遂に愛児の臨終にも会へずに終つたのであつた。その責任感の強きことに感動した同村では、愛児の葬儀に際し、村長さん、警防団長以下が参列、特に警防団の団旗を押し立て、、内鮮一体の悲しき□□を飾つたことは、見る人の涙をそゝらずにはをられなかつた。

内鮮警防団の佳話でもう一つ話題に上るのは、平塚市平塚一一三一に蓑島式ポンプ（手押ポンプ）特約店を営む文炳植氏（二七）（全南和順郡清豊面風厳里出身）の篤行である。文さんは本年一月、同市内全部の警防団（第一乃至第五）並に家庭防火群等に対し、時価三八円の木製ポンプ七台を寄贈して防火活動の指導率先躬行してゐる。彼はそれ以前にも度々国防献金をしてゐるが、この春、バツトの空箱八〇〇貫の払下げを受けるや、煙草販売店が恤兵金として、その売上金を献納してゐることを聞き、この貴い品は私すべきでないと、純益金一〇円を、丁度その頃、鶴見、生麦の大火で焼け出された罹災民の子供達のためにと寄贈して、市役所の係員を感激させたのだつた。また、神奈川県津久井郡中野町字川坂大倉組片岡事務所属田広飯場頭土工田廣勘氏（二六）（慶南山清郡今西面舟上里の出身）は、去る三月五日、静岡県下富士川電力発電所工事場より同地に来住、目下相模川河水統制建設事業に就労してゐるが、内地渡航以来今日まで、何等の事故もなく家人一同幸福に生活していけるのは、兵隊さんのお蔭と並に内地の皆様の御援助の賜と感激汗の結晶金一〇円と国防献金した。尚、田廣勘氏は静岡協和会の優良会員として表彰されたことがある。更に貯蓄の賜として神奈川県津久井郡津川村青山二四一、屑業鄭院岩氏（四八）（慶北清道郡華陽面柳等出身）の美談がある。

鄭氏は昭和四年二月、朝鮮より渡つて来て、ここで屑業に従事、僅か二坪の陋屋に家族六人を養つてゐたが、粒々辛苦一二年間に七、五〇〇円の貴い金を貯蓄し、本年一月、故郷に錦を飾つて帰り、六千円で田畑を買ひ、最近再び渡来したが、「この成功は自分一人の力ではない。全く内地の皆様のお助力と村民各位の御同情によるものである」として、金二〇円を村役場に寄付を申出でたのだつた。かくて県下の半島人は、時局の波に旧態から脱け切つて、職域奉公に一心不乱である。県特高課では「従来半島人といへば素質劣悪であると蔑視されがちであつたが、最近の時局認識ぶりはどうして〳〵大変なもの、隣組の組長になつてゐる半島人諸君などは率先して国債をどん〳〵買つてゐる有様だ。全く心強く感ぜられる」と感慨を語つている。

〔『京城日報』一九四一年五月七日〕

翼賛の半島人たち⑦　大阪篇

よりよき日本人へ　堂々三一万の産業戦士

大阪在住半島人々口は約三一万人、仁川府と釜山府を併せ持つて来た厖大さで、この上、毎年一千人づつの増加を見てゐる。大正元年調べによると、当時は僅々三五〇人を数へたに過ぎぬことを思へば、全く隔世の感がある。大多数は土工や建築下働きなど陰の産業戦士として営々額に汗してゐるが、その逞しい労働ぶりは戦時下生産力拡充の大使命遂行に拍車をかけ、生産都の各種産業部門に不可欠な要素として重大な役割を果し、彼らまた使命を認識して、職域奉公に邁進すると共に、町会または隣組員として大政翼賛、臣道実践に「よりよき日本人」を目指し、国防献金など銃後のつとめに挺身。兵器献納金として協和会大阪支会を通じてなされた献金は約一五万円の巨額に達し、愛国の赤誠に関係者といたく感激せしめてゐる。以下町会隣組の模範的活動の一部を紹介し、その片鱗にふれて見よう。

東成区北生野町四丁目に在住する半島人は約七五〇名である。毎日早朝六時に起床し、産業戦士のいでたちも凛々しく「歩け〳〵」の掛声に体位向上を目指し、夫々職場へと勇ましい進軍譜を奏でるのである。こゝの町会長は中島勝三郎氏で、この下に副会長が京城府出身の白川壽夫氏（旧名羅明俊）（三四）、会計部長は山本栄造氏（慶北高霊郡出身、旧名崔泳俊）（四四）、隣組々長で区長さんの文平千壽氏（慶北達城郡出身、旧名文千壽）（三四）の半島トリオが、内鮮一体のガツチリした腕を組んで翼賛町会を運営してゐる。皇紀二千六百一年の光輝ある元旦の興亜奉公日に「職場の通勤は車を廃して歩きませう」と申合せて以来、「歩け〳〵」の健康増進運動の街の生活戦士部隊に相応しい光景を現出してゐる。毎月一日と一五日の二回は付近の八重神社に早朝参拝をなし、皇軍の武運長久を赤誠をこめて祈願する。町常会には一人残らず万障繰合して出席する。そして上意下達、下意上通、教へたり教はつたり隣保相助の妙味を巧くみに発揚して　かの遜色もない。

また東成区猪飼野二丁目の隣組では、内地人と半島人との涙ぐましい隣組美談がある。昨年の暮も押詰つた一二月一六日、付近の製糸工場で働いてゐた金基奉氏（三四）が勤め先から帰つたところ、家では急病で妻女が死んでゐた。日頃貯へとてないので金さんが困つてゐたのを見て、隣組々長土岐民之助氏がかけつけ、隣組員が総動員でお手伝ひやらそれ〴〵お金を持寄り、葬儀を執行したのだつた。金さんはこの隣人愛に痛く〳〵感激しつゝ、その後金さんは近くの坂本ゴム工場に通勤してゐたが、不幸はなほ続いて、或日工場で就業中、突然操作中のロールで右手首を切断され、付近の病院に入院したが、この時も隣組が総動員で不運な同人を助け、生活費を出しあつてやるなど、涙ぐましい内鮮一体の相助に、金さんは「この御恩は生涯忘れやしません」と元気に再起奉公を誓つてゐる。

×　　×

去る三月一八日、北区与力町一ノ三五、李圭俊氏（慶北義城郡出身）方から出火し、火はみる〳〵うちに広がり、二棟一〇世帯を焼失した。半島人、内地人合せて六〇名が忽にして家を失つたが、これをみた隣組長兼指導員北山四煥氏（慶北軍威郡大北出身、旧名張四換）（二六）は、直ちに隣組員を召集して一致協力、罹災者をそれ〴〵隣組員宅に収容する外、一同がなけなしの財布をはたいて、彼らに世帯道具を供給するなど、美しい相互扶助の隣保精神を発揮したのだつた。

また、北区協和会天満支会では、先月末同支会指導者紫山剛氏（慶北慶州郡江東面良洞里出身、旧名李春胎）（四三）、豊城義邦氏（全南務安郡一老面月岩里出身、旧名李啓淑）（三四）の発案で、全会員が慰問袋一五〇箇（一、五〇〇円）を参集して、これに国民学校生の慰問文を添へて前線勇士の下へ送つたところ、銃後半島人の愛国の至情に流石の兵隊さんも大いに感激、その後、毎日の如く感謝状が舞込んで、前線と銃後を結ぶ内鮮一体の麗しい話題を生んでゐる。さうかと思ふと、協和会鶴橋支会青年部では、去る三月一五日、日の丸弁当を携帯して三五〇名の産業戦士隊が一団となつて四〇粁の道程を踏破し、奈良春日神社と橿原神宮に参拝して、時艱克服を祈願したのだつた。【写真＝橿原神宮参拝の半島人産業戦士部隊】〔略〕

〔『京城日報』一九四一年五月八日〕

翼賛の半島人たち⑧　兵庫と福井編

労争は遠い昔話　女、子供まで皇民一路

「戦地では銃後から贈られる慰問袋が非常に歓迎されるさうです。戦線に御活躍の兵隊さん達に慰問袋でもお

送りしては如何でせう」——之は兵庫県協和会伊丹支会の半島人五〇〇名が、去る日折柄の降雨にもめげず、往復里程二〇〇粁の橿原神宮に皇軍の武運長久祈願参拝を行つた時、一半島人の口から出た熱誠溢るる言葉であつた。勿論、満場一致でこれに賛成し、僅か一ヶ月足らずの中に千数百円の多額の資金が積まれ、慰問袋六五〇個を献納したが、かうした愛国精神に燃ゆる美挙は枚挙に遑なく、内地人をして感激させてゐる。大阪に次いで在住数は全国第二位を占める兵庫県下の半島人十万数千名は五七支会、七三〇名の同胞指導員によつて支那事変以来、東亜永遠の平和建設に邁進するわが帝国の国是に益益全幅の信頼を抱いて勤労奉仕に、献金に、隣保の励みに、又模範的集団活動に、内地人と相和し相協力し、「我等ハ皇国臣民ナリ」の誓詞のもとに、固い銃後の愛国運動を実施してゐる。

　県下の各部落には隣組を結成し、市内在住の者は既に内地人の隣組に加入し、自ら役員となつてゐる者もあり、皇国臣民としての認識は、内地人の信頼をいやが上にも増し、去る四月一五日執行の官幣大社生田神社例祭には、神幸式の渡御に従来の慣例を破つて、半島児童を代表して葺合区北町本通六丁目、金光佐宗君（一一）、同生田町四丁目、池田尚熙君（一二）、同布引通二丁目、池田昌弘君（一〇）、同琴緒町一丁目、舟山裕性君（九ツ）、同布引町三丁目、神田民夫君（五ツ）、同旭通三丁目、高田千葉子さん（五ツ）、同生田町四丁目、池田芳子さん（七ツ）、同琴緒町一丁目、□木相粉さん（六ツ）、同吾妻通四丁目一四、高橋恰吉君（七ツ）の九人の坊ちゃん嬢ちゃんが、栄光に輝く稚子として参加し賑やかなものであつた。更に鉱山、工場における集団活動としては、生野、明延鉱山並に播磨造船所に勤労する労働者は、七曜の時間割を設けて、激務の傍ら皇国精神の顕揚、智育、徳育、教育昂揚のため徹底した訓練を行つてゐるが、街に拾ふ佳話としては、協和会加古川支会では三月一七日、加古川陸軍病院を慰問して、生花、果実など（価格三二円）を贈つて赤誠を披瀝した。尚尾崎支会には二万二千余名が在住してゐるが、米穀需給調節の緩和策に、甘諸の共同購入を計画、千葉県方面より入荷し、各会員に三貫乃至五貫匁を配給し、節米実践を行つてゐる。

中村支会では新体制確立による日本精神の体得に努めてゐるが、それには先づ容姿の新体制であると決議、全会員一致して丸坊主となつて新体制即応を叫び、先づ頭からと散髪器具まで整備して、公休日には隣組散髪会を開き、親睦福利に寄与してゐる。又半島人のお母さん達は、健全なる第二国民の養成には、私達の教養が先決問題であると、協和会兵庫県支部の指導を得て、礼儀作法その他を修得する外、近くお母さん学校の設立を見るまでになつてをり、児童は又、国技相撲によつて、日本精神を体得しようと、市内吾妻国民学校在学生は、放課後、先生の指導で相撲に余念なく、厳寒の候にもこれを続け訓導を感激させた。かくて愛国運動は労働争議、借地借家の紛争など凡そ遠い昔話となつてしまつてゐる。そして、翼賛一路の実践は左の如き赤誠の数字となつて表はれてゐる。

昭和一四年度末調査

国防献金皇軍慰問三、九一七円（人員四、六六名）、義損金一、九七七円（一、四一五名）、組合貯金五万六、〇九三円（四万六、二五〇口）、応召家への勤労奉仕一一六回、三、四〇四名、その他、勤労奉仕六九回、参加人員二、二二四名、国内神社参拝六七五回、七万八、四九二名に達してゐる。

東上の往復には気軽に北日本、北鮮コースをとられる南さんの旅路に、日本海はもう湖水のやうな感じとなり、福井、敦賀を中心とする福井県下在住の半島人約五千名は、異郷にある感じは毛頭ない。それだけ土地にも親しみ、今更「内鮮融和」なんて、現状にそぐはない言葉ではある。まづ、武生署管内における変遷を辿ると、大正五年頃から入込んだ彼等は、異様な風態で経済的基礎とてもなく、木賃宿に仮寝の夢を結び、少量の飴を背負つて街を彷徨し、大正一二年頃には高麗人参の行商が人目を惹き、屋台式の飴売もみえて来た。しかしその後、生業が労働方面に拓かれ、内地人と主従関係に立つと、生活の基礎もがつちりとし、自活の楽しみが生れ、家族を呼び寄せるなど漸く成功の緒についたのだつた。そして、内鮮人間のなごやかな交友が始まり、昭和六、七年頃には中等教育を受けて、半島人が満洲事変を契機として、時局認識の指導者となつて率先内地人の生活様式に溶け込んで来たのである。やがて支那事変が勃発した。澎湃たる翼賛運動に半島人も総起ちである。

南条郡武生町常会のリーダー山本茂雄氏（慶北軍威郡出身、旧名田國本）（五三）、瑞島幸長氏（慶南蔚山郡出身）（四四）は、町会から選任された役員であり、婦人リーダーとしては石川清子さん（慶南固城郡出身、旧名金振任）（二九）がある。いづれも組員を励まして常会には必ず出席し、協議、懇談、指示などは細大漏さず伝へてゐる。一方、町税、区費、月掛貯金なども上乗の成績である。中でも石川清子さんは浪花区内第七分区婦人町内会の組長であるが、紅唇から迸る銃後婦人の真心は、国婦のエプロン姿も健気に、半島婦人部隊を率ゐて出征軍人を見送る光景など感激をそゝるものがある。

【写真＝兵庫県における半島婦人のお母さん学校で礼儀作法を習つてゐるところ】〔略〕

〔『京城日報』一九四一年五月九日〕

翼賛の半島人たち㊈　九州篇

志願兵は感謝の的　鮮服を脱ぐ主婦たち

小倉市日明ケ丘の麓板□川の清流に面し蜿蜒と軒を連ねる半島人聚落こそ、〝翼賛朝鮮〟の輝かしき飛躍に向つて邁進しつゝある同市唯一の模範半島人町内会である。臣道実践の大義の前に、斯も巨大なる実績をあぐるに至つたのは、その蔭の指導者たる同市菜園町第五町内会長安本光広氏（旧姓安正旭）、釜山府水晶町出身（三四）の内鮮一体同胞指導啓発に対する献身的努力と、不屈の活濯によるものである。同氏は本年一月推されて、町内会長に就任以来、大政翼賛、内鮮一体の実を挙ぐるには、まづ半島婦人の時局認識と因習打破にあるとなし、全町九三名の全主婦を以て主婦常会を結成、国防婦人会に加入せしめて、これを指導督励、婦人の職域奉公を説き、内地婦人の家庭防火組合にならひモンペ服を調製して、モンペ部隊を編成し、今次防空訓練には国土防衛の国民的精神を遺憾なく発揮した程である。更に神国日本の崇高なる精神函養のために各戸に神棚を祀つて、朝夕必ず礼拝を昂揚せしめてゐる。かくて三カ月間に亘る氏の熱烈の指導は今日みごとに結実し、会員の澎湃たる愛国心によつて町内に国旗掲揚塔が建設され、恤兵献金や勤労奉仕となつて現はれ、毎月数回、日明、到津間泥濘の道路の改修工事に尊い汗を注いでゐる。かくの如く先づ同胞の精神的内地化に凱歌を挙げた同町は、更に外面的同化に向つて一段の努力を続け、鮮服の解脱が提唱さるゝに至つて、会長安正旭氏方の二台のミシンは鮮服の裾をスカート、カンタン服に改造縫ひかへに終日めまぐるしき活動を始めてゐる。各家庭にには外出用の和服が一着宛衣桁に飾られて女主人の□に変る身だしなみが微笑ましく見受けられてゐる。一方、勤倹貯蓄の国策に副つても事変以来の町内規約貯金が一、六〇〇円に上つてゐる。

しかもこの内、六〇〇円は近々三カ月間に増加したもので、別に五二〇円の国債迄も購入してゐる。この四月から一戸を構へない下宿人にも強制的に割当額を決めた程の馬力である。安本光広氏は青年町内会長であり、大政翼賛小倉支部の推進隊員でもあるが同氏は、

内鮮一体も今一と息、私の存任中にキツトこの町内から鮮服を閉め出したいと思つてゐる。同胞の内地化はも

う九分通りの成功を収めてゐるが、之は町区長山口春一さんと先□小泉市会議員の熱心な後援と御指導によるものです。

と語つた。記者が同氏方を辞し、日没迫る坂路を下ると、後方から厳かな「君が代」のリズムが流れる。振り返ると国旗がスル〳〵と下されて、掲揚塔の前には五〇余名の半島婦人が整列、「君が代」を斉唱する尊き姿があつた。

×　　×

門司市内在住半島人は現在一万に達し、本年四月より結成された半島人隣組はその数一五に達し、他の一般隣組と共に一億一心の務めを立派に果してゐるが、市内氷室町二丁目常会第四隣組々長馬山府茲山洞出身の飯場業李佐英氏（四二）は、昨秋率先して付近の半島人家族一〇戸を誘ひ、家庭防護組合を組織、防護組合の詰所を自費で増築して熱心に指導訓練を積んだ。偶々昨年一〇月、全国一斉に行はれた防空練習に際し、門司市の防空訓練を巡視した本間福岡県知事の目にとまり、同知事から激称されたのだつた。隣組の常会にあつては神仏尊崇の念に篤き同氏は、常会開催の都度毎月一日、一五日の両日、市内甲宗八幡宮に参拝してゐるが、協和会門司支部では同氏の指導による隣組を模範隣組として表彰すること丶なつてゐる。

李氏を自宅に訪ふと、

「私は自分の務めをやつてゐるだけのことで、他の隣組からいろいろと教へられて常会を開いてゐますが、力の足りない私には今やつてゐることが精一杯です。神詣ではまだ〳〵他の半島人に呼びかけてなくてはいけないと思ひ、今後も一生懸命にやる積りです」

と謙譲に語るのだつた。

×　×

長崎県在住の半島人を感動奮起せしめたのは、何んといつても去る四月一二日から県下の主要工場、鉱山等で開催された県協和会主催国民総力朝鮮聯盟後援の半島志願現役兵の「実践を語る会」であつた。京城師団報道部安井中尉と共に来県した松井、陸山両兵長（忠北沃川出身）が訥々と語るその体験談に聴き入る人々は、唯感激に咽び、皇国民としての喜びを自覚するのだつた。両兵長は今回の講演行脚の感想について

どこへ行つても半島の同胞が男も女も子共も年寄も総出で、私共を迎へて呉れたのは実に嬉しかつた。又内地の炭坑等へ行つて若い女性が男と同じく産業戦線に立つてゐるのを見れば、在鮮の婦人達ももつと〳〵働いてよいと思ふ。こんな風景などは現在の半島では見られないことです。我々が一番心配して来たのは生活程度の低い半島人が、内地で悲惨な生活をしてゐるのではないかと思つてゐたのですが、さうではなく半島同胞が生き〳〵と生活を楽しみ、内地の方々も親切にして呉れてゐるのを見てほんとに嬉しかつた。

と語つたが、その後日譚として、北松浦郡柚木村の県営溜池工事に従事してゐる朴成発さん（四七）（慶尚北道星州郡伽泉面倉泉洞出身）外一六名の半島同胞は、両志願兵の講話に感動して、雨の日にも休まずに稼いだ金額の中から四五円を国防献金として所轄署に寄託したのだつた。

【写真＝右から安本先広氏、長崎県庁前における安井中尉と松井、陸山両兵長】〔略〕

〔『京城日報』一九四一年五月一〇日〕

翼賛の半島人たち⑩　満洲篇

総督の来満に雀躍　裏街の清掃に総起ち

興亜の礎固き大満洲国は民族協和の建国精神を堅持してゐる。従つて、翼賛体制における民族別の隣組組織を避けて、あくまで民族協和の混合団体であらねばならない。かかる意味においても、新京在住半島人約一万五千名のうちで、半島人のみの隣組を組織してゐるものは、勿論あり得ない。しかし、半島人の多数居住する町には半島人が組長となり、隣組の指導に活躍、目覚しいものがあり、その優秀なるものは一五組にも上つてゐる。試みにその優秀隣組並に組長を列挙してみると左の諸氏である。

長春海氷春路組合長（ママ）
咸南洪原出身　三島　徳男（三二）
寛城子区□家屯組長
新義州出身　安藤　俊熒（四四）
同区軍用路組長
黄海道出身　徐　光　銀（四七）
敷島区入船町組長
慶南道出身　朴　佳　牧（四九）
寛城子区寛城子組長

京畿道出身　林　寛次郎（四二）

これらの半島人隣組長は、興亜翼賛の新京地区を自ら担任して、みごとな役割を果しつゝ、ある中堅指導者達であるが、彼等にとつて一層感銘深きは、過般の南朝鮮総督の満洲国正式訪問であつた。南総督の来満が公表されるや、これらの隣組は□□してその活動も一段と活発化して来た。恰度その頃、新京特別市長春区永春路隣組（若干の満人を包含す）では、西風強く吹き胡塵飛ふ中を、同組長三島徳男氏（上記参照）が陣頭に起つて、老幼男女四〇余名が総動員で、手に〳〵スコツプや箒を持つて、雪解けの街路に出て大掃除を働いた。横丁の隅隅まで綺麗さつぱりと掃清められ、凡そ裏街といふ感じを払拭してしまつたのである。彼等は「南総督さまが新京に来られて何時どんなところで、我々の住家を訪ねられるか知れない」と、曽つて総督が東京や大阪で半島人の聚落を訪ねた記憶がぼんやりと残つてゐたらしいのである。ともあれこの隣組の活動は、元寿胡同第七代用官舎の内地人隣組の活動と双璧をなす。国都新京の在住半島人翼賛体制の代表的なものである。

【写真＝永春路隣組の大掃除】〔略〕

×　×

奉天市における鮮系指導の有力機関として、協和会奉天市本部に鮮系工作所幹事会がある。同会は去る昭和一三年一一月、在奉鮮系の澎湃たる要望と時局の要請に即応して、孤々の声を上げ今日に至つてゐる。同会は鮮内にる（ママ）皇国臣民完成運動にその基調を置き、会員は飽くまで日本帝国臣民としての自覚と信念を昂揚し、会目的の浸透徹底と運動方針の実践躬行を指導理念として、在奉各機関、各界層の実践力を具備せる人物を網羅して結成され、実践組織体として地区別に班を設け、班は協和会分会と表裏一体的な連繋を保つて会の下部機構を形成し、協和会本部と会の横と縦の中間的ポイントとなり、会員と幹部との意思の結合と密接な紐帯関係と相俟つて、直接実践活動を行つてゐる。

思想の善導、生活刷新、文化向上、教育問題、青少年問題と凡ゆる問題を取上げ、研究検討を行つてその実践を促進し、班よりの諮問、建議に対しては、全面的にこれを俎上に上せ、凡ゆる角度から真摯な検討が行はれ実践に移されてゐる。又、先には特別志願兵満洲受験機関の設置促進機関として、志願兵後援会を結成して全満各地に呼びかけ、最近においては従来徒らに宗教的観念に捉はれ、国民活動分野における積極的協力に遺憾の点多かつた在奉鮮系五宗教団体が、同会の働きかけによつて過去の羈絆を脱し、一切の行懸かりを一掃して大同断結し、全面的に同会に投じ、これら宗教団体を打つて一丸とした職能班を結成して見事な脱皮作用をなし、満洲各地の鮮系宗教団体に甚大な衝動を与へてゐる。かくの如き事例は枚挙に遑なく、建設的な指導と会員の積極的協力とによつて着々と実効を収め、その将来は各方面より注目と多大の期待がかけられてをり、指導方針と運動形態は、全満各地鮮系指導団体の指標ともいふべきものがある。

〔『京城日報』一九四一年五月一二日〕

翼賛の半島人たち⑪　北支篇㈠

どうだ！飛んだぞ　お丶我らの朝燕号

昨夏一〇月七日、北京郊外に於て挙行された戦闘機献納式場でのことだつた。今献納したばかりの朝燕号（愛国第四六五号）が既に大空の彼方に羽ばたき去つてしまつたのに、なほ朝燕号の雄姿を大空に求めて止まなかつた一団の人々があつた。太陽の直射の下にはふり落つる涙を拭ひもせず――北京居留民団庶務主任岩本常基氏（京城府孝悌町出身、京城師範卒業後、半島の教職にあること二〇年）をはじめ、北京開門劇場主松村百策（忠清北道報恩郡出身）、昭和印刷所主新木一雄（京畿道振威郡出身、京城師範卒業、前北京居留民会議員）、料理業金迚正雄（慶尚北道金泉郡出身、前居留民会議員）、前朝鮮日報北京支局長金碩寅（平北新義州出身）の五氏で、我が北京在留半島人の朝燕号献納運動委員たちの感激の姿だつた。

今でこそ北京在留邦人々口（居留民団調査三月一日現在）八万九八三人中、半島出身者は一万九、四〇七人と、内地人と共に□起的増加の一途を辿つてゐるが、昨年初めには一万人足らずの状態だつた。それが華北□々の愛国機献納に次いで、同年四月、前記五氏が朝燕号献納を発起したものだが、最初はその実現が危ぶまれた。しかし、委員の懸命な奔走、献体的な奉仕は勿論のこと、在留半島人の愛国熱は意外に物凄く、僅か三カ月のうちに予定額の七万五千円を遥かに突破し、九万三三〇円の愛国機献納資金が集まつた。そして、愛国機献納の残り一万四千余円は、北京忠霊塔建設基金へ寄進された。我が半島出身者一同は、朝燕号の雄姿を目のあたり見ては、「どうだ、やれたらう――」といつた自負心は、胸に迫つて来る熱いもの、中に融け込んで、今はたゞ朝燕号の勇奮を心から祈るのみだつた。その当時を回想して、いま在留半島人は異口同音にかういふのだ。総力を挙げて起てば、これ程立派なものが出来上るのだ――。

東亜共栄圏建設の世界史的指導の役割を担ふべき同胞として、現地にある限り一人と雖も職域奉公に落伍うてはならない。北京居留邦人は斯うした意味で内地人、半島人、台湾人の別なく、八万邦人一丸となつての強固な隣組を結成、固い隣組組織体制は在来の内鮮融和といつた団体など、日本人であるといふ共通感のうちに融け込んで仕舞つてゐる。これこそ〝臣道実践〟の挙国的な体制であつて、大目的の前には愛国の至情、たゞ一筋が燃え盛るばかりなのだ。かうした赤誠のうちに、国婦北京支部に朝鮮分会が結成されたのは昭和一三年六月だつた。

孫貞礎分会長（元山府出身）の下に華々しいスタートを切つたもの丶、会員全般の組織的訓練の欠如によつて、幹部役員間の暗闘に終始した一時もあつた。しかし、日本婦徳を基とした強き銃後の力とならうとの自覚によつて、一四年二月、孫分会長の後を襲つて、改組分会の分会長に推薦されたのが現分会長朴貞山史である。女史は釜山の出身、大正一一年、東京女子医専を卒業した女医さん。夫君鄭□鎔氏も岡山医専出身の医師で、居留民団参事として全邦人居留民の代表者たるに恥ぢない温厚な紳士、夫君鄭氏の良きアドヴアイスによつての朴女史の朝鮮分会に対する滅私的な育成は、発会当時の七〇名に比し、現在の会員数は六〇〇名の多数に達した。

〔『京城日報』一九四一年五月一三日〕

翼賛の半島人たち㈩二　北支篇㈡

血で綴る〝事変勃発〟

天津日本義勇隊特別班

昨年以降の国婦朝鮮分会の事業から半島婦人の銃後の固き誇りを見よう。

昨年四月、忠霊塔建設基金募集に際し、一、九〇〇円を献金。同年八月、天津水害救援金として朝鮮分会は、即座に四千円の救恤金を募集、又北京支部の各分会員と共に連日□頭に出かけては、避難民の世話に献身的な奉仕を続け、日華避難民の感謝の的となつた。同年九月には、国婦献金箱を分会員の台所に配付、国防は先づ台所経済からと、五銭のものは四銭にと倹約して献金したのが、一二月末には二、八〇〇余円に達した。この台所経済は本年も延長して、北京地方本部の患者輸送機献納に協力すべく、役員一同の努力は更に継続されてゐるのだ。

その他慰問袋の作製、軍病院慰問等々……、寧ろ外の分会に比しても、その成果は負けるものではない。会員も今年中には千名突破は確実だと、半島婦人の銃後の護りはます〳〵固い。東京本部では本年一月、朴会長と金李根副会長（慶南蔚山郡出身、渡支前は梁山普通学校に勤務）感謝状と表彰状を授与、両女史の日頃の努力に報いた。同分会への各方面からの感謝状は無数に下附されてゐる。

又半島出身有力者の結成する金曜会の存在は、半島同胞の推進努力として見逃すことは出来ない。北京居留民団官選議員で、北京南池子口に桐谷医院を開業する桐谷正春氏（旧姓金燁、鎮南浦府出身）を中心に、有力者三九名が毎週金曜日相会して、朝鮮総督府華北出張所員をはじめ、当局の要路者を招待。下情上通、上意下達を計り、半島人の指導と福利増進に努めようとの集りだが、近く資金一〇万円で朝鮮実業会館を建設、九月までには実業倶楽部を結成して、朝鮮総督府華北主張所内の工業金融組合とも連繋、経済進出に重点を置き、会社組織や又は半島出身細民厚生資金の貸出、就職斡旋、経済宿泊所開設等、目下積極的活動展開の準備中だと、早大経済出身、北京協和医科大学出身といふ変つた経歴の桐谷氏は抱負を語るのだが、ともあれ半島出身同胞の活躍は大いに祝福されてよいのです。

× ×

天津在留半島人といへば、直ちに日本義勇隊特別班の活動を想起する程に、余りにも有名となつてゐる。しかし、志願兵熱の旺んな戦時下銃後半島の人々にもう一度、その正体を振り返つて視て欲しいやうに思はれる。日本義勇隊特別班は事変勃発当時、宋哲元の支那正規軍及び保安隊の天津襲撃の直前、天津朝鮮人会館に於て、志村予備軍医大尉を班長に、金子政雄氏（旧名金□栄）を副班長に結成されたもので、支那軍の天津襲撃に際して日本人として奉仕するのはこの時とばかり、全員一致勇戦奮闘し、天津駅に於て班員白孝哲君の戦死、市内に於て李延燁君の二名の重軽傷者を出し、白君は先に靖国神社に□□の光栄に浴した程、その活動は実に目覚しいものがあつた。爾来五年間、益々内容を充実し、皇国臣民として軍事訓練により心身の鍛練を積んでゐる。

一昨一四年、我天津防衛司令部において援蒋抗日の本拠たりし天津英仏租界封査線における検問、検索極めて流暢な支那語を以てこれに協力少からず貢献したのである。又、同年未曾有の大水災に際しては、日本租界の防水工事に協力したるも、遂に及ばず、濁流は租界内を覆ひ、危険は刻々迫りつゝある時、それら隊員は自己の危険を顧みず、金子副班長の統制ある指揮下に、日本租界を遠く離れた支那街方面在住同胞の救出等に従事し、文字通り滅私奉公の責を挙け、半島人は一旦有事の際は内地人と一体となつて奉仕することを、まざ〳〵と軍官民一般に認識せしめたのであつた。更に最近においては、旧臘我が○○部隊と共に○○方面匪賊討伐戦に従軍、平素猛特訓の威力を実戦において遺憾なく発揮し、東亜共栄圏建設の聖戦に半島青年として万丈の気を吐いたのである。時局益々多端な折、日本人としての自覚と強い自信を得た彼等は、明け行く東亜の指導者たる日本男子として皇恩に感泣しつゝ、益々奉公の一念に燃えつゝある。彼等の上に更に輝かしき歴史の加はらんことを祈つて止まない。

〔『京城日報』一九四一年五月一四日〕

幼き半島児は育つ
麗し大和撫子の真心

複雑怪奇の国際都市上海にも明朗新東亜の進展に相応しい純真な風景がある。それは上海は勿論全支第一の設備を持つといふ半島同胞自慢の一つたる養正幼稚園の麗はしい日常である。こゝの女先生中山綾子さん（福井県出身）は、園児二百数十名の半島人子弟を相手に、親身も及ばぬ程の甲斐々々しい世話をし、園児達からは慈母のやうに慕はれてゐる。或る日など三人の園児が続けざまに粗相をして、衣服を汚してしまつた。中山先生はその児達の衣服を綺麗に洗つて帰宅せしめたこともある。かうした大陸大都会の真中に咲く大和撫子の凛々しい姿を目撃しては、子を託する親達の胸を打たずにはゐられない。中山さんは、

「いゝえ、朝鮮のお子さん達もちつとも半数がかゝりませんの、私としては唯なすべきことをなしてゐるだけなんですわ」

と謙遜して語つてゐるが、半島同胞達は、

「自分の子でもなか〳〵出来ないことを中山先生は進んでお世話して下さる」

と、情愛のこもる内鮮一体の美しい情景が、まづ幼な児達の心から育くまれてゐるのだ。

「日本人として内地人と協力してこそ半島同胞の幸福があるのだ」

八千名に上る上海在留半島人は感激に咽んでゐる。しかし、一体あけすけに申して、従来の在留半島人はどんなものであつたらうか。上海は不逞鮮人の根城であつて、我が同胞の発展に幾多の阻害を働いてゐた。事変前ま

では僅か一千数百名に過ぎなかつたものが、昨年一一月現在で一躍八千名に達し、やがて一万突破の声を聞く日も近いという有様である。ところで、この八千名の半島人は現在如何なる方面に活躍してゐるのだらうか。従来は商人、店員、ダンサー、女給等の方面が多く、これといふものもなかつたが、事変後は経済的にぐつと上昇し、その生活程度は急激に向上してゐる。試みにその所有財産別に見ると、

資産五〇万円以上のもの二人、一〇万円以上のもの一二人、五万円以上一二人、三万円以上一五人、二万円以上五人、一万円以上五七人、五千円以上一三一人となつてをり、営業成績は益々上昇の一途を辿つてゐる。寧ろこの急速な生活向上は、奢侈に流るゝ傾向さへ感ぜられ、自粛自戒の要望が現地に起つてゐる程である。それ程に在留半島人は皇恩の有難さに感謝せねばならぬ。さうした指導機関として今日まで、「上海居留朝鮮人会」がその衛に当つてゐたが、創立以来、在留半島人の福利増進と思想指導に数々の功績を残し、過去七星霜の間、半島人にも親しまれて来た同会も、今回内鮮融和結実のため発展的解消を遂げ、日本人居留民団に統合されることとなり、去る四月二八日、同会事務所において盛大なる解散式が行はれた。同会が今日の発展を見るに至るまでには、幾多の苦難の道を辿つて来たのである。それを振り返つて見る必要がある。

即ち昭和九年より「親友会」を組織したのがその発端であつた。然し創立当時、会長の職についた柳寅声氏が事業開始直前に、不逞鮮人の狙撃に遭つて殪れ、その後をついで李昌夏氏が、会長となり所期の目的に向つて活動を始めたのであるが、祖国の聖業にそむく不良分子の兇悪な迫害やその上経済的な困窮に陥り、会の存立は不可能にさへ近かつた。然るに指導者達はあくまでこれ等の困難と闘つて居留民の思想善導に努め、昭和一〇年三月、現会長清原甲肇氏（李甲肇）が主体となり「親友会」を解体し、改めて新規則の下に「朝鮮人会」を組織、会の充実を図つたのである。

然るに不良分子の跳梁は益々物凄く、数名の幹部はこれらの兇手に殪れ、清原氏も幾度か狙撃に遭つたが、この血に滲む努力は遂に結実し、昭和一〇年一〇月からは原田積善会より年額三千円の寄付と外務省、朝鮮総督府からの補助を受け、内容的にも充実し、在留半島人子弟の教育職業指導、無料宿泊所の経営等を行ひ、在留半島人より慈父の如く親しまれ、偶々今次事変が上海に波及するや、在留内地人の一翼として凡ゆる努力を惜します献身的な活動をなし、内鮮融和の美しい姿を如実に示したのであつた。

そして、これが契機となつて不良分子も影をひそめ、在留半島人も遂次増加し、今日の如く在留民八千の多きを数へる発展を見るに至つたのである。今回、日本人居留民団に統合され、同時に清原会長も民団入りをしたが、今度内鮮一体化の実は益々発揚されるであらうと、八千同胞等しく心から期待してゐる。かうした血に染つて咲いた在留半島人の翼賛体制も、昔は誤れる子弟教育方針のため反国家的色彩濃厚な仏租界の私立仁成学校及び付属幼稚園に入学せしめて、将来ある子弟の教育と前途を誤らせてゐたのであつた。

朝鮮人会に於ては「善良なる国民の育成は正しき子弟の教育より」と云ふ目標の下に、まづ前記「養正幼稚園」を開設し、同胞子弟の日本人小学校入学準備を目的に全力を尽してゐる。開設当時七名に過ぎなかつた園児も、今では二百数十名に上り、立派な成果を収めてゐる。園舎も昨秋、上海特別陸戦隊の好意と朝鮮総督府上海駐在官及び在留同胞の援助の下に大改修をなし、今や未来の日本を背負つて立つべき第二の国民の教育に専念しつゝある。そこに咲く大和撫子の麗しい献身の努力を見過す訳にはいかない。

〔『京城日報』一九四一年五月一五日〕

山口県における半島子弟教育と協和事業を聴く　上

八紘一宇の顕現

全生徒の五分の一は半島子弟

【関門支局発】山口県では四月下旬の午後一時から県庁議会室において、県内で比較的半島出身在住者の多い地域の中、女学校、国民学校の校長その他約二〇名の教育関係者が集まつて、「半島子弟の教育に関する協議会」を開いた。県社会課、学務課、特高課、並に協和会を聯合して、総合的になされたこの協議懇談会の意義は、真に歴史的日本があふるゝ如き質的飛躍の兆候として、更にまた内地と朝鮮の豊なつながりの姿として、これを見ることが出来たところにある。今、山口県は半島に最も近く、全国最多数の半島出身居住人口を擁し、その数も約八万、而も時局下益々増加しつゝあり、施設もまた全国有数の県となつてをる。かゝる地位にある山口県の半島子弟教育と協和事業との輪郭を話すことも、強ち無意味ではあるまい。

◇

本協和会で先づ県下中学の中で、最も多く半島子弟を収容してゐる高水中学校長は、教育と協和事業の関係について、次の校友体験を発表してゐる。

自分は出来るだけ半島子弟の優秀なものを入れて、立派な指導者を作りたいと思つてゐる。内地の子弟ですら収容困難な入学難の時代に、こんな考へ方は一応どうかと思はれるが、八紘一宇の顕現はこゝらから出発すべきものと考へられる。かうした考へ方で、今後とも大陸の玄関である山口県の中学として、鮮満の子弟をも大いに教育してゆくつもりではあるが、無制限といふ訳にはゆかぬので、今年も厳密な第一次考査を経て国語力をテストし、約三〇名の受験資格者を定め、その中から二〇名を入れた。全校生徒五〇〇名の中、これが一〇〇名も居るのだから、約五分の一といふ壮観である。今迄の観察といふか見てゐると、大体に於て半島子弟はいゝのを選ぶ故か、学力に於ては決して劣つてゐるとは思へない。しかし、精神的な方面では相当の距離がある。即ち昔からの長い間の国情によるか、第一に生徒に堅忍不抜の精神力が無い。例へば長途行軍をしても、落伍者は殆んど半島子弟である。決して体力が劣つてゐるのではない。寧ろこれは優れてゐるに拘らず、忍苦の継続が不足してゐるのだと思ふ。半途退学が多いのも学校としては、甚だ迷惑千万であるが、これも矢張り「石に噛りついても卒業」といふ精神が欠けてゐるからだと思ふのである。半島子弟の育成に携はる者は、こゝらに大いに意を用ひてやるべきであるし、所謂面従腹背で、先生の前ではよく分つて命に従つても、居なくなると態度が違つてくるといふ如きも心すべき点ではないか。第二に嘘をつかぬやうに□へなければならぬ。子弟の中には、故郷に帰りたくなる者もゐる。無理からぬとは思ふが、その父兄の家から祖母危篤などのウソの電報がよく来る。こんな電報は半島子弟に限つてゐるが、教育に対する父兄の認識についても大いに一考を煩はしたいものである。第三に奢侈のくせを直さねばならぬ。自分の生徒には時計を持つことを禁じてゐるが、いつの間にかこつそりシヤレた腕時計をはめてゐるのもその子弟である。服装などももつと質実剛健の気風を涵養すべきであらう。第四に貯蓄心に乏しい。学校では舎監の印がないと、郵便局で払出しをしないやうになつてゐるからいゝやうなものゝ、どうも親から貰つた金を、トコトン迄使ひ果してしまふといふ風である。更に学科志望が法文化系統が殆どで理科、科学系統の志望がない。この点も教育者として大いに考へてやらねばならぬ問題であると思ふ。

〔『京城日報』一九四一年五月六日〕

山口県における半島子弟教育と協和事業を聴く　中

『自覚』を補導
精神教育に重点を置く

彼等にもい、長所がある。例へば長上に対する礼節が正しい。ともすれば礼節を失ひ勝ちな近頃の内地人子弟に比し、この点は亦模範とするに足る。心からの服従かどうかよく分らぬとしても、一応礼節正しいことは長所であるから、教育者はこの長所を有効に応用して、大いに欠点をも矯めてゆくやうにしたならばよいと考へる。又、父母へ考行といふ精神も非常に優れて居り、悪いことをしても「君はそんな事をして親に済まぬと思はぬか」といへば、百に説法に優る。我々はよくこれ等の長所をのみ込んで、彼等を伸ばしつ、改めるといふ心掛けが必要ではあるまいか。

×

といふやうな事を語つたが、兵役関係の問題も今は志願兵制度であるが、教育者として兵役の観念の神聖であることを、今から充分に指導しておくことも決して徒爾ではあるまいと付言してゐる。

その他席上、子弟をして将来、真によき日本として国家のために役に立つ人間を作り、彼等自身少しも早く虚無的な古来の思潮を清算して、幸福な国民となり得るやう指導教育すべしとの意見が強く表明せられてゐる。

内地人が金持ちであらうと無からうと、等しく勤勉に働くことは、大きな感化力をもつ命題となり得るし、在住父兄にも生徒の父兄として亦協和会員として立派な自覚した生活をなし、善行美談の持主もあることだから、今後は大いに之等を表彰もし、励ましてゆくといふ方針なども採り上げられてゐる。

×

大様かくの如き意見が表はれ、子弟教育の問題に如何に内地教育者の深い配慮が払はれ、真剣に考へられてゐるか、その一端がうかがへるのであるが、延いて協和会関係事業との緊密な教育者的見解と協力が、表明せられてゐることは注目に値する。而して山口県では更にこれを討議して、「協和教育研究会」の如き（仮称）を組織し、これに街のかくれたる権威者を加へ、或は町内会、隣組を通じて居住者自身から盛上る「自覚」を補導するといふ気運が醸成されつゝある。更に本協議会においては、

一、学籍の問題。半島における出生届を一層厳重にして貰ひたい。

二、内地に来る子弟に出来る限り国語の力をつけておくこと。

三、子弟の内地名が時々勝手に変るから、戸籍面の姓名をハッキリ確定すること等々、種々希望や意見が提供せられてゐる。

何を措いても内地渡航者は、内地が如何に第二の国民の教育に対して真摯にして、而も世界的水準を超える優れた教育政策をとりつゝあるかを理解し、単に働く為にのみ移住するのではなく、子弟がかくの如く優れたる教育の精神に接する幸福をおもひ、父兄としてこれを認識してゆけるだけの自覚を以て出て来なければならぬところである。

×

協議会閉会に臨み、県特高課長は次のやうな挨拶をしたが、

補導教育と協和事業との聯関を物語る単的な結語としても、亦味はうべきものとして聴くことができよう。

協和会支会などが便宜上警察内に設けられ、如何にも強権的なものを思はせる如くであるが、これは渡航等の関係から然あるのであつて、真に半島人を優秀に育てんが為には、教育家の協力に俟たなければならない。協和事業は教育といふものを大きな仕事とすべく、自分も協和会の役員であるが、常に取締りの反面に、この教育の力を想はざるを得ない。

〔『京城日報』一九四一年五月七日〕

山口県における半島子弟教育と協和事業を聴く 下

内鮮〝真の協和〟
居住者の向上を促進

【関門支局発】内地渡航半島人の数は、生産力拡充計画と人的資源の確保といふ建前からも、最近頓に増加。優良なる素質をもつものでさへあれば、正式に移り住むことを敢て拒否しないといふのが今日の実情であるが、然らばその優良なるといふ一種の制限的条件は、何が故に起つてくるか、それはこゝに喋々するまでもなく、嘗てはこの条件にルーズであつた為に、相当の混乱を招いたといふ苦い経験を、内地側がもつてゐるからであり、斯くては内地の道徳と秩序とをより高く維持できなくなるといふ見地によるものといへる。

内地各府県当局では、優良なる半島出身者を喜んで迎へ、且つこれを充分皇国臣民として保護育成するとともに、反面にしからざる者改悛の見込みなくして、寧ろ害毒すら流さんとするものは、これを故国へ送還するに仮借せず…といふのを原則としてゐるやうである。近時は半島内の人々の時局認識と人格錬成の驚くべき進歩とその民族性の優秀さを示しつゝあると同様、内地在住の半島人間に於ても、時局への認識、人格向上の為のひたむきな精進努力の事実は泪含ましきものがあり、劣性なるものを送還するに躊躇しないと言ふ司法警察当局をしてすら、大いに同情と理解を深めつゝあるに徴しても、これを知ることができる。

而して、吾人はこの喜ぶべきよき傾向に、単なる満足を感ずることで足れりとせず、今こそ忍苦鍛練半島人諸君が、真に内鮮一体自らの長所をのばし、短所を適正し以て優良なる皇国の臣民として、国家の興隆に寄与しなければならぬ秋が来てゐると思ふものである。内地在住人の中にはまだ〳〵その人格について少からず指摘され、その生活態度について、あまりにも重大なる欠陥をもつてゐるを、まざ〳〵とさらけ出してゐるのを見受けるのであるが、これに対しては今や内地側は官民協力相倚り相扶けて、これを指導鞭撻し、或はその生活程度を向上せしむるやう、或は各種の施設を行ひ、或は内地人自身、多くの反省を為しつゝあるのであるが、在住者自らも亦深き反省と向上への努力を忘れてはならないのが当然である。

◇

昭和一四年、全国に協和会が設置され、東京に中央協和会、各府県に府県協和会、府県内に各地支会を置き、下部組織を在住者部落として実際の生活に即してその生活指導、教育、調査研究、保護助成の事業に邁進しつゝあるが、保護教育指導上、幾多の困難に遭遇しつゝも、尚敢然として本事業が進展しゆくところ、それは反面、居住者の一般的向上の尺度を示すものであり、反面、内鮮の真の協和が促進されるその目盛りとも謂ふことができるであらう。

〔『京城日報』一九四一年五月九日〕

内地視察から帰りて（上）

皇民的自覚　在住半島人ら邁進

松江記者

大阪には二五万人、京都府下にも亦七万人ばかりの半島人が居住してゐるが、大正一五年頃、大阪府内の二万七千人に比較すると全く隔世の観があり、それだけまた、半島人の旺盛なる皇民的進出力と因習を破つて、街頭就労に明日の太陽を求めて進軍を始めた半島人婦人の努力のあることも又、壮とせねばならぬ。こゝでは内鮮の別なく教育の義務を課してをり、内地人児童の就学率九割八分に対し、半島人児童が九割二分になつてゐるのも半島に於ける現況からして、充分恵まれてゐるといへやう。然しどうしたものか、京都府内に居住する半島人のうち、特に婦人連の自覚が不充分で、「女に教育は不必要だ」といふ誤つた観念から女児就学率が頗る悪く、六割五分といふ数字を示してゐるのは奇異な感がした。

◇

大阪にも京都にも、街頭に「パーマネント」を見受けなかつた。結髪人種である東洋人がバタ臭い真似をすることは、感心されることではないが、数年前の事情を知つてゐる私としては、こゝにも又頼もしい力を感じた。また料理屋やカフエーが午後五時から同一一時半までの営業時間を厳守し、なほ客一人に対し清酒なら二本、ビールは一本しか売らない。客も又それを心得て「定時」を限りにルームの灯が一斉に消えるのも愉快だ。特に何れの都市でも街頭のネオンが見られなくなつたので、夜の道頓堀のネオンが昔懐かしい想ひ出となるのは、些か心淋しいやうな気がしないでもないが、こゝまで内地民が自粛自戒に徹底してゐるのには敬服せざるを得なかつた。

◇

かやうな中にあつて矢張り後に取残されることなく、大阪、京都両府下に居住する半島人が国家に対する奉公も次から次へと実行し、数々の美談となつて、現に当局関係官をして「国防をしない献金世帯はないでしよう」とまでいはしめてゐるのは非常に嬉しかつた。志願兵制度実施を見てから内地在住青少年の軍人に寄せる憧れも大したもので、軍事教練など内地に対する青年学校のそれに些かの遜色も見せないまでに行はれ、志願兵を希望する者も相当な数に上つてゐるが、悲しいかなその採用試験が半島内でのみ実施される関係上に、旅費やその他の問題が手伝つて、その希望を満たし得ないのが残念である。この点当局に対し、「内地在住者の採用試験は内地でも施行する」やうに切望したい。それから先づ内地の何処の都市をみても感じさせられるのは、交通訓練の徹底してゐることである。試みに京城の南大門から鍾路あたりまでを電車の運転台の横に立つて見てゐると、前を横切る老人や接触する自動車、馬車、自転車などに幾度ヒヤ〳〵させられるか知れないが、そして、これらの整理に当る各交叉点に勤務する交通巡査が全身を目にし、耳にして四方八方を睨みつけて、メガホンを振り廻してゐるのに比較して、あまりにも大きな隔たりがあることに驚かされる。勿論全部とは言はないが、大阪、神戸、名古屋の各都市の交叉点では交通巡査の姿を見受けられなかつた。時間的に点滅する自動信号に従つて、自動車も電車も人も車も実に鮮やかに「ゴー、ストツプ」してゐる。京城の交叉点から交通巡査が姿を消したらサテどんなだらうか。思つてもゾツとする。関係上内地各都市のそれのやうに、交通訓練の徹底する日も近きには望めないかも知れない。が、せめて速行車道と緩行車道の限界だけは絶対に守るやうにさせたいものだ。名古屋市は「伊勢は津でもつ津は伊勢でもつ、尾張名古屋は城でもつ」と八小唄のそれのやうに、慶長小判を二万両潰して造りあげた高さ八尺の「金の鯱」はあまりにも有名だが、東洋一を誇つて最近デビユウした東山公園の動物園も亦大したものだ。特に動物園など猛獣の野性を生かして造つた大きな山に放し飼ひにしたり、オットセイやアザラシなども同様に、金網を張つた野天の遊び場に放してゐるなど非常に自然的であつた。（続く）

〔『京城日報』一九四一年六月二四日〕

内地視察から帰つて[ママ]（下）

血と魂の結合へ　いまや微笑しい進軍　松江記者

京都市はその昔、聖徳太子が六角堂で御考案された都市計画に、更に近代味を加へた計画が進められてゐる。益々古都の威容と尊厳さを増大してゐるが、一方、名古屋市は明治二七年に柳本直太郎氏が市長に就任すると同時に、計画を樹て志水、青山両市長を経て加藤三郎氏が市長であつた明治四一年度から施工を開始して、この早くからの市計画は立派な実を結んで堂々たる近代都市の威容を誇つてゐる。この経費は総て受益者負担によつたものであるが、個人主義、自由主義を排撃した大乗的精神を発揮して、為政者に協力する一般民衆の努力が、如何に緊要であるかといふこととも痛感させられた。特に名古屋港の中川堤防から平野町に通ずる幅員三五間、延長二里半の大運河が都心地帯を貫いて各種重軽工業の躍進に寄与し、市民福利を増進せしめてゐるかは今更までもないことだが、二千万円の巨費を受益者が負担し、土地収用法を適用するまでもなく遂に完成せしめた。この大事業に協力した一般市民の理解と努力には大いに敬服させられた。かうした報国、奉公の精神が固まるならば京城、仁川間の運河計画など訳もなく進められて、京城府内の何処かで力強いポン〳〵船の音をきゝ、よりよき水運の便の拓ける日もさして遠い将来ではないであらう。

名古屋市にも約四万人の半島人が居住してゐる。市社会部係官の説明によれば、同市在住の半島人は他都市のそれとは比較にならぬほど強い土着心を持つて活躍するので、自由労働者は極めて少く、内地人の一五人に対し僅かに一といふ数字を示し、従つて職業的に見ても医院を開業してゐる者が三名、僧侶四名、インテリサラリーマン八〇名、商人が二、三七〇名、農業に従するもの四一戸、自動車運転手六六三名、自営タクシー業者二〇名、紡績工場の職工約一、二〇〇余名、鉄工所の職工約三千名といふ状態で、自由労働者でも一日二円内外の労銀を稼ぐから、その生活状態もガッチリして、市営の無料宿泊所訪れる半島人は殆どなく、殊に鉄工所に働く熟練工で一八〇円から二〇〇円の月収を挙げてゐる者は〝ザラ〟にあるといふ。また、一〇万内外の資力で綿布商を営んでゐるものも幾人かゐるとのことだ。だから児童の就学率も頗るよく、恐らく半島内では想像することも出来ない九八パーセントといふ数字を示して万丈の気を吐いてゐる。市では〝内鮮一体〟の建前から半島人に対する特殊施設を行はず、市内の各所に散在させて、内鮮人間の精神的融合に努めてゐるが、経済的に安定してゐる関係上、家賃を滞らせるものは殆ど皆無であることも係官の自慢の一つだが、毎年三〇〇組位の内鮮融和結婚が挙げられてゐること微笑ましい。

東京には芝浦、大阪には鶴橋に何れも半島人の集団部落があるが、特に大阪の鶴橋区猪飼野などの如き正式には認められていないにしても、立派な商店街を形成してゐる。然し実際問題として半島人ばかりを集団せしめることは面白くない。即ち日常生活に、たちまちの必要を感じないために内地語の熟達も遅れる。特に婦人達は同化性をさへ失つて、「内地にゐるのだ」と只ふ気持もない。だから生活様式に改善もなければ、新味もない。主人の働いて来る金によつて半島内と少しも変らぬ生活を反復連続してゐるだけだ。当局者としても、「半島人なる故に」特殊設備を施してその恵沢に浴せしめることは悪くないが、一面においてそれを善意に解釈すればいいが、反対に「俺は半島人だから」といふ気持から精神的にまた態度に不合理な結果を□しては益々いけない。この意味において名古屋市の如く何等の特殊施設も施さず市内に散在させて、「内鮮一体」の融合同化につとめてゐるのがどれ程いいか知れない。南総督の「内鮮一体」の政策もこれを意味するものではないであらうか。（終）

〔『京城日報』一九四一年六月二五日〕

一二〇万人の在内地朝鮮人と戦時下活躍　江戸学人

一千余の協和会中心に活動

内地にいる朝鮮人の皇国臣民化運動は、協和事業を通して行われている。一二〇万人にも及ぶ在住朝鮮人は、原則として協和会の会員になっている。これら協和会員は皆、協和会の組織機構のなかに組み入れられており、全国同一精神・同一歩調の下に、力強く、一体となって皇国臣民化の頼もしい歩みを続けているのである。

中央では、厚生、内務、文部、拓務等の各省の緊密な連絡指導の下に、財団法人中央協和会が、全国の地方協和会の連絡調整にあたる一方、地方では、道府県知事を会長とする四六の道府県協和会、警察署長を支会長とする約一、〇五〇の支会網が整備されて、会員の保護指導に当たり、会員の中で信望が厚い人々が、補指導員として会の幹部となり、会と会員との連絡に当たっている。この補指導員は名誉職で、その数は現在約一万一千人程度である。これが協和会の機構の大綱である。

昭和一五年一一月に東京で開かれた紀元二千六百年奉祝全国協和事業大会での大会の誓詞は、協和事業が歩む道を端的にうまく表現したといえよう。

誓詞

一、一視同仁の聖詞を奉じ、忠良な日本臣民になることを期す

一、臣道実践の本義に則り、各各その職域に奉公することを期す
一、内地同化の苦調〔高調か〕を受け入れ、生活を陶冶改善することを期す
今日、北海道から鹿児島にいたる全国各地で、澎湃として巻き起こっている在住朝鮮人の内鮮一体化の動きは、誓詞による協和指導者と一般会員の実践の賜物に他ならず、この誓詞が、究極的には「皇国臣民の誓詞」の精神と軌を一にすることはもはやいうまでもない。

国防献金と飛行機献納

そして、在住朝鮮人の時局認識について一言述べておくと、

一、国防献金の運動に関しては、事変勃発以来、協和会員の自発的な国防献金と出征将兵並びに遺家族慰問の献金が非常な金額に達した。特に昭和一五年七月に中央協和会が、会員の懇切な要望に応じて道府県協和会と互いに協議し、提唱した紀元二千六百年奉祝兵器献納資金募集に際しては、その赤誠は最高潮に達し、昭和一五年七月二〇日から九月三〇日にいたる約二ヵ月の短期間に、応募金額が五三万円に上り、応募人員は在住朝鮮人のほぼ全てを占めた。

この資金の中には、内地渡航以来、多年にわたる辛酸の結果として、功をなした様々な人々から寄せられた多額の献金も一方で含まれており、例えば、一〇〇円以上の献金者だけでも四六七人（八万九千円）という数字を見せているが、他方では、日夜粒粒辛苦の勤労によって得た零細な資金が、集積したものも大部分を占めている。

かくして去る五月四日、五日の両日、東京羽田飛行場で、海軍および陸軍の献納飛行機命名式が盛大に挙行さ

れたのであるが、この日は全国から二千人に近い協和会員が列席された。

二、銃後活動は、傷病兵慰問、遺家族勤労奉仕等をはじめ、あらゆる分野にわたって会員間に普及徹底されている。

敬神観念高まる

神社参拝からも、在住朝鮮人がどのように皇国臣民化に努力しているのかを知ることができる。各家庭での神棚の奉祀、氏神の参詣や清掃奉仕などは、個人によって広く行われていることであるが、そのなかには、皇軍の武運長久を祈願するために、全国を自転車で参拝する者や、神社造営資金と神木を献納する篤志家も少なくない。特に協和会支部や分会で行う皇大神宮、橿原神宮、明治神宮などの集団参拝などにはいつも多数の参加者がいる。

創氏も多数が行う

創氏改名の道が開かれたことは、内地在住朝鮮人の間でも多大な感銘を与え、届出期間満了後の今日でも、創氏改名の要望が非常に多い。

しかし、内地在住者は親戚縁者等の相談や本籍地との連絡が不便であり、彼らには在鮮戸主の家族が多数おり、これらの創氏改名は朝鮮での成績に左右される。他方、内地生活へ融合同化するには、内地式氏名による必要が少なくないため、遠からず創氏改名をすることと考えられる。

生活はどのように改善されたか

最後に在住朝鮮人の生活改善運動状況を見ておくと、

一、国語の使用状況をみると、大体三分の一程度は日常的に話す者、三分の一は若干解する者、残りの三分の一がまだ了解していない者であり、国語講習会等を通して熱心に普及させている。

二、次は服装改善の実情であるが、男子の服装は、極めて少数の老人を除けば、ほぼ内地化されている。最近は国民服を着る者も多くなっている。夫人の内地式服装も漸次普及しているが、男子に比べるとまだまだという感じである。しかしながら、和服裁縫講習会、着付指導講習会が各地で行われており、次第に大いに普及すると思われる。

さらに、防空演習などでは、朝鮮婦人たちが「モンペ」をはいて活躍する様子が大変好ましい。

就学児童はどうか

今内地にいる朝鮮人学童の就学は、昭和一三年度において六九％であり、その後、毎年この率は増加している。ただいまの就学児童数は、

昭和一一年度　五万五千人

昭和一二年度　六万三千人

昭和一三年度　七万六千人
昭和一四年度　十万二千人

の多数に及んだ。

以上を概観して見れば、内地にいる朝鮮人の皇国臣民化動向は、時局の進展とともにますます見るに値するものがある。これは、内地在住者のみならず、二、四〇〇万人の朝鮮人が、全て皇国臣民化の力強い歩みを進めている一つの表れだといえよう。

〔『三千里』一九四一年九月号　九四〜九六頁〕

東京、大阪はこうだ

辛泰嶽

緒言

今日、司会者から東京、大阪に行って来た事を皆さんの前でお話しいただきたいというお話があり、本日この場に立ちました。東京、大阪にいる朝鮮人といって、特別切り離してお話しするのではなく、全て関連を持っており、かつ朝鮮人全体の一部分としての意義しか有さないことはわかっていますが、朝鮮人全体でいうと、大別して海外にいる部隊〔グループ〕と朝鮮内にいる部隊に分けることができ、朝鮮内にいる部隊だけでも、内地にいる朝鮮人と朝鮮内にいる朝鮮人、このように分けることができますが、海外の朝鮮人、特に満洲国に在住する朝鮮人に関していえば、満洲建国以来、協和会を通して、その国是である「五族協和運動」に重要な役割を果たすだけでなく、皇国臣民化運動も非常な熱意をもって進行しています。さらに、満洲国はソ連に対する地理的関係もあり、まさしく第一線的役割を果たしている最中です。そして、朝鮮内の我々の活動については、皆さんのほうがよりご存知だと思いますので、これ以上お話しすることはしませんが、一言でいえば、全ての点において、足りない点が多いように見受けられます。では、内地に在住する朝鮮人の状況はどうでしょうか？　これもまた大別して、過去と現在と将来に分けて論じる必要があります。

過去の内地と朝鮮関係

過去といっても、太古、中古、近古は事情が少しずつ違いますが、大体においていえば、内地と朝鮮は上古時代から人種（血）の交流が盛んに行われたことは事実です。一例を挙げると、日本文化の祖という「王仁博士」の墓は大阪府下にありますが、この方が千字文と論語を持って朝鮮から来たことは明らかで、日本古代建築美術の最高峰である法隆寺が京都と奈良の間にあり、この古刹は古代高麗人の手になるものだといわれており、さらにそのなかにある壁画は、現在、日本最古の美術品として国宝に指定されているのであります。それは高麗僧「曇徴」という人の手になるもので、大阪天王寺区にある四天王寺は、新羅の高僧たちの手で営造されており、その金堂内に祭られている天王四柱様は西に向かって置かれています。これは当時から、新羅、すなわち朝鮮に向かって座らせようとして、そのようにしたということです。このように、儒教、仏教といわず、全てが我々朝鮮と深い関係を持っていたのであります。ですから、内地にいる朝鮮同胞は、これらの事蹟を歴訪することで、これらの先人は、我々より先に内地に来て、その子孫は皇室を中心として綿々と今日に至ったのだから、あたかも彼らのように子々孫々が、この国で繁栄を享受しなければならないという考えを抱くのみならず、それが絶対可能であることを確信しています。

内地人の性格

もともと、現在の内地人には、大陸系と海洋系がいて、これが太古の時代にすでに民族融合を完遂し、皇室を宗家とする天孫民族、すなわち大和民族を形成しましたが、このように、様々な民族の融合によって完成された民族である。すなわち血が融合的であるために、文化も融合的で性格も融合的です。したがって、日本の本来の国民的性格というのは、他の民族、他の文化に対するとき、その態度はきわめて自由かつ寛容でした。国民的性格が、今日このように急速度の発展を見せた原動力になったのであります。そんなに自由寛容なのかと反駁したり、私の言葉をあるいは理解しない方がいるかもしれませんが、それは私の言葉を聴くよりも、皆さん自身が内地に行って、農村を訪れ、農民と接触してごらんなさい。本当にそこの山川のように温和で純朴です。この話は例えとしては少し行き過ぎた話ですが、私は昨年大阪に行って、私の旧友で、前は無政府主義的色彩をもち、警察方面にも大変心配を掛けた某氏という人に会いました。氏が会話の中で「支那の歴史には孔子や孟子のような聖人がいて、その前にも堯や舜のような聖君がいるけれども、日本には歴史上そのような聖人が一人も現れなかったが、その原因がどこにあるかわかるか?」と聞いたので、私は氏が以前のように内地人に関して悪口でもいおうとして、このような課題を出すのかと思い、彼の話を聞いてみようとして「僕は知らない」といったのですが、「それは、支那では孔子や孟子や堯や舜のような人が、一つの時代に一人しかいなくて、それは特別なことだといって歴史に名を残す人物になるが、日本では孔、孟、堯、舜のような人は数千、数万を数えるから、それを全部歴史に載せようとしても、歴史書が何億万巻あっても足りなくなるからだ。その証拠として、大阪近郊から離れた農村に行って、農民と近くで接してみろ」というので笑ったことがあります。もちろん都市に住む人々の中には、本来の性格をほとんど失ってしまったといっても過言ではないほどの似非の人間がたくさんいます。しかしながら、私が見た大阪の例でみても、現在、町内会の下にある常会のようなところで、内鮮人が一体となり、全てのことが円満に進行していま す。

大阪在住同胞の現状

皆さんもご存じでしょうが、内地では協和会というものがあり、朝鮮人関係の会合、または活動は全部この協和会で行っています。東京に財団法人中央協和会というものがあり、朝鮮人関係のすべての協和事業はここで行います。朝鮮内では、大阪にいる我々朝鮮人は、全員無知な労働者だと考える傾向が相当に濃厚ですが、私は大阪に行って見た大阪在住の同胞が我々の想像とは全く異なることを知るようになりました。まず大阪には、二〇〇人の大学を卒業したインテリ青年がおり、数十万人または一〇〇万人台の資本家が生まれていて、さらにその資本家というものは、ここで見る地主と違い、ほとんど全員が立派な工場主として数百、数千人の職工を使っている人たちばかりです。またその他の大部分は、産業戦士として銃後を守護するために、生産増殖に挺身活躍しています。

協和会活動と朝鮮人愛国美談

そして、これら朝鮮人に日本精神を涵養するため、協和会を中心としていろいろな活動が行われています。なかでもより目を引くものは青年部の活動です。大阪府協和会の下に各警察署単位で、五七支会が置かれていますが、その各支会では、現在青年部員に軍事教練を実施し、ときに猛練習を行い、また、職域奉公を強化するため、夏には耐熱、冬には耐寒訓練をさせています。また、産業報国のために勤労奉仕隊が組織されましたが、なかでも女子勤労奉仕隊の活躍は、相当に目を見張るものがあります。また一方では、たびたび傷病兵慰問のようなことも行い、歌手が、「アリラン」「トラジタリョン」のごときを歌って、傷病兵を慰労することが行われています。また、血気盛んな男女青年の中には、病床で呻吟する傷病兵の苦痛を、一日でも早く全快させるよう、輸血を自ら願い出る者が相当たくさんいます。のみならず、昨年は協和会を中心に、軍用機献納運動が起ちあがり、一〇〇万円余りが集められ、陸海軍に戦闘機五機を献納する式を東京で、陸海軍大臣臨席の下に盛大に挙行し、また大阪では、協和会館建築運動が起こると義捐金が殺到し、五〇万円を募集しようとしたのが、実際には六〇万円に到達しました。このような各種の美挙が踵を接して起こっており、すべてを数えきれないほど多数にのぼります。こうしたあらゆる運動を通して、徐々に日本精神を体得していくわけですが、日本精神というのは簡単でありながら、それを説明しようとするととても長くなります。これを要約して一言でいえば、「死ぬときは何も言わずに死ぬこと」ということが日本精神の真髄です。自己の財産はもちろん、甚だしくは生命まで全てが天皇のものであり、天皇の御命であるとすれば、何も言わずに無条件で死に場所に向かい、死をもって国に捧げるという、それが日本精神です。内地にいる朝鮮同胞は、内地人と苦楽を共にする間に、このことを体験実得しています。我々朝鮮内にいる人たちも、この精神を学ばなければなりません。

世界情勢と吾人の覚悟

そして、現下の世界政局の変転に従い、国際情勢がますます緊迫していく今日、英米がいわゆるＡＢＣＤ線の包囲陣を徐々に整備していき、ソ連が、米国の援助を受けて、東洋に虎視眈々とした態度で臨んでいるこのとき、我々朝鮮人も一大覚醒をしなければならないと思います。みなさん考えてみてください。大きな火災が起きて、すでに隣村すべてが灰燼に帰し、自らの町に延焼したとき、それをはっきりと自分の目で見ながら、消火は消防組の隊員がするから自分たちの知ったことではないといったら、その結果は果たしてどうなりますか。火が燃えて追いこまれたときは、消防組員にのみ仕事を任せるのではなく、老若男女問わず町の人々全員を総動員し、各々力の限り、水を回す人、地面を掘る人、棒を持つ人、鍬を持つ人といわず、総力を尽くしてこの防備に尽力しなければいけないのではないですか。しかしながら、このような様々な人が、各々自分勝手にふるまっては、かえって互いの妨げとなり、消火の目的を達することができなくなりますから、そこの町民を集めて隊伍を組み、隊には隊長を置き、その隊の上にはまたそれを総攬する職責を置き、これを統括するようにしなければならないでしょう。ですからこうしたときは、完全に消火されるまでは、少なくとも、町民が無条件に上部の命令に絶対服従しなくては、その目的を達することはできないでしょう。ちょうどこれと同じように、戦時体制において一般国民は、政府が行うことに多少納得がいかないことがあっても、政府を信頼してその指導命令に服従し、この緊迫した国難を打開するにあたり、一路邁進しなければいけないと思います。このような戦時体制を整備するため、大阪ではただ今、平時の協和会体制とは別に、警察側、協和会側、民間側、三位一体で、臨戦指導対策委員会のようなものを自発的に組織し、活動しようという動きが強まっています。海外の同胞と内地在住の同胞の活動はこのようですが、その本家である朝鮮内の活動がこれに及ばないことが、面目上あってよいでしょうか。近ごろ内鮮一体といって、権利の平等ばかり主張することがありますが、我々は権利を主張する前に義務を果たしましょう。我々が帝国のために、朝鮮人自身のために奮起せねばならぬ時期はまさにこのときだと確信します。（拍手）

〔『三千里』一九四一年一一月号　二九〜三三頁〕

東京在留朝鮮人活躍相（2）

（其二）

朝鮮人社会重鎮

名望家　姜永徳氏

氏は忠南出身で、大正一四年渡東以来〔印刷不鮮明で数文字不明〕東京社会で手堅い活躍をしており、当年四二歳の活躍者として東京在留朝鮮人にとって、各階層において、氏の名声を知らない人がいない人物である。氏は性格が剛直で、頭脳は明敏、事理の判断において厳正で、一般の信頼は絶大である。その間、長い病気で健康がすぐれず、氏に会った人はみな心配していたが、最近は完全に回復し、また特に後進を指導し、相当な努力を傾注しているので、在東京朝鮮人社会では、氏の将来に絶大な期待を持って、さらなる活躍を一般は願っている。

（写真は本所区亀澤町四丁目、姜氏）〔略〕

宗教教育の重堅

東京朝鮮基青総務　尹槿氏

氏は咸南出身で、京城において現在の槿花女子実業学校の前身にあたる槿花女学校で、女子教育家金美理士女史と一緒に朝鮮女子教育界のため、甚大なる努力をし、その後、二ヵ年間、朝鮮基督教青年会教育部幹事として実業教育界に対して多大な貢献を行った。だが、氏はそれに満足せず、遠大な抱負を持ち、東京に来て地理と歴史を研究しながら、東京朝鮮基督教青年会評議員を務め、その後、総幹事を歴任、総務に至るまで長い期間、困難な諸問題を堅実な態度と誠意をもって解決した。のみならず、宗教及び文化運動にも多大な活躍をして一般の信望が高い。〔写真は尹氏〕〔略〕

高級家具及び銅鉄原料界巨商　金宇東氏

東京本所区錦糸町一の一九番地で、高級家具一式及び銅鉄原料商を経営している金宇東氏は、慶北安東の名門家長孫として生まれた。遠大な希望を将来に抱き、大正一四年渡東して、早大で学業を終え、現在の場所で商業に身を投じた。聡明な頭脳と敏活な手段で十有余年間、活躍に活躍を重ねた結果、他の追従を許さない土台を築いた。今後さらに努力して、初志を貫徹することを願う。〔写真は金宇東氏〕〔略〕

立志伝中の人物
財布製造業　金在元氏

東京朝鮮人実業界の重鎮の氏は、戸籍地である慶北安東〔印刷不鮮明で四字程度不明〕学校を卒業した後、当地基督教会の執事の職分をもって宗教界に身を投じて活動していた。もともと幼いときに父母に死なれ、貧寒な生活環境の中で大きな困難と闘い、世の中のあらゆる厳しい困難を経験し、闘志満々な精神を持つ氏は、郷里を離れ、東京に活天地を求めた。無一文徒手空拳で来た氏は最初、財布（蟇口）職工として製造工場に入り、生活費を稼ぐ一方、技術及び経営方針を習得し、職工生活二年後、彼は工場主として自立した。二年という短期間に得た、このような成果の内面には、さまざまな障害と涙なくして語れぬ事情が数多くあった。だが、彼の堅い意志は結局初志を貫徹させ、現在は堅固な土台の上で産業界において活躍している。

〔写真は向島区吾嬬町東三の一六、金在元氏〕〔略〕

青年実業家

松本工業株式会社社長　趙台濟氏

東京市本所区石原町、松本工業株式会社取締役社長趙台濟氏は、全北〔印刷不鮮明で数文字不明〕生まれで、当年二九歳の青年実業家である。今日の氏を成すまでの苦心と活動の足跡は、限りない感動を与えてくれるところが少なくない。本所区内「プレス」機械工場界で一、二位を争う地盤を持って、松本工業株式会社を采配している三〇歳弱の青年であるが、会社の門の中に入ると五、六〇歳を超えたかのような老練さをもって、思うぞんぶんに手腕を発揮する様子を見ると、一種痛快な感じを禁じ得ない。今後、産業界は多事多難なので、一層自重自愛して万全を期することを願う。〔写真は趙台濟氏〕〔略〕

布木〔朝鮮服地〕商界の巨星

京城商店　李進氏

東京在留朝鮮人の生活必需品を専門に提供する京城商店が、今日の大きい地盤を成したのは、商店主である李進氏の努力が非常に大きかったといえる。氏は学業を志し、来東して目的を達し、まもなく、その厳父の李奉雲氏が経営する京城商店を引き継いだ。本来、生れ付きの天才的気質と明朗な性格、事理に対処する勇断性で、引き継いだ当時に比べ数倍の業績を上げ、他の追従を許さない、確固な地盤を築いて大飛躍中である。また、〔布木＝朝鮮服地は〕朝鮮人社会になくてはならない商品であるので、一般の関心と期待が高く、一層の活躍を期待している。（写真は東京市深川区住吉一丁目六番地　京城商店主　李進氏）〔略〕

額縁製造界の巨星
金玉堂主　金玉律氏

氏は全南康津出身として、かつて遠大な希望を持って玄海灘を渡り、名古屋で時計と椅子製造術を習得した後、上京して神田区元佐久間町五番地で額縁製造業を始めた。彼は独特な技術と非凡な商才をもって短期間に業界を制覇し、東京はもちろん全内地及び海外まで輸出をし、名実ともに大成功をした。現在、一五〇余坪の工場と三〇余名の職工を雇い、その他分工場を拡張して、着々完全な土台を建設中である。東京額縁製造従業員組合幹事を務めている氏の今後の途は洋々だという。（写真は神田区元佐久間町五、金玉律氏）〔略〕

確固な地盤
豊山製造所主　李重烈氏

李氏は豊山蓑口製造所主で、大正一〇年に郷里慶北安東を離れ、固い決意をして渡東し、蓑口工場で数年間の職工生活をしながら、その技術を習得し、現在の向島区吾妻町東三の七に〔印刷不鮮明で数文字不明〕事業を独立経営した。氏は家庭生活の貧困を克服し、信用本位をもって、既成の地盤を持っている人びとのなかで、着実な手腕を発揮し、多大な信用を得ている。現在は二〇余人の職工を雇い、大繁盛して、立志伝中の人物として将来が嘱望されている。（写真は李重烈氏）〔略〕

輸出織物商界の鬼才
金井商店主　金順成氏

氏は京城出身で、かつて善隣商業学校を卒業し、京城三井物産支店で勤務中、それまでの消極的な職業では満足できないとして、職を捨てて内地に渡来した。織物出産地として有名な群馬県桐生市に行って、織物に関する研究をする一方、輸出織物商の金井商店を創設して、今日まで十有余年間、奮闘努力した結果、今日では桐生市織物輸出業界を断然リードするほどの勢力を持っている。全桐生市では氏を知らない人がいない。このような土台を形成するまでの苦労はいうまでもないが、商才と落ち着き、努力、勇断な行動をもって輸出織物界の大物となった。さらに将来の大成が嘱望されるという。（写真は群馬県桐生市本町四丁目三二一　金井商店主　金順成氏）〔略〕

衛生工事請負業　平岡清治氏（旧名李絵栄）

衛生工事請負業界の重鎮である平岡清治氏は、慶北醴泉郡龍門面上〔上金谷〕里で生まれ、昭和元年に遠大な抱負を抱き、渡東して以来、請負工事が有望であることに着目し、衛生工事請負業を開設した。一五、六年間、堅実な努力を続けて現在は、本所区緑町四丁目に事務所を設け、数十名の部下を置いて、この業界で君臨している。在留朝鮮人実業家の中で際立った異彩を放っている、四六歳の活動期にある氏が、今後一層活躍して大発展

を期することを願う。（写真は平岡氏）〔略〕

蟇口金具及鉱金加工の巨商
吉田製作所主　崔秉萬氏

氏は慶北安東郡豊山の生まれで、志を立て大きな抱負を抱き、大正一四年七月に渡東後、一七星霜、数多い障害と困難を克服し、今日は輸出向け、内地向けの蟇口金具製作及クローム、其の他一般鉱金加工を専業にする吉田製作所を経営し、業界に君臨している。その堅固な意志と手腕は、東京社会で定評となっているが、現在に満足せず、さらに活躍して大成を期待する。（写真は東京市向島区吾嬬町東三の六八、崔秉萬氏）〔略〕

製菓成功者　宮本芳郎氏

本所区錦糸町三丁目一番地に製菓工場を設け、本所区太平町二丁目四番地に売店を設置して、製菓業界で活動している氏は、かつて幼いときに父母に死なれ、一六歳に釜山で製菓見習員として技術を習得し、大きな志を抱き、渡東して二〇歳の時に、森永製菓株式会社に入社する。故郷を離れた若い青年として、いつも故郷をなつかしみながらも、ただ技術習得に専心全力して完全に鍛錬し、昭和五年に独立して製菓工場を開設した。氏の十有余年の一貫した独特な技術と誠意は今日の大成功を成した。現在、陸軍御用達をしており、戦時食糧政策に応じて大活躍中だという。（写真は宮本氏）〔略〕

実業界の重鎮

東亜鉄工株式会社社長　南台元氏

川崎市浜町三の二八番地に巨大な工場を設け、戦時産業戦線に多大な活動をしている東亜鉄工株式会社社長は南台元氏である。氏は慶北尚州出身で、大正一三年に抱負を抱き、渡東し、二〇年間を様々な形の障害と闘いながら、今日の地盤を築いた。堅固な意志と誰にも負けない努力と手腕に対する当然の報酬であるが、数多い競争者と並んで孤軍奮闘してきたその実力はさすがだった。次第に時局は緊急さが加わっているので、今後もさらに気を抜かずに活動することを期待する。

育英事業に並々ならぬ関心を持つ慶徳食堂主　木山善吉氏

本所区緑町四の二二番地にある慶興〔原文通り〕食堂主の木山善吉氏は、慶北金泉郡禦侮面の生まれで、昭和一三年渡東以来、数多くの障害と生活における辛酸に直面しながらも、ひたすら成功を目標に努力した結果、現在は慶徳食堂を経営する一方、食料品商も経営している。商界に進出して着々地盤を築いた氏は、特に子弟育英事業に強い関心を向け、個人的に苦難な学徒を補助することも少なくなく、去る一〇月、帰郷時には先親碑改築を記念するため、郷里国民学校に運動器具を寄附し、また青年団及び其の他団体にも各々少なくない寄附をした。〔写真は木山氏〕〔略〕

鉄管業界の大物　山田福太郎氏（旧名李仁柱）

在留朝鮮人のうち、商界で成功した人の内、鉄管業界の大物である李仁柱氏の名声は非常に高い。氏は慶南昌原郡で生まれ。昭和二年渡東以来、一七、八年間で、その私財がいまや数十万円を算することを見るとき、氏の活動の足跡を想像できる。まだ三三歳の青年期で、今後の活動がさらに期待される。

（写真は本所区江東橋一の六、李仁柱氏）〔略〕

蓑口製造界の惑星　金學元氏

東京市向島区吾妻町東一の四一番地で、蓑口工場を経営している金學元氏は、三七歳の青年努力家として、昭和七年一一月に故郷である慶北安東郡北後面を離れ、来東以後、八、九年間、堅実な態度と強烈な意志をもって今日の地盤を築いた。たくさんの競争者の中で、断然〔確固たる〕土台をつくった闘志が、今後一層発揮されることを期待し、将来にさらに自重自愛して、一段の大成することを期待される。（写真は金學元氏）〔略〕

〔『朝光』朝光社、一九四二年一月、二一〇～二一三頁〕

（其二）

実業界の重鎮

板橋原清運輸株式会社取締役社長　木村金次郎氏（旧名李鐘昌）

氏は本籍を京畿道水原郡松山面に置き、現在、東京市板橋区板橋五丁目一〇四九番地に居住する当年三七歳の青年実業家である。郷里の小学校を卒業し、大正一四年に大志を抱き、渡東し、中等学校に就学する一方、牧畜場に就職し、昼間は仕事を、夜は学業に励みながら、六年間、辛酸をなめつつ苦学生活を送って、学校を卒業すると同時に、該牧畜場で習得した技術を土台にして自営牛乳店を創設した。これが氏の実業界進出の基礎になった。

本来敏活で堅実な手腕を持っていた氏は、牛乳店で数年間に相当の財産を築き、板橋東亜化学工業株式会社を創設し、その後着々地盤を建設し、区役所と板橋警察当局の後援の下、板橋原清運輸株式会社を創立し、取締役社長に就任して今日の盛況を成している。氏は元来、運輸業界に特別な才があるだけではなく、多大な趣味をもっている。戦時下、運輸界における一大飛躍を一般は期待しており、また氏は、現在板橋区納税組合長、町会理事、東京府協和会板橋支会連合組合長などの公職を務めており、特に協和事業には絶大な努力を行い、活動をしている。名望家出身の内地人夫人と結婚以後は、夫婦協力して協和事業に力を尽くし、一般の信望が厚い。

（写真は木村氏）〔略〕

青年発明家

合資会社精工電気製作所社長　野本才三氏（旧名崔成珍）

野本氏は慶北永川邑の生まれで、当年二八歳の青年発明家である。故郷の小学校を卒業後、遠大な抱負を抱き、昭和六年に渡東、まだ一八歳の少年期であった。燃え上がる情熱と生まれながらの特才発明気質を発揮しようと、すぐ麻私立工科学校（ママ）に就学する一方、某会社の職工として就職し、目的に向けて、昼夜の区別なしに猛烈な努力を始めた。このようにして数年で学校を卒業して、職工生活で実地で習得した技術と、学術で学んだ業績をともに利用して、多大な苦心をしながら、研究に研究を重ねた結果、ついに初志を貫徹し、前後十余種を発明し、特許品も五、六種に至り、現在は氏の特許発明品を企業化して大工場を経営している。発明の天才は、経営においてもまた特許を取得し、戦時体制下の工業界の一員として大活躍中である。現在は、第一、第二、第三の三工場も狭小に思われるほど盛況中だという。また氏は雄弁大学を卒業したという。（写真は野本氏）〔略〕

海産物界の巨商

金玉堂主　金玉南氏

本郷区湯島二の四番地にある金玉堂主人の金玉南氏は、全南康津邑内南浦里で生まれ、京城培材学校を卒業した。志すところあり、大正一四年に渡東し、まもなく法政大学に学籍をおく一方、海産物貿易に身を投じて、多年苦労した結果、今日の大成を成し遂げた。敏活な手腕と努力をもって益々地盤を堅固にし、現在は「雲丹」卸商として全日本を制覇し、他の追従を許さないという。（写真は金玉南氏）〔略〕

電気機具界の巨商　金澤秀和氏（旧名金東錫）

氏は全南海南の生まれで、大正一四年七月に渡東以来、各方面で多くの活動をしていることは誰もが知っている事であるが、特に染色電球を製造して、外国輸出専門として多くの業績を上げ、ここ二、三年は、電気機具を専門に製造している。特に、ベークライト成型においては、大盛況を成していたが、本来温厚な人格者であるほど、商道においても、どこまでも人格本位で、一般の信望が厚いという。工場は品川区大井寺下一四三八番地にある。（写真は金澤氏）〔略〕

自動車タイヤ界の覇者
オーエスタイヤ本店主　元田稔氏（旧名元鎮変）

氏は黄海道海州邑の生まれで、現在、王子区王子四の一三番地で、オーエスタイヤ本店を経営している青年活動家である。元来、京城培材学校を卒業し、また中央大学で学業を磨いた後、まもなく商界に身を投じ、以後、猛烈な活動をした結果、今や日本はもちろん、遠く満洲と中国にまで名声を広めた。いつも温和な態度で、少しも自慢の態度なく、着々と事業に全身を傾注しているので、前途はさらに洋々である。（写真は元田稔氏）〔略〕

時計附属品卸商

東京ライト製作所社長　東光一氏（旧名李礼鎬）

氏も立志伝中の人物の一人として、当年三三歳の青年実業家である。咸南北青郡新北青面の生まれ。貧しい環境に生まれたが、その意志はきわめて堅固で、大成することを目標に固い決意の下、昭和四年に渡東以来、堅実な歩調で着々地盤を築き、今日、時計附属品卸商として名声が高い。のみならず、東京ライト製作所社長の要職を務めて、莫大な財産を成したという。（写真は四谷区番衆町五、東光一氏）〔略〕

〔『朝光』一九四二年二月、一七～一八頁〕

（其三）

東宝化粧料研究所所長　林茂氏

氏は慶尚南道居昌の生まれで、大正一五年に渡東以来、某化粧品製造会社に入社。社員として勤務しながら、化粧品に対する研究を重ねて、着実で温厚な性格と固い決意をもって、やっと花を咲いた。五、六年間、熱心に習得した技術と経営法を土台にし、益々質的に高級な化粧料を製造するため、東宝化粧料研究所を創設し、研究を継続する一方、商品を市場に進出させて、今日では化粧品界で氏を知らない人がいないくらい大地盤を築いた。将来の大成を期待する。（写真は東京市麻布区笄町八一、林茂氏）〔略〕

時計商の大物

金宝堂主　金澤賢助氏（旧名金賛寶）

東京市杉並区阿佐ヶ谷六丁目にある金宝堂主人の金澤賢助氏は、平安北道泰川郡江西面上坪洞に生まれ、内地に渡来し、福島県石川中学を卒業した。測量に特別の才があり、測量技手として村役場に勤務した。もともと大志を抱き、雄飛を計画していた氏は、いつまでも測量技手をしてはいられないとして、辞職して上京し、まもなく時計商を開業した。いつも温順で誠実な氏は、一意に猛進して着々地盤を堅固にし、今日に至って、東京はもちろん、特に東北地方一帯にも確固たる地盤を築き、その業界では氏を知らない人がいないという。

（写真は金宝堂主　金澤氏）〔略〕

確固な地盤

豊山製作所主　李重烈氏（其の一と同一）

氏は豊山蔓口製造所主で、大正一四年に郷里慶北安東を離れ、固い決意をもって渡東し、蔓口工場で数年間の職工生活をしながら、技術を習得し、現在、向島区吾妻町東三の七で体得した事業を独立経営している。氏は家庭生活の貧困を克服し、信用本位をもって、既成の地盤を持っている人たちの業界で着実な手腕を発揮し、多大な信用を得ている。現在は、二〇余人の職工を置いて大繁盛している。氏も立志伝中の人物で、将来が嘱望される方である。（写真は李重烈氏）〔略〕

吉田製作所主　崔秉萬氏（其の一と同一）

氏は慶北安東郡豊山の生まれで、志を立て大きな抱負を抱き、大正一四年七月に渡東以来、一七星霜、数多い障害と困難を克服し、今日は、輸出向け、内地向けの蟇口金具製作及クローム、其の他一般鉱金加工を専業にする吉田製作所を経営し、業界に君臨している。その堅固な意志と手腕は、東京社会で定評となったが、現在に満足せず、さらに活躍して大成することを期待する。（写真は東京市向島区吾妻町東三の六八、吉田製作所主　崔秉萬氏）〔略〕

〔『朝光』一九四二年三月、一三三頁〕

帝都の半島色㈠　東上中の田中総監

〝帝都の半島色〟言葉のうへの「内鮮一体」は昔の夢―心とび、腕と腕をがつちり組んだ「内」「鮮」一億は、今こそ火の玉となつて大東亜戦争完遂に総進軍である。この次、〝半島の尖兵〟として戦時下帝都に在る半島関係者たちは、如何に敢闘しつ、あるだらうか。二、四〇〇万のはらからに〝帝都の半島色〟数駒をお伝へすることにしよう。

〝これぢや瘠せるよ〟数百人の面会攻勢　帰任は何時やら、嬉しい敢闘

小磯総督のよき女房役として、半島統治の第一線に立つ田中政務総監は、さる八月一九日、就任以来初の東上をした。

半島から携へてきた数々の要務と、総監の上京を待ちうけてゐた東京側の用事とがごつちやになつて、総督府事務所の田中さんの机上は文字通り書類の山である。

それに訪客の殺到！

牛込矢来下の自邸で、田中さんが日を覚すのは大てい午前五時だが、顔を洗つて新聞に目を通す間もなく、玄関のベルが来客を告げる。その応接をひとわたりすませ、松坂秘書官に促されて、総督府事務所に車をとばすのだが、そこにまた「ぜひ、ちよつと」組が列をつくつてゐる。その合間には、首相、農相、□長等、中央政府の

要人との会見があるから、田中さんが、この果敢な面会攻勢から解勢（ママ）されて自邸に帰るのは、大てい午後一一時をすぎる。かくて、一週間の面会者実に五百数十人といふ「赫々たる戦果」である。

午前八時の総監室、広い部屋の中央で、田中さんの白服は朝顔の花のすが〳〵しさだ。

「お肥りになられましたね」

「肥つて来たが痩せて帰るよ」

と味なひとこと。

「お仕事の方は」

「うん、大体順調に行つてる」

「帰任は」

「さあ、はじめ一〇日間の予定で出て来たんだが、かうなつてはいつのことやらわからん」

そして、久しぶりの内地煙草「ひかり」の紫煙をふかく喫ふ田中さんであつた。【東京支社発】

【写真＝東京でどつしり構へた田中総監】〔略〕

〔『京城日報』一九四二年九月七日〕

帝都の半島色㈡　深川枝川町隣保館

真の皇民化へ　若き半島は育つ

宛ら一家の二〇〇世帯

おませなズボン吊りや、水玉模様の簡単服をつけたおかツぱさんが五、六〇人、木の香も新しい講堂に、可愛いお手手をツンと伸ばして十列縦隊……。

「皆さん、これから

天皇陛下の在します宮城に向つて遥拝をいたしませう……最敬礼ッ！」

池田主任の号令で、ひそと心ひきしめ可憐な最敬礼の一ときである。

こゝは、はるかに海につゞく深川埋立地の市営枝川住宅―約一、四〇〇名の半島同胞が二〇〇の世帯を営んでゐる。

半島出身者の生活向上を目ざし、東京府協和会がこゝに帝都唯一の半島者のみの隣保館を開設したのは、ついこのあひだ―七月のことだが、わづか一カ月余の日子のあひだに、住民たちは、こゝをわが家の延長として馴染、心の安息所、生活のよりどころとして一〇〇パーセントに活用するやうになつた。

診療室、購買部、保育室、入浴室等々の近代的設備は、半島人の父として高名な薬師寺館長はじめ一〇名の職員の献身的努力により、直接的には住民の生活改善の原動力となり、ひいては日本精神昂揚の運動として展開され、真の皇民化運動にたゆまざる拍車をかけつつあるのだ。

池田主任は語る―。

「こゝには二二の隣組があり、その常会には、つとめて婦人をあつめ、日本家庭の深淵な精神生活を説くやうにしてゐますが、しかし頼母しいのはやはり、青年と子供ですね」

枝川町を中心に、半島出身者のみの青年団が組織され、約一〇〇名の団員の結束は立派なブラスバンドさへ持つて、献金運動、勤労奉仕の銃後運動等々に、真先かけての敢闘を続けてゐるといふ。

どこからか「愛国行進曲」の合唱……ペンキの色あざやかな建物の上の大日章旗が、涼しい海風にはためき出

した。【写真＝隣保館内の診療所】〔略〕

〔『京城日報』一九四二年九月八日〕

帝都の半島色㊂　敢闘する奨学会

受身から攻勢へ　一八〇度の大転換

川岸文三郎中将が新に奨学会理事長として赴任したとき記者に、

「奨学会といふところは難しいところださうだね、といふのは難しいところだと聞かされてゐるから、さう思つてゐるわけなのだが、自分の本心をうち明ければ、少しも難しいところだとは思つてゐないんだよ……」

こんな謎のやうな言葉をもらしたのである。

果せる哉、川岸さんは赴任以来数カ月間に、従来の奨学会の性格を一変してしまつたといへる。

受身から攻勢へ、仲介的存在から指導的立場へ、一八〇度の大転換を苦もなくやつてのけたのである。これは征野千里を馳駆した将軍理事長川岸さんにして、初めて成し得る「軍隊的」断の結果なのだが、かく短期間に、かくの如き転回を実践しつゝその間、いさゝかの無理をも感じさせなかつたのは、ひとへに川岸さんの玲瓏なる人格の賜といふべきであらう。

現在、内地の大学、専門学校で錬成中の半島子弟は、およそ〇〇名の多きに達するが、これらの学生は、とかく従来の奨学会に対して敬遠の態度をとりがちであつた。

それが大東亜戦争勃発以来―わけて徴兵制実施の厳命に浴するや、若人の歓喜は頂点に達し、川岸中将就任して一新の途を辿りつゝある奨学会を中心に、学生の皇民帰一の精神運動は、或は錬成会の参加となり、或は勤労奉仕隊の組織となり、或は読書上の日本精神研究熱となつて、まさに燎原の火と広がりつゝあるのだ。

これら学生の応援のために、奨学会職員四〇名は、六月から九月まで、日曜祭日全廃、一〇時間勤労の非常時態勢をとるといつたうれしい悲鳴ぶりである。

東西の聖地、浄境に錬成会をひらくこと十数回、参加人員約一千、かくて鍛へられた今秋卒業の学生約一、五〇〇名は、奨学会の中堅として、戦時下社会への第一歩を踏み出すのだ。われわれは奨学会当局のこの敢闘が、やがて偉大な成果となつて花ひらくことを祈念してやまない。

【写真＝奨学会における田中総監の訓示】〔略〕＝東京支社発

〔『京城日報』一九四二年九月九日〕

帝都の半島色㊃　朝鮮銀行東京支店

空襲何するものゾ　われに鉄桶の構へ

ぴりぴりぴりッ！

それ、空襲だ！

警報発令、間一髪を入れず、およそ七〇名の消防班は、鉄兜、防毒マスク姿も凛々しく、配備につく。

同時に、重要書類、帳簿等が、防護班、警備班の手によつて敏速安全に所定の場所に搬出される。

「焼夷弾一ケ落下ッ！」

監視員電光石火の報告だ。

「かゝれ!」

号令一下、消防班員決死の突入が敢行される。われらが建物の寸毫といへど、敵の業火にまかせてはならぬ、国土への激しい愛情のまへには、焼夷弾何ものぞ、爆弾何んぞ恐るべき……。

班員の活躍功を奏し、敵の落した焼夷弾の火は消しとめたが、一人の班員は不幸傷つきたふれた。

「救護班出動!」

国防色モンペ姿甲斐々々しい女子救護班の一隊は、忽ち出動―敵弾に身をさらし、猛火をくゞる危険も、兄を、父を戦線の勇士にもつ日本女性にとつて何んの恐怖があらう……。

と―これは、麹町区丸ノ内の朝鮮銀行東京支店における特設防護団の防空演習状況である。

東京目抜きの場所だけに、防空設備の完璧を痛感した同行では、およそ二〇〇の男女行員を、消防、防護、警備、救護の四班にわかち、星野理事を団長、本田支配人を副団長に仰ぎ、行内の地位に拘らず一切指揮者の命令によつて、万一の際の警防活動に備へてゐる。現在、実際の指揮をとつてゐる総務課の宮下氏は、前線生活四年の帰還軍人だけに、やることがすべて軍隊式胸のすくやうなきび〳〵しさだ。一たびこゝで演習をはじめると、あたりのビルデイングの窓といふ窓から、鈴なりに顔がのぞく。丸ノ内の模範防空はまづ鮮銀支店から…といつたら身びいきであらうか。

かくて、発券高六億七千万の朝鮮金融の大本山は、空襲に関する限り鉄桶の備へといふわけだ。

【写真=朝鮮銀行支店の防空演習】〔略〕=東京支社発

〔『京城日報』一九四二年九月一〇日〕

帝都の半島色㊄　中央協和会の奮闘

大御心に応へて生産戦へ挺身奉公
禊に錬成する半島労務者

黙々として鶴嘴をふり、ハンマーをうち下ろす銃後産業戦士の熱闘は、赫々たる大戦果と丶もに、つよくわれらの胸に銘記されねばならぬ。

支那事変勃発以来、半島労務者の生産戦への挺身は、重要物的資源の供出と丶もに、戦線のそれにも劣らぬ幾多の感激美談さへ織りまぜて逞しくも雄々しく展開されてゐるのだが、これら産業戦士の内地生活を住みよく、働きよいやうにと温かい手をさしのべ、いたはり励ます親心を一手にひきうけてゐる中央協和会の敢闘も、又見逃すことはできないであらう。

中央協和会を中心に、地方協和会、同支会、同分会、補導班と、この事業に携はる役職員およそ一万五千人「一視同仁」の聖旨を奉体して、一路「外地同胞の指導教化尽忠精神の啓発」と「内地同胞の外地同胞に対する理解双互信頼の啓発」へと邁進しつ丶あるのだ。

目下、芝女子会館で開催中の同会及び産報主催の半島労務者指導講習会も、その真摯な運動の一つであつて、全国の炭砿から集まつた中堅幹部約五〇名は、きびしい「みそぎ」「勤労体験」等の日課により、まづ自ら日本精神の体得を実践しつ丶、半島同胞への深い理解と協和提携への真髄把握に、炎熱下汗みどろの精進をつゞけてゐるのだ。【写真＝同講習会における厚生省三沢理事官の講義】〔略〕＝東京文社発

〔『京城日報』一九四二年九月一四日〕

帝都の半島色【完】 人気の水泳代表

水に咲く半島の花
敗れて悔いなき敢闘

「頑張れ、朝鮮！ 頑張れ、朝鮮！」

朝鮮代表が出ると、拍手、声援の嵐である。俄然、朝鮮は人気の中心?となつた。とはいふものの、率直にいへばこれはあまりにも弱すぎるための人気—であつたのだ。

水泳朝鮮の栄誉を双肩に、はるばる海峡を越えて晴れの神宮水上競技に参加した可愛いオカッパさんの河童—京城第一高女の青木佐江子（五年）、木谷□子、橋本真沙子（四年）、増永希子（三年）、大川信子、島本照子、田口浩子（二年）の七嬢は、長途の疲れの悪コンデイシヨンも物かは、必勝の誓ひいぢらしく、力戦奮闘したが、つひに各競技とも最下位の苦杯をなめた。

即ち、一〇〇米自由形において予選最高記録との差一八秒八、一〇〇米背泳において二八秒、二〇〇米平泳において一分、三〇〇米混継泳において一分一〇秒二、二〇〇米継泳において三〇秒八のひらきをつくつた。しかし、記録を争つたオリムピツクの昔ならいざ知らず、大東亜戦下、まづ心身の錬成を最大眼目とする神宮大会では、勝敗は二の次だ。しかも朝鮮代表いづれも意気軒昂。ひき離されたたつた一人の水路を、最後の一秒まで頑張りぬき、その敢闘ぶり—つひに場内の人気を爆発させたに至つては、敗れて何んの憾みあらんや—といふべきか。上田監督が、

「敗けるのは初めからわかつてゐた。われわれはたゞこの精神を明治神宮に奉納申上げたいがために、はるば

るやつてきたのである。この初登場を機として朝鮮の水泳界に、よい意味の刺激を与へ得れば幸ひである」と語つた言葉に、明日の水泳朝鮮の飛躍を期待しよう。

【写真＝外苑プールに仲よく並んだ朝鮮代表】〔略〕＝東京支社発

〔『京城日報』一九四二年九月一五日〕

地底に戦ふ半島労務戦士・半島製鉄戦士の姿　村岡朝鮮軍報道班員

揮ふ必勝の鶴嘴　地底に戦ふ半島労務戦士　北九州（上）

担ふ先山の誉　汗に生れる皇民魂

【福岡県中鶴炭坑にて　村岡朝鮮軍報道班員─本社特派員】戦力の母胎となり基盤となる石炭の増産が、火箭の急をもつて要請されてゐる。〝石炭が不足したら戦争に勝てぬぞ─〟この痛烈な国家の要請に応へて、いま日本の炭帯北九州は火を吹く激しさをもつて地底にドリルは唸り、ベルト・コンベヤーは無限の廻転を続け、ダイナマイトの発破は轟音を連弾、炭車は腹一杯に黒ダイヤを抱いて馳る。この地底の戦場に数多の半島出身〝鶴嘴戦士〟が敢然と挺身してゐる。醜の御楯となり兵業にいそしむ半島学兵慰問の責を果した記者は、足を〝炭坑と製鉄所〟に向け、勝利の手綱となつて敢闘する半島人労務戦士の〝炎の姿〟を見た。これは現地で綴る〝闘ふ半島版〟の一章。

博多から汽車で東へ約二時間、折尾から南へ折れて中間の駅に降りると田園と山際を劃してすぐ目の前に、中鶴炭坑がガツチリと陣取つてゐる。駅舎も、ささやかな町並も炭所に溢れてゐる、何の変哲もない地上の構築風物。だがいま踏む大地の地殻では激しい勢ひで石炭が切羽によつて自然の手から奪はれてゐるのだ。地表の静かな表情がまるで嘘のやうだ。

坑内の戦士の闘ふ姿に触れる前に、こゝで北九州地区に敢闘する半島出身労務者の一般の概況を常識して労務管理の実相を聴かう。

◇

内地出炭量の約七割までが筑豊、□津、北松、三池、粕屋、宇部と所謂こゝ北九州の炭田で占められ、重工業地帯の分布と輸送との条件から〝質〟よりも〝量〟に懸かつて、必死必成の増産が要請されてゐるのだ。まつたく一歩足をこの地に踏み入れると、肌にひた〳〵と大東亜戦争の激しい息吹を感じる。半島から地底に挑む採炭労戦士を集団として迎へ始めたのが去る昭和〇年からで、今日では既にその数は〇〇人を突破、それ以前の自由渡航の既住者を合せると、北九州一円でざつと〇〇人を数へ、石炭をはじめ重工業部門の増産にいまでは確たる中核としての重い役割を果してゐるのである。炭坑の戦力から見ると、総てが重筋肉労働を受け持ち、平均年齢が二六歳、若い者では一七歳の者もをり、老年組と呼ぶのが四〇歳である。このうち九割以上はほとんど無学で、国民学校以上の卒業者は僅か八パーセントに過ぎない。こゝに真剣な半島人労務者の管理が考究され、勤労奉謝による国家観念の培養、内鮮一体皇民道の実践が教養されてゐる。こゝの労務者の八〇パーセントまでが朝鮮の田舎の零細小作農の子弟で、純真よく指導に従つて生産に励んでゐる。集団移住をなした初期には時局認識も乏しく、勤労観念の欠如してゐる者が相当多かつたといふ。坑内作業も総合判断力が初めは非常に乏しい。

しかしこれらは無学によるため無理からぬことで、管理指導の熱の入れ具合一つで淳朴さを活かし、僅か半年の訓練のうちに立派な坑内戦士に仕上げてゐる。集団移住労務者は二ケ年の期間を設定し、単身で入らして来るのである。全然未知の世界である。内地とは生活の習慣が違つてゐる。淳朴ではあるが無学である等の条件から、直ちに作業現場に即応しない種々の欠点があるが、この欠点を是正補導するため指摘された課題が幾つもある。

◇食生活―炭坑に辿り着いた日から一番熱心なのがこの食生活であるといふ。重労働のため量は規程通り与へ、産報からの特配米もあり、決して空腹の思ひはないのである。たゞ坑内では内地人労務者との協同作業の関係からニンニクは与へられない。慣習を重んじて副食物は常に唐辛子の調理に意を用ひてゐる。

◇住生活―ほとんど無関心の者が多く、室内調度などには一向にふりむかない。各炭山ではこれらの労務者のため、巨費を投じて寄宿舎即ち錬成道場を設けてこゝに収容し、十分の休養を与へ保健衛生に意を注ぎ、慰楽の施設をなすとともに一方、清潔整頓の訓練を行ひ、道場生活のうちに暖かい潤ひを持たせ、皇民錬成に多大の成果を収めてゐる。

◇衣生活―ほとんど裸一貫の渡航であるが、形式を重んじ体裁を変へる癖があるが、形式よりも清潔第一に指導してゐる。

◇共通の性格―責任観念が稀薄である。鈍重で怠惰の癖がある。付和雷動性多い(ママ)のが一般であるが、これは指導一つで純化されるもので、管理指導者は日々の行により責任観念を叩き込み、精神教育特に敬神指導に重点を置いてゐる。かうした規正訓練の狙ひのもとに渡航した半島労務者は、協和会訓練要項に従つて、まづ坑山の生活環境に馴れるため、最初の一ケ月は基本訓練を受ける。生活規律、作業、国語について繰り返し教育。指導者の熱の入れ方は一方ならぬものがあり、炭坑の幹部もまた懸命の努力を払つてゐる。結局、成績の良否はこの幹部の陣頭指揮の熱の度合で決定してゐるといふ。

この訓練のゝち作業能率を見ると、内地人労務者を一〇〇として入坑時が六〇%、半ケ年で八〇%から九〇%に伸び、一ケ年で一〇〇%となる。この頃になると自ら仕事に張りを持ち、立派な坑内戦士となるのである。坑内では内地人労務者と弁当を分け合つて食べる麗はしい情景を描き出すのもこの頃からだといふ。そして部下の

二、三名も従へる先山となつて出炭に逞しい腕を揮ふのである。

◇

かうした取扱ひが炭山の極めて常識的な筋書である。この尺度から坑内作業は抜きにした坑外の労務管理を、中鶴炭坑協和訓練隊第十二報国寮を波多野労務主任の案内で覗いた。

朝の交替を終へて坑から出て来た逞しい青年たちが、広大な寮の各室に二、三名宛休養してゐる。部屋は六畳で三人から四人が同居してゐる。押込み(ママ)の中は軍隊式規律のもとに蒲団がきちんと整頓され、各自の柳行李や、トランクが整理され、洗面具や手廻品を置く一間長さの柵が吊つてあり、簡素ではあるが掃除がゆきとゞいてゐる。指導責任者は生活、皇民、作業の三部門に分れ、別に寮監があつて週番制によつて寮に訓練生と起居を共にしてゐる。

渡航した第一週は予備訓練で入隊式、入寮、身元調査、身体検査、道場大麻奉斎、君が代の歌ひ方、朝会、職場見学、教練など生活訓練に重きを置き、第二週からは作業訓練を一日四時間行ひ、他は生活訓練を行ふ。かくて特別訓練期間の一ケ月を終へ、二ケ月目から一般と同様坑内作業に従ふが、最初は入坑することに多大の恐怖を覚えるので、実地に即した教育に指導者は精魂の限りを尽し、寮内に起居を共にし、愛情の結ばれによつて指導するといふ。こゝの皇民教育は皇国臣民の誓詞を根柢にし生活を題材として指導をしてゐる。

やがて正午が来た。臨時点呼を実施する。〝点呼〟の号令がかかると、軍隊の内務班といささかも異らず寮監先生が週番肩章を吊つて各室を廻ると、訓練生は居室に静坐して番号を称へ、入坑者その他異状の有無を答へる。各室の巡寮が終ると中央廊下に全員が集合、〝真剣に頑張ります〟と三回反復、誓ひの言葉を高唱、宮城を遥拝、皇軍将士の武運長久を祈願し黙礼、故郷に向つて黙礼、皇国臣民の誓詞の斉誦を行つて点呼を終了、食事に食堂へ整々と集合するのである。

この点呼は全く元気で、よくもかかる徹底した訓練が出来たものと感心させられる。熱と気合の合一した立派なものだ。食堂では一汁一菜に山盛りの暖かい御飯で十分に満腹するといふ。中央の掲示板には「一人ノ欠勤者モ出スナ、全員出動セヨ、頑張レ、頑張レ」と大書してある。再び居室を覗くと、柵の上に巡査受験、ムッソリーニ伝、李仁錫上等兵とその妻、松下村塾などの本を並べた一室を発見した。江原道伊川国民学校出身の李鳳周（二二）訓練生の愛読書だ。何が一番面白かつたと聞くと、〝ムッソリーニ伝で自分もあんなに出世したい〟と答へた。自分の心懸け一つで疲労を克服し読書も十分に出来る。また娯楽に音楽に親しむ心遣りもしてある。

◇

厳格なる訓練と作業のうちに、こゝでは自然と逞しき皇国魂が培はれてゐる。嘗ては半島の労務者は脱走者が多かつたが、今日では殆どその跡を絶ちつゝある。かうした温かい親心と施設の整備によつて定着性をもち、二ケ年の期間を更に延長し、家族も呼んでもつと〳〵仕事を続けたいと要望する者も漸次増加してゐる。成績優秀で先山として活躍してゐる者も多数あり、貯蓄の成績も上り、一五ケ月で千三百円の預金をしてゐる者もある。生活費は寮費が一日食事の五〇銭で、他は日常品代程度。かうした環境の中にすく〳〵と伸びて地底に挺身報国の魂を磨いてゐる黒ダイヤの戦士たちであつた。【軍検閲済】

〔『京城日報』一九四四年二月二一日〕

鉄と熱風に挑む　半島製鉄戦士の姿　八幡製鉄所（下）

増産へ皇民魂〝火焔の龍〟こそ勝利の鍵

【八幡にて　村岡朝鮮軍報道班員―本社特派員】鉄と熱風の街八幡に半島出身の若き製鉄戦士を訪ねた。該炭炉の煤煙にまじつて緑の煙が渦巻いてゐる。熱風炉の轟音が耳に疼く。こゝに一歩踏み入れて、鉄量に圧迫されるとともに、石炭が山と積まれてゐるのに驚く、石炭こそは総ゆるものの生み母である。一噸の鋼鉄を生み出すに石炭三噸が要り、一人の兵隊が武装のためには三〇噸の石炭を必要するとは東条首相の言葉だつた。〝石炭と鉄〟―これこそは一民族、一国家が発展するための母胎である。戦争を戦ひ抜くために、近代産業の指標が石炭と鉄の増産に懸つてゐることが綿々と胸を衝く。鉄が無くては戦争に勝てない。その鉄が若き半島の熱血の腕を稼して巨大な溶鉱炉から生み出されてゐるのだ。鉄に取組んで挺身する半島出身少年工の姿を拾つてゆく。

製鉄戦士の誇りに頬をふくらませて、こゝ八幡製鉄所に大量入つて来始めたのは一昨年の四月からだつた。炭山と異つて作業が複雑多岐に亘つてゐるため、少年としての資格が国民学校卒業以上の実力を有してゐる者と限定してゐるだけに、国語も達者、身体も頑健で素質は極めて優秀だと言ふ。この少年工のほかに、既に早くから八幡製鉄所に働いて今では役付工員となつてゐる半島人も多数あり、既住工員に続けと〇〇名の少年工たちは頑張りに頑張り抜いてゐる。

〝前線に鉄を〟の壮絶な戦局の要請の前に、少年工たちの胸には立派な皇民としての責任感が植ゑつけられてゐる。

この少年工たちは製鉄所に入る前に、四〇日間、黄海道二浦の〝鉄鋼統制会朝鮮訓練所〟で規律厳格な軍隊式訓練を受けてゐる。

この間を訓練工と呼ばれ、午前七時起床して、夜八時半消灯までを団体訓練により、軍事教練、修養講和、起居は総て軍隊の内務班の規律に則り堅確な製鉄戦士としての魂を鍛へあげ、特に敬神、礼儀、忍苦の行は、これらの青年たちを見違へるほどの皇国青年に仕上げられ、こゝに送られて来た日から直ちに職場に配属をうけても、立派に内地人工員の気脈を呑み込み、内地人の習慣にも従つて、内地工員たちからとても可愛がられてゐる。

やがて湯出しである。巨大な溶鉱炉、白熱した銑鉄が〝火焔の龍〟となつて湯樋を通つて流れる。出銑と同時に火花がすさまじい勢ひで飛び散る。湯樋を通つて静かに流れる白熱に銑鉄（湯）は、桶口で待ち構へる釣鍾型の大鍋へどうと流れ込むと、そこでまた火龍に似た火花が飛び交ひ、紅蓮の渦巻となつて鍋一杯になると、機関車が抱いて平炉へ運んでゆく。樋を流れる熱鉄に眼を当てるとクラ〳〵と眼窩がいたむ。千六、七百度もあるこの熱鉄に面がヂン〳〵と熱くなる。防熱面をかぶつた炉前が緊張しきつて湯と鉱滓（ノロ）を掻き分けてゐる。

厳粛にして豪壮なこの出鉄作業を見てゐると、何故か〝鉄〟を拝み度い気持になり、溶鉱炉と取組む〝鉄の人〟は犯しがたい英雄のやうに思へる。

こゝの作業は何れも熟練工であるが、この中に腕のしつかりした半島工員も混つてゐるといふ。

半島少年工たちは懸命になつて腕を磨き、この職場に殉ぜんとしてゐる。この炉前は彼等の憧憬の職分である。まだ凄じい職場がある。ストリツパー起重機が轟々と唸り、赤熱の鉄塊が僅か一〇分足らずで四〇〇噸もの厚板を、楽々と作りあげる圧延工場だ。機械の威力と鉄の圧力感に抑へがたい興奮を覚える。船材の龍骨であらう。

まるで炎の蛇がのたうち廻つてゐるやうだ。こゝでは半島少年工が、もう立派に汗みどろとなつて立ち働いてゐる。製鉄はかうした面だけではない。鉄を製品を作り出すまでには、幾多の作業が全的機能を発揮し、総合威力を一つに投合して初めて出来上るのだ。

鉄鉱石を、資材を運ぶ運輸に、或は工場内を一つに結ぶ電信に、そして炉を構成する煉瓦工に、鉄をつくる人は無数に要り、かうした各部門の一貫作業の稼働能率の如何こそが、鉄の増産を決定するのだ。

新参の半島少年工員が最も沢山働いてゐるのが耐火煉瓦工場だ。□土の中に埋もつて枠の中に魂こめて煉瓦土を叩きこむ素早い作業、見る〳〵うちに焼きを入れない煉瓦がうづ高く積まれてゆく。作つても、作つても足りないこの耐火煉瓦は、鉄の増産が如何に上昇してゐるかをも裏書きし、少年工たちの腕に重い使命がかゝつてゐることをよく知つてゐる。製鉄所に来て直接鉄と取組まないだけに、最初は落胆するが、一貫作業の必要性を指導されて、煉瓦作りが、線路手が、通信工が、海運係が〝鉄に生きる人〟であることを自覚してゆくのである。

北方戦線で或は南の島々で、われに鉄量今少し多かりせば—と万感の思ひに、敵を睨んで戦死して行つたわが将兵の心中をグッと呑み込んでいた。愛国の熱増と比例して、鉄の増産は素晴しい勢ひで遂げられ、半島少年鉄の戦士も身を粉にして、鉄に殉ぜんと激しい敢闘を続けてゐる。この敢闘に応へ、疲労を癒す半島人工員を収容する宿舎が素晴しく、設備がゆきとゞいてゐる。もと職員の舎宅だつた一角を払つて、宿舎にあてゝゐる。

独身宿舎といへば、何処でも廊下一つを距てゝ、部屋が相対し、なぜか家庭的な味が薄いが、こゝは棟割家屋を巧みに継いだ一戸建であり、それ〴〵広い庭をもつてゐる。

かうした宿舎が幾棟も続いてをり、別棟に広い食堂と娯楽室をもつてゐる。舎監長には製鉄所の各工場を知悉してゐる白石氏が当り、半島工員の親となつて総ての面倒を見てゐる。

宿舎を運営する事務所は、大陸の戦線で名誉の戦傷を負つて、傷痍軍人出身の者もあり、家族的に暖かい愛情をもつて世話をしてゐる。こゝに起居する工員は黄海道、慶南北、全北道の者が大部分である。こゝに入つて来ると、最初は温突生活から畳の生活に転換するために調子が異る。温突に代つて冬季は毛布が特別に与へられ、蒲団なども立派なものが支給されてゐて、少しも寒さを覚えるやうなことはない。

食堂を覗くと、軽い食事を与へることが第一主義で、工員たちがドッと押しかけた時などは、事務所の職員まで出動して御飯盛り、お汁つきなどの救援をやつてゐる。第一期入所したものは、二月で労務契約期間の二ケ年が満了するが、〇〇名のうち僅か八名が家庭の事情で、どうしても帰らねばならぬが、他の者は全部残つて労務期間を延長、鉄の戦士として御奉公するのだと張り切つてゐる。

数次に亘つて少年工は入所してゐるが、先輩はよく後輩を指導してゐる。他道の者に対しては、何となく疎遠な気持で接する気風が半島には残つてゐるが、こゝではさうした気構へはいささかも窺ふことは出来ない。舎監長、副舎監、寮母、看護婦さんたちにすつかりなついて、職場の激闘の疲れもこの宿舎に帰つて来ると、すつかり忘れてしまふと、どの工員たちも口を揃へて言つてゐる。外出は先輩組は自由に許されてゐるが、外出先でとかくの批評を受ける者もなく、後輩工員に対し常に立派な手本を示さうと努力してゐる。

このなかには特別志願兵出身、電気課電話係勤務の直木武夫君（全北）がゐる。志願兵出身者としての指導を忘れない優秀な工員だとのことだ。

各職場では現場課長、係長、役付工員がゐて、常に座談会を開き、仕事の指導をなすとともに、真の皇民としての精神を叩きこむ暖かい心尽しが続けられてゐる。かうした精神指導に少年工の魂は逞しく鍛へられ、戦果を聞くたびに〝前線へ鉄を〟の誓ひを固めるとともに、荒鷲志願を申出る熱血の少年工も沢山ゐるとのことだ。

半島労務者の管理が特に強調されて来た今日、こゝに見る労務管理は、円滑なすべり出しを続けてゐると断定出来るであらう。兼二浦の四〇日間の基礎訓練を、そのまゝ隙を与へず伸ばして、それを職場に全的に活かしてゐる。こゝでは職場即錬成、深い慈愛のもとに皇国魂の把握への努力が麗はしい実を結んでゐるのだともいへるであらう。

工員たちの規律ある生活は、また貯蓄心の昂揚にも大いに役立つて、僅か一ケ年半で一、二〇〇円も貯金してゐる感心な工員もある。

一二月の賞与月には、四〇〇円も家郷へ送金した工員もゐる。玄海の波涛を越えて来た当初は、故郷恋しさにしばらくは淋しがるが、かうしたよき先輩の激励を浴びて、鉄の戦士に何時か鍛へあげられるのである。

当時は、なかに不心得な者もないでもなく、脱走する者もあつたが、今日ではさうした者は皆無で、一時去つた者も再び帰つて来るといふ。いま彼等は半島労務者の嘗ての不評を身をもつて□き、伍長へ、組長へ、工長へ、職長への洋々たる明日への希望に燃え、戦争勝利の鍵を握る鉄増産に素直に働き続けてゐる。僅か月一二円の賄費が彼等の支出の一切である。彼等はかうした大愛の恩典のなかに勤労を通して皇民魂を磨いてゐるのである。

〔『京城日報』一九四四年二月二二日〕

在内地半島労務者問題を語る座談会1

先づ国語の習得　指導に熱と愛
錬成、管理で定着成功

仇敵米英撃滅への我々の戦ひは、今こそ一億火の玉、あらゆるものを戦力増強の一点に集中して、最高潮に達してゐる。この秋に当り、一億の四分の一、二、五〇〇万半島同胞の荷ふ役割の如何に重大であるかは、こゝに贅言するまでもない。特に〇〇万の半島出身労務者は遥々内地に来り、鉱山に或ひは工場に、皇国臣民として、その聖なる職域に粉骨砕身しつゝある。我々は彼等に最大の敬意を惜む者であつてはならない。半島労務者に対する指導管理の如何は、現下愈々緊切かつ重要なる課題となつて来た。問題は単に理念を説いて済ますといふやうな段階を過ぎて、夫々の職場における実情に即して一つ一つが具体的にとり挙げられ、解決されねばならない時期に至つたといへよう。しかしてこれを通じてのみ一方、現下の要請たる戦力増強は推進され、他面、究極の目標たる半島臣民化は、最終的に確保されるのである。本社東京支社はこの点に鑑み、半島労務者に日夜直接接触し、これが指導管理に異常なる熱意と苦心を払はれつゝある。各方面の権威者にお願ひし、「在内地半島労務者問題を語る座談会」を催した。苛烈なる戦局下、今こそその「聖なる職域」に挺身せんとする若き半島青少年諸君に、何らか裨益する所あれば幸ひである。

出席者（発言順）

朝鮮総督府東京事務所長　北村　輝雄

石炭統制会理事労務部長　田中丑之助

日本鋼管株式会社川崎製鋼所教育係長　堀切　怡雄

厚生省協和官・厚生省労務官　武田　行雄

中央協和会幹事、事業部長　大久保徳五郎

大政翼賛会興亜総本部副部長　山本　政夫

（紙上参加）

商業報国会中央本部理事　笹本　一雄

□□本社東京支社長　御承知の通り、半島労務者の問題は、非常に各方面から重要視されてをりまして、この大東亜戦争を完遂する上においても、人的資源が不足してをります関係から、半島労務者の担当してゐる責務は非常に重大であります。それだけこれに関係するいろいろな問題が想起されてをるのですが、この半島労務者の管理並に半島労務者の内地で働く心構へといふやうなことにつきまして、皆様方のような第一線立つて指導してをられる方々に充分御意見を拝聴いたしまして、この問題を円滑に遂行いたしたい、斯様に考へてゐる次第でございます。御存じのやうに、半島労務者が、内地の鉱山或は工場におきまして、非常に重要性をもつてゐることは、今更申すまでもないことでありますが、その労務者達に戦力増強のため、思ふ存分に働いて貰ふことが最も必要なことであります。それには半島労務者が、内地に来ても━何といひますか━充分に落着いて働けるといひますか━さういふ点が何より大事なことと存じます。

まづ概論的に総督府の北村さんからお話を願ひます。

労務者向上の三要点

北村　今お話のあつた概論的なものについて、出来得べくんば後のお話のきつかけになるやうな話を二、三申上げたいと思ひます。かういふ大事な時に、内地にきてをります半島労務者が、今お話の如く戦力増強のために、最高の機能を発揮するといふ点について、どういふことが考へられるかといふと、私は大体三つの点に重点が置かれるのではないかと思ふ。

その一つは、労務者自身の錬成にある。即ち上手な国語が話せるやうに、また、内地の生活環境に早く馴れるやうに、要するに皇民としての錬成がまづ肝要である。鉱山の労務が来てゐるので、中には非常に素質にしても技術にしても優れてゐる者もあるが、大体においてまだ〳〵足らない点があるやうです。これに対して、必要な錬成指導を加へて、立派な労務者としての素質を備へさせるといふこの努力の問題が、重要なこととしてまづ採り上げられなければならぬと思う。

次に何と申しても、鉱山を遠く隔てゝ勝手の分らぬところに、郷里から出向いて来てをり、而もその大部分が郷里に家族を残して来てゐるので、何かにつけて心細い思ひもするだらうし、もう一つ残して来てゐる家族の安否に就て気を使ふことも多いと思ふ。また残した家族の病気だとか、その他の事故が起つても心中不安のものがあらう。従つて、郷里に残して来てゐる家族の身の上について、所謂後顧の憂ひなく思ふ存分産業戦士として挺身し得るやうな、温い援護の手が差伸べられるといふところに、労務者の気持の上において機能を存分に発揮させるといふ大事な重点があるのではないか。もう一つの点は、これは労務者をお扱ひになる所謂労務管理者側の方達の自覚反省即ち半島労務者の管理は皇民錬成なり、教育指導なりといふ見地に立つての熱情、根気、□□について、一種の御配慮を煩はすことが大事な問題ではないかと思ふ。この三つの点がそれぞれ遺憾なく発揮されて行きますならは、内地における半島労務者の機能発揮といふことについて、兎に角云はれてゐる事柄は、全部解消するのではないかと私は確信してゐる。

最近、定着のことについて、関係筋では非常に御努力なさつてゐるやうですが、今申した三点がうまく調節されて行くならば、この問題も自然解決するのではないかと思ふ。

本社側　今、北村さんからお話の三点、つまり錬成の問題、郷里に残してゐる家族の問題、それから労務管理に当つてをられる方々に、簡単にいへば、うまくやつていたゞきたいといふことは、洵に御尤もだと思ふ。それにつきまして、結局、落着いて働かせるには、何といつても内地人と半島人とが、生活様式と申しますか、さういふ点に違つた点があるので、この点が最も根本的の問題であるし、半島人の生活様式と内地人の生活様式とは可なり違ふのであるから、それをどういふ風に調和させるかといふ問題が大切であると思ふ。それを実際にどういふ風に扱つてをられるか、石炭統制会の田中さんに願ひます。

生活様式の内地化

田中　生活様式を成るべく内地化するといふ点については、二つの考へ方があるのではないかと思ふ。第一には手つ取早く相当無理をしても好いから、早く内地化させるといふ考へ方と、いま一つは余り急拠な変化は、却つて非常な苦痛を与へて、本人に対して結果から見て、余り効果的でないだらうといふ見方である。併しまア私は、多少の無理があつても、成るべく早く内地化するといふことが好いのではないかと考へてゐるので、さういふやり方を奨励してをる。そこで先づ具体的に申上げると、何と申しても言葉が判らないといふ点について、私共は一番困つてゐる訳なのです。御承知でせうが、炭鉱方面に来る者は、どちらかといへば、田舎方面の人が多い。従つてそれだけに知識の程度が低いといふ風に私共は見てゐるのです。国語に対する程度は相当に低いので、協和会からもこの話は非常に注意されてゐるが、成るべく早く国語を覚えさせることに、第一に私共は力点を置いてゐる。従つて炭鉱では先づ訓練、錬成といふことに可なり力を入れてゐる。その中でも先づ国語には相当に力を注いでやつてゐる。即ち一定の手当を出すとか、或はいろ〳〵な奨励方法をとつて、一日も早く国語を覚えさせるといふことをやらしてゐる。つぎに、食事の問題についてはーかういふ時期になつたので、なか〳〵うまく行かないが、食物は最初質量ともに充分にといふことを考へてゐたが、さうも行かないといふので、成るべく朝鮮食を廃して内地食に変えてゐる。つぎに、住宅の問題だが――一番最初に合宿に入るのだが、合宿は総て内地式にやつてゐる。それからだん〳〵進んで、家族を持つことになつても、これを速かに内地化するために、朝鮮から来た人が、一緒に纏めて家を持たせることはよくないと考へて、内地の社宅の間に点在させて住ませてゐる。これは成るべく早くいろいろな方面から内地の様式に馴れるやうにするといふことに用ゐてゐるのである。

本社側　唯今主として鉱山方面に付いて、田中さんから御伺ひしたが、同様な点について工場方面のことを堀切さんから。

堀切　私の工場の方とすれば、今、田中さんのお話の炭鉱方面の労務者とは、大分質が違つた者を受入れてをる。即ち大体此方へ来てゐる者は年令も若く、一九か二〇のものであり、また国民学校を全部出てゐる者であるから、国語は充分に理解して話せる者ばかりである。生活様式の内地との調和といふことについては、私共最初受入れる前に、多少心配して、食物も別なものにしなければならぬが、寄宿舎はどうかと色々なことを心配したが、結局差別はつけず、全然内地人と同じ取扱ひをすることが大切なことであると気づいた。さういふ点を考慮した結果、宿舎も食物も一般内地工員と同じ取扱ひをしたが、結果は吾々が心配したやうな、所謂生活環境の激変による苦痛といふやうなことは見られなかつた。宿舎設備の好い処もあるといつたことはあるが、大体内地工員の住つてゐる宿舎に入れた訳で、彼等がその点喜んでゐる顔が見受けられる。食物の点は量の点で非常に少くなつて来た。

一九、二〇の若い発育盛りの者には非常に気の毒な事と思ふが、これは時局柄お互いに辛抱しなければならない。

本社側　次に保健、衛生、住宅等所謂福利厚生施設はどうなつてゐるか。

堀切　一般の会社もさうだと思ふが、病院などは内地人労務者と同様に利用させる。特に保健施設として半島労務者を対象としたものはやつてをりません。内地工員と同様であります。

田中　炭鉱あたりも朝鮮人に対してのみの福利施設はありません。たゞ慰安施設の一つであらうと思ふが、慰安婦を置いてゐる所はあります。それ位のもので、矢張り内地の一般の人と同じやうにやつてゐる。病気をしても病院に入るにしても、医者にかゝるにしても、何も差別はありません。

武田　東京に寮母を置いて成績を挙げてゐるところがありますね。

炭砿の寮母好成績

本社側　寮母といふのはどういふのです。

武田　寮母は一九か二〇位の若いのではいけない。お母さん代はりになる四〇歳か五〇歳位の小母さんが、寮の舎監の外にゐて貰う訳です。この人がいろ〳〵世話をして呉れるのです。たつた四人位に一人か一人しかゐないから、細かいお話は出来ない。つまり母親代りです。病気した時などは黙つて枕許に坐つてやる訳です。さうすると本人に本当の母親だといふやうな気持を持たせ、気分的に和やかさを持たせるといふことで、其処に本当に家庭的な雰囲気を醸して行きますから、成績が好いらしい。さういふ訳で、特に炭鉱方面には大分置いて貰つてゐますが、成績は好いやうです。

田中　家庭的な温味をといふことについて、呉々も随分心配してをりますが、何といひましてもなかなか人を得るのに困難です。本当に親代りになつてさういふ人達を、心から可愛がつて育て、行くといふことは、人さへ得れば理想的と思ふ。私の方でも注意してゐるが、どうも寮の中は殺風景になり勝ちである上に、遠い所から来てゐる若い人達ですから、さういふ生活方面からの指導は確に重要なことだと呉々も痛感してゐる。

〔『京城日報』一九四四年五月一二日〕

在内地半島労務者問題を語る座談会2

輔導は形式ばるな
人を動かすは慈母の愛

出席者〔略〕

寮母の慈愛に感激

武田　これは或は特殊な例かも知れませんが、乱暴で、素質の好い労務者からも嫌はれてゐた或半島労務者が病気をした。その時に、この寮母が親身になつて面倒をみてやつた。すると、その労務者は初めて人の実に接したらしく、今迄悉くひがんだ物の考へ方をしてゐたその訓練工員は、二週間ばかり寝てゐたやうですが、それからは全く別人のやうになつて、模範工員になつたといふことです。

田中　炭砿はご承知のやうに田舎にありますから、寮母を置くことをやかましく奨励してゐるが、武田さんの仰る。ただ人を得るといふことが非常にむつかしい。

殊に殺風景なことは、最近は□も大きくなつて、総てが軍隊式になつたから、やゝもすれば□□が抜ける労務管理の方面からみると、これが一番遺憾な点であると思ふ。其処に一人の本当に世話をするお母さんがゐてくれたなら、その雰囲気は非常に和やかなものに変るのです。労務係ではさうは行かない。仕事に行く場合、若くは仕事から帰つてきた時に、労務係が『お前、けふは疲れただらう』といふのと、寮母が『お前、本当にご苦労さまだつたねえ』と優しい言葉をかけてやるのと、彼等には何ともいへない感じのちがひがあるらしい。まして仕事に出てゆく時に、破れてゐた着物の綻びをその寮母が縫つておいてくれた。部屋に入つてみると、縫つてある。『お前の着物を縫つて置いてやつたよ』といはれてご覧なさい。本当の母親らしい慈愛といふものを感ずるのですよ。これは何でもないことだけれども、非常に好い感じを与へる。

ところがなかなかこれに適当な人がない。最も必要であることだけは誰しも分るが、人が得られない点で悩んでゐる。しかしそれは、私が機会ある毎に勧めてゐる処で、この寮母の制度は是非一つ武田さんのお話のやうに進めたいと思ひます。

武田　計画的に養成してやつたらどうかね。

田中　これは形式的な養成では駄目です。

武田　さうでせうね。この間私が或る処へ行きまして、寮母の心持を聞いて見たのです。ところが内地の労務者は小母さんおばさんといふらしいが、訓練工員はみんなおッ母さんおッ母さんといふ。おッ母さんと呼ばれると、本当の子供みた様な気持がして□も可愛いいといふ、人情が湧くといふ。さうなればしめたもので、何でも相談に来る。蒲団も殆ど皆万年床をやるが、それを黙つてあげて置いてやればよい。一寸掃除もしてやつて置けばよい。さうすると、おツ母さんに迷惑を掛けちやいけないといふので、自分でやるやうになる。かういふ輔導は広く労務管理上から今後力瘤を入れるべきである。

本社側　ある所では繊維工場なんかの女工の中から、適任者を寮母とし採用して非常に成績がよい、といふ話を聞いてをりますが。

武田　紡績は元来労務管理が優秀です。私共寡聞にして熟練女工から寮母を抜擢するといふことをまだ聞きませんが、それは目のつけどころだと思ひます。

本社側　二三位の若い女が、案外効果的だと聞いてをります。さういふ寮に収容されてゐる若い連中は、若い小母さんがゐるといふので、非常に空気を和やかにしてうまく行くといふのですが…。

武田　先刻の話の病院ですが、病院の看護婦に声をかけて貰ふのが嬉しいといふ。さういふ点をうまく利用したら成功しませう。

掘切　女の人は特定の人を可愛がり過ぎるといふ弊に陥り易い。全般的な包擁力に欠けるやうです。

武田　問題が変りますが、何分にも遠方から来てゐるので、郷里に残してゐる家族の便りを気にしてゐる。これを労務管理の上からも特に気をつけていたゞいて、絶えず懐かしい便りを聞かしてやるといふやうな施設を講じていたゞくなら、定着にも効果があるのぢやないかと常々聞かれてゐるが、さういう方面も既にやつてをられるところがあるのではないですか。

月収計算書を郷里へ

田中　炭砿方面もいろ〳〵考へてゐますが、郷里の方々とすれば、この手紙を書くといふことがなかなか億劫らしい。そこで一部の炭砿では、労務者の月々の収支計算書を送るといふことをやつてゐる。即ち、お前のところの息子の稼ぎ高はこれ〳〵、小遣は之だけ切つた。食費がこれだけになるといふことを送つてやると、郷里からは確かに受取つた、安心したと書かせるやるにしてやつてゐる。しかし、その返事が来る所と来ない所がある。かういふことでは思ふやうに便りの変換は出来ない。そこで、向うの面なり郡の相当有識の方を嘱託なり何なりにして頼んで置いて、その人は常に自分の管轄区域の人を訪ねてやる。同時に、その人に二カ月に一遍位内地に来て貰つて、その家族と労務者の連絡をとることにする。つまりその人が終始手紙の代りをしてくれるわけだ。さうして、郷里の方は皆元気だから、安心して挺身しろと激励して貰ふ。これはもと私が炭砿にをつた時、やつて見たことがあるが、然しどうも適当な人がない。二、三人紹介して貰つたが、どうも責任者が得られない。

適任者であれば相当の手当を差上げてもよいと思つてゐるが、斯ういふことは何とかして是非実施したいと考へてをる。

武田　今の移入労務者の性質は殆ど徴用工員と同様に見て好いと思ふ。

徴用工員に対しては夫々扶助或は按配につき法規なり、任務準備があつて、相当考慮されてゐるが、移入労務者に付ては、この点必ずしも充分ではないやうに考へられる。物質的の援護は徴用工と必ずしも同様には行かないかも知れないが、精神的な方面は徴用工と同様に考へて好いと思ふ。それをやるには内鮮協会などが考へられるが、充分でない。どうしても朝鮮側の当局とさういふ仕事のために出来てゐる労務協会あたりの活動が期待されるが、どうでせう。

北村　その問題については、朝鮮でも本格的に考へてゐるやうです。朝鮮としては当然やらなければならぬことですが、此方へ来てゐる労務者の立場になつて見れば、朝鮮に関してある家族のことは、朝鮮総督府の側に於て考へて呉れるのが当然だらうと思ふが。しかし、内地側から更に□い方途がとられるならば、一層有難味が増すだらうと思ふ。これは□行してやつて貰ふことが大切なことです。

◇武田　是非双方の協力でやらねばならない。

田中　今のお話の点、私共の方は具体的に進めてゐるが、これを全部に及ぼすことはむづかしいとしても、矢張り出来るだけやらねばならぬことだと思ふ。そのことで実は私、最近朝鮮へ行つて来ようと思つてゐる。

同面の出身者同士

北村　今の人を得られないといふ問題ですが、出身地の面長や区長に依頼すれば、何とかなるのぢやないですかね。

堀切　受入れる方面から言へば、兎に角黙つて逃げて帰つたものを、面あたりで説得して連れて来て貰ふといふことも考へられるが、これは労務者が方々から来てをるから範囲が広く、面の手が全部に及ぶのは無理だと思ふ。けれども、さういふ方面の連絡をうまくやれば、管理上大変都合が好いのではないかと思ふ。

田中　割当の際にその縁故関係を考へて、大体同じところから成るべく割当を貰ふやうにしなければいけないと思ふ。

大久保　事業主から向うの労務者供出の面なり部に絶えず出掛けて行つて、労務者の父兄に会ひ連絡をとり、かつ向うを慰安するといふやうなことも、非常に労務者が安心するから、定着上好い結果が得られるやうです。北海道のある炭田で経験した話を聞いたが、それによると、向うに出掛けた会社の人が、向うの父兄に集つて貰つたところ、九九パーセント集つて呉れた。さうして郡なり面からも関係者に出て貰つて懇談会を開いた。さうしてあなた方の大切な息子さんは、斯ういふ風に安心して働いてゐるから、どうか心配ないやうにといふことから、だん〳〵話が始つて、一緒に御飯を食べて愉快に別れたさうです。さうしたところが父兄が非常に喜んで、あゝいふ親切な事業主の所なら何年でも働け、と異口同音に全部が感激して、あなたのところで使つて貰ひたい、満期になつても構はない、何年でも手伝はして呉れといふことで、此方から行つたその会社の人は、完全に使命を果して帰つてきたといふ話です。それから内地で働いてゐる同じ面出身の人だけを寄せて、五〇人とか一五〇人づつ写真をとつて送つてやつた。そしてかういふ風なよい寄宿舎に住んでゐる。こんな食事をしてゐる。朝は神棚を拝んでゐるといふやうな日々の生活情況を具体的に知らせてやると、向うでは回覧して安心したといふやうな例もある。これも一つの連絡方法だと思ふ。

田中　私の方はそれを全国的にやらせるつもりです。いま北海道で可なり大きく何十万円といふ金を出して着手してゐる。

〔『京城日報』一九四四年五月一三日〕

皇民化は訓練一つ

国語教育に一五〇時間

出席者〔略〕

山本　最近は徴用でも援護事業があつて、徴用工の家族達にも援護をやつてゐるが、さういふ方面を半島労務者を傭つてゐる事業主に勧めるとか、朝鮮内の機能がこの趣旨に則つて動くとかいふことが必要と思ふ。そういふことを計画化して大政翼賛会が一役買ふ仕組にし、そして一定の義務で家族援護の大々的運動を展開する。さういふ風な行き方はどうでせう。

田中　それは必要なことです。然しその上に、直接工場自体が連絡をとらないと、動もすれば、一寸と痒いところへ手の届かない所が出来て来はしないか。私共の考へでは、今あなたの仰しやつたやうなことは、朝鮮の総力聯盟あたりでやつて貰つたらどうかと思ふ。それをやつた上に、事業主が別々の行動をとらぬやう連絡することは勿論必要です。

武田　翼賛会が希望してゐられる援護強化、家族慰問といふやうなものは、寧ろ朝鮮の現地へ持つて行かないと効果がないと思ふ。それから翼賛会として労務者の問題に、是非協力して貰はなければならぬと思つてゐるのは、労務者が心持ちのよい環境の中で、働けるやうに仕向けて行くことです。先程もお話があつたが、快い雰囲気は、会社当局だけでは生めるものではない。関係方面が協力して其処に全般的な社会環境を作ることが大事である。半島労務者を全能力を発揮して、喜んで働かせて行くやう、精一杯働くぞといふ気持を起させることは、翼賛会あたりが率先、その他を動員してやつて貫はねばならぬことだと思ふ。或は労務者の素質もよくなければならぬので、総督府としても素質のよいものを出すといふことであるが、同時に受入れる側の環境がよいか悪いかといふことは、内地側の責任です。素質のいゝ労務者であればある程、それを一生懸命に面倒を見てやるといふことは、内地側の責任であるし、事業主の委託された責任である。

本社側　さういふ快い環境を作るについて、最も大きい問題は、内地人労務者と半島人労務者とをどういふ風に融和させるかといふ点であらうと思ふが、その場の御苦心について…。

堀切　それは結局、配属された職場の指導者の問題です。この指導する者が、初めから半島人は駄目だといふ観念をもつて臨むと、これは凡ゆる場合に悪い点だけしか眼につかない。結局さうすると、訓練工員は親方が差別待遇をするといふやうなひがみ根性を持ち、さういふ所から内地労務者と半島労務者が対立するやうになる。かういふ点に直接指導する人間の指導力があると思ふ。人間は先天的に対立するなどといふ観念は持たない。本当に白紙だといふ観点から指導するならば、対立的観念などは出て来るものではない。現に私の工場においても熱心な指導者がある職場に配置された訓練工は本当によくやつてゐるが、さうでもないものは結果が悪いし、職場で使ひものにならない。こんなものは要らないといつて送出したものが、別の指導者の下に就くと性格も作業能率も非常に良くなるといふ実例は多々ある。要するに指導者の指導力如何によるといへよう。

温かい指導で解決

田中　今仰しやつたやうに、矢張り幹部のものが朝鮮人に対する正しい認識を持つことが必要です。内地人は朝鮮の民族性といふか事情をもつと〳〵よく知り、お互ひが仕事をして行くのだ、生きて行くのだといふ本当の気持があれば、御心配のやうな問題は大体に於て解消すると思ふ。又、さういふ例は幾つもある。坑内で仕事をしてゐて弁当を食べる時に、内地人労務者の弁当の飯が少かつた。それを見た半島人労務者は自分の弁当を出しておあがりなさいといつたといふ例がある。事は実に些細なことだが、そこまでくれば申分はない。

堀切　そこまで一般のものが行けば理想的ですが、それには内地人工員もそこまで指導しなければならず、なか〳〵むづかしい。

田中　これは少し話題を外れるかも知れぬが、結局、内地人労務者に対する訓練の問題です。半島人を訓練して実に立派なものに仕上げた。その場合に、内地人の訓練はどうかといふと、半島人にうんと力を入れて置きながら、内地人の訓練が疎略であつたといふやうなことがあると非常にまづいと思ふ。その点並行して行くといふより寧ろ、内地人に対する指導が一歩先に進んで行かなければならぬと痛感してゐる。

本社側　訓練の問題が出ましたが、大久保さん何か。

大久保　これは非常に大事な問題で各工場、砿山でも熱心に訓練をやつていたゞいて、非常に効果が挙つて来てゐるので喜んでをります。訓練をやらない前とやつてから後を比較して見ると、いろ〳〵な点において効果が現はれてゐる。著しい例をとつて見ると、訓練を充分に加へた結果、稼働率が非常に進んで、今まで八〇パーセント内外であつたのが、九〇パーセントとか九五パーセント、多いのになると九九パーセントの稼働率を見るやうなところも出て来てゐる。それからまた、作業能率が非常に昂まつて来てゐる。訓練を加へる前の半島労務者は炭山でいへば、先山とか或は支柱夫にはなれないといはれてゐたが、これに技術訓練を加へた結果は、先山は勿論、支柱夫は一番技術を要するのですが、支柱夫になるものも相当に出来て来た。さういふ方面のみならず、さらに器具の破損率もこれまでよりずつと減つて来た。それから夜具類を悪くするとか硝子戸を破損する、障子を破るといつたやうなことも非常に減つて来た。つまり技術の向上と共に生活の向上といふ効果が出て来たのだ。実際、労務管理の大部分をなすものは、労務者の訓練にあると思ふ。

中央協和会では一八年度に於て、さういふ半島労務者を指導する青年を、六四〇人ばかり養成し、目下全国に配置してゐるが、矢張り講習を受けた人のゐるところは、その前より総ての成績が挙つてゐる。それで昭和一九年度に於ても千名近く指導者を養成しようといふ考へで進んでをる。この点、各方面の協力を得て、ますます強化して行かうと考へてゐる次第です。

日本精神体得へ訓練

本社側　技術に対する訓練が必要な事は勿論ですが、も一つ精神方面に対する訓練もある意味ではより重要だと考へられる。この精神訓練の方はどうですか。

大久保　労務者に対する訓練は、これを技術訓練と皇民化訓練、その皇民化訓練も生活の訓練、国語の訓練、規律の訓練、さういふ方面に分けていろ〳〵な施設を施してゐる。生活訓練においては食物の方面或は用便の方法或は入浴の方法などから始めて、敬神の念を養ふ。或は皇室尊崇の念を養成する作法を取混ぜ、これを毎日続けてやる。そしてだん〳〵やつて行くうちに自然々々に形式的でなく心からさういふ気持の起るやうな方法でやつてゐる。その外、時局に対する認識を深めるとか、或はまたいろいろな国民道徳の全般に亘つての皇民教育を授けるといふことを系統的にやつてゐる。つまり、皇民化訓練の細目について、極く卑近なことから始めて、だん

〳〵日本精神が体得出来るといふやうに持つて行きたいと思つてゐる次第です。殊にその中で、国語問題は皇民訓練の根本ですし、また内鮮労務者の融和の問題にしても、国語が出来るか出来ないかといふことが根本ですから、国語は余程重きを置き、少くとも訓練期間中一五〇時間位はやつて貰ひたいと思ふ。然し、国語教授は相当に技術が要るので、好い人を得ないと成績は挙らない。

今のところ実は我々が考へる程国語の成績は挙つてゐない。炭山などは八〇パーセント位は国語の判らない者が入つてゐる。工場方面は堀切さんのお話のやうに、九五パーセントは話せるといふ現状ですが、尚一層やつて貰ひたいと思つてゐる。たゞ日常会話が出来るといふ程度から、もう一歩正しい国語が話せるといふところまで持つて行きたい。錬成言語といふ程度から日本精神を織込んだ国語まで話せるといふ程度、つまり、俳句とか和歌といふやうなもの、趣味が判るところまで持つて行きたい。其処まで持つて行つて本当に国語が判つて来れば、情操陶治にもなるし、また、労務者の地位も色々な意味で、今よりも高められてくると思ふ。最近或る工場で、内鮮労務者の作品の展覧会をやつてゐるといふので、それを見に行つたが、□□、俳句、和歌、さういふものを展示してゐる。俳句など幼稚なものではあるが、沢山並べてある。非常に面白いと思つて見て来たが、工場方面でもそこまで教養の程度を高めて貰ひたいといふ希望を持つてゐる。

〔『京城日報』一九四四年五月一四日〕

在内地半島労務者問題を語る座談会4

内地工員との合宿
作業能率も進歩した

出席者〔略〕

事前に心構へを

田中　訓練の問題について、特にお願ひしたいのは、朝鮮側で労務者を出される場合、心構へをしつかりさせていたゞくことが、この際必要ではないかといふこと、その際に何か適当な機関で、相当期間現地訓練をやつていたゞけると、内地に来て精神訓練はもとより、技術訓練にも一層効果を挙げ得るのではないかと考へてゐる。私の方では、たとへ二回でも三回でもいゝから、出発する前に、現地で面長さんや府の役人さんに、はつきりした決意を持つやう話をしていたゞいてゐるが、これを何とかもつと指導して、朝鮮側の御協力を得たいものだ。

大久保　それは総督府側からも相当お骨折を願つてゐる。それについてこの間私が、朝鮮で経験した実例がある。それは郷の主事の方が釜山まで一緒に汽車に乗つて行き、色々と激励や訓示をやつて呉れ、いよ〳〵別れる時に更に力強い訓示をして呉れた労務者たちは、それに感銘して途中で投出す者などは勿論なかつたが、来てからも非常に調子が好かつたといふことだ。

本社側　さういふ風にして各方面から半島労務者の資質の改善をやられてゐるが、一方御存じの通り、戦局が緊迫して来てをり、さういふ点から最近労務者の働振りについて、何か目立つた点はありませんか。例へば出勤率が向上したとか、作業能率が高まったとか。

堀切　一九年度から朝鮮に徴兵制が施行された。また、今度、軍需会社法による徴用を受けたといふやうなことが相当半島労務者に、本当に皇国臣民としての決意を、更にもつと固めなければならぬといふ自覚を、深めさせた傾向は見られると思ふが、具体的に今□に出勤率が高くなつたかどうかといふやうなことは分らない。

出勤率は良好

大久保　半島労務者の出勤率は炭山なり鉱山に於ては、非常に良好である。内地の一般労務者の出勤率よりは、五パーセント乃至六パーセントは高廻りしてゐる。作業能率は内地労務者より落ちるが出勤率はよい。それで充分訓練を加へて、技術に於ても、内地人に並行して行けるところまで持つて行かなければ、生産増強の面に於て受持つ役割を、充分発揮させることはできない。さういふ訳で、今各作業所に於ても、この方面に力を入れて貰ってくれてをります。

例へば、四国の或る鉱山で、右の展開の下に技術教育を本格的にやり出して、この間報告があつたが、非常によくなり、見違へる程進んで来たといふことです。

堀切　私どもの工場でも出勤率の点は非常によい。内地人工員と殆ど変らないが、或は寧ろいゝ時があるといふ状態です。作業能率はいまお話が出たが、私共の工場では仕事の性質上、これを適確に判定することが非常に困難ですが、結局、同一条件の内地工員、例へば年齢の同じ者で、仕事も同じ年度に入所したものを比較すれば、さういふ条件を持つた半島労務者は非常に少い。内地人工員は、普通入社二、三年といふところだが、半島人で二年程度のものは殆どない。また、仕事の内容からいふと、内地の養成工は付属工場の工作電気などに配属されてゐるが、半島人の訓練工は生産工場の方へ多数配属されてゐる。さういふ訳で、正確には比較できないが、大体論として半島労務者が、特に能率が悪いといふやうなことはいへない。

大久保　炭山においては、所謂予備錬成所を設けて、或は採砿、採炭の技術の錬成をやる。或は運搬の錬成をやる。或は支柱の錬成をやるといふ工合に指導し、さうして初めて本格的に現場に向けるといふ風にやつたが、その結果だんだん成績が上つて来た。

田中　炭砿はご承知の通り作業が簡単ですが、科学的な調査までは行きません。しかし、比較して分ることです。今、お話のあつたやうに、訓練すればする程効果のあることは誰しも想像できる。けれども、矢張り真剣にやつたところはそれだけ著しい進歩が見られる。内地人と変らない程度まで上つて行く。たゞそこで困ることは、仮に半年間基礎訓練をやり、一年近くなつて漸く一人前になりかけて来た、あと一年うんと働いて貰はうといふところで、契約期間の二年目にかゝるといふことです。そこに本当に悩みがあるわけです。

　しかし、働ける期間があと一年でもうんと能率が上つて、内地人に近いところまで来たとすれば結構なことで、訓練の結果が統計に出たものはないが、作業能率はたしかに進歩してゐる。最近、就業率の如きもかなりよくなつて来たが、それは訓練の結果です。移動の率も非常に減つて来た。斯ういふ点から見ると、矢張り訓練を云ふことは非常に必要です。

基礎訓練に万全

本社側　工場、鉱山の技術訓練、基礎訓練についてお話を願ひたい。

田中　炭砿の作業は要するに幼稚で簡単ですから、山によつて訓練に大きな差はない。先づ、第一に腕の力を養成する為に、入つて来ると一番最初に重量を持上げる訓練で、昔あつたアレイといふやうな比較的軽いものからやる。それから、鉄棒に下つて腕の力を養ふ。そのつぎにハンマーを振り廻す。ハンマーは数段に分けてだん〳〵大きいのを持つ。そのつぎは箱を押させる、箱を押すのは何でもないやうだが、一寸技術がいるのです。その次には、坑内作業の訓練に入る。つまり、純粋の石炭作業に入る訳で、先づ鶴嘴の振り方、これは可なりむづかしい技術で呼吸がいる。鶴嘴の握り方、振り方、足のふん張り方、さういふことを相当期間稽古させる。それが済むとスコツプの使ひ方、これは何でもないやうだが、目方もあるし技術を要する。御承知のやうに、炭砿で一番最初にやる仕事はスコツプでしやくり込むことで、これは後山といふ請負の仕事です。鶴嘴を振るのは多少熟練した者がやることになつてゐる。これが採炭方面の仕事で、半島労務者の従事するのは普通こゝまでだが、それから出世すると、石炭を掘つた後の天井が落ちないやうに柱を打つ、これが支柱夫ですが、こゝまで行くのは相当期間やつて訓練した者でないと実際に出来ないが、最近、半島から来てゐる人でこれをやる者が大分出て来てゐる。

次は内地の人でも熟練した者がやる先山があるが、普通の半島人に対する訓練は、今述べた所までの程度です。それだけでも相当期間掛ります。

勿論、それには学科の訓練も並行して行く。

堀切　期間はどの位ですか。

田中　最後まで行くには、三月か四月位かゝりませう。

堀切　それだけの訓練は何処でもやるのですか。

田中　何処でもやらせるやうにしてゐるが、相当に通はないと指導者がないんですよ。

内地人と寝泊り

大久保　或る炭山では内地人の先山、支柱夫の中の優秀な者の家へ、半島の能力のある優秀なるのを、三人づゝつけてその家に泊らせ、朝一緒に出勤して、一緒に働いて指導を受けさせ、その家で食事をして寝泊りをしてやつてゐるところがある。一人の内地人が、半島人三人だけを責任を以て指導する技術指導も責任をもつてやるから徹底するし、また、家庭も一緒にゐるから一円内鮮融和といふ点についても非常に効果がある。

田中　今の反対の例になるが、かういふのがある。内地人労務者が合宿の時でない限りは、半島人の処へ泊りに行くのです。そこで一緒に寝て、一緒に作業場へ行く。かういふことをやつてゐるのがちよいちよいあるが、これは技術指導といふより寧ろ精神指導と相俟つて非常に良い結果を得てゐる。

堀切　私のはうは炭砿のやうに作業が単純でなく、非常に複雑ですから、所謂適正配置と訓練とが関係してをりますが、今、田中さんのお話のやうな単純な作業訓練について、最近非常に成績を挙げてゐるといふのは、最近炭砿を見学に行つて訓練方法を見て来て、それを自分の方の事業に適するやうに改良して訓練してゐるのです。

半島労務者を移入すると、一ケ月の訓練を実施する予定にしてゐるが、特に半島労務者に対する基礎訓練をする人を得べく現場の、中堅級にゐる内地工員を指導員として寝食を共にし、凡ゆる意味において世話を焼くわけですが、之れによつて非常に人間的な繋がりが出て来た。

何時迄も素朴に

本社側　適正配置といふ点から、南鮮出身の労務者と北鮮、西鮮出身の労務者について、能力上のことで特に考慮する必要はないものですか。

大久保　南と北とで性格が違ふといふことは、何処でも聞くのですが、技術の方面は、そこまでテストをやつて判定したといふ報告は知らない。一寸今のところそこまでは行けないでせう。

田中　今さういふことを調べるとか、区別して見ることは困難でせう。

武田　マア先刻云つたやうに、国民学校を出てゐるかどうかといふことを基準にして、農村生活の者であつたか、都会生活の者であつたかが目安になつてゐる。さういふところが重要だと思ふ。

本社側　半島労務者は、来た当時は純朴で素直でいゝが、一定の時期を過ぎると性格が変るといふやうなことを聞いたことがあるが、さういふことがありますか。

大久保　それは指導が良い結果でせう。訓練なり指導がよければ、だん〲良くなつて来る筈です。

武田　半島労務者に対しては、余程その点に注意してやらなければならぬと思ふ。一番初めに来て交はる層が、内地人の中で比較的低級な教養の足りないところである。かうしたところで、先づ何が目につくかといふと、さうした人達の欠点で、見ないで欲しい。悪いところが目について、それを見習ふといふ傾向があつたやうです。しかし、最近は計画的に訓練してゐるから、事実さう悪質なものは出ないやうです。〔『京城日報』一九四四年五月一七日〕

在内地半島労務者問題を語る座談会　完

『愛と錬成』に貫け
共栄圏皇民化の尖端へ

出席者〔略〕

内鮮相互の認識

本社側　要するに、内地、半島が手を握つて行かなければ、時局は乗切れない。それには内地側も半島側に物の見方、考へ方に食ひ違ひがあつてはならない。この点について、大政翼賛会あたりで一つの国民運動を考へられてはどうか。

山本　私は公平に見て、内地人は半島並に半島同胞に対する理解が欠けてゐると思ふ。鉱山、工場とか直接半島人に接触される処では、殊に専心指導する人は理解があるが、一般的に半島人に対する理解が足りないことが大きな問題だとかねぐ〵思つてをる。武田さんのいはれた環境の問題だが、これは工場、鉱山だけの問題ではなく、その工場、鉱山のある町とか村とかの地域まで含めて、広く考へないとうまく行かないのではないか。殊に戦力増強が強く要請される今日内地においては、半島人に対してもつと真剣でなければならぬ。

大政翼賛会としては、内地同胞の半島同胞に対する理解を促進する国民運動として展開したいと昨年五月、東京で会を催し、さらに一〇月、総力聯盟と相談して、内地の国民運動団体の指導者に朝鮮に行つて貰つた訳だ。かゝる情勢になると、もつと強力に展開して行く必要がある。それについて翼賛会と翼賛会所両団体を動員する方法も必要だし、それから現在の運動は、一面啓蒙運動の域を出てをらないので、それをだん〳〵掘下げて行き、隣組等の下部組織にまで浸透させる必要がある。

次に、この間の新聞に朝鮮で青年運動を起すといふやうな記事があつた。これなども連絡を緊密にし、内鮮双方の側において、相互の認識を深めたいと思ふ。要するに、具体的事実によつて内地人の認識を深めるやうな方法を考へる必要がある。政務総監もさういふ気持で帰られたやうだ。

北村　大いに活発に展開して欲しい。

事業主側の誠意

本社側　お話によつて、指導訓練に当る適当な人を得ることができるかどうかといふことが、最後に残された問題だが、実際、労務管理に当つてゐる方の希望はどうか。

武田さんから結論的にお話を願ひたい。同時に半島において労務者を出す家族へ何か希望があつたら。

武田　朝鮮から若い人達が、計画的に内地の重要産業方面に来て貰ふことにしたのは、昭和一四年からだ。以来、今日まで期待通りの効果を収めてゐることは、関係方面の努力と共に感激に堪へない。しかし欲をいへば、なほたいことだ。判つてゐる方も多いが、まだ〳〵どうかすると、自由主義的な考へ方から脱けられない向があるやうだ。それはどういふことかといふと、「自分が雇つた労務者を成べくウンと働かして生産能率を昂め、利純(ママ)を余計にしなければならぬ」といつた考へ方だ。即ち労務問題の如きも従来のまゝ下の者に任せ、重役は何も考へてゐない。鉱山あたりでも、事務所長は労務の問題を見向もしない等がそれだ。私としてはこの点をハッキリして貰ひたい。

昭和一四年、初めて国民総動員に基いて朝鮮の青壮年が、内地の鉱山、工場に来て以来、戦争に貢献せんとの熱意は、日一日と昂まりつゝある。それは、半島労務者の国家に対する義務である。日本人として最大の精魂を懸させて貰ふ事業主は、彼等を日本人として育て上げるのでなければならない。事業主は国家の委託によつて半島労務者を預つてゐるのだ。従つて、昔のやうな「労力を獲得した」などといふ考へ方は大きな間違である。それには社長以下会社全部が、この労務問題に進んで没頭して貰ひたい。幸ひその方面の理解も進み、重役或は社長自ら労務部長の職に就く会社も出て来たことは、非常に結構だと思つてゐる。

素質の良いものを

それから朝鮮側に対してだが、厚生省としては、半島労務者をお預かりし、それを内地側事業主に委託してゐるといふ建前でやつてゐるのだから安心して貰ひたい。父兄も心配する必要はない。若し稼働先で兎角の問題があれば、国家から委嘱されたことを忘れたものであり、これには制裁方法も講じてゐる。

また、技術の点でも収入の点でも、充分に注意してゐる積りだから安心して貰ひたい。要するに半島労務者の問題は、農家が米を育てるやうなもので、良い籾、良い苗でなければ結局、米を沢山穫らうとしても穫れないのだから、朝鮮側も素質の良いものを選んで貰ひたい。

稼働先のことについて、何かと気にしてゐる向もあるさうだが、それは全く誤解だ。例へば、技術工関係の〇〇造船所へ入る予定で来た。名前が造船所だから船を造る所と思つて来たら、鉄工の仕事ばかりだから約束が違ふといふ。それから〇〇製鉄所といふから製鉄所だと思つて来たら、其処では煉瓦も作つてゐるし、トロを押す仕事もある。その仕事の内容を知らないために、本人が失望したといふ実例がある。これなどは一寸した注意で解決する問題だ。また援護関係、殊に精神的援護の問題の如きは、計画的にやつて行かうと思つてをるからお含みをき願ひたい。

先づ感謝の念から

笹本　半島労務者を如何に導くかは、実に大問題だ。私は労務者問題に限らず、半島同胞問題について一生を捧げてもよいとさへ考へてゐる。この意味で、京城日報で半島労務者問題を俎上に権威者を集めて、座談会を催されたことを非常に喜んでゐる。まづいひたいことは、一労務者問題に限らず、如何なる些細なことでも朝鮮に関する問題の解決とか検討は、朝鮮を識らずしては絶対に正しい解決、正しい検討は出来ないといふこと。

私は十数年来、あらゆる問題に亘つて朝鮮と交渉を持ち、あらゆる機会を把へて半島同胞に接してゐる関係上、人に向つて、「朝鮮の真の姿をみて呉れ、もつと〳〵半島の事情を知つて貰ひたい」と叫んで来た。之が根本の前提だと思ふ。従つて、労務問題についても、労務者がどんな期待で内地に来たか、半島に残つてゐる家族の事情はどうか。彼等の生活様式と内地人のそれと違ふ点は、これこれなのだといつた具合に、朝鮮に渡つて具さに調べるなり、また直接、彼等の生活に入りこむことが一番よいと思ふが、それが出来ない場合には、威力増強に彼等が如何に当面してゐるかを考へて、「半島労務者よありがたう」と、まづ感謝の念が先に立たなければいけない。

指導といひ管理といふも、この気持がなければならない。つまり、「正しい愛」これが一切の根本として貫かれなければならない。しかし、一方、半島同胞の面からいへば、一人々々が、あく迄も皇国民として御奉公申しあげるのであつて、まして半島同胞が大東亜共栄圏各民族に対して、皇民化運動の尖端に立つてゐる以上、瞬時と雖も皇国民として錬成を忘れてはならない。錬成とは皇国民化する為の精神指導錬成と職場における技術的な錬成とだが、この両者が相俟つて初めて立派な労務者が育てあげられるのだ。

私のいはんとする点を要約すれば、「愛と錬成」この二つにつきる。

本社側 それではこれで終りたいと思ひます。長時間有益な御話を頂き有難うございました。

〔『京城日報』一九四四年五月一九日〕

編纂者紹介

外村大(とのむら　まさる)

1966年、北海道生まれ。1995年、早稲田大学大学院文学研究科博士後期課程中退。博士(文学)。2007年から東京大学大学院総合文化研究科准教授。
主要著書として『在日朝鮮人社会の歴史学的研究—形成・構造・変容』緑蔭書房、2004年、『朝鮮人強制連行』岩波書店、2012年、共著に『日本と朝鮮　比較・交流史入門—近世、近代そして現代』明石書店、2011年など。

韓載香(ハン・ジェヒャン)

1970年、韓国・京畿道生まれ。2001年、京都大学大学院経済学研究科修士課程修了。博士(経済学)。2012年から北海道大学大学院経済学研究科准教授。
主要著書・論文として、『「在日企業」の産業経済史：その社会的基盤とダイナミズム』名古屋大学出版会、2010年、「自動車工業」武田晴人『高度成長期の日本経済：高成長実現の条件は何か』有斐閣、2011年、「エスニック企業家：コミュニティの資源とその限界の克服」宮本又郎他編『企業家学のすすめ：企業家とは何か』有斐閣、2014年など。

羅京洙(ラ・キョンス)

1973年、韓国・全羅南道生まれ。2009年、早稲田大学大学院アジア太平洋研究科博士後期課程満期退学。博士(学術)。2014年より学習院女子大学准教授及び国際学研究所副所長。
主な著作として、「『コリアン・ディアスポラ』に関する試論的考察：観点の『省察』と『模索』」(『移民政策研究』第6号、2014年5月)、「トランスナショナリズムから見る在日コリアンのアイデンティティ変容」(『民族研究』第56号、韓国語、2013年12月)、『復刻版 亜細亜公論・大東公論(全3巻)』(後藤乾一・紀旭峰・羅京洙共編、龍溪書舍、2008年)など。

翻訳協力者(50音順)

姜　晶　薫(カン・ジョンフン)　東京大学大学院総合文化研究科外国人特別研究生
河野　亮(かわの　りょう)　東京大学大学院総合文化研究科修士課程在学
金　慶　玉(キム・ギョンオク)　東京大学大学院総合文化研究科博士課程在学
全　永　彬(ジョン・ヨンビン)　東京大学大学院総合文化研究科博士課程在学

在日朝鮮人資料叢書11　〈在日朝鮮人運動史研究会監修〉

資料 メディアの中の在日朝鮮人

2015年1月15日　第1刷発行

編纂者……………外村大／韓載香／羅京洙
発行者……………南里知樹

発行所……………株式会社 緑蔭書房
〒173-0004 東京都板橋区板橋1-13-1
電話 03(3579)5444・振替 00140-8-56567

印刷所……………長野印刷商工株式会社
製本所……………ダンクセキ株式会社

Printed in Japan
落丁・乱丁はお取替えいたします。
ISBN978-4-89774-167-3